ZHENGMIANZHANCHANG

YUANGUOMINDANGJIANGLINGKANGRIZHANZHENGQINLIJ

正面战场
徐州会战

原国民党将领抗日战争亲历记

孙连仲　刘　斐等著

中国文史出版社

目　　录

附　录

前　　言

　　抗日战争是中国人民一百年来第一次彻底打败帝国主义侵略的民族解放战争，是反法西斯第二次世界大战的重要组成部分，在中国和世界的历史进程中都占有重要地位。为取得抗日战争的胜利，全国军民浴血战斗，英勇牺牲，为国家、为民族立下了不朽的功勋。为了全面反映抗日战争的概貌，为史学工作者提供研究资料，特将全国政协和各地政协征集的原国民党将领回忆抗日战争的文章，经过审慎的选择和核实，汇编成《正面战场·原国民党将领抗日战争亲历记》丛书。本书是丛书中之一部。

　　继淞沪抗战、南京保卫战和华北地区几个战役之后，在苏北、鲁南、皖北、豫东广大地区，展开了一场大规模的民族自卫战——徐州会战。

　　徐州，地处津浦与陇海铁路交叉点，扼苏、鲁、皖、豫四省要冲，是中原和武汉的重要屏障，自古为兵家必争之地，具有重要的战略地位。一九三七年七七事变之后，侵华日军占领了北平、天津、太原、张家口等大中城市，将中国军队压迫至黄河南岸；南线日军占据了沪、宁、杭长江三角洲，又将其重兵调集在津浦路南段，企图攻占徐州，打通津浦线，使南北日军联成一气，窥视中原。

　　一九三八年一月敌第十三师团主力进攻至津浦路明光以南，遇我第三十一军刘士毅部的顽强抵抗，双方处于胶着状态。第五战区司令长官李宗仁调于学忠第五十一军南下，沿淮河北岸布防；调廖磊第二十一集团军六个师的兵力至津浦线南段加强防守。

　　在北线，拥兵八万的韩复榘在日军进攻面前不战而退，弃守济南、泰安、曲阜等地。华北方面日军板垣第五师团沿胶济路东侵，一月八日陷潍县，十三日与先期登陆的海军陆战队联合侵占了青岛。至此，日军进攻徐州之势已经形成。我邓锡侯第四十一军应召前往滕县及以北之界河布防，阻击日军矶谷第十师团；庞炳勋第三军团调往临沂，堵截敌第五师团沿台（儿庄）潍（县）公路南犯。日军于三月下旬对我发起了新的进攻，重点指向台儿庄。

台儿庄位于徐州东北大运河北岸，日军攻下台儿庄，既可南下赵墩，沿铁路西进，攻取徐州；又可北上策应板垣师团，断我汤恩伯、张自忠、庞炳勋各部队的后路。这时，第五战区司令长官部急令孙连仲之第二集团军以池峰城第三十一师星夜赶赴台儿庄地区坚工固守，并调汤恩伯主力第八十五军、五十二军协同孙连仲部夹击敌军。卢汉第六十军也千里迢迢从云南调来徐州，在禹王山一带，配合台儿庄作战。这次台儿庄战役，包括外围阻击，前后进行了一个多月。我国广大爱国将士，在全国人民的支持下，前赴后继，艰苦奋战，粉碎了日军的陆、空联合攻势，赢得了台儿庄、临沂战役的大捷，共歼灭敌军一万一千九百八十四人，自己也损失了一万九千五百多人，缴获了敌人大批重炮、战车、装甲汽车、轻重机枪、步枪和子弹等战利品，这在我国抗日战争初期是一场重大的胜利。

尔后，日军调集更多兵力，疯狂合围徐州，迫使我处于内线作战的不利条件下与之决战，以遂其围歼我强大兵团之目的。鉴于敌我装备对比悬殊，为了保持有生力量，以利持久抗战，我运用天时、地利、人和等优势，五月中旬，几十万军队在数天之内由徐州突围，向外线转移，各军除后卫队小有伤亡、失散外，均按计划到达指定的位置，投入保卫大武汉的战斗。

本书以当年战斗亲历者耳闻目睹的材料对上述各次战役及其转进过程作了翔实的忆述。这些史料的撰写者大多历尽沧桑，今犹健在，也有的已先后谢世。他们和数十万爱国抗日将士当年一起为祖国谋独立，为民族求生存，共赴国难，浴血奋战的悲壮业绩将永昭史册，为后代所景仰和怀念。

限于编辑水平，难免有疏漏错误之处，敬请读者批评指正。

编　者

第一章

概　述

徐州会战

李宗仁[※]

台儿庄之战

一

　　我在六安就省政府主席后回到徐州时，已是二月初旬，鲁南保卫战至此已进入紧张阶段。敌军板垣、矶谷两师团正以台儿庄为会师目标，并策应津浦路南段敌军的攻势，企图合攻徐州。

　　先是，当韩复榘态度游移之时，津浦路敌军可以随时南下，青岛在战略上已成孤立之点，无死守价值。我乃命令青岛守军于学忠部南下，沿淮河北岸据险防守，以堵截敌军北进。对青岛防务只采取消极态度，由市长沈鸿烈率海军陆战队五百人和一部分警察，协同维持治安，并监视海面敌人。二十七年一月十二日^①，敌军板垣第五师团在青岛的崂山湾、福岛两处强行登陆，沈市长即率所部南撤，敌军占领青岛后，乃沿胶济路西进，至潍县转南，经高密，循诸城、莒县一线，进迫临沂，与津浦线上的矶谷师团取得呼应，齐头猛进。

　　※　作者当时系第五战区司令长官。
　　①　此处所列时间为民国二十七年一月十二日，即公历一九三八年一月十二日，下同，不另注。

3

板垣、矶谷两师团同为敌军中最顽强的部队，其中军官士卒受侵略主义毒素最深。发动二二六政变的日本少壮派，几乎全在这两个师团之内。今番竟协力并进，与自南京北犯的敌军相呼应。大有豕突狼奔、一举围歼本战区野战军的气概。

二月上旬，临沂告急，该地为鲁南军事上所必争的重镇，得失关系全局。处此紧急关头，既无总预备部队可资调遣，只有就近抽调原守海州的庞炳勋军团，驰往临沂，固守县城，堵截敌人前进，庞部防地则由驻苏北的缪澂流军接替。

庞军团长的职位虽比军长崇高，但所指挥的军队则只有五个步兵团，实力尚不够一个军。庞君年逾花甲，久历戎行，经验丰富。于抗日以前的内战时期，以善于避重就轻、保存实力著称。

庞氏有其特长，能与士兵共甘苦，廉洁爱民，为时人所称道。所以他实力虽小，所部却是一支子弟兵，有生死与共的风尚，将士在战火中被冲散，被敌所俘，或被友军收编的，一有机会，他们都潜返归队。

当庞部奉令编入第五战区序列之初，庞氏即来徐州谒见，执礼甚恭。我因久闻其名，且因其年长资深，遂也破格优礼以待。我虽久闻此公不易驾驭，但百闻不如一见，于谈吐中察言观色，觉他尚不失为一爱国诚实的军人。在初次见面时，我便推心置腹，诚恳地告诉他说："庞将军久历戎行，论年资，你是老大哥，我是小弟，本不应该指挥你。不过这次抗战，在战斗序列上，我被编列为司令长官，担任一项比较重要的职位而已。所以在公事言，我是司令长官；在私交言，我们实是如兄如弟的战友，不应分什么上下。"

接着，我又说："我们在内战中搅了二十多年，虽然时势逼人，我们都是被迫在这旋涡中打转，但是仔细回想那种生活，太没有意义了，黑白不明，是非不分，败虽不足耻，胜亦不足武。今日大如人愿，让我们这一辈子有一个抗日报国的机会，今后如能为国家民族而战死沙场，才真正死得其所。你我都是四五十岁以上的人，死也值得了，这样才不愧做一个军人，以终其生。"

庞听了很为感动，说："长官德威两重，我们当部属的，能在长官之下，为国效力，天日在上，万死不辞，长官请放心，我这次决不再保存实力，一定同敌人拼到底。"

我又问他道："你的部队有没有什么困难，需要我替你解决呢？"庞叹息说："我原有五个团，现在中央有命令，要我把一个特务团归并，共编为四个团。长官，我的部队兵额都是足额的，我把这个团归并到哪里去呢？不能归并，就只有遣散。现在正是用兵之时，各部队都在扩充，唯独要我的部队遣散，似乎也不是统帅部的本意吧！"

我说："可能上级不知道你部队的实况！"

庞说："报告长官，我如不遵令归并，中央就要停发整个部队的粮饷！"

我说："中央这样处理是不公平的，我当为你力争此事。"我又问他道："你的部队还缺少些什么呢？"庞说，子弹甚少，枪支也都陈旧，不堪作战。我也答应在我权力所能及，尽量予以补充。在庞部去海州之前，我便认真地向中央交涉，请求收回成命，旋奉军政部复电说："奉委员长谕：庞部暂时维持现况。"我将此消息告诉庞，全军大喜过望，庞氏自更感激涕零，认为本战区主帅十分体恤部下，非往昔所可比拟。我更命令本战区兵站总监石化龙尽量补充第三军团的弹药和装备，然后调其赴海州接防。全军东行之日，我亲临训话，只见士卒欢腾，军容殊盛，俨然是一支劲旅。

此次临沂吃紧，我无军队可资派遣，只有调出这支中央久已蓄意遣散的"杂牌部队"来对抗数目与素质上均占优势的号称"大日本皇军中最优秀"的板垣师团。

二月下旬，敌我两军遂在临沂县城发生攻防激烈的战斗。敌军以一个师团优势的兵力，并附属山炮一团，骑兵一旅，向我庞部猛扑。我庞军团长遂率其五团子弟兵据城死守。敌军穷数日夜的反复冲杀，伤亡枕藉，竟不能越雷池一步。

当时随军在徐州一带观战的中外记者与友邦武官不下数十人，大家都想不到以一支最优秀的"皇军"，竟受挫于不见经传的支那"杂牌部队"。一时中外哄传，彩声四起。板垣征四郎显然因颜面有关，督战尤急。我临沂守军渐感不支，连电告急。

所幸此时我方援军张自忠五十九军，及时自豫东奉调赶至津浦线增援。张部按原命令系南向开往淮河北岸，增援于学忠部，适淮南敌军主力为我李品仙二十一集团军的三十一军和廖磊十一集团军的第七军、第四十八军所纠缠而南撤。我遂临时急调张自忠全军北上临沂，援助庞部作战。

张部以急行军出发，于三月十日黄昏后赶到临沂郊外。翌晨，当敌军攻城正急之时，五十九军先与守城部队取得联系，乃约定时间向敌人展开全面反攻。临沂守军见援军已到，士气大振，开始出击。两军内外夹攻，如疾风暴雨。板垣师团不支，仓皇撤退。庞、张两部合力穷追一昼夜，敌军无法立足，一退九十余里，缩入莒县城内，据城死守。沿途敌军遗尸甚多，器械弹药损失尤大。造成台儿庄大战前，一出辉煌的序幕战。

敌军退入莒县后，我军围攻数日，终因缺乏重武器，未能奏效。

临沂一役最大的收获，是将板垣、矶谷两师团拟在台儿庄会师的计划彻底粉碎。造成尔后台儿庄血战时，矶谷师团孤军深入，为我围歼的契机。

此次临沂之捷，张自忠的第五十九军奋勇赴战之功，实不可没。张自忠部所以能造出这样赫赫的战功，其中也有很多有趣的故事：

张自忠原为宋哲元第二十九军中的师长，嗣由宋氏保荐中央，委为北平市长。七七事变前，敌人一意使华北特殊化，张以北平市长身份，奉宋氏密令，与敌周旋，忍辱负重，外界不明真相，均误以张氏为卖国求荣的汉奸。七七事变后，张氏仍在北平城内与敌交涉，因此，舆论界对其攻击尤力，大有"国人皆曰可杀"之概。迨华北战事爆发，我军失利，一部分国军北撤南口、张垣，张部则随大军向南撤退。时自忠被困北平城内，缒城脱逃，来京请罪。唯京、沪舆论界指责张自忠擅离职守，不事抵抗，吁请中央严予惩办，以儆效尤。南京街上，竟有张贴标语，骂他为汉奸的。群情汹汹，张氏百喙莫辩。军委会中，也有主张组织军法会审。更有不逞之徒，想乘机收编张的部队，而在中央推波助澜。那时我刚抵南京，闻及此事，乃就西北军自忠的旧同事中调查张氏的为人。他们尤其是张的旧同事黄建平，便力为辩护说，自忠为人侠义，治军严明，指挥作战，尤不愧为西北军中一员勇将，断不会当汉奸。我听到这些报告，私衷颇为张氏惋惜。一次，我特地令黄君去请他前来一叙，孰知张君为人老实，竟不敢来，只回答说，待罪之人，有何面目见李长官。后经我诚恳邀请，他才来见我。当张氏抵达之时，简直不敢抬头。

我说："荩忱兄，我知道你是受委屈了。但是我想中央是明白的，你自己也明白。我们更是谅解你。现在舆论界责备你，我希望你原谅他们。群众是没有理智的，他们不知底细才骂你，你应该原谅他们动机是纯洁的……"

张氏在一旁默坐，只说："个人冒险来京，戴罪投案，等候中央治罪。"

我说："我希望你不要灰心，将来将功折罪。我预备向委员长进言，让你回去，继续带你的部队。"

张说："如蒙李长官缓颊，中央能恕我罪过，让我戴罪图功，我当以我的生命报答国家。"

自忠陈述时，他那种燕赵慷慨悲歌之士的忠荩之忱，溢于言表。张去后，我便访何部长一谈此事。何应钦似有意成全。我乃进一步去见委员长，为自忠剖白。我说，张自忠是一员忠诚的战将，绝不是想当汉奸的人。现在他的部队尚全师在豫，中央应该让他回去带他的部队。听说有人想瓜分他的部队，如中央留张不放，他的部队又不接受瓜分，结果受激成变，真去当汉奸，那就糟了。我的意思，倒不如放他回去，戴罪图功。

委员长沉思片刻，遂说："好吧，让他回去！"说毕，立刻拿起笔来，批了一个条子，要张自忠即刻回至其本军中，并编入第一战区战斗序列。

自忠在离京返任前，特来我处辞行，并谢我帮忙，说："要不是李长官一言九鼎，我张某纵不被枪毙，也当长陷缧绁之中，为民族罪人。今蒙长官成全，恩同再造，我张某有生之日，当以热血生命以报国家，以报知遇。"言出至诚，说来至为激动而凄婉。我们互道珍重而别。

至二十七年二月，淮河前线吃紧，于学忠兵力不敷，军令部乃将五十九军调来五战区增援。张军长大喜过望，因为我和他有那一段渊源，他颇想到五战区出点力。不过，在五战区他也有所顾虑，因为他和庞炳勋有一段私仇。原来在民国十九年，蒋、冯、阎中原大战时，庞、张都是冯系健将，彼此如兄如弟。不意庞氏受人收买而倒戈反冯，且出其不意袭击张自忠师部，张氏几遭不测。自忠此次奉调来徐时，便私下向徐参谋长陈述此一苦衷，表示在任何战场皆可拼一死，唯独不愿与庞炳勋在同一战场。因庞较张资望为高，如在同一战场，张必然要受庞的指挥，故张不愿。好在原定计划中，已调他去淮河战场。

天下事真是无巧不成书，淮南敌军主力适于此时被迫南撤，淮河北岸军情已经缓和。独于此时，庞炳勋在临沂被围请援，而我方除五十九军之外，又无兵可调。徐参谋长颇感为难。我闻讯，乃将张自忠请来，和他诚恳地说："你和庞炳勋有宿怨，我甚为了解，颇不欲强人之所难。不过以前的内战，不论谁是谁非，皆为不名誉的私怨私仇。庞炳勋现在前方浴血奋战，乃属雪国耻，报同仇。我希望你以国家为重，受点委屈，捐弃个人前嫌。我今命令你即率所部，去临沂作战。你务要绝对服从庞军团长的指挥。切勿迟疑，致误戎机！"

自忠闻言，不假思索，便回答说："绝对服从命令，请长官放心！"

我即命张氏集合全军，向官兵训话鼓励一番，自忠乃率所部星夜向临沂增援，竟打了一个惊天动地的胜仗！若非张氏大义凛然，捐弃前嫌，及时赴援，则庞氏所部已成瓮中之鳖，必致全军覆没。其感激张氏，自不待言。从此庞、张二人，竟成莫逆，为抗战过程中一段佳话。

二

临沂一战，津浦北段敌军，左臂遂为我军砍断，敌两路会攻台儿庄计划，遂为我所破，唯敌军沿津浦线而下的正面矶谷师团，则因韩复榘不抵抗的影响，日益向南推进。值此紧要关头，我方另一部援军，第二十二集团军川军邓锡侯部（辖第四十一及第四十五两军），适自郑州赶来增援。我遂急调第四十一军（军长孙震，辖一二二及一二四两师）前往鲁南的邹县堵截，四十五军跟进为预备队。军次滕县，知邹县已失，四十一军乃以一二二师（师长王铭章）守滕县城，一二四师在城外策应。敌军以快速部队南侵，将滕县包围，并以重炮及坦克猛攻县城。王师长亲自督战死守，血战三昼夜，终以力有不逮，为敌攻破。王师长以下，全师殉城，至为惨烈。然卒将敌军南侵日期延缓，使我增援部队汤恩伯、孙连仲等部能及时赶到参战。

邓锡侯部川军来五战区作战，也有一段有趣的故事：

邓部原驻于川西成都，因其防区通向外界之水路为川军刘湘所部封锁，无法购买弹药补充，故士兵所用的枪械半为土造，极其窳劣。此次激于大义，请缨出川参加抗战，奉统帅部令，编为第二十二集团军，以邓锡侯为总司令，孙震为副司令，由二人亲自率领，往第二战区参加山西保卫战。然仓促出师，远道跋涉，沿途又无补给兵站的组织，势须就地购买粮草，对军纪不无影响。

川军方抵山西而太原已告失守。敌人用机动性快速部队向我军左冲右突。川军立足未稳，便被冲散，随大军狼狈后退，沿途遇有晋军的军械库，便破门而入，擅自补给。事为第二战区司令长官阎锡山所悉，大为震怒，乃电请统帅部将川军他调。统帅部接此难题，乃在每日会报中提出。委员长闻报也很为生气，说："第二战区不肯要，把他们调到第一战区去，问程长官要不要？"

军委会乃打电话去郑州给第一战区司令长官程潜，告知此一命令，并老实说出其原委。孰知程潜对川军作风早有所闻，在电话里竟一口回绝。据说，当军令部次长林蔚将此消息报告委员长，并请示办法时，委员长正因南京初失，心绪不好，闻报勃然大怒，说："把他们调回去，让他们回到四川去称王称帝吧！"

白崇禧在一旁听着，便劝解道："让我打电话到徐州去，问问五战区李长官要不要？"白氏随即自武汉用长途电话问我，并娓娓陈述此一事件的经过。此时正值韩复榘不战而退，我无援兵可调之时。我便立刻告诉白崇禧："好得很啊！好得很啊！我现在正需要兵，请赶快把他们调到徐州来！"

白说："他们的作战能力当然要差一点。"

我说："诸葛亮扎草人做疑兵，他们总比草人好些吧？请你快调来！"

白崇禧闻言一笑。川军就这样地调到徐州来了。

邓锡侯、孙震两君，我和他们虽曾通过信，这次在徐州却是第一次见面。邓、孙两君对我个人的历史知道得很清楚，如今加入我的战斗序列，也颇觉心悦诚服。他们所以被调到五战区的原委，他们本人也完全知道。

邓、孙二人见到我便苦笑着说："一、二两战区都不要我们，天下之大，无处容身。李长官肯要我们到五战区来，真是恩高德厚！长官有什么吩咐，我们绝对服从命令！"

我说，过去的事不必提了。诸位和我都在中国内战中打了二十余年，回想起来，也太无意义。现在总算时机到了，让我们各省军人，停止内战，大家同去杀敌报国。我们都是内战炮火余生，幸而未死，今后如能死在救国的战争里，也是难得的机会，希望大家都把以往种种譬如昨日死，从今以后，大家一致和敌人拼命。

随即，我便问他们有什么需要，有没有困难要我代为解决的。邓、孙异口同声说，枪械太坏，子弹太少。我乃立刻电呈军委会，旋蒙拨给新枪五百支，每军各得二百五十支。我又于五战区库存中，拨出大批子弹及迫击炮，交两军补充。两军官兵欢天喜地。适矾谷师团另附骑兵旅、野炮团、重炮营和战车数十辆，自济南循铁路南进，我遂调两军前往防堵。大军出发前，我并亲临训话，举出诸葛武侯统率川军北抗司马懿的英勇故事，希望大家效法先贤，杀敌报国。大军上下无不欢跃。滕县一战，川军以寡敌众，不惜重大牺牲，阻敌南下，达成作战任务，写出川军史上最光荣的一页。

以上所述临沂、滕县两役，都是台儿庄大捷前，最光辉的序幕战。但是这两项艰苦的血战，却都是由一向被中央歧视的"杂牌军"打出来的。这些"杂牌部队"在其他场合，往往畏缩不前，但是到了五战区，却一个个都成了生龙活虎，一时传为美谈。

三

当临沂和滕县于三月中旬同时告急时，蒋委员长也认为在战略上有加强第五战区防御兵力的必要，乃仓促檄调第一战区驻河南补充训练尚未完成的汤恩伯军团和孙连仲集团，星夜增援。首先抵达徐州的为汤恩伯第二十军团，辖两个军（第五十二军关麟征和第八十一军王仲廉）共计五个师（第二师郑洞国、第二十五师张耀明、第四师陈大庆、第八十九师张雪中和第一一〇师张轸）。该军团装备齐全，并配属十五生的德制重炮一营，为国军中的精华。

汤部第八十一军先抵徐州，即乘火车北上支援二十二集团军的作战，不幸滕县已先一日陷敌，迨汤军团全部到达，已不及挽回颓势，只消极地掩护友军退却和迟滞敌人的南进而已。

随汤部之后到徐州的为孙连仲的第二集团军。孙集团军名义上虽辖两军（第三十军田镇南、第四十二军冯安邦）唯该部因曾参加山西娘子关之保卫战，损失颇大。四十二军所剩只一空番号而已，孙连仲曾屡次请求补充，均未获准。其后不久，四十二军番号且为中央新成立的部队取而代之。故该集团军实际可参加战斗的部队只有三师（第二十七师黄樵松、第三十师张金照、第三十一师池峰城）。孙总司令到徐州来见我时，匆匆一晤，我就叫他快去台儿庄部署防务建筑工事。因孙部原为冯玉祥的西北军，最善于防守。我当时的作战腹案，是相机着汤军团让开津浦路正面，诱敌深入。我判断以敌军之骄狂，矶谷师团长一定不待蚌埠方面援军北进呼应，便直扑台儿庄，以期一举而下徐州，夺取打通津浦路的首功。我正要利用敌将此种心理，设成圈套，请君入瓮。待我方守军在台儿庄发挥防御战之最高效能之时，即命汤集团潜进南下，拊敌之背，包围而歼灭之。

部署既定，敌人果自滕县大举南下。汤集团在津浦线上与敌作间断而微弱的抵抗后，即奉命陆续让开正面，退入抱犊崮东南的山区。重炮营则调回台儿庄运河南岸，归长官部指挥。敌军果不出我所料，舍汤军团而不顾，尽其所有，循津浦路临枣支线而下，直扑台儿庄。敌军总数约有四万，拥有大小坦克车七八十辆，山野炮和重炮共百余尊，轻重机枪不计其数，更有大批飞机助威。徐州城和铁路沿线桥梁车站，被敌机炸得一片稀烂。

三月二十三日，敌军冲到台儿庄北泥沟车站，徐州城内已闻炮声。

二十四日敌人开始猛烈炮轰我防御工事，战斗激烈期间，我第二集团军阵地每日落炮弹至六七千发之多。炮轰之后，敌军乃以坦克车为前导，向我猛冲，将台儿庄外围阵地工事摧毁后，敌步兵乃跃入据守，步步向前推进。台儿庄一带，耕地之下盛产石块，居民多垒石为墙；以故每一住宅皆系一堡垒。此种石墙敌人冲入占据之后，我军因无平射炮，又无坦克车，即无法反攻。然我军以血肉之躯与敌方炮火与坦克相搏斗，

11

至死不退。敌人猛攻三昼夜，才冲入台儿庄城内，与我军发生激烈巷战。第二集团军至此已伤亡过半，渐有不支之势，我严令孙总司令死守待援。自二十七日始，敌我遂在台儿庄寨内作拉锯战，情况非常惨烈。

在此期间，我也严令汤恩伯军团迅速南下，夹击敌军，三令五申之后，汤军团仍在姑嫂山区逡巡不进。最后，我训诫汤军团长说，如再不听命令，致误戎机，当照韩复榘的前例严办。汤军团才全师南下。然此时台儿庄的守军已伤亡殆尽。到四月三日，全庄三分之二已为敌有。我军仍据守南关一隅，死拼不退。敌方更调集重炮、坦克猛冲，志在必克。其电台且宣称已将台儿庄全部占领。我方守庄指挥官第三十一师师长池峰城，深觉如此死守下去，必至全军覆没而后已。乃向孙总司令请示，可否转移阵地，暂时退至运河南岸。孙连仲乃与长官部参谋长徐祖贻和参谋处长黎行恕通电话请示。

参谋处来报告，我因汤部援军快到，严令死守，决不许后撤。最后，孙总司令要求与我直接通话。连仲说："报告长官，第二集团军已伤亡十分之七，敌人火力太强，攻势过猛，但是我们把敌人也消耗得差不多了。可否请长官答应暂时撤退到运河南岸，好让第二集团军留点种子，也是长官的大恩大德！"

孙总司令说得如此哀婉，但我预算汤恩伯军团明日中午可进至台儿庄北部。第二集团军如于此时放弃台儿庄，岂不功亏一篑。我因此对孙连仲说："敌我在台儿庄已血战一周，胜负之数决定于最后五分钟。援军明日中午可到，我本人也将于明晨来台儿庄督战。你务必守至明天拂晓。这是我的命令，如违抗命令，当军法从事。"

孙连仲和我仅在他奉调来五战区增援时，在徐州有一面之缘。此时我向他下这样严厉的命令，内心很觉难过。但是我深知不这样，便不能转败为胜。

连仲知我态度坚决，便说："好吧，长官，我绝对服从命令，整个集团军打完为止！"

在电话中，我还指示他说："你不但要守到明天拂晓之后，今夜你还须向敌夜袭，以打破敌军明晨拂晓攻击的计划，则汤军团于明日中午到达后，我们便可对敌人实行内外夹击！"孙连仲说，他的预备队已全部用

12

完，夜袭甚为不易。我说："我现在悬赏十万元，你将后方凡可拿枪的士兵、担架兵、炊事兵与前线士兵一齐集合起来，组织一敢死队，实行夜袭。这十万块钱将来按人平分。重赏之下，必有勇夫，你好自为之。胜负之数，在此一举！"

连仲说："服从长官命令，绝对照办！"

我所以要他组织敢死队的原因，便是根据我的判断。第二集团军的伤亡虽已逾全军十分之七，但是从火线上因抬运负伤官兵而退下的士兵一定不少。他们因为战火太猛没有回到火线上去。重赏之下，必有勇夫。现在我们要利用这一点最后的力量，孤注一掷。

孙总司令和我通话之后，在台儿庄内亲自督战。死守最后一点的池峰城师长，又来电向他请求准予撤退。连仲命令他说："士兵打完了你就自己上前填进去。你填过了，我就来填进去。有敢退过河者，杀无赦！"

池师长奉命后，知军令不可违，乃以必死决心，逐屋抵抗，任凭敌人如何冲杀，也死守不退。所幸战到黄昏，敌人即停止进攻。及至午夜，我军先锋敢死队数百人，分组向敌逆袭，冲进敌阵，人自为战，奋勇异常，部分官兵手持大刀，向敌砍杀，敌军血战经旬，已精疲力竭，初不意战至此最后五分钟，我军尚能乘夜出击。敌军仓皇应战，乱作一团，血战数日为敌所占领的台儿庄市街，竟为我一举夺回四分之三，毙敌无数，敌军退守北门，与我军激战通宵。

长官部夜半得报，我汤军团已向台儿庄以北迫近，天明可到。午夜以后，我乃率随员若干人，搭车到台儿庄郊外，亲自指挥对矶谷师团的歼灭战。黎明之后，台儿庄北面炮声渐密，汤军团已在敌后出现，敌军撤退不及，遂陷入重围。我亲自指挥台儿庄一带守军全线出击，杀声震天。敌军血战经旬，已成强弩之末，弹药汽油用完，机动车辆多数被击毁，其余也因缺乏汽油陷于瘫痪，全军胆落，狼狈突围逃窜，溃不成军。我军骤获全胜，士气极旺，全军向敌猛追，如疾风之扫落叶，锐不可当。敌军遗尸遍野，被击毁的各种车辆、弹药、马匹遍地皆是，矶谷师团长率残敌万余人突围窜往峄县，闭城死守，已无丝毫反攻能力了。台儿庄之战至此乃完成我军全胜之局。

战后检点战场，掩埋敌尸达数千具之多。敌军总死伤当在两万人以上。① 坦克被毁三十余辆，虏获大炮机枪等战利品不计其数。矶谷师团的主力已被彻底歼灭。台儿庄一役，不特是我国抗战以来一个空前的胜利，可能也是日本新式陆军建立以来第一次的惨败。足使日本侵略者对我军另眼相看。

台儿庄捷报传出之后，举国若狂。京、沪沦陷后，笼罩全国的悲观空气，至此一扫而空，抗战前途露出一线新曙光。全国各界，海外华侨，乃至世界各国同情我国抗战的人士，拍致我军的贺电如雪片飞来。前来参观战绩的中外记者和慰劳团也大批涌到。台儿庄区区之地，经此一战之后，几成民族复兴的新象征。我军得此鼓励，无不精神百倍，各处断壁颓垣之上，都现出一片欢乐之情，为抗战以来的第一快事。

四

我军在台儿庄的胜利，在敌人以及国内外的观察家看来，简直是不可思议之事。因我军以区区十余万疲惫之师，在津浦路上两面受敌。敌人来犯的，南北两路都是敌军的精锐，乘南北两战场扫荡我军主力百余万人的余威，以猛虎扑羊之势，向徐州夹攻。孰知竟一阻于明光，再挫于临沂，三阻于滕县，最后至台儿庄决战，竟一败涂地，宁非怪事？

不过仔细分析我军作战的情形，便知制胜之道并非侥幸，主要原因有以下数端：

第一，我三十一军在津浦南段运用得宜。南京弃守之后，我军利用地形，据守明光至四十余日之久，使我在鲁南战场有从容部署的机会。到了敌我双方在明光消耗至相当程度时，我便命令三十一军对敌的抵抗，适可而止，全师西撤，让开津浦路正面，但仍保有随时出击的能力。孰知敌人竟误认我三十一军已溃败，乃将主力北调，一举而陷我明光、定远、蚌埠，拟渡过淮河，直捣徐州。而我自古岛南调的于学忠的第五十一军，适于此时赶到，予以迎头痛击。敌方主力正预备渡河与我死拼之时，我又命令三十一军配合新自江南战场北调的第七军自敌后出击，一

---

① 据统计，台儿庄我军共歼敌军一万一千九百八十四人。

14

举将津浦路截成数段，使敌首尾不能相顾。敌不得已又将主力南撤，与我军胶着于津浦沿线，减少我军在淮河一线的威胁，使我可以抽调原来南下赴援于学忠的张自忠部，转头北上，向临沂增援，充分发挥内线作战的优越条件。

第二，当板垣、矶谷两师团齐头南下时，我守临沂庞炳勋部，适时赶到。以最善于保存实力的旧式军队，竟能与其私仇最深的张自忠部协力将板垣师团击溃，阻其南下与矶谷师团在台儿庄会师。临沂之捷，实为台儿庄胜利的先决条件。

第三，此点也可能是最重要的条件，便是我违背统帅部的意旨，毅然拒绝将长官部迁离徐州。

先是二十七年初，当韩复榘不战而退，津浦正面无兵可守，徐州顿形危急之时，中央统帅部即深恐五战区长官部临时撤退不及，为敌所俘。

二月初，蒋委员长就在每日会报中提出此问题，交军令部研究。后即指定河南的归德和安徽的亳县，让我任择其一，俾长官部迁往该地办公。但是我却大不以为然。因此时敌人南北两战场的重心，正集中对付第五战区，且敌我的态势也已为我军形成了天造地设的内线作战的有利条件。为争取空间和时间起见，徐州的保卫战必须不惜任何牺牲，以期粉碎敌人速战速决的野心，然后才可达成掩护武汉，使有充分时间部署保卫战的重大任务。

再者，徐州铁路四达，尤为电话、电报网的中心。长官部一旦迁往亳县或归德，一切命令与情报全须凭借无线电。而无线电每日拍发电报有一定时间，如此司令长官真等于耳目失聪，如何能指挥作战，更谈不到赴前方督战，鼓舞军心了。况司令长官部的迁移，必然影响民心与士气。重心一失，全盘松动，将不可收拾了。

但是军令部既有此建议，徐州各中央机关都人心思迁，即长官部若干职员也作同样的主张，我也未便公开反对，自想唯有拖延的一法。乃令成立"设营小组"，前往查看归德与亳县的形势，以及长官部和各机关住地如何分配等情，嘱其详细具报。如是，往返费时半月，台儿庄的局面已紧张万分，值此背城决一死战之时，长官部自然更不能迁移了。这一点实在是台儿庄之战的最大关键。当时我如遵从中央命令，将长官部迁出徐州，则此后战局便面目全非了。

第四，便是敌人本身战略的错误。日军在南北两战场将我百余万抗战主力扫荡之后，骄狂无比。我五战区内区区十余万残兵败将，根本不在敌军指挥官的眼里。南北两路主将都以为攻打徐州，也不过是旅次行军。到了南北两路同时受挫，敌人仍不觉悟，满以为只要它认真作战，仍可一举攻下徐州。南北诸将，彼此贪功，不待各路配合便冒险前进，以"先入关者为王"的心情向徐州单独进攻，这样便堕入我所预设的陷阱，被各个击破。

总之，敌人此来，是以"利人土地财宝"的贪兵，来向我进攻，犯下了"骄兵必败"的大忌。我军人数虽少，装备虽差，但是我们是保国卫民与侵略者作殊死战的哀兵，我们在士气上已享有"兵哀者胜"的心理条件。加以我们在指挥上对本军量力而用，上下一心，对敌情判断正确，击其所短，可说是知己知彼，发挥了内线作战的最高效能，故有台儿庄的辉煌战果。综观台儿庄一役的战史，固知制胜之道，初未可幸致也。

徐州会战

一

日军在进攻台儿庄受挫后，原攻临沂败退费县附近的板垣师团，获知其友军矶谷师团残部被困于峄县、枣庄、临城一带，也舍去临沂战场而将主力向西移动，与矶谷残部合流，死守待援。同时敌方统帅部也深知徐州不可轻取，非调集重兵，自四面合围，断难打通津浦线，四月间，敌方遂自平、津、晋、绥、苏、皖一带增调十三个师团，共三十余万人分六路向徐州进行大包围，企图歼灭我五战区的野战军。

敌军这次所抽调的，均为其中国派遣军中最精锐的部队，配备有各种重武器。全军按计划构成数个包围圈，逐渐向徐州轴心缩小包围圈，以期将我徐州野战军一网打尽。

在敌方这种有计划的大规模歼灭战的部署之下，雄师数十万，复辅以飞机数百架，装备窳劣的我军，断难与之抗衡。无奈台儿庄之捷鼓起了我方统帅部的勇气，居然也调到大批援军，想在徐州附近和敌人一决雌雄。

我方首先抵达徐州的援军为周碞的七十五军和李仙洲的九十二军，我命令周、李两军自台儿庄向东延伸。因此时矶谷残部尚死守峄县待援，敌板垣师团已舍弃临沂战场而向西挺进，与矶谷合伙，企图对台儿庄卷土重来，我周、李两军向东延伸，正抵其背。

四月二十日，樊崧甫的四十六军和卢汉的六十军也奉调到徐，我乃调该两军到运河两岸，加强这方面的防御兵力。不久，李延年的第二军和晋军商震部的一师也到徐，乃加入东线。谭道源的二十二军也尾随而至，加入徐州西北微山湖一带的防线。接着石友三的六十九军抵达鲁西，冯治安的七十七军、刘汝明的六十八军也先后到徐，我即令开拔南下，增强淮河北岸的防御力量。

因此，不到一个月，我援军抵徐的，几达二十万人，与本战区原有军队合计不下六十万，大半麇集于徐州附近地区，真有人满之患之态势。而白崇禧从汉口军令部打电话来，还高兴地对我说，委员长还在续调大军向我增援。

我说："委员长调了这么多部队干什么呢?"

白说："委员长想要你扩大台儿庄的战果!"

我说："现在已经太迟了!"

此时我已判断到敌军向我合围的新战略，我方集大军数十余万人于徐州一带平原地区之内，正是敌方机械化部队和空军的最好对象。以我军的装备，只可相机利用地形有利条件，与敌人作运动战，若不自量力与敌人作大规模的阵地消耗战，必蹈京、沪战场的覆辙。当徐州保卫战时，我军元气已有限，类似上海的会战，断不可重演。因此当大军云集之时，我深感责任的重大和内线作战无能为力之苦。

统帅部也深知此役关系重大，不久，白副参谋总长即率统帅部参谋团的刘斐、林蔚等到徐筹划防御战。

敌军自攻占宿县与蒙城两个重要战略据点后，除以少数部队固守宿县外，竟放弃津浦路正面，而循西侧的地区，与蒙城之敌相联系，分途向北推进。

四月中旬，津浦路北段之敌在土肥原等指挥之下，开始自濮阳、寿张分两路强渡黄河，进入鲁西，分别陷我郓城、菏泽、金乡、鱼台，自西北方面向徐州推进；东北方面之敌，则由海道自连云港登陆占海州、郯城，与进占台儿庄和峄县之敌相呼应，自东北方向徐州进迫。

五月上旬，津浦路南面敌人为排除其侧翼常被我军突击的危险，乃以其主力配合大量装甲部队和飞机，向西部闪电挺进，攻占合肥，压迫李品仙十一集团军的三十一军西撤，退守大别山外围的六安县，然后转向我据守淮河中游一带的廖磊二十一集团军第七、第四十八两军防线猛烈攻击，我防守淮河两岸和田家镇、凤台县、寿县、正阳关等重要据点的部队，为避免被敌包围集体歼灭计，乃稍事抵抗即自动放弃，实行化整为零的游击战术，与敌人纠缠，使其疲于奔命。不幸敌人不入我军的圈套，而以其第三、第九、第十三等师团和井关机械化部队，配属大群飞机，作战斗开路先锋，然后循涡河地区向蒙城迈进。同时蚌埠南岸附近的敌军也已抢渡淮河，向北急进。至此，于学忠之五十一军和冯治安的七十七军忽遭受敌军优势力量的压迫，星夜东向皖、苏边境撤退。刘汝明的六十八军原奉命南下增援，师行到夹沟，而战局面貌已非，我遂令该军迅速西向涡阳，突出重围。是时，廖磊总司令见徐州以南津浦路防线已完全洞开，乃调二十一集团军总预备队，师长杨俊昌与周副师长各率步兵两团，驰赴扼守宿县和蒙城两个据点。不料周副师长赶到作仓促布防之际，敌人也已跟踪而至，将蒙城团团围困得水泄不通，敌机械化部队和机群复整日冲击、轰炸。城中房屋火光烛天，变成一片焦土，五月九日蒙城遂陷。后来据少数突围的士兵报告，当敌军猛烈进攻时，周副师长曾数度奋勇反攻，期望冲破重围，无奈敌人火网严密，未能成功，除二十一名士兵乘黑夜蛇行逃出，幸免于难外，其余官兵、伕役、马匹等，则一概为国牺牲。至杨师长俊昌，率所部扼守宿县，因城垣被敌炮摧倒，被迫撤至郊外，损失虽重，尚未全部牺牲。

北上之敌随即切断我陇海路于徐州以西的黄口车站。蚌埠之敌约三个师团于攻破宿县后，也自津浦路的西侧平原向徐州迫近，形成对徐州四面合围之势。

我军为避免与优势之敌作消耗战，也于五月初旬作有计划的撤退。

18

敌军此次来势甚猛，构成数重包围圈，志在将我军一举歼灭。我军为打破敌方此一企图，只有迅速作有计划的突围，脱离敌人的包围圈。然大军数十万仓促撤退，谈何容易！

二

五月初旬，当鲁西与淮河战事同时吃紧之时，我即严令该方面的孙桐萱与廖磊两集团军，自南、北两方尽最大的努力，阻止敌人会师于陇海线并乘敌人尚未合围之时，督率徐州东北方面的孙连仲、孙震、张自忠、庞炳勋、缪澂流诸军，凭运河天险及运河以东地区择要固守，以掩护徐州四郊大军向西、南两方面撤退，脱离敌军的包围圈。一待任务完成，即向南撤入苏北湖沼地区，然后再相机西撤，因敌军的注意力概集中于徐州陇海路西部，因此，我军能安全向苏北撤退。

五月中旬，我军其他各部陆续开始撤退，为避免敌机轰炸，多数部队都是昼息夜行。敌军旋即南北会师，唯阵容不无混乱，且因地形不熟，不敢夜间外出堵截，故我军未脱离包围圈的部队也能自敌人的间隙中安全通过。五月十七日晚，汤恩伯军团及其机械化部队因西线敌人已重重合围，乃改向南撤。其他掩护部队也奉命逐渐向东南撤退。敌军遂自北面迫近徐州，其野炮且已可射入城内，长官部数次中弹起火，幸皆迅速扑灭。我乃迁长官部到郊外城南陈家大屋暂住。然该地仍在敌炮射程之内。一次我命一传令兵向附近传达命令，渠刚离开，忽然一颗炮弹落在司令部内爆炸，此传令兵即应声倒地，我连忙前去将他扶起，只见其血肉模糊，臀部已被炸去一大块。当时情况的险恶，可以想见。

到五月十八日，各路大军泰半已撤退就绪，我乃决定于十八日夜放弃徐州。是晚十一时，我率长官部职员、特务营、中央留徐各机关人员和若干新闻记者，共约千余人，合乘火车一列南开。本拟于车抵宿县后，折向西方撤退，孰料车行方一百华里左右，忽闻前路有猛烈爆炸声，停车一问，才知系我方工兵炸毁铁路桥梁。因工兵误以为长官部列车已过，所以将桥梁炸毁。火车既不能前进，全军千余人只得舍车步行。翌晨抵宿县城北十余里处，汤恩伯军团适亦停止在此，据难民报告，宿县已为敌军所得，不能通行。

汤军团长乃和我作简短会谈。他问我要否将宿县克复，再继续西进。因汤军团此时尚有数师之众，并有十五生的大炮数门随行，克复宿县，可无问题。不过我认为无此必要，我军今日当务之急，是脱离敌人的包围圈，一小城镇的得失实无关宏旨。

汤恩伯并问我要否和他的部队一起向西突围，因为他的军团实力雄厚，不虑敌人包围，我则认为汤军团是我军的精华，此时脱离战场要紧，我长官部和他同行，恐为该军团之累。所以我命令汤军团长即刻率部西行，我本人则偕长官部一行东向绕过宿县。此地是一望无际的大平原，我们这一千余人的小部队，在本国土地上，可以四处行动，敌人断难捕捉我们。同时，我更电令第七军自皖派部队到宿县以南三十里附近接应。

自与汤军团在宿县以北分手之后，我即亲率长官部一行千余人向东南前进。沿途皆有敌机跟踪轰炸，然后在大平原之上，部队分散前进，敌机杀伤力甚小。越过津浦路以西地区后，某次吾人正在一大村落造饭休息，忽为敌侦察机发现。该机兜了个圈子，即行离去。我知其情不妙，匆匆饭毕，即令全体人马离开该村。我们走了不及二三里地，突有敌轰炸机二十余架比翼飞来，一阵狂炸，将该村落顿时夷为平地，而我辈竟无一人死伤，亦云幸矣。又一次，我们在途中被数架敌轰炸机发现，我们遂作紧急疏散，匍匐于附近麦田中，敌机群在我们上空低飞一转，并未投弹便匆匆飞去了。此时，敌机如集中狂炸一阵，则吾辈千余人将无噍类了。又一次在宿县东南，几与敌骑数百人相遇，敌我相去极近，而却"交臂相失"，否则其情况也就不堪设想了。

我们自东边绕过宿县，足足走了一整天，抵达涡河北岸，与第七军来接的部队共一团人相遇，涡河桥梁、渡船皆毁，人、物渡河已感困难，随行汽车数十辆自然更无法携带，乃悉数在河边焚毁。渡过涡河，进入第二十一集团军防地，才完全脱离了敌人的包围。

三

此次徐州会战，我方参战的不下六十万人，敌军总数四十万左右，敌方参谋部显欲将我野战军主力吸引到徐州附近，自四面重重包围，渐次将包围圈缩小，然后一举将我数十万大军悉数歼灭。

敌人再也没有想到，他以狮子搏兔之力于五月十九日窜入徐州时，我军连影子也不见了。数十万大军在人不知鬼不觉之中，全部溜出了他们的包围圈。敌人四处搜寻，仅捉到了我方几个落伍的病兵。其中之一是二十二军军长谭道源的勤务兵。敌人自他衣袋中搜出了一张谭军长的名片，便误以为生俘了谭道源，竟据此大事宣传，闹出了大笑话。

在徐州会战的最后阶段，敌军捕捉我主力的计划是何等周密，其来势是何等凶猛，但是鏖战月余，敌方不仅没有击溃我军的主力，甚至连我方一个上尉也没有捉到。这种情况，在双方百万大军的会战史上也可说是个奇迹。彻底毁灭了敌人捕捉我军主力、速战速决的侵略迷梦。

溯自二十六年十二月十三日南京失守时起，到二十七年五月十九日我军自动放弃徐州时止，我军与南北两路双管齐下的敌军精锐，竟周旋了五个月零六天，使其无法打通津浦路，充分地发挥了以空间争取时间的战略计划。使我大后方有充分时间来部署次一阶段的武汉大会战。到了津浦路保卫战最高潮时，我在台儿庄还打了一个举世闻名的胜仗，把京、沪战后敌军的一团骄气，打得烟消火灭，同时也冲淡了我方在南京失守后的悲观气氛。使长期抗战重露一丝曙光，也延迟了汪兆铭之流的"低调俱乐部"里汉奸们的卖国行动。

四

徐州五个月的保卫战，今日回思虽颇有兵凶战危之感，然在当时环境下，我不但不觉其紧张，且觉生活颇有乐趣，其中数端，也不妨略述于此。

徐州此时是第二期抗战重心的所在，观战的西方各国武官和军事人员，以及国内外慰劳团体的来徐者，川流不息。长住徐州的中外记者、访员、作家也不下百数十人。长官部内终日熙熙攘攘，热闹之至。台儿庄告急之时，敌机更日夜狂炸。我空军既少，防空设备尤差，长官部内仅有一小型防空洞，可容二十人。每逢敌机来袭，洞内总为各种访客和本部少数胆小官员所占用。我身为司令长官，未便和他们去挤作一团，所以每逢敌机临空，我只是走到办公室外，在草地上看敌机投弹，或与二三访客谈战局。有时弹落长官部附近，震耳欲聋，客人每每恐惧至面

21

无人色，而我则能处之泰然，若无其事。军民和一般访客对我的大胆和镇定都佩服得五体投地。正因为我个人的镇静和谈笑自若，使本城的紧张与恐慌的气氛大为降低。

台儿庄战前，一次委员长来徐视察，他就感觉徐州情形危急，一再问我说："你看徐州可以守吗?"我说："请委员长放心，徐州短期内没有问题。如果我能得充足的补充，我可能还要打一个不大不小的胜仗!"委员长虽未多言，但是在神情上，我可看出他是将信将疑。

此外我在平时纪念周上也一再强调徐州没有危险，我们说不定要打一小胜仗来转换转换空气。由于我个人的信心坚定，我的部队上下均充满信心，在徐观战人员及人民均甚沉着。作战五月，步骤未乱丝毫。凡此均足见兵凶战危之时，主将个人的言行关乎全局甚大。古人用兵所谓"指挥若定"，其重要意义盖亦在此。

徐州会战概述

刘 斐[※]

　　徐州会战是抗日战争中继南京保卫战以后的一次大会战。

　　徐州扼津浦、陇海两铁路的交点，是我在南京失守后唯一前进的战略根据地，有向四面八方转用兵力的交通条件。敌人为了打通津浦路，沟通南北战场，并进而窒息陇海路，威胁我平汉路侧方，作进攻我武汉心脏地区的准备，亦以夺取徐州为主要目标，所以敌于一九三七年十二月中旬攻下南京后，即于下旬开始从津浦路南北并进，作攻略徐州的准备。

　　在这次会战中，我担任军令部第一厅（主管作战）厅长的职务，在初期台儿庄大捷时曾在前方协助第五战区司令长官李宗仁指导作战，在后期撤退时又到前方协助指导撤退，对于会战经过略知梗概，但事隔多年，仅凭记忆，许多具体情况不无错漏，请知者多加指正。

会战第一阶段——台儿庄会战的胜利

会战前敌我态势

敌方态势

　　敌占领南京后，其第九师团进出于芜湖附近，以主力对长江上游警

戒，以一部由裕溪口渡长江北岸，循淮南铁路北进。敌第三师团以主力循津浦路北进至张八岭附近停止。另以其一部由镇江渡江经扬州向苏北进犯。以上津浦路南段之敌，自十二月下旬开始积极活动，至一月下旬与我相持于淮河亘蚌埠、明光、高邮各附近之线。津浦路北段方面，韩复榘率所部第三集团军于十二月下旬不战而退至济宁附近的运河以西地区。敌第十师团矶谷廉介所部跟踪南下，先后占领了济南、泰安、兖州等各要点。敌濑谷支队以三个步兵联队及骑、炮、工兵等联队和战车队为基干作为前导，向邹县地区挺进。另敌第五师团板垣征四郎所部，在青岛登陆后，向胶济路进击，有由台（台儿庄）潍（潍县）公路积极南犯会攻徐州的模样。

我方态势

当时第五战区司令长官李宗仁坐镇徐州，因韩复榘让开津浦路，急忙把集结在归德一带的第二十二集团军邓锡侯（孙震代）部移于滕县附近，任津浦路正面的掩护；并从怀远地区调张自忠的第五十九军控置于滕县南侧，为第二十二集团军的后备部队。又把原来在海州担任海防的第四十军庞炳勋部移驻临沂，使统一指挥鲁南各县地方武装，对青岛、蒙阴方面警戒。这时，韩德勤的第二十四集团军，在高邮、宝应一带，拒止由扬州北进之敌，掩护运河的交通。李品仙率所部第十一集团军，并指挥廖磊的第二十一集团军和于学忠的第五十一军等部，拒止淮河沿线的敌人。汤恩伯的第二十军团，辖第十三军、五十二军、六十五军并配属以第二集团军之三十一师及四十四独立旅等部（原属第一战区战斗序列，这时调归第五战区），控置于归德、砀山、亳县一带，为五战区的预备兵团。

我方作战指导概要

当时对如何保卫徐州，在作战指导上是有争执的。一种意见认为南京失守后，我方士气沮丧，而敌方气焰嚣张，为了保卫徐州，应以较多的兵力用于第一线，凭借工事进行持久防御为好。另一种意见，也是我所主张的意见，认为当时国民党部队的编制既不统一，训练装备都很差，战斗力弱，若与装备优势、训练有素、战斗力较强的日军作固定一地的防御战，必然处于被动挨打的状态，肯定是会失败的；再则，自南京失守后，我方士气沮丧，必须选择有利时机打一次胜仗，才能振作士气。而敌此时正是气焰嚣张的时候，它根本不把中国军队放在眼里，甚至公然说他们只要一个步炮混合的战术单位，就可以横冲直撞，达到攻必克、守必固的目的。因此，我估计敌人一定妄想乘一时胜利的余威，行冒险轻进的作战。对付这样的敌人，应该利用我绝对优势兵力的条件和部队装备轻快的特点，大胆实行机动灵活的运动战，于敌分进运动没有合围前实行各个击破。如果敌采取慎重态度，以大兵力向徐州作整体的会战运动时，则我应实行机动防御，控制强大的预备队，确保主动地位，相机乘敌弱点以运动战击破之，以确保徐州。万一津浦全线为敌所有，我也可以从津浦路两侧主动袭击敌人，使敌不能达到安全利用津浦路的目的，还可以掩护我平汉路侧面的安全。

后来敌情的演变，证实以矶谷、板垣两师团的各一部（起初估计只有一个半师团使用于第一线），分别由津浦路北段和台潍公路对徐州实行分进合击时，显然，敌人是妄想以少数兵力轻率地实行外线作战。我当时认为机会难得，应当立即把汤恩伯军团（连同配属部队）调到津浦路正面，乘敌过失实行主动迎击，在运动中打它一个措手不及而歼灭之。

蒋介石采纳了我的意见，命汤恩伯军团先以第八十五军迅速输送至滕县附近支援第二十二集团军之作战，掩护该军团主力和配属部队在运河以北地区实行战略展开，预期在临城东西之线予冒险轻进之敌以迎头痛击而歼灭之，确保徐州的安全。同时命孙连仲率领该第二集团军主力迅速向鲁南输送，以支援汤恩伯军团之作战。对淮河方面之敌，由李品仙、廖磊等集团军及杨森、徐源泉军等分别从正面拒止，并从敌侧后牵制之。苏北则由韩德勤所部拒止敌之攻击。

当以上部署确定后，蒋介石认为这个计划出自我的建议，为了使战区更好地贯彻统帅部的企图，要我赴前方协助李宗仁指导这次会战。当我到前方时，因情况变化很快，滕县已经失守，汤恩伯军团来不及在临城东西之线迎击敌人，就以第二集团军主力在运河之线设防，从正面阻击敌人。汤恩伯军团主力则从台儿庄东北地区对敌实行侧击。

作战经过

先是敌板垣第五师团一部（估计约一个旅团），于一九三八年二月下旬先后陷诸城、莒县，向临沂挺进，妄图牵制我兵力，协助津浦北段正面之敌进攻徐州。我庞炳勋部逐次退集临沂附近求援。

我当时判断敌主力必然利用铁路交通使用在津浦路正面，我为排除尔后在铁路正面对敌主力作战时的侧背威胁，决定先对临沂方面暴进之敌予以各个击破。三月六日，李宗仁令集结在滕县南侧的第五十九军（张自忠部）东移临沂附近。张军于三月九日先遣一旅于十一日到达临沂北侧占领茶叶山要点，主力先后于十三日到达临沂两侧，协力庞军于十四日拂晓向敌反攻。激战至十八日，最后将在临沂以北汤头镇附近负隅顽抗之敌击破。敌向莒县退却，张、庞两军即向莒县追击。这是临沂附近的第一次胜利。

当张自忠由滕县东移时，汤恩伯军团即先遣第八十五军向滕县增援第二十二集团军，并掩护该军团主力的行动，此时汤恩伯军团主力源源东运。津浦路正面之敌于张自忠军东移时，亦立即积极行动，于三月九日起从两下店不断排除我第二十二集团军的抵抗节节南犯，于十六日迫滕县。在此同时，敌另以一部由滕县以东向枣庄南下，当天和集中未毕之汤恩伯部第八十五军先遣队遭遇于官桥附近（滕县南）。这样，汤军主力便来不及展开于临城之线迎击敌人，就令第八十五军尽力保持峄县、枣庄地区，迟滞敌人之前进。汤恩伯军团主力即先以第五十二军和配属之第三十一师（池峰城部）、独立第四十四旅及张轸之第一一〇师等部在台儿庄附近运河之线占领阵地。汤恩伯本人率第十三军（欠第一一〇师）由台儿庄附近渡河，向台儿庄东北山地联系第八十五军向西侧击南下敌之左侧背。这时，第八十五军已让开正面，向峄县、枣庄以东山地转移。沿铁道南下之敌首先于三月十九日占领运河北岸之韩庄，向枣庄南下之敌占领峄县，其搜索部队已进至台儿庄北侧地区。

当时，我们考虑孙连仲部比较善于防守，决定将运河防线完全交由孙部担任。李宗仁即电孙连仲速来前方指挥，命率第二集团军主力由贾汪地区向台儿庄附近运河之线集结，已在运河线布防之第三十一师及四十四独立旅归还第二集团军建制。张轸师仍在运河南岸守备，统归孙连仲指挥。汤恩伯军团之第五十二军亦归还军团建制，以充实右翼打击兵团。孙连仲于二十四日晨四时左右乘黑夜到达台儿庄附近的指挥所，我住在他指挥所附近的一座小庙内。

时津浦路正面之敌，估计最初使用于第一线者为以三个步兵联队及骑、炮、工兵各一联队为基干之加强旅团，而我孙连仲、汤恩伯两部约有十个师，有相当于敌四倍至五倍的优势，故我采取主动迎敌方针。孙连仲部在运河线上的防守，不过是为了从正面阻止敌人，便于汤恩伯军团向敌侧击。且为以后出击便利计，孙部之第三十一师系在台儿庄跨河占领桥头阵地，说明当时我们的企图是积极的。

三月二十三日上午，由台枣支线南下之敌，首先与我第三十一师的骑兵部队接触，不断排除我前进掩护部队的抵抗，到下午五时许迫近我台儿庄主阵地。敌以强烈炮火摧毁台儿庄寨墙北部，用坦克掩护其步兵数百名从缺口冲入，经第三十一师守兵勇猛反击，将突入庄内的敌人击退。二十五日，敌增援猛扑，又有一部突入庄内，被我第三十一师围困于一所庙里，一面封锁寨墙防敌增援。从此敌逐日加强兵力继续进攻，我第三十一师始终浴血固守。孙连仲并以第二十七师由台儿庄右翼联系汤恩伯军团截击敌左侧背。

时汤恩伯军团主力计有第十三军（缺张轸师）的直属部队和一个骑兵团，第八十五军、五十二军的四个师，兵力较敌优势。当时台儿庄附近成为敌我反复争夺的焦点，鏖战达半个月之久，双方死伤甚重。

三月二十七日起，敌又增援猛攻。二十九日，战况最为激烈。这时台儿庄有一半被敌攻占，原先第一批冲据庄内庙宇顽抗之敌已被我歼灭，第二批突入庄内之敌又盘踞该庙宇实行巷战。双方逐房逐屋争夺，各自在墙上开挖枪眼，互投手榴弹，为了争夺一间小房往往牺牲几十人，由于第三十一师官兵斗志昂扬，始终顶住了敌人的猛烈攻击。

激战至四月六日夜，我全线实行夜袭，掀起了台儿庄附近全线的反攻。在这次反击中，我台儿庄西面运河线上的第三十师（张金照）和第一一〇师（张轸）等部，渡河由西面向敌背后的泥沟附近进攻，截断敌之后方联络线。汤恩伯军团主力从东面威胁敌侧。第三集团军曹福林军之一部，亦渡微山湖从北面袭击峄县北方敌之后方交通线。敌于死伤惨重之后，攻击既不得逞，弹药又接济不上，处此四面受敌的地位，被迫停止攻击，乘夜突围向峄县、枣庄地区撤退。李宗仁于四月七日下令向撤退之敌追击。

这是国民党军队自七七抗战以来第一次把敌人从战场打退，并给予敌人以较大的伤亡的一次大会战。当时我以十个师之众对敌一个半师团，兵力占绝对优势。因没有积极掌握战机，故未把敌人彻底包围歼灭。但打退了敌人，总算是空前的一次大胜利。为了鼓舞士气，我当时曾电后方主张扩大宣传，这就是轰动一时的台儿庄大捷。

敌败退后，李宗仁来到台儿庄，我陪他一道巡视台儿庄战绩。他在台儿庄车站上照了一张戎装相。当时有家画报用来刊作封面，大大宣扬了一番。

这时我就转回武汉军司令部去了。津浦路的战局随即转入第二阶段。

会战第二阶段——徐州撤退

台儿庄胜利后敌我双方动态

当敌人在台儿庄附近战败，分由台枣铁路支线和台枣公路突围向北退却时，因汤恩伯军团行动不坚决，其追击部队被敌掩护部队所拒止，致敌终于安全退却。孙连仲部在正面的追击所获战果也不大。敌退到峄县、枣庄地区后，即在獐山、天柱山、黄山、峄县以东地区之线，重新组织抵抗，固守待援。我孙连仲部主力（第三十一师及独立第四十四旅留在台儿庄附近整顿）被阻于獐山东西之线。汤恩伯军团向峄县之敌围攻多日也没有攻下，遂借口第二集团军正面受到獐山附近敌炮兵的侧击，致使进攻受到影响，乃变更部署，改由峄县东北地区向敌侧后实行包围攻击，又被敌由税郭附近的反攻所阻止。汤恩伯又改由税郭东北包围，于是形成延翼对峙之局，使敌争得时间坐待援兵。

在这里要补述一下临沂方面的战况。当张自忠、庞炳勋两军于三月十八日第一次击破进犯临沂的板垣第五师团所部进而向莒县追击后，因津浦铁路正面之敌陷滕县南下，当时为彻底集中兵力击破铁路正面之敌，决定将张自忠军转移于滕县方面。迨张军开始西移时，敌又由莒县方面侵入，庞炳勋军告急，张自忠军不得不又由费县附近回师临沂。在这同时，战区又令在海州方面的缪澂流军（第五十七军）派一个旅增援临沂，归张自忠指挥作战。敌自三月二十五日起向临沂猛攻，张、庞两军与敌激战至二十九日，适缪（澂流）军王（肇治）旅增援到达临沂，就决定于三十日拂晓出敌不意实行反攻。我反攻部队将敌截断为两部分，敌主力被迫向北溃退，其一部窜入临沂西南侧的朱陈，闭寨困守。这是那时张、庞两军在临沂的第二次胜利。

到四月初，敌再由青岛方面增援，对临沂实行第三次攻击，战区又派李仙洲的第九十二军向临沂增援。但李仙洲军还没到达，临沂已于四月二十日失守。敌原来窜在朱陈固守的一股，乘机向汤恩伯军团之侧背向城方面进犯，汤恩伯军团和孙连仲集团军自四月初旬围攻峄县败退之敌以来，已经有两星期之久，只因攻击企图不旺盛，没有乘敌立足未稳，增援没到时，全力猛攻克敌，演成对峙状态。这时进出向城之敌虽为数不多，但汤恩伯立感侧背威胁，便放弃对峄县税郭东北地区的围攻将右翼部队转移于向城东南，重新调整部署，与敌形成对峙，互为延翼竞赛。

统帅部与第五战区在作战指导上的分歧

在台儿庄胜利后，我估计敌人一定不会甘心失败，必将增援反攻。我回到武汉后，经常通电话与李宗仁联系，提起他注意。我还对他说，如果汤恩伯军团不能乘敌援军未到以前一举将败退峄枣地区之敌歼灭，就应该及时调整部署，集结强有力的部队于适当地点，确保主动，准备以机动灵活的部署，再相机打击敌人。但李宗仁总认为"不要紧"，他甚至把增援到来的部队都投入第一线。到了这时，大约是四月二十日前后敌南北增兵，大举再犯徐州的企图日见明显，而汤恩伯军团迁延了攻击时日，已经只有招架之功，毫无还手之力。临沂之敌又有向西与铁路正面之敌会师的可能，这时我提出我的主张：对鲁南作战应改为机动防御，除以一部分军队和敌保持接触外，主力应集结于机动有利的地位，再相机打击敌人；一面于运河线布防，控制强大的预备兵团在徐州以西，俾能及时应付各方面的情况，免陷于被动地位。

这时，李宗仁满想以从既有的阵地线上取胜。蒋介石勉强同意我以上意见，采纳了机动防御及运动战制敌的方针。但在具体部署兵力方面，仍不肯放弃任何地点，而对第一线要求作持久防御部署。当时的部署，我大体记得有以下一些：临沂方面，令张自忠指挥李仙洲军在临沂东南地区牵制该方面之敌；庞炳勋部则调到郯城地区整补，并掩护铁道（陇海东段）安全，孙连仲部主力附张轸部和周碞的第七十五军，在北面的高皇庙（其余地名记不起了）之线占领纵深据点阵地，持久抵抗敌人；控置有力的预备队于南、北洛附近，并应有一部加强台儿庄附近的阵地；以于学忠的第五十一军在孙连仲部的右方占领纵深据点阵地，实行持久抵抗，应以一部占领兰陵镇一带监视向城方面之敌，并应控制强有力的预备队；孙震的第二十二集团军则在韩庄南方任运河的守备；汤恩伯军团（欠张轸师）控制于四户镇、大小良壁地区整补，作为机动的打击兵团；卢汉的第六十军在台儿庄南侧集结；樊崧甫的第四十六军应以一个师控制在徐州，其余主力两个师集结于贾汪、利国驿附近，战区的总预备队计有五个师以上（我记得有李延年的第二军和其他几个师），应控置于砀山、商丘、兰封一带，并以一部位置于丰县，俾便于对付鲁西方面之敌。

我当时总的作战构思，是估计敌人一定会反攻，我为确保主动地位，在鲁南方面应有强大的机动兵团争取在敌运动中予以打击，并固守运河线。战区应以强大的预备兵团位置在徐州以西，以便应付鲁西和皖北的情况。对于第一线的兵力，我以为在敌情没有确实明了以前，只需以一定兵力保持接触。当时为了迁就蒋介石的意见，在兵力部署上对机动部分和总预备的兵力我还是嫌少的，对第一线兵力则还嫌太大。因为我的想法是要有强大的总预备队于徐州以西，则一方面可对付敌从鲁西或皖北的迂回，另一方面纵使敌打通津浦路，我仍可由侧面截击他，使敌不能安全利用津浦路。

上面这个计划，是四月二十一日以蒋介石的名义命令战区执行的。命令下达以后，我就天天追问战区执行的情况，主要是问李宗仁已将预备队和机动兵团抽调出来没有。可是第五战区不仅没有抽调出机动部队来，而且把所有的部队都投到第一线或紧接第一线与敌作延翼竞赛。战线西起微山湖，经白山（张轸师）、獐山、峄县南侧、兰陵镇、向城东南、亘沂河东岸码头镇、郯城之线。第一线正面绵亘三百多里，投入兵力四十多万，一般都摆在运河以北地区。总计当时在鲁南的部队有：第十三军、二十二军、三十军、四十军、四十二军、四十六军、五十一军、五十二军、五十九军、六十军、六十七军、七十五军、八十五军、九十二军及第二军等。在鲁西方面有：第十二军、五十五军、三十二军等部。在韩庄南侧有残破的第四十一军和四十五军。在徐州的有第七军的一部，以及其他特种兵和直属部队等。我提醒李宗仁，认为敌人以少数兵力妄图对我以球心包围是枉然的。但我处于内线作战地位，若不集中有力的机动部队，在利害转换线以前相机各个击破分进合击之敌，也是危险的。我要他在第一线只摆一个掩护幕，在后方控制强大机动兵团，才能确保主动。四月二十日左右，当我提出机动防御的意见时，本想把主阵地带主动调整到运河之线，在主阵地线北方只构成一个搜索幕，机动部队则控制在运河以南及徐州以西地区。因为蒋介石不肯放弃原来相持之线，就成为四月二十一日指示所形成的折中方案。

战局的变化及徐州大撤退

敌我双方经过互相寻求对方侧背作延翼竞赛的结果，我前线多数兵力投入了第一线。这时，苏北之敌已陷高邮、宝应，迫淮阴，并以一部由盐城、阜宁趋海州，转向新安镇方面与郯城南下之敌会合，企图向邳县西进对徐州行战场包围。到五月上旬，敌复采取由徐州远后方实行战略迂回的计划，北面由济宁方面增加兵力向金乡、鱼台，并以敌第十四师团渡黄河向菏泽方面南下。在南面，敌由怀远方面增加兵力，以一股进陷蒙城，向永城疾进，企图以南北钳形迂回在徐州以西截断陇海路，彻底包围我徐州以东鲁南地区的部队。这时敌先后增援到达的部队已有十万以上。在战场出现的番号：在北面，除矶谷第十师团、板垣第五师团外，已发现有第十四师团（土肥原部）、一〇三师团、一〇五师团、一一〇师团及山下、酒井等兵团；在南面，苏北淮河地区除原有敌第三、第九等师团外，也增加了几个预备役师团的番号，如第一〇一师团、一〇二师团、一一六师团、一〇七师团等各一部。很显然，这时我方投在鲁南地区的十多个军的大兵团，如果不迅速采取反包围或脱出包围圈的措施，就有在徐州地区遭受全部歼灭的危险。四月二十一日改取机动防御调整部署的命令，第五战区司令不仅没有执行，还把应该控制的第四

31

十六军投入码头镇地区陷于苦战。汤恩伯军团也不仅没有集结，一直在邳县以北地区，逐渐陷入阵地战状态。到五月十日，当苏北之敌已到达陇海东段新安镇附近与由郯城南下之敌会师，并积极向邳县进出，企图由徐州东面我右侧背实行战场包围时，汤恩伯还向蒋介石建议，准备以六个师的兵力对郯城南下之敌实行攻击。这是一个冒险的计划。蒋介石没有接受汤恩伯的建议，而同意我们所主张的采取反包围或脱出包围圈的意见。五月十日作出的情况判断是：敌向徐州采取包围运动中，我应乘敌兵力分散且离开据点的好机会予以各个击破。第五战区应对鲁南残敌暂取战略守势，以优势兵力先行击灭超越淮河之敌。第一战区（平汉路及陇海中段属第一战区范围）应集中新锐兵团击破侵入鲁西之敌。这基本上是一个积极对敌采取包围的决定，毫没有作迅速脱出包围圈的打算，是我感到不够彻底的地方。如果当时的部队在战斗和战术能力上果能完成战略所赋予的任务，则敌人在台儿庄附近时也好，在峄县、枣庄地区时也好，都有可能遭到彻底歼灭，何至于使敌能安全退却或固守待援呢？现在各部队经过几十天的战斗，死伤相当大，虽然人数上还有相当大的优势，而就战斗力说，我很怀疑能否达成反包围的任务。何况根据五月十日的情况判断所作的具体措施，基本上只合乎我在四月二十一日的方案。当时由于蒋介石的坚持，我也没有办法。

军令部根据五月十日的情况判断，于十一日以命令指示第五战区：第五战区鲁南兵团应即抽调有力一部集结徐州备转用；其余以一部在现地警戒外，适时变换阵地至运河之线以节约兵力（这实际是我在四月二十一日的想法）。同时将各指挥系统和部署酌为变更。当时决定抽调汤恩伯军团及归汤指挥的第二军（辖第三师、第九师）和一个炮兵团集结徐州，以后由汤恩伯率领至徐州以西的孤山集转为陇海兵团，负责击退由淮北北犯之敌。其余在鲁南地区的各部队，除已丧失战斗力的单位抽往归德（商丘）地区整补外，概归孙连仲统一指挥，在运河之线缩短防线固守，称为鲁南兵团。在鲁西方面，由第一战区以第七十四军（俞济时）、第八军（黄杰）、第六十四军（李汉魂）等部编为鲁西攻势兵团，由薛岳指挥，寻该方面之敌主力击破之。原在鲁西的部队由孙桐萱、商震指挥，迟滞该方面南下敌之前进，以掩护鲁西兵团（薛岳部）之集中和展开。这种部署说明当时除以薛岳和汤恩伯两兵团分别对由徐州以西实行南北钳形迂回之敌行反包围作战外，对鲁南方面只是阵地战，比四月二十一日指示较为缩短和后退至运河线而已。在具体措施上，基本上仍是四月二十一日指示的翻版，很难适合当时瞬息万变的情况。

这时，蒋介石对于第五战区司令长官部在作战指导上和统帅部之间的分歧很担心。大约是五月十一或十二日下午，蒋突然给我一个电话，要我立即赴飞机场同他飞郑州一行。当我到达机场时，知道还有军令部次长林蔚同去。我们在飞机上曾对当时的情况有所研讨。蒋承认徐州的状况正处在危险关头，对五月十一日的作战指示是否能贯彻执行很关心。我们进一步研究到，即使贯彻十一日的指示，鲁南兵团在运河的防守，能否保持到鲁西兵团和陇海兵团反包围作战的胜利，也还是问题。我当时还举出苏北之敌用在第一线的不过三千来人，淮北之敌也不过五千来人，竟长驱直进，如入无人之境，则陇海兵团能否迅速击破淮北之敌再转移兵力支援鲁南兵团作战也是问题，希望蒋作下一步的考虑。

飞机到达郑州已近黄昏，我们休息了一会儿，蒋介石马上找我和林蔚谈话，表示他对徐州的情况很担心，深怕李宗仁不马上执行五月十一日的命令，则徐州后方联络线将被切断，以后就更不好办了。末了，蒋介石很郑重地说："我再三考虑，只有我自己亲自去徐州跑一趟，要李德邻赶快行动才好。你们看怎么样？"我估计蒋的本意就是自己不想去，否则，他领着我们一道去就是了，何必再问。因此我表示："委员长亲自去未免太冒险，由我去传达委员长意旨就行了。"林蔚也跟着我："只要我们去就行了。"蒋马上说："你们两人去也好。你们去同德邻说，这个是敌人的大包围，不赶快想办法，几十万大军会丢掉的。你们还要向各级将领讲明白，要他们贯彻统帅部的命令。只要大家齐心，首先各个击破淮北、鲁西方面的敌人，再对鲁南转移攻势，胜利是有把握的，有把握的。"他并说："我已经叫他们准备了一列专车，你们马上就去。你们一路上也要当心。我马上通知沿途各站将领，要他们到车站来向你们报告情况。"

当我们的专车过归德时，已是子夜，俞济时上车来报告敌情，说："敌已离铁道线很近，拂晓前后很可能截断铁路，那你们这次车，就是陇海路上最后一次通车了。"当我们到达徐州时，徐州西北方向敌炮声不绝于耳。我们到第五战区长官部时，东方刚呈现出鱼肚白。我们见到李宗仁，立即把蒋介石要我们来的原因告诉他，并问他接到了五月十一日的命令没有？李说已接到，并表示向下传达。我又提起对四月二十一日指示抽调机动兵力的问题，埋怨他们没有早日行动，以致感到现在很狼狈。李宗仁说："部队拉上去了，好容易能抽下来？"我们再三强调现在情况的严重，应立即采取对策。长官部的幕僚们也陆续来报告了一下当面的情况，并提供执行转移阵地指示的具体部署。随即安排我们先去休息。

等我们睡了一会儿起来时，得到确实情报，证明砀山东面的黄口车站已被敌一部装甲部队占领。这样，第五战区后方唯一交通大动脉被截断了，徐州已处在敌包围中。李宗仁才立即通知各集团军总司令和有关的军长到台儿庄集合，由林蔚和我立即赶赴台儿庄传达蒋介石关于调整部署的决定。当时决定：鲁南地区的新阵地线为右起窑湾、猫儿窝沿运河南岸亘韩庄之线，各部队相机转于新位置，逐步加强工事固守，但对邳县城、滩上镇、加口圩、禹王山、台儿庄等各前进阵地不可过早放弃，抽调李延年之第二军及汤恩伯军团炮兵第四团及一部分山、重炮连，即日到徐州集结待命，尔后由汤恩伯指挥先击破由淮北向徐州西侧进犯之敌，留置鲁南各部队直接归孙连仲指挥。接着李宗仁以司令长官名义任命孙连仲、于学忠为鲁南兵团总、副指挥官，汤恩伯、刘汝明为陇海兵团总、副指挥官，韩德勤为苏北兵团总指挥官，廖磊为淮北兵团总指挥官，李品仙为淮南兵团总指挥官。李宗仁并对主要指挥官指示，如陇海路有被截断可能时，鲁南兵团在陇海兵团与淮北兵团掩护下由永城、蒙城间向太和、亳州转进。

鲁南兵团根据指示，即依次以第四十六军、三十二军、六十军、五十一军、七十五军、二十二集团军（附第一三二师）等，守备从右起窑湾、左至韩庄沿运河线的阵地，另以第二十七师师长指挥的两个师为兵团预备队，位置于卞塘、毛寺附近。汤恩伯于部署留置部队交鲁南兵团统一指挥后，即于十五日经徐州赴孤山集指挥陇海兵团应敌。

自五月十三日敌装甲部队一部窜至陇海路之黄口车站将李庄铁桥破坏以来，由淮河北进至蒙城之敌继续北窜永城，鲁西南下之敌分途陷丰县、沛县、砀山。沛县之敌复向徐州南进，对孙连仲部在九里山一带的掩护阵地猛攻，楚王山被敌占领，并向徐州西面的马山阵地猛攻。徐州东面之敌自五月十七日起向运河全线攻击，一部由猫儿窝、六里庄渡运河与当地守军第四十六军、二十二军激战，迄十八日晨起又先后突破运河车站、台儿庄、禹王山等处阵地，李宗仁命孙连仲相机向萧县以南突围西进。汤恩伯在徐州以西十余公里的孤山集集中抽调来的兵力，部署向淮北到来之敌反攻，到十七日因情况变化，李宗仁乃命其向涡阳突围。

我和林蔚随同李宗仁、白崇禧及第五战区长官部人员，还有当时留在徐州慰劳的一部分各界代表人士，其中有王昆仑、曹孟君夫妇等，于五月十八日在第三十一军和第七军一个师的掩护下，由萧县以南突围向阜阳前进。这时，敌机沿我们的行进道肆行搜索，低飞扫射，我们只好昼伏夜行。有一天，我和白崇禧站在老乡家门口看敌机低飞，连驾驶员的帽徽都看得清清楚楚。敌机飞行员对准门口连续扫射，我们满身都是灰土。由于多日夜晚行军，一路上人困马乏，加以道路泥泞，失足落马的声音此落彼起。随军步行的人们，其辛苦疲劳更可想知。我们大约经七天七夜才到达阜阳，李宗仁在这里设指挥所，收容整顿所部。

孙连仲兵团继我们之后是于十八日晚突围的，我们满以为他一定在我们的后面跟进，只是无法联系罢了。走了几天之后，才知道孙部在转进时互相失去联系，除第六十军、三十军等部突围到淮阴外，其余第二十二集团军、七十五军、五十一军等部，则在孙连仲率领下改向东面突围，经灵璧到泗县集结。除韩德勤、于学忠奉命留在苏北敌后游击外，其他各部后来经五河、定远向六安、潢川西进，各到指定的整补位置。

林蔚同我到达阜阳后，即经周家口、漯河回武汉复命。徐州撤退到此告一段落。

由于在会战第二阶段把多数部队投入第一线，失去确保主动机动制敌的自由，终于日益陷于被动，到被迫撤退时，不但徐州不保，连津浦路侧方的要点也无力保持，没能达到持久消耗敌人之目的，会战就以虎头蛇尾而结束。

徐州会战简述

孙连仲※

我率部在灵宝渡河，开往洛阳。这时李宗仁在徐州布防，韩复榘将自己的部队撤到南阳一带。在开封开会时，韩被扣，所带特务营亦被缴械。内情如何，我一点都不知道。后解往汉口，被判死刑。我到洛阳，钱大钧告诉我此事，我感到很难过。

我到了郑州见蒋委员长，他叫我去徐州见李宗仁长官，他返汉口。我见李后，率部沿津浦路开往台儿庄。我的左翼，是冯治安的七十七军与孙震的二十二集团军，我的右翼是张自忠第五十九军与庞炳勋第三军团。我在中间，守临城至台儿庄一线。

我到达战场之前，张自忠刚刚打了胜仗。此时天气潮热，麦苗上长，我在台儿庄布防。不久，敌人将临沂、峄县、枣庄一线攻下，我变为正面。激烈的战斗随即展开。我们的工事都建造在地下，每处一人或二人，北方土好，可以上小下大，掩护甚为方便。第一次交锋（自三月二十四日至四月三日），我们得了敌人四辆战车与无数火炮，并令第三十师张金照师长率部反攻，驱除侵入的敌人。

那时我们只有两门战车防御炮（德国制），没有马拉，只好用人拉，什么地方发现敌人战车，就拉到哪里，不但苦，而且很不方便。第三十

※ 作者当时系第二集团军总司令。

36

师反攻时，敌人先退峄县，没有站稳，被我们攻入，敌人再退枣庄。但峄县城内留兵一团，凭有利形势，困守待援，使我们久攻不下，彼此损失甚大。敌人自侵我以来，这是第一次大败。

此次会战，日本出动十个师团以上，与我作战的板垣师团（第五师团）与矶谷师团（第十师团）为敌人最精锐的部队，重炮甚多，经此挫败，迫得必须改变战术。而最重要的是我国军民认识到对日本人还可一战。

台儿庄大捷后，新闻记者群来访问我。我拂晓反攻，正面三十师，左边二十七师（师长黄樵松），到下午两三点钟还没有休息，我请记者们去睡觉，独范长江（《大公报》记者）不睡，我走到哪里，他跟到哪里，结果他抢到最早反攻胜利的消息，发往汉口，《大公报》因此而发号外。

四月下旬，敌人开始反攻，卢汉率第六十军到达战场，该军有法国装备，由第五战区长官部直接指挥。该部在运河以南集中渡河，当时卢汉生病，派一位旅长来见我。我劝他打电话给长官部，说这里地方小，敌人的战车又快，这样集结，实在危险。他的参谋处长张某（广西人，说满口北京话）说，这是长官部的命令。卢的第二师（按：为第一八三师，师长高荫槐）赶到，又用同样方式集结。敌人反攻，十几辆战车，将该师冲乱，士兵勇气可佩，把战车包围，但死伤甚重，卢汉为此痛哭。我派兵支援，才算全师没有被敌消灭。

不久接到退却命令，要卢汉挡住正面敌人，我退守九里山，后再命卢守九里山，我先退。卢大哭，焚烧武器，因此我派第二十七师守九里山，让他先退。这时敌人大包抄过来，北边的于学忠部队（按：为第五十一军）也垮了，我们不能打下去，我叫张自忠先退（长官部的命令是卢汉接张自忠，卢不去，所以我让卢先退），我部随着张部退却。我自己在最后指挥，敌人沿着铁路截击，天上飞机来，地下战车跑，我带着战防炮，掩护在村庄里，晚上才敢行动。先退淮阴，韩德勤（第八十九军军长）来接我。我电报中央撤退经过，并收容近万士兵，还有身边所带之第四十四旅（旅长吴鹏举），准备在苏北打游击战。参谋总长何应钦转达委员长的命令，要我在淮阴修一机场，三百米长，一百米宽，修好后再退。

　　淮阴退却之际，我把收容的士兵编为一旅，由我们的副官长做旅长，交韩德勤指挥。我命令第四十四旅掩护撤退。第二十七师、三十师早已撤退，我与参谋长坐飞机走。飞机降落新修机场，用树叶盖好。这时敌机赶来，没有发现目标。我们夜间起飞，用提灯照明跑道，飞周家口降落，再乘车转赴信阳。数日后，第四十四旅经蚌埠附近，穿越敌人防线赶到信阳。

徐州会战片段

樊崧甫※

　　一九三八年二月，日军循津浦线南攻山东，韩复榘弃黄河险阻不守，率所部退却，敌军土肥原部长驱直下，迫近陇海线徐海东段。第五战区司令长官部调孙连仲集团军在临峄支线布防；汤恩伯军团、邓锡侯军队在津浦线布防；张自忠第五十九军在郯城、临沂一带掩护侧翼。三月中旬，滕县川军被围，师长王铭章阵亡，峄县第二十三师师长李必蕃殉难，敌军约一混成旅迫击台儿庄，廖磊集团军警备后方。五战区长官部要求蒋介石调兵增援，决定我第四十六军和卢汉第六十军加入第五战区战斗序列。四月二十一日蒋电令："着樊崧甫率所编野战军团开赴徐州，归第五战区司令长官李宗仁指挥，参加鲁南作战，限于二十三日前到达。"我即率第四十六军军部由潼关东开。

　　车到徐州，往见李宗仁、白崇禧。白在地图上指示作战情况，并说拨给刚到的第九十二师黄国梁部由我指挥。

　　四月二十六日晚，第四十六军军部到达侯家集站。翌晨，我于炮车车站看到黄国梁师长，并和旅、团长一一见面，简单的一谈。午后接到白崇禧电话：庞炳勋第三十九师由临沂撤退红花埠，命第九十二师迅速展开，沿运河布置侧面阵地，掩护右侧后。时将日暮，乃急令黄国梁师

　　※　作者当时系第四十六军军长。

沿运河构筑防御工事，战线达四十五华里。二十八日上午，因敌军未南下追庞炳勋部，移攻我右翼张自忠军。长官部即将二十八师（董钊部）归还军建制，令率二十八、九十二两师向郯城码头镇前进增援。四十六军部队当晚向洵楼前进，行程一百六十华里，两昼夜到达，沿途未遇敌。

五月二日晨，我命第九十二师派兵一团袭攻郯城，其主力与第二十八师联系第五十九军部队，构筑攻击准备阵地，并派队搜索敌情。黄国梁派出一个便衣队向码头阵前侦察，并在狼子湖北端空地上集合全师训话，暴露了目标，遭敌炮兵猛烈袭击。

在我和张自忠军取得了联络，董、黄两师正筑工事之时，敌竟先发制人，乘我阵脚未稳，主力向我第二十八师正面攻击，双方都取攻势，战斗异常激烈。董钊师官兵均为关中子弟，曾在黄河边上游击战、阵地战和日军交手两个月，有相当作战经验，火战、肉搏都无所畏惧。敌军大部被抑留在我阵地前面。有一次，敌人一个中队突入我一个据点，董师以一营兵力兜去，敌大部就歼。但有一排日军钻入一所房屋穿枪眼死守，打了三日夜，我军把屋顶揭开，丢下炸弹，该排全部就歼。激战三昼夜，敌退回原阵地，遗尸遍地。董钊师俘获步枪八百余支，轻重机枪八十余挺，联队长使用的战刀两把，以及太阳旗、千人针两千余件，日记本、照片等甚多。据探报：此混成旅战斗结束，只剩近两千，伤亡过半。检查虏获日记，有记载："出国时上级说'中国兵无抵抗力'。但这次到了战场，敌火力是那么猛烈，一班人死伤得只剩五个。敌人抵抗是那么顽强。今天我还在，明朝不晓得怎么样？啊！生命之危机！"还有记："这次敌人新调来部队战斗力很强，战斗怕难得胜利。"

董钊师进行战场内追击，但日军机关枪交叉火力很厉害，难以迫近。黄国梁师是掩护右侧翼的，敌常用骑兵、坦克来偷袭，均被我机动战车炮击退。我军野炮放列于村口夹弄中，敌机侦察不到，显示了极大的威力。

此后，长官部又以李延年军交我指挥，并抽还第四十九师（周士冕部），另派第十三师吴良琛部增益我军。我以第四十九师进攻码头镇包围敌军左翼，以第二十八、九十二师任正面主攻，以第十三师为总预备队。白日敌反攻，夜间我军袭攻，日军因兵少，常用假人在散兵壕内移动，或用坦克骑兵佯攻。董钊师虽较强，而敌方火网布置周密，射击技能颇准确，配合适当，我军攻至敌阵前，常被火力压迫下来。董钊任过西安警备，将五百士兵编成特勤部队，在黑夜摸进敌阵，偷夺敌人的重机枪，果真偷来了两挺。有一次，特勤部队摸到敌阵后方放了一阵轻机枪，引起敌军自相射击，他们却从间隙摸了回来。

我侦知敌兵力薄弱，曾集中三师全力猛攻，激战终夜，敌所占村落大部被我占领，但因最后据点未攻破而撤回，演成对阵局势相持十余日。我官兵受到敌空军威胁，白天不能大胆行动，步兵不敢对空射击，一意隐蔽，以致日空军越来越猖狂。

五月中旬某日晚，忽接董钊师报告：敌军一大部从张军团的阵地间隙摸入，现正围攻张军团。我急命军直属游击第一支队袭攻敌军侧后，又命预备队第十三师驰援，激战通宵，敌后路被我军截断，窜入之敌，全部被歼，遗尸千余。我还命游击支队追击，这支队是陕西渭南收编的，勇猛异常，以密集部队一拥而前，被敌机枪扫射，伤亡惨重退回。

第六十军赴徐州作战记

卢 汉※

　　七七事变爆发后，全国各族人民一致奋起抗日，云南军民在爱国热潮鼓舞下，欣然从命。地方当局即将原有部队——近卫一、二两团，炮兵团，工兵团，机关枪大队，高射炮大队及交通兵，护卫骑兵大队第十四个步兵团和几个特种兵部队改编成第六十军，一九三七年九月初整编成立，于农历重阳那天在昆明南郊巫家坝举行誓师大会，受到昆明各界各族人民的热烈欢送。十月十日，部队由云南经贵州入湖南，徒步行军四十余日，到达常德集中待命。

　　十一月尾，蒋介石令我军由浙赣铁路东开浙江，准备调往南京，部队到金华、兰溪、杭州、上饶、南昌一线集结。驻未旬日，杭州、南京相继沦陷，我又奉令率部折返南昌，至九江，溯江上驶，一九三八年元旦到达武昌。

　　接着，在孝感、花园一带，部队通过整训，扩大了军部及军直属队，增编了三个补充团，拨给汽车二十余辆以及德造手枪八百支，子弹十余万发。还配属我军以后方医院，专门负责收容第六十军伤病官兵。

　　当时，我军和许多抗日救亡团体有联系，一些抗日演剧队、歌咏队、电影队应邀来为我军官兵演话剧，办壁报，画漫画，教唱抗日歌曲，放

　　※　作者当时系第六十军军长。

映有关抗战的电影。电影制片厂的摄影师和新华社、大公报记者均随军工作。值得特别提出的是，冼星海同志给我们作了一首《六十军军歌》，最受官兵们的欢迎。歌词如下：

我们来自云南起义伟大的地方，
走过崇山峻岭，
开到抗日战场。
弟兄们用血肉争取民族的解放，
发扬我们护国、靖国的荣光。
不能让敌人横行在我们的国土，
不能任敌机在我们领空翱翔。
云南是六十军的故乡，
六十军是保卫中华的武装！
云南是六十军的故乡，
六十军是保卫中华的武装！

一九三八年四月，日军大举增兵鲁南，准备攻略徐州。第五战区司令长官李宗仁要求蒋介石指调第六十军增援，蒋介石命陈诚找我商谈，我知道对鲁南的战局已作了新的部署，我表示同意服从调遣。四月十九日，部队乘火车开拔，向徐州进发。

大战前敌我态势

日本侵略军占领南京以后，对蒋介石采取诱降政策，企图通过谈判以实现其侵略野心；同时日军进展太速，占地太广，一时消化不了，不能不暂时停止攻势。就在这个时候，李宗仁来到徐州，指挥津浦线战事。其作战部署是：以桂军廖磊军团为基干，配合其他军队，利用淮河、沘河、浍河等地障碍，阻止沿津浦路北进的日军；以庞炳勋、张自忠等部守临沂、苍山之线，堵击由胶济路西犯的日军，以孙震军团守津浦路的韩庄，利国驿沿运河南北地区，孙连仲军团守台儿庄，阻止沿津浦线南下的日军，而把孙桐萱、曹福林、石友三部配置于郓县、巨野、金乡一带，防止日军从鲁西向徐州迂回。尔后又由河南调汤恩伯军团到邳县、郯城地区，作为机动力量，策应各路守军。这样部署的目的，在于阻止敌人打通津浦线，并固守陇海线，以保卫徐州。

在华北方面侵华日军的部署是，由寺内寿一统率，分为三个军团，以小敏四郎为第一军团司令，担任晋绥战区指挥；以香月清司为第二集团司令，指挥平汉路战事；以板垣征四郎为第三军团司令，指挥津浦路战事，进攻徐州。每个军团各以两个精锐的师团为基干，并配以特种兵和飞行队以及若干伪军。其作战计划是，把重点放在津浦线上，集中主力于鲁南，企图与由浦口滁县北上的日军南北呼应，攻取徐州，打通津浦线，并击破我在陇海线的兵团，然后与华中战区松井石根统率的日军南北并进，会师武汉。

为了实现这一企图，一九三八年三月初，华北日军以板垣征四郎率领的第三军团沿津浦铁路南下，集中主力于鲁南，进攻徐州。三月下旬敌军板垣、矾谷两师团各以一部，分为两路进犯，一路沿津浦线攻韩庄，一路沿临枣台支线攻台儿庄。如果其计得逞，即由台儿庄右旋回以攻徐州。当时我国军队集结鲁南的兵力达十余万人，在数量上处于绝对优势。进攻台儿庄的日军于三月二十三日攻到台儿庄附近，二十八日攻占台儿庄西北高地，一部冲入台儿庄北门，据守台儿庄核心阵地的池峰城师坚持抵抗，牺牲极为壮烈，同时汤恩伯部又由台儿庄东北的大、小良璧向峄县以东迂回，敌人见势不利，乃于四月六日撤退。

日军从台儿庄败退到峄县后，一面固守该县的獐山、双山、九顶山一带，与我军对峙，一面从国内和华北、晋绥各战区调集援军。旬日之间，敌军集中于鲁南者有九个师团，其中包括号称日军最精锐的板垣第五师团、矾谷第十师团和土肥原第十四师团，加上伪军刘桂堂、张宗瑗等部，共计达十余万人。敌人发动侵华战争以来，在一个战场集中如此之多的兵力，还是头一次。

日援军集中鲁南以后，即分兵三路进攻徐州：一路从临沂、台东方面西犯，一路从临城沿津浦路南犯，这两路作为助攻，而以主力出临枣支线攻台儿庄。敌人所以把台儿庄作为攻击重点，其原因有二：一是在地形上，韩庄以南，山地重重，进攻较难，而台儿庄以南，地势平坦，便于使用机械化部队，进攻较易；二是在战略上，攻取台儿庄，既可以截断临沂我军的退路，又可以瓦解津浦路正面我军的抵抗，从而可以顺利攻取徐州。

四月中旬，敌军开始以主力板垣、矶谷两师团及伪军刘桂堂部约三万余人，再犯台儿庄。日军这次卷土重来，事前有周密的准备，使用了当时所拥有的大量陆、空作战现代武器，志在必得。

战斗开始，日军进攻猛烈，不到旬日就攻到台儿庄东北四户镇、小良璧、兰城店以北之线。我台儿庄正面第一线之于学忠、汤恩伯等部，阻止不住日军的猛攻，台儿庄危在旦夕，李宗仁命令第六十军先后于四月二十一日到达目的地。

陈瓦房地区遭遇战

第六十军除新编各师工兵营、辎重营及军直属山炮营留湖北花园整训外，其他官兵都于四月十九日搭车北开民权、兰封集结，二十日夜到达指定地点，未能下车，于二十一日午后陆续经过徐州，直开台枣支线的车辐山车站下车。

部队出发之后，我从武昌珞珈山军官训练团转回孝感军部，于四月二十日午后得到军令部改调我军到徐州的通知，即在当晚六时乘专车赶过部队，途中每遇我军列车，即令经开徐州。我于二十一日上午先部队抵达徐州，即往见李宗仁，适副参谋总长白崇禧亦在徐州襄赞指挥军事。李宗仁告知，台儿庄东北前线吃紧，我军来得正好，即令归第二集团军总司令孙连仲指挥，部队速到台儿庄东南面运河北面集结。白崇禧插话说，台儿庄情况，前几天很紧，目前已趋缓和，六十军最好要在二十四日以前集结完毕。离开长官部之后，我又往晤孙连仲，孙说，敌军攻势虽猛，但我们打得很好，局势已趋稳定。命我军集结在于学忠第五十一军右侧背之邢家楼、陶沟桥、蒲汪、东庄地区，作为第二线部队待命。李宗仁说话比较直率，白崇禧、孙连仲均未将台儿庄当时真实敌情见告。正当我军到达集结地的途中，于学忠、汤恩伯两部已经转移，遂使我军未曾展开即与突入之敌不期遭遇。

先是我在徐州接受任务之后，即下令我军各师，以第一八三师在右，集结于陈瓦房、邢家楼、五圣堂、小庄地区；第一八四师在左，集结于台儿庄以东陶沟桥、孟庄、马家窑、丁家桥地区；第一八二师在右后，准备做预备队集结于蒲汪、辛庄、戴庄、谷堡地区；军指挥所设在东庄。

四月二十二日拂晓前，第一八三、一八四两师及第一八二师之郭建臣旅和军部先后在车辐山车站下车，第一八二师师部及高振鸿旅在赵墩车站下车，部队分别向指定集结地点前进。我到车辐山站，知于学忠指挥所设于车辐山圩，立即往晤。于学忠告知，台儿庄东北第一线战斗吃紧，嘱我集结后，赶快准备战斗。但对第一线撤退情况，则隐而不言。拂晓时，我部队陆续渡过运河。约在午前八时，军指挥所抵运河之黄家楼，而东北方向枪炮声大作。旋得第一八三师师长高荫槐报告，该师先头杨宏光旅行将到达陈瓦房、邢家楼、五圣堂时，突与敌军遭遇，现正与敌激烈战斗中。我当即命令高荫槐师迅速展开，抢占要点，坚决抵抗。同时，即在黄家楼设立指挥所，立即建立全军通信网，派出参谋命令第一八二、一八四两师速到集结地构筑工事，迎击来犯之敌。

这时，汤恩伯部向大良璧东南撤退，其左翼陈养浩部已退至岔河镇附近。于学忠部右翼第三七七旅退至台儿庄东陶沟桥、浪沧庙附近，两翼友军向左右后撤，形成一个大缺口。敌人乘虚以步兵约两个联队四五千人，炮三十余门、坦克二十余辆联合扩大突破口南犯，适与我第一八三师不期遭遇于陈瓦房、邢家楼、五圣堂之线。

遭遇战开始于陈瓦房，再左延于邢家楼、五圣堂。第一八三师先头部队杨宏光旅之潘朔端团尹国华营首先与南下之敌遭遇，敌军先头部队约一个大队，其前方搜索小队已进入陈瓦房，并向我尖兵开始射击，尹营长立即率尖兵连奋勇地以火力消灭了陈瓦房小股敌军，抢占了陈瓦房。敌军后续部队蜂拥而至，坦克七八辆伴随步兵，将陈瓦房包围，以坦克火力掩护反扑。尹营进入陈瓦房后，拒敌前进。使后续部队得以展开。凶猛的敌军在坦克火力掩护下，由四面向陈瓦房逼近，尹国华营官兵与敌激战，双方反复肉搏，敌军未能攻入陈瓦房。该团团长潘朔端立即率一个营前往增援。这时，敌军一面以炮兵火力拦阻我增援部队前进，一面派部队绕过陈瓦房，直犯小庄。潘朔端团与敌在小庄附近地区展开激战。烟尘弥漫，火焰冲天。敌军进占陈瓦房后对小庄方面攻势突猛，我潘团团附黄云龙阵亡，团长潘朔端负重伤。据当时尹国华营从敌阵中冲出的士兵陈明亮汇报，陈瓦房被敌军包围之后，全营官兵与四面冲入之敌白刃争夺，奋不顾身，营长阵亡。战至最后只剩十余人，由班长率领向西南突围，在村缘又遭敌军追击，仅陈明亮一人生还，全营官兵五百余人壮烈殉国。在这一遭遇战中，由于该营坚决果敢地阻击敌军，赢得了全军备战的时间，在整个战斗中，起到了很大的作用。

　　陈瓦房与敌遭遇的同时，邢家楼、五圣堂地区相继展开战斗，我第一八三师陈钟书旅奋勇前进，先敌抢占了邢家楼、五圣堂，经过反复搏斗，到下午一时，后续部队到达，稳定了阵地，战况逐渐好转。约在下午四时，敌军又发动第二次进攻，先以猛烈炮火轰击，继以步兵冲锋，遭到我军阻击，伤亡甚多。战至五时左右，当前之敌已有不支模样。这时我旅长陈钟书亲到前线，指挥部队猛烈冲杀，进入敌阵，与敌短兵相接，喊杀之声，震动大地。时敌阵大乱，纷纷向后溃逃。此时忽有敌军骑兵一部绕至我军左翼二三百米处向我奇袭，敌军射击时始被发觉。当时陈旅长命左翼部队注意驱逐，其他部队继续前进。不料这一瞬时，陈钟书旅长头部被敌击中要害，登时倒地，但仍不断大喊冲锋。后为参谋主任白肇学背负后送，当晚伤重牺牲。邢家楼、五圣堂战区战斗两日，敌军伤亡很大，未能前进一步。由于顿挫了敌军的攻势，堵住了缺口，于学忠、汤恩伯部的阵地得以重趋稳定。我第一八二、一八四两师亦得在集结地加紧构筑工事，作好战斗部署。

　　小庄激战之后，于当夜不守。二十三日我杨宏光旅严家训团在凤凰桥、五窑路与敌展开战斗，激战终日，营长丁图远率队奋勇冲杀，中弹阵亡，午后凤凰桥亦为敌所占。

　　在小庄陷落之后，由四户镇、小良璧撤退下来的汤恩伯军团及其右翼陈养浩部又退至我第一八二师右侧后之西黄石山地区。敌军之后续强大部队乘虚而来，向我集结于蒲汪、辛庄、戴庄、后堡地区之郭建臣旅猛烈袭击。二十三日拂晓蒲汪之杨炳麟团、辛庄之龙云阶团与敌先后展开激战，敌以坦克掩护步兵猛扑，经我击退。在凤凰桥弃守之后，战斗尤烈。辛庄龙团之营长辛朝显于反复冲杀中阵亡。蒲汪一个重机枪阵地，战至傍晚，只剩一个机枪手杨正发，负伤不肯后退。以一挺机枪堵击敌人，守住阵地。团长杨炳麟亦负伤。迫击炮排长靳家祥以迫击炮掩护吕建国的步兵接近敌军阵地，用集束手榴弹毁敌坦克数辆，毙敌十余人。后遭敌军坦克大队围攻，吕建国、靳家祥两排长和士兵二十余人全部殉国。

这两天的战斗，敌人是主力进攻，我军是固守阻击。地形开阔，有利于敌人机械化部队活动，而我军只有步兵轻重武器，阵地大多平坦，右依泇河，左靠台儿庄，背临运河，已形成背水为阵。战斗开始之后，我到前线查看，发觉防御工事薄弱，即下令各师不分昼夜加强工事。并命各部队坚守防地，不能擅自撤退。一面报告长官部说明我军山炮太旧，已送武汉修理未随部队进入战场，请调配野炮一个营，战防炮一个连，加强作战火力，得到了李宗仁的同意。二十四日配属炮十六团一个营赶到，其余于二十五日以后亦陆续来到。

两日以来，我军在陈瓦房、邢家楼、五圣堂、蒲汪、辛庄一带地区阻敌前进，敌军死伤累累，我阵亡官兵大都死事甚烈。第一八三师旅长陈钟书，在军中素有勇将之名，此次出征，常语同事："数十年来，日本人欺我太甚，这次外出抗日，已对家中作过安排，誓以必死决心报答国家。"严家训团连长黄人钦，在凤凰桥战斗中阵亡，在其身上发现一封致新婚妻子的遗书，其中一段写道："倭寇深入国土，民族危在旦夕，身为军人，义当报国，万一不幸，希汝另嫁，幸勿自误。"举此二事，足见我军官兵为争取民族解放不惜牺牲的爱国精神。

五圣堂、蒲汪一线争夺战

四月二十三日晚，战局已转入相持阶段，持续达十天之久。敌我双方投入战斗的兵力约达七万余人，敌军三万余人，伪军五千余人，我军三万余人，在不到四十平方公里的土地上往复厮杀，逐村争夺。这时我军原在台儿庄东南面运河北面的集结地，由于陈瓦房、小庄、凤凰桥在遭遇战中为敌攻占，形成了左起台儿庄东北之陶沟桥、马家窑、李庄、五圣堂、邢家楼、五窑路，右至辛庄、蒲汪、西黄山之线的第一阵地，与敌在犬牙交错的状态中对峙。

是夜战况无变化，我下令第一八三师在东庄、火石埠及第一八二师在杨庄、后堡、湖山、窝山之后方部队构筑第二道防线，加强工事。并命令第一八四师于二十四日晨以一部由陶沟桥向五圣堂以北方向出击，牵制敌军对五圣堂的进攻。其余部队乘夜转移，于二十六日以前占领禹王山阵地，构筑工事，准备迎击来犯之敌。

二十四日晨敌军向我第一线大举猛犯，先以飞机轰炸，继以大炮向我五圣堂、邢家楼、五窑路、辛庄、蒲汪阵地猛烈轰击，继以坦克三十余辆掩护步兵冲锋。五圣堂、邢家楼、辛庄、蒲汪民房大半被毁，我军官兵当敌炮轰击时，隐蔽在村前工事内，不动声色。俟敌坦克步兵临近我军阵地时，即一跃而起，发动反冲锋，以集束手榴弹毁敌坦克，五圣堂、邢家楼来犯的九辆坦克，有五辆被我击中起火。我军又以轻重机枪猛射敌步兵，直向敌人发起冲锋，展开白刃战。自晨至暮，敌人轮番进犯十余次，均为我军击退，敌人攻势大为减弱。入晚邢家楼守军杨宏光旅之常子华团与敌激战，伤亡过半，团长常子华负伤。敌大部队向我猛冲，五圣堂、邢家楼相继撤守。常子华团退守东庄，同时，辛庄也为敌攻陷，我郭建臣旅之团长龙云阶由后堡夜间率队增援，与敌相遇，短兵相接搏斗，黑暗中被日军以刺刀刺死。

四月二十四日晚，蒋介石到车辐山车站，电话通知我前往谈话。蒋介石说，台儿庄的得失，有关国际视听，必须以一个师坚守。我只得改变原计划，令第一八四师以一部在原阵地大部进驻台儿庄，加强工事。转移禹王山的命令则暂不实施。关于我军兵力部署，我去前线视察时，曾在丁家桥与张冲师长研究，张冲师长建议，敌人向我右翼猛攻，企图从我右翼突破，直下切断陇海线。台儿庄只有一道砖墙，工事不坚，敌人在此已吃过亏，只要守住禹王山，就能保住台儿庄。禹王山不守，台儿庄也守不住。我认为张冲师长的意见是很符合当时实际情况的，当即下令第一八四师向禹王山转移，但蒋介石又下令坚守台儿庄，随即派军委会高参胡若愚到我军协助指挥军事。

二十四日晚，长官部配属的炮兵陆续到来，我以一个野炮营配置在梁家庄，配合我在马家窑、东庄一带的守军作战。以一个重炮营配置在板埠，配合我在火石埠、后堡一带的守军作战。战防炮连则配属于第一八二、一八三两师在第一线参加战斗。经过这番部署，战斗力有了一定的加强。

二十五日敌人改变了战法，凌晨出动飞机十余架，向我东庄、火石埠、后堡阵地逐点轰炸，接着又放出探测气球，指示炮兵进行系统的轰击。我炮兵还击，展开了一场激烈的炮战。经过这一番猛轰滥炸之后，东庄、火石埠火光熊熊，阵地几全被毁坏。敌军继之以坦克掩护步兵，与我守军逐村争夺，我军虽伤亡甚大，但仍固守阵地。战至薄暮，我东庄、火石埠虽击退敌军，而后堡已经弃守，蒲汪突出一角，右翼第一八二师战斗将近到湖山、窝山、戴庄、西黄山之线。以第一八二、一八三师存在的兵力，只能固守第二道防线，我乃决定下令撤至第二道防线，继续进行抵抗。

二十五日夜孙连仲转来李宗仁命令，令台儿庄全线守军于二十六日全面出击，消灭进入台儿庄以东我袋形阵地的敌军。以于学忠部向东，汤恩伯部向西，封锁袋口。第六十军向北，合力歼灭进占邢家楼、五圣堂、五窑路、蒲汪、辛庄地区之敌。

我即令第一八二师以一部由右向辛庄、蒲汪出击，大部坚守阵地；第一八三师以一部向五圣堂、五窑路出击，大部坚守东庄，并接替第一八二师火石埠的阵地。配属炮兵准备火力，制压蒲汪附近之敌炮兵，支援第一线步兵出击。

二十六日晨，我第一八二、一八三两师在我炮兵掩护下，向指定目标出击，为敌火力所阻，仍退回原阵地。于学忠、汤恩伯两部出击受阻亦退回。

接着敌以步兵、坦克、炮兵联合向我东庄、火石埠之线大举进攻，由于我防御设施有了改善，当敌炮轰时，我军隐蔽不加理会，待敌人坦克和步兵临近阵地时，我战防炮突起猛射，步兵立即跃出战壕，向敌军猛冲。敌军猝不及防，来犯之九辆坦克，有五辆被我击中起火，其他四辆慌忙后退。同时我梁家庄及板埠之炮兵也集中火力向五圣堂、邢家楼、辛庄一带猛轰，封锁敌军窜犯要道，阻其增援。这时我东庄守军杨宏光旅严家训团及常子华团、火石埠守军原陈钟华旅之莫肇衡团乘机反击，集中轻重机枪、迫击炮、手榴弹全部火力向敌猛射，敌军犹拼命抵抗，但大部被我消灭，遗尸累累，我亦伤亡甚大。

傍晚，敌又集中炮兵火力，猛击我东庄、火石埠阵地，持续达一小时之久，发射了五千多发炮弹，尘土腾空，不见天日，整个东庄已夷为平地。守军团长严家训在战壕中巡视时为敌炮破片击中，伤重牺牲。在敌炮击停止之后，敌人步兵猛烈夜袭，通宵激战。东庄敌未得逞，而冲入火石埠，双方搏斗，我军终将突入之敌，消灭过半，少数退逃。拂晓前，敌军再度冲入火石埠阵地，与我守军进行肉搏，团长莫肇衡英勇冲杀，中弹倒地，后送途中以衣蘸血书"壮志未酬身先死"七字于道旁石上，旋即牺牲。我守军原陈钟书旅之副旅长马继武乘敌人进占立足未稳之际，率部猛攻，又夺回火石埠阵地。

湖山、窝山方面之高振鸿旅在午前出击时，董文英团为敌火力所阻，退回湖山，敌人尾随于后，入夜冲入湖山，团长董文英与敌在混战中阵亡，代理团长陈浩如率部增援，又阵亡。守西黄山之一个营，掉在敌人后面，陷于孤军作战，于五月初始撤回。当晚湖山、窝山、戴庄亦相继弃守。

二十七日午后，敌军调集更多的兵力续犯我台儿庄正面之东庄、火石埠。东庄是敌人攻击之重点，企图中央突破，直取台儿庄。是日傍晚，敌人集中几十门大炮火力轰击东庄、火石埠，我由电话嘱守东庄之杨宏光旅长，迅将部队撤至东庄前面，隐伏于麦田之内，避开敌人的炮击，相机打击敌军。当敌军炮击一停，我守军立即做好战斗准备。不久，敌军大部队果然涌至，距东庄约一千米处，敌军先以火力试探，我军隐伏不动。敌军行至约五百米处，发起冲锋，我军仍隐伏。骄横的敌军此时以为我守军已全部被敌炮轰光，就一齐蜂拥而来。我守军中之张仆强、陈开文两个营行动机敏，等敌人到达五十米之内，一声号响，伏兵齐起，轻重机枪，集中猛击。敌人措手不及，乱成一团。接着展开肉搏战，不到半夜，敌人约一个大队几乎全被消灭。俘获敌轻重机枪五十余挺，步枪七百余支，战刀三十把，其他地图、文件、护身符、千人缝等甚多。

敌人正面突破台儿庄之计既不得逞，于是改变进攻方向，集中全力，重点指向禹王山猛攻，企图一举攻占禹王山，切断陇海铁路，直取徐州。

此后，我军从四月二十七日起，在以禹王山为中心的东庄、火石埠、李家圩及赵村、房庄、胜阳山、亘洳河地区，同日军进行了一系列的激烈战斗，分散了敌人的兵力，遏制了敌人的攻势，我军也遭受了重大牺牲。战斗至五月十四日换防整编才结束。

徐州撤退

日军攻占台儿庄直下徐州的企图，由于我军的奋勇抵抗，未能实现，乃改变作战计划，对台儿庄战场采取守势。直至五月十四日，我军与敌第五、十、一〇三、一〇五、一一〇等师团之各一部对峙于台儿庄及其东西之一线。这时敌军主力从津浦铁路南北两段，企图向徐州大迂回，一举而歼灭我徐州地区的数十万大军。日军早于五月初即已开始行动。津浦线北段之敌第十四及第一一四两师团由鲁西济宁向金乡、鱼台南犯。津浦线南段之敌第一〇二、一〇七、一一九等师团之各一部由皖北蚌埠渡过淝河，向固镇、宿县北犯。战局已经发生急剧变化，而蒋介石还没有对新的局势采取新的部署。五月中旬，北段之敌窜至丰、沛，切断陇海铁路黄口车站，炸毁铁桥，南段之敌渡过浍河，占领固镇，逼近宿县。并分兵陷蒙城、涡阳、永城，徐州已陷入敌人的大包围之中。蒋介石见局势急转直下，乃下令鲁南各军于五月十八日向西南撤退。

我军于五月十四日接到长官部交防的命令，由第一四〇师王文彦部（贵州新编部队）接防。当天晚上，全军开始行动，从禹王山一带阵地逐次撤退，敌军不知我虚实，亦未追击。十八日拂晓，全军撤至运河西岸车辐山东南之边山羊地区。王文彦师亦奉令随我军之后向西转移。

我军经过二十七天的苦战，部队必须整理，乃在边山羊地区停留一天，进行整编。第一八二与第一八三两师伤亡较大，每师各缩编为一个团。第一八二师编的一个团以余建勋任团长。第一八三师编的一个团，因团长有的阵亡，有的负伤，乃以第五四一旅副旅长肖本元兼任团长。第一八四师编留曾泽生、杨宏元、邱秉常三个团，归第五四三旅旅长万保邦率领，所编各团统归张冲师长指挥。第一八二师师长安恩溥回云南补训新兵,第一八三师师长高荫槐率编余军官随军部行动。我军在昆明出发时,原有十二个团,官兵共有四万余人,经过这次战役,伤亡已过大半,现在仅剩两万余人,中上级军官伤亡亦大,计旅长阵亡一人,负伤一人,团长阵亡四人,负伤三人。经过整编,虽仅余五个团,仍有一定的战斗力,在以后的突围过程中,还能冲破日军的重重包围和多次阻击,终于到达河南周家口集中。

五月十八日傍晚,我军整编刚告结束,孙连仲转来李宗仁的命令,令我军急向徐州以东约四十华里之汪庄集结待命。部队正准备出发,孙连仲忽然又来电话,指派我军守卫徐州,掩护鲁南兵团撤退。接着又送来笔记命令,附徐州附近五千分之一国防工事设施要图一份。这时日军对徐州的包围圈越缩越小,陇海、津浦东南西北四面铁路线已被切断,敌机在市区整天投弹轰炸,我鲁南二十几万大军又都涌到徐州,挤在徐州至宿县公路的狭长地带,各自夺路,这时李宗仁亦已离开徐州。临行前下令第六十军守卫徐州,并将徐州中央银行来不及搬走的小额钞票,拨给我军三个月伙食费二十二万元,命令我于徐州不守时,即进行游击战。

遵照命令,我率部队立刻急行军向指定的汪庄前进,预计五月十九日晨到达。这时来自西南方面的枪炮声隐约可闻。我遂决定派第一八四师杨宏元团先到徐州西郊段庄一带布防,掩护友军撤退,然后将我军分为三个纵队,由张冲师长率领,向徐州以南的大五柳集、屠家庄地区集结。我则偕部分参谋人员先至徐州,勘察地形,规划守卫徐州的部署。我先到战区长官部,院内空无一人,军政机关亦早已撤走。我失望之余,只好赶往九里山视察工事。我沿阵地看了一周,只有十几处钢骨水泥筑成的机关枪掩体,而且仅布置在北面,东南西三方均无防御设施。我又离开九里山到徐州市区,这时敌军已攻陷萧县,敌人的炮火已打到徐州西郊。敌机终日轰炸,火光熊熊,行人稀少,交通要道已无大部队通行,唯有零星散兵向南奔跑,道旁负伤官兵则卧地呻吟。徐州东火车站附近的仓库及停置路轨上的列车中,弹药、粮秣、器材等物资堆积如山,正放火焚烧,浓烟滚滚。

在这种情况下,如何守卫徐州?费了许多周折,才在徐州近郊一个小村庄里找到孙连仲。他和他的卫兵已倚装待发。我当即问孙连仲说："你们令我守徐州，目的何在？守卫徐州，是掩护大部队撤退呢，还是要固守到不能守时，再突围打游击？现在鲁南的大部队都自动撤完，已再无掩护的必要。如要固守徐州，统帅部是否已作好反攻布置？有无其他部队协助，要守好久时间？"孙连仲竟说不出什么道理来，最后回答说："局势已经到这样，你们六十军也只好随大部队之后撤退了。"

我同孙连仲商定之后，立即下令守段庄之杨洪元团迅速撤至屠家庄、大五柳集地区。我亦于深夜赶回屠家庄，准备率部向西南方向突围。

突出重围

五月二十日，日军侵入徐州。我军是徐州沦陷时最后撤出的部队。是日上午，我下令将部队集中，准备突围。下午分别从大五柳集、屠家庄出发，分为三个纵队，以万保邦旅长率领三个团为前卫，军指挥所及配属炮兵各单位参谋、后勤为本队，张冲师长率领两个团为后卫，沿徐（州）宿（县）公路向南撤退。部队一开始行动，敌机即飞来袭扰，且行且止。走二十余华里，天色已黑，乃乘夜向前疾行。深夜一时，抵津浦路夹沟车站前面之闵贤集。据前卫纵队报告，敌人陷宿县后，已向北急进，距我军不远，夹沟车站已受到敌炮轰击。于学忠部官兵在夹沟伤亡百余人，其中还有将官三人。接着后卫纵队又来报告，敌人从徐州派出轻装部队向我追击，我军腹背受敌，形势险恶。我乃令部队由闵贤集迅速离开徐宿公路，向西往永城方面突围。这时由鲁西南犯之敌，已窜陷永城，由蚌埠北犯之敌，亦进占蒙城、涡阳，我军陷入敌人重重包围之中。

由闵贤集行约三十余华里，天已大亮，敌机又来袭扰。好在这一路均是丘陵地带，隐蔽较易，仍继续前进。在距濉溪口不远途中，据报敌人侵陷濉溪口已二日，我即令前卫部队到濉溪口附近占领阵地，准备战斗。继知濉溪口之敌大部已窜至萧县，仅有少数警戒部队维持其后方交通线。我军强行通过时，仅有小接触，敌即撤走，乃得顺利渡过濉河，五月二十一日下午才到达柳村。沿途昼夜不停地战斗，不停地行进，弄得人困马乏，但还是鼓足勇气，在柳村集结部队，准备突过永城继续西行。

我军在渡过濉河之后，适遇由鲁南撤退之大兵团汇集于濉溪口，其中有于学忠的东北军，张自忠的西北军，孙震的川军，李仙洲的中央军，桂系的廖磊军等。一遇敌机扫射轰炸，队伍即难以行动。我遂改变行军部署，分全军为两个梯队：第一梯队为万保邦旅三个团，由我亲自率领；第二梯队两个团，由张冲师长率领，齐头并进，避免干扰。部署之后，连夜出发，并决定经铁佛寺向永城西南突围，到亳州集结。至铁佛寺附近之大山头，时已深夜，我军的几辆汽车开灯行驶，途中的部队疑为敌人坦克前来袭击，发生了又一场混乱。这时正是下弦月，大地一片漆黑，又未架设无线电，联络困难，因此我军两个梯队在这一场大混乱中失掉了联系。

我率领的第一梯队，五月二十二日晚到达铁佛寺。当地老乡说，永城的敌军人数不多。由于经过这次大混乱，其他部队大都逃散，我军可以按照原定战斗行军序列向永城前进，而不致受到牵绊。五月二十三日凌晨，在永城东南约十余华里处，与敌少数警戒部队接触，被我军驱逐。我立即派侧卫部队邱秉常团向永城敌军发动猛攻，几十挺重机枪及几十门迫击炮一齐发射，城外之敌不支，窜入城内，龟缩不敢出战。我军即由永城西南郊顺利通过，最后突出了日军重围，到达皖北亳州。

张冲师长率领的第二梯队，在铁佛寺与我失去联络后南行，渡过浍河，经临涣集、龙山集向涡阳突围，行程较远，沿途受到敌军多次阻击，至五月二十四日进入涡阳境。涡阳城于五月中旬即为敌所占领，在通往河南孔道上之单城集地方派有警戒部队，日军利用蒋介石在内战时期所筑的碉堡严密防守。张冲师长命令在铁佛寺大混乱之后在高村收容的炮十六团野炮一个营及炮十二团的野炮一个连，在距敌一千二百米处，直接瞄准碉堡，一连发射了十九发炮弹，炮炮连续命中，摧毁了敌人固守的据点。在与守敌激战时，余建勋团团附陈宝祥、第二营营长赵敦阵亡。消灭敌军之后，始得顺利通过涡阳，突出重围，进入河南境内。

突围之后，我率万保邦旅三个团从亳州经鹿邑、陈州至周家口，张冲师长率领两个团亦由界首、沈邱来到周家口会合，于六月一日抵平汉铁路之漯河车站。在突围中，沿途与日军大小激战十余次。由于地方军队远道出征，乡情戚谊的关系甚深，官顾兵，兵顾官，所有各部官兵及参谋人员、后勤军需、医务人员、战地服务团人员均相互勉励，随军突出了重围，辗转到达武汉。

第 二 章

滕县保卫战

台儿庄会战的前奏

张宣武※

抗日战争初期的滕县战役，是台儿庄会战的前奏和组成部分。在这次战役中，我任第一二二师（师长王铭章）第三六四旅第七二七团团长，负城防之责。现将这次战役的战斗经过，追记如下：

敌我双方的作战兵力

进犯滕县之敌，为日军第十师团和第一〇六师团，第一〇八师团之一部携有大炮七十多门，战车四五十辆，并有配合作战的飞机四五十架，装甲火车两列，共约三四万人，统由第十师团师团长矶谷廉介指挥。

我军参战部队，为第二十二集团军。总司令初为邓锡侯，继为孙震，指挥两个军：第四十一军（军长孙震兼），辖第一二二师（师长王铭章）、第一二四师（师长孙震兼，副师长税梯青代）；第四十五军（军长邓锡侯兼），辖第一二五师（师长陈鼎勋因病在郑州休养，由副师长王士俊代）、第一二七师（师长陈离）。

第二十二集团军在出川前分驻成都西北地区。所辖两个军均系"乙

※ 作者当时系第二十二集团军第四十一军第一二二师第三六四旅第七二七团团长，滕县城防司令。

种军"编制，即每军两个师，每师只有两个步兵旅，每旅两个步兵团，其他任何特种兵都没有。整个集团军不过四万多人，武器窳败，装备陈旧。主要武器为四川土造的七九步枪、大刀、手榴弹和为数很少的四川土造轻、重机枪、迫击炮。重兵器如山炮、野炮，特种兵器如高射机枪和战车防御炮等，则完全没有。至于交通、通信、补给、卫生等各种装备器材，亦均阙如。

第二十二集团军在出川抗战之前，曾经要求蒋介石换发武器装备，蒋复电："前方紧急，时机迫切，可先出发，途经西安，准予换发。"该集团军遂于一九三七年九月五日开始徒步出川北上。十月上旬，先头部队刚抵西安，又严令着速东进，过潼关，渡黄河，到太原加入第二战区战斗序列。部队没有得到任何武器装备的补充，且于十月下旬至十二月上旬在晋东南一带与敌周旋了四十多天，损失惨重，伤亡过半，两个军四个师没有一个完整的建制。我军为了继续作战，乃于十二月初在离石、赵城一带进行整编，将每旅原有的两个团合编为一个战斗团。至此，每个军名为两个师，而实际只有一个师、两个旅，全集团军实际只有八个团，总兵力不过两万余人。

此时，山东韩复榘不战而退，济南、泰安、兖州相继弃守，津浦路北段危急。第二十二集团军奉大本营电令于十二月底由第二战区晋东南战场调到陇海东段的商丘、砀山、单县、徐州一带，归第五战区指挥。一九三八年一月十一日韩复榘在开封被捕，翌日，第二十二集团军奉李宗仁命令，开赴滕县南北地区填防，阻止日军南下。

战役开始前敌我两军的态势

一九三七年十二月下旬至一九三八年元月五日，日军占领了济南、泰安、兖州、邹县。之后，即以邹县为据点，以两下店为前进阵地，暂时与界河东西一线的我军保持对峙状态。在邹县、两下店一带的敌军，为第一〇六师团的一部约八百余人，由福荣少佐指挥。二月下旬，敌第一〇六师团的一个旅团增援到邹县。三月初，敌第十师团经济南、兖州也到邹县。

　　我第二十二集团军于一九三八年一月上旬由陇海线经徐州沿津浦路北调，以第四十五军为第一线部队，由第一二七师师长陈离指挥；第四十一军为第二线部队，集团军总司令部设于临城（即今薛城），第四十五军以滕县为据点，在界河东西香城、九山、王福庄、张庄、后圪、金山之线占领阵地，构筑工事，阻击敌人进犯，与敌保持接触。第一二七师师部驻滕县，以一部支援第一线阵地之第一二五师，一部游击于兖州、邹县、曲阜之间。第四十一军第一二四师的第三七二旅（旅长曾苏元，只有一个战斗团，团长刘公台）进驻滕县，负城防之责；第一二四师的三七〇旅（旅长吕康，只有一个战斗团，团长王麟）进驻滕县西北的深井，掩护第四十五军第一线阵地的左侧背，并相机游击于石墙、济宁之间，师部位于利国驿。第一二二师为集团军总预备队，其第三六四旅（旅长王志远，只有一个团，团长张宣武）位置于台儿庄亘顿庄闸一线；第三六六旅（旅长童澄，只有一个团，团长王文振）配置于顿庄闸（不含）亘韩庄一线；师部位置于台儿庄与韩庄之间的万年闸。从一月中旬以后的四十多天中，第一二二师在台儿庄亘韩庄这段运河，构筑了半永久性的防御工事。

　　一九三八年一月末，川康绥靖主任刘湘病逝，邓锡侯奉调回川继任。所遗第二十二集团军总司令一职，由副总司令孙震升任；邓所兼第四十五军军长一职由第一二五师师长陈鼎勋升任；陈遗师长职，由本师副师长王士俊升补。陈离升任副军长，仍兼第一二七师师长。

　　三月上旬，敌在邹县、兖州大量增兵。从三月四日起，敌即不时派出小队、中队的搜索部队向我第四十五军第一二五师的第一线阵地施行威力侦察，敌机亦在频繁出动，进行空中侦察。我军侦得敌人行将大举进犯。为了阻击敌人的南进，决心固守滕县，乃于三月十日前后重新调整部署，加强守备。将在台儿庄亘韩庄一线的集团军总预备队第一二二师师部和第三六四旅旅部移驻滕县；同时，第一二四师师部亦由利国驿进驻滕县城内。孙震仍任命第一二二师师长王铭章为第四十一军前方总指挥，以统一指挥第一二二、一二四两个师，王铭章令张宣武团由滕县以南之南沙河进驻滕县以北十五里的北沙河；部署第二道防线；王文振团由韩庄进驻滕县东北的平邑、城前，以掩护第四十五军第一线阵地的左侧背，并防止临沂方面之敌的侧击。

滕县外围战

三月十四日拂晓，敌步、骑兵万余，大炮二十多门，坦克二十多辆、飞机二三十架，向我第一二五、一二七师第一线阵地展开全线攻击。我军凭借既设阵地，奋勇迎战，激战竟日，除我下看埠，白山、黄山等前进阵地被敌占领外，我界河东西一线的正面主阵地屹然未动。

在临城的孙震总司令，得到敌人大举进攻的消息后，立即乘火车到滕县了解情况，旋即亲临前线视察。随后孙又在北沙河召集附近的一些部队长和幕僚长指示作战方略，并下令：人人要抱有敌无我，有我无敌的决心，与敌死拼，士气为之大振。适在此时，敌轰炸机六架飞临北沙河上空，反复投弹、扫射，正在构筑第二道防线的第七二七团，竟伤亡六七十人。

十五日，敌鉴于从我界河正面阵地进攻未能得手，除以主力继续猛攻外，另以三千余人向我第一线阵地的右后方龙山、普阳山迂回包围。但龙山、普阳山早已有我第一二七师的有力部队设防据守，敌猛攻竟日，亦未得手。

同日，另一股步、骑、炮联合之敌三千余人，由济宁东南的石墙出动，向我深井的第一二四师第三七〇旅进攻。该旅兵力单薄，布防不久，工事简陋，苦力支撑，死伤惨重。在滕县的王铭章总指挥为了巩固第四十五军第一线的正面阵地，防止敌人向我右后方迂回包围，乃急调在滕县担任城防的第一二四师第三七二旅驰赴深井以南的池头集支援第三七〇旅。经过激烈战斗，第三七〇旅始得在深井稳住。

十五日中午，王铭章为了防止敌人钻隙渗入滕县左侧，命令在北沙河的第七二七团抽出一个营的兵力，到滕县西北十七八里的洪町和城西南三十多里的高庙布防，拒阻敌军。

守城的部署

十五日下午，当面之敌愈增愈多，但我界河正面阵地仍未被突破，龙山、普阳山亦仍在我手。于是敌人复以万余人的兵力由龙山以东延翼向滕县方向右旋迂回。下午五时许，其先头部队已分别到达滕县城东北十多里的冯河、龙阳店一带。十分明显，敌之企图是在撇开我正面阵地而直攻我战略要点的滕县城，迫使我正面阵地不战自弃。

此时，滕县城关有我第一二二、一二四、一二七师的三个师部和第三六四旅旅部，每个师部和旅部只有一个特务（警卫）连、一个通信连和一个卫生队，此外没有任何战斗部队，城防处于十分危急状态。当时，我军绝大部分都在前线被敌吸引，与敌胶着，只有在平邑、城前的第一二二师第二六六旅尚未与敌接触。王铭章乃以十万火急的电报命令该旅迅速回援滕城。但该旅远在百里之外，一则缓不济急，再则，途中也难保不被敌人阻挡。王铭章向临城集团军总司令部请求援兵。据云，蒋介石已命汤恩伯的第二十军团全部（三个军约十万人）北来应援。其先头部队王仲廉军已于十五日正午到达临城，但该军必俟其军团司令部到达后始能北上，因而不能指望他来救燃眉之急。

第二十二集团军总司令部在临城唯一的一支战斗部队，是第四十一军直属的特务营，这个营的编制是三个步兵连和一个手枪连。孙震为了支援滕县的守城，只留下一个手枪连担任总司令部的警卫，令营长刘止戎率三个步兵连星夜乘火车开赴滕县。但这也缓不济急，滕城已是危急万分。下午五时三十分，王铭章在电话上直接向我下达如下命令："（一）师决心固守滕县城；（二）第七二七团除在洪町、高庙的一个营仍在原地执行原任务外，另以一个营留置北沙河第二线阵地暂归第一二七师指挥，该团长即率领其余部队立即由现地出发，跑步开回滕县布置城防。"

当我从北沙河撤走时，王铭章又命我将北沙河上的铁路大桥予以炸毁破坏。

两小时后，时已黄昏，当我到达滕县北门时，王铭章已十分焦急地在城门外迎候着。他把各方面的情况向我扼要地述说一遍，命我立即着手布置城防。这时，配置在城前镇的第三六六旅第七三一团第一营（营长严翊）也奉调回到滕县东关。王铭章又告诉我："刘止戎营已由临城乘火车出发，再过一两个小时也可到达。所有这些部队，归你统一指挥，由你担任城防司令，统一部署守城事宜。"

滕县东关有一道土筑圩寨，相当完整坚固，可以利用作为据点阵地。

敌人由东面来，我判断敌人攻滕县一定先攻东关。因此，我就命令严翊营担任东关守备任务，利用寨墙连夜构筑防御工事，并在东关附近各村庄派出警戒部队。严翊这个营，原为三个步兵连和一个机枪连，但机枪连因临时拨归团部直接指挥，尚未来到，故严翊以两个步兵连配置在东关圩寨阵地上，以一个连作为营预备队，夜十时左右布置就绪，部队彻夜构筑工事。

我率领的第七二七团辖三个营，此时第一营位置于滕县西北的洪町、高庙，该营第一连有轻机枪二挺；此时第二营留在北沙河，暂归第一二七师指挥，该营第八连有重机枪四挺；我带回城的是第三营，这个营是四个步兵连，没有重机枪或轻机枪。此外，团有一个直属迫击炮连，有四门土造八二迫击炮；有一个通信排，只有四部破旧电话机；有一个担架排，只有二十副竹子担架。我以两个连担负城东、北面的城防，以一个连为营预备队，以另一连作为团预备队，归我直接掌握。

夜十时顷，刘止戎营由临城开滕县，我命令他们一下火车就直接开到城墙上布防；该营以两个连担任南、西两面城防；以一个连为营预备队。

担任城防的部队，都彻夜构筑工事，作为预备队的部队，则彻夜搬运弹药、粮秣。这天夜里从临城运来一火车粮和弹，特别是手榴弹很充足，它成为守城战中最得力的武器，东关和城上的守兵每人屁股底下都有一箱手榴弹（每箱五十颗）。

我的团指挥所设在东门内路北的一家山货铺内，连夜和这三个营部架通了电话，师、旅部也都向我的团指挥所架通了电话。第三六四旅旅部驻在西门里路南的盐店内。第一二二师师部驻在西关电灯厂内。第一二四、一二七两个师部同驻在城内北街张镜湖的宅第内。

截至十五日深夜，滕县城关的战斗部队，共为一个团部、三个营部、十个步兵连和一个迫击炮连，另有师、旅部的四个特务连，还有临时来城领运粮弹的第一二四师第三七二旅第七四三团的一个步兵连，共约两千五百人。此外，滕县县长周同所属的武装警察和保安团有五六百人。合计城中有武装力量三千人，但真正的战斗部队尚不满两千人。

决心与城共存亡

十六日黎明，敌万余人继续向我第四十五军正面界河阵地和龙山、普阳山阵地猛烈进攻。上午七时五十分，滕县东关外附近各村庄先后听见机枪、步枪声、冯河、龙阳店方面之敌已开始向我守备东关的警戒部队进攻。八时许，敌炮兵约一营（山炮十二门）在东沙河附近高地放列、试射之后，接着即以排子炮的密集火力向我滕县东关、城内和西关火车站猛轰起来。同时，十二架飞机飞临城上空，疯狂地轰炸、扫射。

敌人进犯界河阵地两天来，城内外人心尚安定。此刻忽然炮弹、炸弹如狂风骤雨般从天而降，市民顿时慌乱起来，男女老幼纷纷出城向西逃去。半小时后，除了守兵之外，简直成了一座空城。

驻在西关电灯厂的王铭章师长，听到枪炮声后，先在电话上向我询问情况，随后他就进城到第一二四师师部，同陈离师长、税梯青代师长、王志远旅长和我会面。他先问我城防部署、工事构筑、弹药补充等情况，接着又问："张团长！守城有没有把握？"我说："守多久？"王说："两三天。"我说："城内现有兵力和敌情你都清楚，你看可以守多久？"王说："守一天多有没有把握？"我说："担任城防的十个步兵连，有六个连都不是我所属的建制部队，严、刘两营的战斗力如何，我无法估计，因而我不敢保证能守一天多。"王说："我们的援兵最快也得夜里才能来到，如我们不能守一天以上，那就不如在城外机动作战。"他说完，就问在场的几位师、旅长："你们大家意见如何？"几位师、旅长和几个师参谋长都同意在城外机动作战。于是王铭章师长立即打电话向临城的集团军总司令孙震报告情况，并提出到城外机动作战的意见。孙回答说："委员长来电要我们死守滕县，等待汤恩伯军团前来解围。汤部的先头部队昨日已到临城，其后续部队亦正在陆续赶到，我当催促王仲廉军赶紧北上，你应确保滕县以待援军。你的指挥部应立即移到城内，以便亲自指挥守城事宜。如兵力不够，可把城外所有的第四十一军部队通通调进城内，固守待援！"

此时，王铭章才下了最后决心，首先对我说："张团长！你立即传谕昭告城内全体官兵：我们决定死守滕城，我和大家一道，城存与存，城亡与亡。立即把南、北两城门屯闭堵死，东、西城门暂留交通道路，也随时准备封闭。可在四门张贴布告，晓谕全体官兵，没有本师长的手令，任何人不准出城，违者就地正法!"同时又命令他的师部副官长罗甲辛把师指挥所和师直属各部队全部搬进城内。

此时，第四十五军第一二七师师长陈离因所属部队都在龙山、普阳山作战，而计划中也没有调他的部队进城固守。因此，陈师长向孙震请示后，同他的指挥所一起出城去指挥他的部队作战去了。在他离城只有三四里路时，就遭到敌装甲车的袭击，右腿负了重伤。

东关保卫战

占领东沙河的敌炮兵，十六日上午八时开始攻击，足足打了两个小时，东关、城内和西关火车站共落炮弹三千余发。上午十时许，敌炮忽然停止射击，敌机亦同时逸去，东郊各村庄的我军警戒部队亦已撤到东关，因而枪声亦已停止，一时空气异常沉寂。过了半小时，敌炮突然集中一点向我东关南半部寨墙的突出部猛烈轰击，不到一刻钟，那段寨墙被炸开了一二米宽的缺口。此时，敌人集中了轻、重机枪数十挺，对准缺口猛烈射击，掩护其步兵攻击前进。当敌炮猛轰寨墙时，我寨上守兵猝不及防，略有伤亡，随即避开炮轰目标，伏伺缺口两侧，严阵以待。当敌停止射击时，我伏伺缺口两侧的士兵迅速堵住缺口，弥漫的烟尘刚一消失，敌步兵五六十人迫进我阵地，跳进缺口外的寨壕沟内。我守军第七三一团第一连连长（忘其姓名）亲临缺口指挥，他集中了六七十人的兵力，每人握四五枚手榴弹，当敌人全部下到寨壕时，连长一声令下，二三百枚手榴弹同时投向敌群，使敌遗尸五十来具，逃还者不满十人。

敌发觉攻击没有奏功，立即以更猛烈的火力向着那缺口轰击，扫射。我守兵仍同上次一样，避开目标，躲伺两侧。敌人二次进攻仍是步兵一排，约五六十人，头戴钢盔，两手端着上着刺刀的步枪，从寨壕内向缺口冲锋。我守兵仍和上次一样，在敌人将要爬上缺口的一刹那，几百枚手榴弹像雨点似的向敌人丛中扔去，结果，敌人又遗下了尸体四十多具，敌人第三次冲锋，结果又死亡三四十人，以失败告终。此时，我东关右翼守军第七三一团第一连已伤亡近百人。营长严翊将该连残部抽下，以营预备队的第三连接替守备任务。我亦将团预备队第七二七团第十二连由东城门内调赴东关，作为严营新的预备队。

战地沉寂约两个小时。我们趁机调动了兵力，调整了部署，修补了被摧毁的阵地工事，并将东关和城内几家盐店、粮行内堆放的一两千包食盐和粮食，搬来填补被敌人炮火轰开的缺口和加强寨墙工事，并补充了弹药。官兵擦了擦血汗，喝了点水，吃了点干粮。我在这时也亲临第一线巡视，对守备官兵加以慰问和鼓励。

下午二时许，敌人再次进攻，乃转向我东关的东北角，猛烈攻击。我守军第七三一团第二连，在严营长的指挥下，也和第一连的打法一样击退敌人。敌人连续五次攻城，每次都以遗下三五十具尸首而告结束。

在战斗过程中，我军伤亡也很大。王、税两师长命令第一二四师第三七二旅来城领运弹药的第七四三团第十一连（连长吴赞诚）归我指挥。王铭章师长将他的师部特务连（连长何经纬）除留一个排作为警卫外均交给我指挥。我即将吴赞诚连作为严营的预备队，以何经纬连作为团预备队。

下午五时许，敌人又发动了第六次攻势。敌炮有所增加，机枪火力也比以前猛烈；飞机每批约在十架以上。敌人转移了攻击目标，是从东关的正面城门下手，还以一部分炮火向东关、城内和西关、火车站等处施以纵深射击。敌人的步兵改用一次三个排，每排相距约百米，前后重叠形成梯形攻击法，最前的一个排，向东关门冲锋时，仍被我们的手榴弹消灭得所剩无几。可是，敌人猛烈的火力，把我东关门及其两侧附近的守兵也几乎消灭殆尽。严营长急将吴赞诚连填补上去，立足未稳，敌人的第二梯队又冲击上来，于是展开了一幕惨烈的肉搏战。结果，敌一个排全被消灭，而我吴连亦只剩下一二十名士兵，全连官长和一百多名士兵都壮烈牺牲。值此危急之际，我令团预备队何经纬连（欠一个排）从东城门内奔赴东关补充，受严营长指挥。但敌之第三个梯队已经冲上来，何连已缓不济急，严营长急将守备东关南、北两头的部队都调到附近堵击敌人，但敌人仍突入关内四十余人。此时，业已入暮，敌人并未增派后续部队，只有这四十多个敌兵，也无力扩大战果，于是双方相距几十步形成对峙局面。何连到达东关后，严营长立即命令驱逐这些日军，结果，何连伤亡三分之二，而敌人还有二三十个未被消灭。这时，天已黑透，我决心抽调守备城垣东、北面的第七二七团第三营的预备队第十一连（连长张进如）驰赴东关，归严营长指挥，还亲自对该连全体官兵作了简单的讲话，以鼓励他们的斗志，并对连长张进如说："如果不能把这几十个敌人消灭，你就不要回来见我！"该连士气极旺，锐不可当，猛扑之下，一举成功。虽然该连阵亡了两个排长，死伤了七十多名士兵，但终于把这股敌人全部消灭干净，东关城门也终于失而复得。苦战竟日的严翊营长，也在最后督战中，大腿中弹负伤。

晚八时以后，停止了战斗，枪炮声歇，双方处于休憩状态，只是敌方的照明弹不时划破夜空，把城关内外照得如同白昼。

十六日这一天，滕县东关、城内和西关火车站共落炮弹约万发。从东城门内我的团部至东关严营长的营部不到一里路的一段电话线，就被炸断二十五次之多。敌人的飞机自上午八时直到黄昏，不断地在城关上空盘旋，最多的一批有十八架。其实敌机的轰炸、扫射给予我军的伤亡，并不比机枪大炮更多，但它给予我军精神上的威胁，却远在机枪、大炮之上。

十六日上午，在敌进攻东关的同时，我城北四十五里当面之敌，愈益加强攻势向我龙山、普阳山一带阵地进犯。我第四十五军三天以来，浴血奋战，伤亡过半，同时与滕县的交通、通信全被截断，指挥发生混乱，因此，在正午前后，第四十五军正面阵地，逐步被敌突破。

石墙方面之敌，于十六日早继续向我深井、池头集的吕、曾两旅猛烈进攻，经过竟日的战斗，吕、曾两旅逐次退守大坞、小坞一带。

调整部署，死守孤城

十六日激战一整天，晚九时许，王铭章师长约我到他的指挥所详询战况。我一踏进他的房门，他就握着我的手说："张团长，你太辛苦了。想不到我们只这一点点子人竟能撑持一整天，你真有办法！"我说："这主要是士兵的勇敢和严营长的出力。"王说："严营长是勇敢善战，你是指挥有方，明天我将直接打电报给委员长为你们两位请奖。"接着他又说："能把今天撑持过去就不要紧了，我们在城外的部队马上都要调到城里来，他们正在行动中，大约一两个钟头之后即可来到。"王师长这时很乐观。我问："调进城来的有哪些部队?"王说："吕、曾两旅的两个团和你那个团的两个营都有把握来到，只是童旅在路上可能要麻烦。今天我们不足一个团就能撑持一天，明天我们增加两三个团，还怕什么? 如果再把明天撑持过去，汤军团的援军就可来解围了。"

当晚，吕、曾两旅先后从大坞、小坞一带脱离敌人，夜十时至十二时先后来到滕县。在洪町、高庙和北沙河一带我所属的第七二七团第一、二两营亦于此时来到城内。唯有在平邑的童旅（欠严营）途经城前时被敌阻挡，被迫绕道向临城方向退去。

当夜重新调整部署如下：（一）以第一二四师第三七〇旅的第七四〇团（欠一个营）接替东关第一二二师第三六六旅第七三一团第一营的防务。（二）以第一二二师第三六四旅第七二七团仍附第七三一团第一营担任东南城角（含）亘西北城角（不含）的东、北两面城防，并以一部守卫北关。（三）以第一二四师第三七〇旅第七四〇团之一营（营长蔡钲）及第四十一军特务营（欠一个连）担任西北城角（含）亘东南城角（不含）的西、南两面城防，由第三七〇旅旅长吕康指挥。（四）以第一二四师第三七二旅第七四三团为总预备队，并以一部守卫南关、西关及火车站。

城内储备的粮弹相当充足，当夜各部队都得到了充分的补充，部署调整后，各部队不顾疲劳地拼命抢修工事，挖防空洞，还绑捆云梯。这是因为滕县城墙高而且陡，城内上城的道路只是每座城门的旁边有一条，当敌机投弹、扫射和炮火轰炸时，我守城部队为避免和减少伤亡，城上只留少数瞭望哨，其余都在城墙脚下的防空洞内隐蔽和休息，待敌人冲锋爬城时，再迅速登城抵抗。若只靠城门旁边那一条道路，则容易误事。因此，规定守城部队每一个班至少都要有一架云梯，以备迅速登城之用，并打开手榴弹的箱子，揭开了手榴弹的盖子。全体官兵一直忙到十七日天亮没有休息片刻。

最后的激战

敌人出乎意外，在界河、龙山、普阳山一带，在滕县城关等处，碰了硬钉子，伤亡惨重，猛攻竟日而不能下。于是矶谷廉介在十六日夜间，调集了第十师团和一○六师团的一个旅团，共三万多人的兵力，大炮七十多门，战车四五十辆，向滕县城关东、南、北三面猛攻。

十七日上午六时许，敌人以五六十门山炮、野炮密集攻击，敌机二十余架临空投弹、扫射，炮弹、炸弹如倾盆大雨，整个滕县城除北关一隅因系美国教堂所在地外，一时硝烟弥漫，墙倒房塌，破坏之惨，实属罕见。当敌开始射击时，我适在西门内第二六四旅旅部研究守城问题，在我乘炮轰间隙返回东门内团部的时候，竟找不到东、西大街的街道了，满街都被倒塌的建筑物堆成了一个个小山丘，石板路被炸成一个个深坑，全城一片火海，遍地都成焦土。此时，我才领会到"焦土抗战"的含义。

两个多小时的轰击后，敌步兵开始向我东关进攻。敌用前日办法轰开缺口，并以十来辆坦克掩护步兵冲锋，同时以炮火分向东关全线和城内施行遮断射击，以牵制我守军的临时调动和我军后线的增援；敌机更是如乌鸦似的满天飞，疯狂地进行低空扫射。防守东关的第一二四师第七四○团（欠一营）顽强抵抗，反复肉搏，虽然死伤惨重，而敌人也是遗尸累累，激战至正午十二时，我东关阵地依然固守无恙。

在敌进攻东关的同时，敌另一部向我东南城角攻击，先以强烈的炮火猛轰城墙。约一二十分钟，即轰开一个缺口，接着就是七八辆坦克车掩护步兵百余人冲锋。这里的守兵，是我团第二连。该连以手榴弹炸毁敌坦克两辆，炸毙敌步兵五六十名。但由于该连死伤殆尽，无力阻击，终于被敌冲上城角四五十人。第七二七团第一营营长王承裕立即命令营预备队第一连反攻突入之敌。该连在其仅有的两挺轻机枪火力掩护下向敌猛扑，一阵手榴弹投掷之后，接着就抡起大刀猛砍。一场白刃交手战后，突入之敌被我全歼无遗，而我军这一连一百五十人，只剩下十四名士兵，连长张荃馨、副连长贺吉仓以下，全部为国捐躯了。这是正午十二时左右的事情。

自上午八时起，敌以飞机、大炮、坦克和步兵向我东关寨垣和东南城角猛攻；敌兵屡次深入，屡被我军歼灭击退，战至正午十二时稍过，敌因攻势顿挫，于是中止进攻，整顿态势，准备新的攻势。我军亦趁此间歇时间，调整防御部署，以迎接更激烈的战斗。

下午二时，敌突以十五生的榴弹重炮十二门猛轰我南城墙的正面，同时敌机二三十架集中轰炸南关。我守备南关的第一二四师第三七二旅第七四三团的两个连，因昨天深夜始由大坞转移至此，只有简单的掩蔽工事，而无坚固的防空设施，以致在很短的时间内被炸死炸伤达半数以上，剩余部队在南关无法存身，被迫转移到西关车站附近。南城墙被重炮轰炸一个多小时，城墙被毁倒塌，几乎夷为平地，处处可以攀登。防守南城的第一二四师的第三七〇旅第七四〇团的蔡钲营，突遭重炮猛烈轰击，城墙上的守兵血肉与砖石交织在一起。敌步兵约五六百，在十余辆坦克的掩护下猛扑南城，第一二四师第三七〇旅旅长吕康、副旅长汪朝廉亲临城墙根指挥督战，但死伤殆尽，下午三时三十分左右，敌人占领了南城墙。吕康旅长和汪朝廉副旅长皆负重伤。

在敌军攻占南城的同时，东面敌军对我东关再次发起更猛烈的攻击，寨墙被敌炮炸得犹如锯齿，到处都是壑壑牙牙，阵地工事全部摧毁。东关守军无所凭借，以致死伤愈来愈多；同时弹药（特别是手榴弹）已告罄，因而在南城墙被敌占领之后不久，东面之敌步兵约五六百在十余辆坦克车的掩护下，突入东关。守备东关的第一二四师第七四〇团团长王麟，在激烈的炮火中，奋不顾身地亲临前线督战，竟被敌炮击中头部，尚未抬出西门，即因伤重致死。该团政训员胡清溪亦同时中弹阵亡。

敌占领南城墙和突破东关之后，王铭章师长亲临城中心的十字街口指挥督战。

这时，南城墙上之敌，以炽盛的机枪火力掩护步兵从西南城角向我西城墙上的守兵压迫。同时，敌炮兵又集中火力猛轰西城门楼，我西城墙南半部的守兵死伤太大，以致西门和西门以南的城垣在下午五时落于敌手。

敌攻入南城、西城后，即集中火力向城中十字街口射击。王铭章师长和他的幕僚、随从无法在市街内存身，乃从西北角登上城墙，继续

与敌周旋。王命令身边仅有一个排的师部特务连从西北城角向西城门楼
之敌猛扑，但这个排尚未接近西城门楼，即被敌之机枪全部打倒。西城
门楼之敌继续向北压迫，王师长此时没有还手之力，在这万分危急的情
况下，王师长迫不得已缒城出去，准备到火车站指挥第一二四师第三七
二旅继续与敌搏斗。但当他出城之后，即被西城门楼之敌发现，一阵密
集的机枪，王师长和他的参谋长赵渭宾、副官长罗甲辛、少校参谋谢大
墉、第一二四师师参谋长邹慕陶以及随从十余人，同时为国捐躯。只有
王师长的卫士李少昆等二人幸免于死。

　　突入东关之敌，付出重大代价后，随即猛攻我东城门；同时占领南
城墙东半部之敌，以猛烈的冲锋，夺占了东南城角，并继续向北逼近。
我东城墙上南半部的守兵，被迫退守东城门楼。东城门及其附近，我配
置了一个整营（第七二七团第二营，营长吴忠敏）的兵力。当东关之敌
和东南城墙上之敌向我东门猛攻的时候，我和第三六四旅王志远旅长都
在东门附近督战、指挥。敌人除以大炮猛轰东城门楼，并以平射炮的破
甲弹猛轰东城门洞，城楼中弹起火，上面守兵无法存身，城门亦被摧破
敞开，在密集的机枪火力掩护下，敌步兵约三四十人突进了东门。但我
们以四挺重机枪的火力和数以百计的手榴弹，犹如暴雨似的向突入东门
之敌扫射、投掷，三四十个敌人全被消灭。此后，敌人以波浪式的攻击
接连不断地进攻，终以敌兵源源而来，而我军则弹尽援绝，无力反击，
黄昏时东门亦落入敌手。我军残部逐次退守东北城角和北面城墙。这时，
我的右腿和双脚中弹负伤，王志远旅长的左臂也中敌一枪。自此以后，
城内陷于无人指挥、人自为战的混战状态。

　　入夜之前，敌人占据了东、南、西三面城墙，而东北、西北两个城
角和北面城墙仍在我军手中。在北城墙上的守军，是第一二二师第七二
七团的第三营（其中有两个连已在昨天东关的战斗中伤亡殆尽）和其他
零星部队，仍在顽强抵抗，与东、西两面城墙之敌对峙着。敌人不惯夜
战，入夜之后，未向我北城墙方面压迫。占据城墙的敌人也未敢走下进
入市内。

　　夜九时，我北城墙上的守军共二三百人，在副营长侯子平、连长
胡绍章等指挥下，扒开了已经闭死的北城门，有组织地逐次掩护突围

出城。北面围城之敌，远在北关二里以外，未曾发觉；而东、西城墙之敌，只以火力追击，未敢下城追赶，因而这支二三百人的突围部队，得以安全地撤退到后方。但在城内，人自为战，与我大部队失掉联系的零星小部队，未能突围出城，彻夜枪声未停地与敌对抗，直至十八日午前。

敌人包围了滕县后，只有一条可与后方（临城、徐州）联系的通路。到后方去的人，出城后向南行。黄昏以前，出城的伤员和突围的部队，在途中又遭到敌人炮兵的火力拦击，被打死、打伤了很多人。有一支突围的部队和伤员共二百多人，在十七日的下半夜，走到夏镇附近微山湖东岸的渡口上候船，因疲劳至极，都睡着了。十八日天亮后，突遭敌骑兵和战车的追袭，大都被打死或被逼到湖里淹死。

十六、十七日两天以来，滕县城关落下三万余发炮弹。第四十一军守城部队自第一二二师师长王铭章以下伤亡五千余人，在滕县以北界河、龙山一带作战的第四十五军，自第一二七师师长陈离以下伤亡亦达四五千人。这次战役，共毙敌两千余人。自三月十四日早晨开始，至十八日中午止，共四天半，计一百零八个小时。

感谢人民的支援

在滕县战役中，许许多多的重伤官兵，他们是万分艰苦地爬出了战场或者是由战友们背扶下了火线。沿途各村镇的老乡们热情地把他们收容、隐蔽起来，给他们洗血裹伤，烧茶做饭。等到入夜之后敌人停止活动的时候，有车的就套起车来，没车的就用门板或小床捆成临时的担架，老乡们争先恐后地把那些伤员们运到临城或者沛县。我自己就是其中身受其惠的一个。第一二二师第三六四旅旅部少校副官鲁福庆，于十八日上午在城内巷战时为敌所俘，日军把他和其他被俘的二十多个官兵一齐拉到城外的沙滩上，用刺刀一一戳死。入暮之后，附近的老乡们前往收尸掩埋时，发现鲁福庆尚有一丝气息，他们悄悄地把他抬到村子里隐藏起来，如同对待自己的子弟一般千方百计地为他治疗。这个九死一生的人，竟然一天天好转起来，两个月后，伤势好转已能行功，老乡们就派青年人把他护送到后方，辗转到了汉口，回到了自己的部队。第一二七师师长陈离负伤后也是多亏当地的老乡们予以掩护，始得脱险回到后方。

滕县东关抗敌经过

翟绍先[※]

滕县血战时，我是守卫东城门迄东南城角的连长。

一九三八年三月十日，第二十二集团军总部调第一二二师增加第一线，驻在界河迄滕县之间及滕县东北地区。总部任命第一二二师师长王铭章为第四十一军前方总指挥。

三月十四日拂晓，各兵种联合之敌万余向第四十五军全线进攻，激战竟日不克，敌伤亡甚大。因而又企图迂回攻我战略要地滕县县城。

十五日下午五时，敌先头部队到达滕县东北的冯河、龙阳店一带。此时滕县城内没有战斗部队，王铭章师长命令第一二二师第三六四旅第七二七团从北沙河阵地抽出一个营由团长张宣武率领跑步回滕县，黄昏时到达，王师长命张团长为城防司令，指挥调进城内的十个步兵连和一个迫击炮连。张团长以严翊营任东关守备，总部警卫营任南北两面城防，吴忠信营以三个连任东西两面城防，以一个连为预备队，彻夜构筑工事，预备队连夜搬运刚到的一列车粮、弹。

十六日黎明，敌万余向我界河一带第四十五军阵地全线进攻。同时东关外之敌约一个连队向我警戒部队进攻。八时，敌山炮十余门在城东

※ 作者当时系第二十二集团军第四十一军第一二二师第三六四旅第七二七团第二营第一连连长。

高地向东关、西关、车站一带猛轰,并有敌机十二架在上空轰炸、扫射。敌又集中炮火猛轰东关土寨东南角,当被炸塌一二十米,又以轻重机枪数十挺向塌口射击,掩护其步兵攻击前进。我守兵伏伺,严阵以待。当敌火力一停,约五六十人跳下塌口的壕沟时,我守军五六十人,听连长令下,把二三百枚手榴弹投入敌群,敌生还者不满十人。敌又以猛烈炮火向塌口轰击,我守兵隐伏塌口两侧,敌又以五六十人冲锋,当爬上塌口时,我守兵又投向敌人几百枚手榴弹,敌遗尸四十多具。敌仍以同样方式第三次冲锋,仍以遗下三四十具尸体而溃退。除敌机在上空盘旋外,攻击暂止。我守东关的严营,也伤亡逾百,张团长随将团预备队一个连调归严营。在沉寂的两个半小时内,我军及时调整部署,修补工事,搬运弹药,运送伤员。下午二时,敌向我东关土寨东北角猛攻,先以炮火轰塌一段寨墙,继以密集机枪火力掩护其步兵前进,当敌人进入寨壕向塌口爬时,严营长指挥守兵抛出大量手榴弹。这样,敌连续三次又以每次遗尸三五十具而受挫。我伤亡更大。敌攻击又中止。

下午五时,敌发动第三次攻击,大炮增至三十多门,其中野炮约半数。敌机每批都在十架以上,轮番助战。这次敌人又转移攻击目标,以东城门为重点。攻击方法不仅指向东门,炮火还指向东关、城内等处,以阻我军增援。敌每次三个排,每排相距约百米,前后重叠,形成波浪式。其先头排冲锋时仍被我们以手榴弹所消灭。但敌人也将我东门及其两侧的守兵杀伤殆尽。严营长随令预备队增援,展开一场肉搏战,敌约一排被我消灭,我吴赞诚连只剩一二十人。敌人第三次冲击瞬间即到,严营长遂将东关南北两头的守备兵力调到东门附近堵截敌人,但终于突入敌四十余人。时已入暮,日军未增援,双方相隔几十步对峙。团预备队何经纬连两个排到达东关,严营长立命消灭突入之敌。结果何连伤亡三分之二,敌还剩二三十人。黑夜,张团长决心消灭这股敌人,乃抽调守城之吴营张进如连驰赴东关战斗。连长一声令下,猛投一阵手榴弹,抡起大刀冲入敌群猛劈猛砍,顷刻消灭敌人。张连阵亡两个排长,伤亡士兵七十多人。严营长大腿受重伤。

晚八时后,双方处于休憩状态,敌方不时打出照明弹。这一天城内共落炮弹万发以上。

十六日入暮后，王铭章师长决心放弃滕城外围阵地，把第四十一军所属部队撤回两个多团，集中守城，重新部署，修补工事，挖防空洞，补充弹药，绑捆云梯，准备登城击敌。

十六日夜，敌首矶谷廉介调集第十师团及配属部队约三万人，包围滕县城东、南、北三面。

十七日上午六时，敌以五六十门山、野炮轰击，并以飞机三十余架空袭。滕城内外，爆炸声震天撼地，房倒屋塌，一片火海。两小时后，敌步兵又开始向我东关进攻，以猛烈火力开辟东寨墙突破口，以十余辆坦克掩护步兵冲锋，用炮火向东关全线，特别是东城门轰击。防守东关的第一二四师第七四〇团（欠一营）顽强抵抗，反复肉搏，死伤惨重，敌亦遗尸累累。在敌人进攻东关的同时，又以另一股兵力向我东南城角攻击，轰塌一段城墙，接着用七八辆坦克掩护步兵百余人冲锋，守兵第七二七团第二营第二连以手榴弹炸毁敌先头坦克两辆，毙伤其步兵五六十人。终因该连死伤殆尽，敌冲上城角四五十人。营长王承裕立命营预备队第一连反攻，在仅有的两挺机枪掩护下，向敌猛扑，一阵手榴弹后抡起大刀跃入敌群猛砍，突入之敌全被消灭。我这个一百五十人的连，只十四人生还。第二连连长张荃馨、副连长贺吉仓以下大都为国捐躯。敌因受挫而中止，我亦乘间隙，调整防御部署，继续迎接战斗。

下午二时，敌突以十五榴重炮十二门猛攻我南城墙正面，以二三十架飞机轰炸南关的第七四三团两个连。因该连昨夜才到，工事简单，致短时间内官兵死伤半数以上，遂转移西关车站附近。南城墙被重炮轰一个多小时，几乎夷为平地。守兵第七四〇团的蔡钲营，血肉与砖石并飞。敌步兵约五六百，在十余辆坦克掩护下扑来，守兵死伤殆尽，下午三时半敌占南城墙。在场督战的旅长吕康头部、副旅长汪朝廉胸部均受重伤。此时，东面之敌对东关再次发起猛烈攻击，寨墙多处倒塌，工事全被摧毁，弹药用尽，守兵死伤惨重。敌五六百人在坦克掩护下从正面突入。第一三四师第七四〇团团长王麟、团政训员胡清溪在督战中阵亡。

南城墙之敌，以火力掩护其步兵从西南城角向我西城墙守兵压迫，敌炮兵亦猛轰西城门楼。我西城门南半部守兵死伤殆尽，下午五时陷入敌手。南、西两城墙之敌，集中火力向城中心十字街口射击，王师长及其幕僚无法存身，乃从西北城角登上城墙，继续与敌周旋，并命令仅有的一排部队向西城楼猛扑，被敌机枪全部打倒。西城楼之敌继续向北压迫，情况危急，在浓密的机枪火力下，王铭章师长及其随从等大都牺牲。

突入东关之敌，随即猛攻我东城门。占领我南城墙东半部之敌，以炽盛火力掩护夺占我东南城角，并继续北进，同时炮轰东城墙南段，倒塌约七八米，守备部队在城脚防空洞隐伏，被倒塌的城墙压死约二三十人。守备该段的第七二七团六连，腹背受敌，伤亡过半，余四五十人退集东城楼及城门洞。敌四五十人向塌口冲来，我连守兵投出集束手榴弹，继以大刀砍杀，敌不支，遗尸三四十具溃退。东城楼之守兵，因炮击起火不能存身，亦退集城门洞。敌又以平射炮猛击东城门，城门摧毁敞开，敌步兵突入四五十人，我以手榴弹和大刀将其消灭。接着敌以波浪式攻击法连续攻击。我因弹尽援绝，东城墙和东门均落敌手，我之残部退守东北城角和北城墙。此时，第七二七团团长张宣武左腿和双脚中弹负伤，第三六四旅旅长王志远臂部负伤，城内陷入无人指挥人自为战的混战状态。北城墙守兵是我第七二七团一个连的残部和其他零星部队。入夜即扒开北城门遂次掩护突围出城。

守城战斗纪实

何煋荣　曾达光　徐　诚※

　　一九三八年二月，第一二五师奉命向邹县进攻，令陈仕俊团先行肃清盘踞在两下店之敌。同时第一二四师第七四〇团从东深井村开进，相机策应，以牵制邹县之敌。两下店战役是第一二五师陈仕俊团与日军首次作战，毙伤敌人甚多，大挫其锐气，但终因缺乏经验，加以装备太劣，与优势武器的敌人作战，伤亡也很大，二月十七日午前撤退到郭山阵地，继续抵抗。十七日午后二时敌又炮轰我郭山阵地，战斗激烈。陈团第一营用手榴弹、马刀打退敌人，解了围。伤亡很大，陈团长负伤。到十八日十时日军主力部队沿津浦路猛攻南下，旅长卢济清率全旅两团开始撤退，各团互相掩护，逐段抵抗。第一二五师林翼如旅在铁路右侧作战，阻击敌人。第一二七师陈离部队在津浦路左侧微山湖东岸与敌人激战。

　　第一二四师第七四〇团开进东深井村西北端约十里之石墙村，即派雷迅营挺进到前端十里之村庄，被敌方发觉，从两下店方向以炽盛的炮火进行阻击射击，不能再前进。

　　二月底，日军矶谷师团已于邹县地区集结完毕，向我在津浦路北段

　　※　作者何煋荣当时系第二十二集团军第四十一军第一二四师第三七〇旅第七四〇团副团长；曾达光当时系第四十一军参谋课长；徐诚当时系第四十一军第一二二师辎重营长。

之第二十二集团军全面转入攻势。同时与第一二五师对峙之两下店守敌首先出击。敌人三月上旬开始总攻势时，炮火猛烈，继之以坦克前导，步兵伴随，协同前进。我方正面之第一二五师及一二七师均被击溃。第一二五师沿邹滕公路经香城、东郭等地，节节抵抗，迟滞敌人。第一二七师在微山湖以东地区，交相掩护后撤，并坚守普阳山、龙山、界河、北沙河、大山及大坞、小坞之线。我第一二四师第七四〇团亦受敌倍于我之兵力及火力压迫，放弃石墙村，部署防御阵地于东深井村南高地一线。为了掩护滕县左翼安全，一面竭力抵抗，一面急报师部求援。三月十四日，第一二四师派第三七二旅旅长曾苏元率领熊顺义营及江有厚之加强连驰赴东深井应援，于七四〇团左侧方之池头集与攻来之敌激战，奋力支撑，迫使敌方一时无法前进。

此时津浦路南北段形势都紧张，战区正在调运增援部队，乃严令第二十二集团军必须坚守滕县，不准擅自撤退。副总司令孙震（因刘湘病故，调邓锡侯回川任川康绥靖主任，孙震代集团军总司令）令第一二二师师长王铭章负责统一指挥滕县城防，非奉令不准任何一人擅自离城，违者军法论处。

命令下达之后，第一二七师师长陈离与王铭章商议，由于该师只有一个师部特务连在城内，部队全部在前线不便指挥，请求出城。王铭章电报请示，孙震复令，只准陈离师长一人率特务连出城，其余任何人不准擅动。陈离出城后即在野战中负伤，离开前线。

正面的第一二五师及第一二七师在敌军强大兵力压迫之下，逐步后撤，师长王铭章即令王志远旅及童澄旅掩护撤退，并力阻企图南犯之敌人前进。第一二五师及第一二七师两师布防于界河及大、小坞之线，并从滕县两侧地区撤退。王志远及童澄旅奉令撤入城内，据城力守。此时滕县城已完全暴露在敌人炮火威力及步兵包围之中。滕县东门尤为敌军进攻地点，王铭章即命塞国珍团坚守，城墙上亦赶筑防御工事，并在东门外一段小街及零星民房作为据点，部署防御阵地，与敌反复争夺，交战至为激烈，各城门均用沙袋填塞，仅东西两门略留通道（以曾苏元旅刘公台团据守铁路，构筑工事，维护西门交通），守城决心极为坚定。

战区司令部得知津浦北段敌军攻势甚猛，第二十二集团军形势危殆，即调汤恩伯第二十军团进援第二十二集团军（汤恩伯军团辖王仲廉及关麟征两个军，武器精良，为中央军之有力部队）共同拒止敌军南下，以掩护部队之集结及徐州之安全。同时并电令第二十二集团军孙震副总司令，务必死守待援。孙震立即严令王铭章必须据城死守，以待汤恩伯军团之到达。王铭章曾三次（最后一次因电讯中断不通）复电报告战况，并表示决心死守，不惜任何牺牲，以报国家。

三月十六日，敌军向滕县城猛扑，仍以东关为重点。寨墙被敌人大炮轰垮多处，我官兵奋勇迎战，用盐包千余袋填补缺口，继续用手榴弹和步枪、机枪反击，敌人伤亡亦重，但仗恃坦克及优势之炮火，不断反扑。战况激烈之处，王、税两师长迭次亲临指挥，争战极为惨烈。第一二二师守军塞团严翊营长负伤，官兵伤亡颇重，形势甚为危急。此时王、税两师长决心将在东深井、池头集作战中之三七〇旅王麟团、曾苏元旅之熊营等部调回滕县，加强固守县城兵力，接连急令两旅所属团、营转移。两旅奉令后即时协议，由曾旅先头出发，吕旅继之，在十六日拂晓前全部撤退，向滕县城转进。午后四时许，我第七四〇团行抵滕县近郊约十里处，已闻敌军炮声隆隆。同时敌军也已发现我急行军部队，从南沙河方面用炮兵猛烈向我军阻击射击（这时集团军总部已被迫撤退），但因任务紧急，全团暴露，仍以疏散队形，尽速开往滕县西部待命，时已黄昏，敌军炮声也渐平息，旅、团奉命入城接受任务，王铭章师长作了如下指示：

一、两天来，敌军猛烈攻城，预料明天必将继续。我两师奉令死守，以待汤恩伯军团到达时，即行出击，必能胜利地完成任务。

二、第七四〇团即刻接替东门内外第一二二师部队的防守任务，将该部换下做预备队。

三、曾苏元旅担任维护从西门到后方的交通联络任务，并加紧构筑防御工事。

我第七四〇团立即派出雷迅、康平两个营乘夜到东门内外接替，而以陈洪刚营做团预备队，位置在东门城内，团指挥部即在东门内城门洞下。此时城内外官兵听说明日即有汤恩伯军团增援前来，士气甚为振奋。

曾旅将自池头集转进各营，连夜配备并加强了防御工事。

原来汤恩伯军团已于十五、十六日陆续到达临城，其先头王仲廉军之一个团刚下火车时，孙震副总司令以滕县情况紧急，命其及时前往增援。殊该团一到南沙河，即遭围攻滕县敌军之一部以坦克前导攻来，该团不支撤退。其他部队仅在南沙河后警戒，不敢从正面攻击前进，以解滕县之围。俟其军部到达后，知滕县正受强敌攻击，乃将部队迂回向滕县东北峄山以东地区开去。跟着南沙河之敌即向前推进，第二十二集团军总部随属少数兵力，不能抵抗，遂后撤至运河南利国驿，从此与滕县守军失去联络，滕城完全陷入日军四面包围之中。

根据所听到的敌军前线广播，敌已知我军是川军部队，装备差，但自开始围城进攻两天以来，迄未得逞。于是在三月十七日拂晓，炮火威力倍增，坦克步兵频频冲击，我七四〇团及守城各已残破之团，只凭简单工事、机步枪、手榴弹及城墙上兄弟部队的几门迫击炮支援。

第七四〇团团长王麟和副团长何煜荣出东门督战时，眼看是不支之势，王麟团长即令何副团长立即回城将陈洪刚营及临时配备的一个重机炮连带出，一并增加前线，并严令各营不得退后一步，形势又略显稳定。但这时敌方炮弹如雨点般指向城东南门，特别以东门城楼为目标，因此遍街瓦砾，硝烟弥漫，城墙多处坍塌，守兵死伤累累。传令兵冒炮火给团长送来的饭菜，满盖尘土，简直无法下咽，其炮火之猛烈可见一斑。

午后三时许，城门洞已呈全部崩塌之势，王、何正密议暂时转移指挥位置之际，突然营长雷迅冒炮弹仓促来报，前线已经崩溃。王、何不顾一切地冲出城去，希图最后支撑危局，但一个炮弹飞来近处爆炸，弹片打在王麟头部，即时倒地不起。何副团长立即转身，在掩蔽处呼随身几名卫士把王麟团长抬下，只身跑去向王铭章师长及税代师长报告当前危急情况。王师长态度极为镇定，但听到何的报告，看见何的模样（一个参谋说，如果不看到何的两只眼睛，就根本认不出是哪个了），同时也看见王麟抬进师部，知道情况恶化，已临千钧一发之际，立即召集各旅长到师长地下室开会，税代师长做紧急处置，命令参谋长邹慕陶继王麟任团长，可邹不敢受命于危难之际，不得已又升任何煜荣为团长。这时城外三个营已全部崩溃，城内外完全隔断，何身边只有卫士及团部一个通信排。税代师长责令何选八名精壮士兵，准备于入夜将王麟抬至后方抢救，那时他还未绝气，但已昏迷不醒。

王铭章及诸人在地下室紧急开会，准备竭尽全力再坚持一时，入夜后敞开西门陆续向南撤退。虽然下了决心，但尚未作具体布置，团长张宣武来报说："敌人已经进城了！"当时两个师部及县府人员都集合一起，闻此紧迫消息，正在地下室开会诸人，各自赶去指挥掌握部队去了。何随同王铭章出来站在街头，面对东门，督促身边少数士兵，依托街道两侧沙袋开枪拒敌。此时敌人已将何团在东门外的三个营肃清，其平射炮不断从东门射来，眼看敌兵纷纷登上城墙，用步枪、机枪向我猛烈射击。王师长令何副团长速去掌握西门上的部队，何立即转向西门驰去。当时西门已用沙袋堵塞，仅可容一人侧身进出，官兵争相夺路，秩序很乱。不久，敌兵即从东门方向追击前来，从城墙上用机枪、手榴弹向我军射击、投掷，旅长吕康头部中弹，副旅长汪朝廉胸部中弹，接连伤亡多人，税代师长由几名卫士奋力拉出城门，何及师部参谋处长税斌、参谋张岐等奋力挤出，侥幸得免于难。更幸曾苏元旅熊顺义营长及卢高煊营长、特务连连长江有厚等尚坚守于西门城外及铁道车站各阵地，奋力拒止敌人，使拥挤在西门城内者安全撤出一部。但过了麦地，是一片开阔地，早为敌人火力封锁，敌炮兵延伸射程，并用空炸子母弹不断射击，官兵伤亡于这一地带之内者触目皆是。此时只见城内火烟四起，枪声不绝，我官兵还在城内各街巷民房人自为战，与敌周旋。黄昏后，敌人追击已停，炮声渐息。三昼夜坚守滕县之战至此基本结束。

在此次战役中，第一四〇团团长王麟、少校政训员胡清溪、少校军医主任王某阵亡，全团伤亡官兵七百多人。

小雪村、凫村歼敌记

熊顺义[※]

第四十五军第一二七师之第七五七团，在团长王文拔的率领下，奉命由禹城向曲阜、邹县之间挺进，到曲阜、邹县之间的敌后山区开展游击战争。一九三八年二月十一日到达后，在各地人民群众的大力支援和密切配合下，即展开了活动。

二月十二日，第七五七团两个营，配合部分人民地方武装分赴曲、邹公路旁之小雪村、凫村附近，秘密埋伏，伺机打击敌人。这两营官兵和地方武装到达目的地后，首先阻绝交通，破坏公路桥梁，占领军事要点，控制乡村一切活动，做好游击战争的一切准备，积极开展必要的政治活动。我们严密封锁消息，初步尝得游击战的神出鬼没、缥缈无踪的要领，果然两天多敌人毫不知道我军设伏的情况。

十四日上午十时左右，在小雪村以东忽然发现曲阜方向驶来敌人小汽车三辆，我各处伏兵喜出望外。敌车将接近小雪村时，看见公路要点破坏，便停车侦察，我军连放信号，远处伏兵马上遮断公路、桥梁冲向敌人。日军发现已被我军包围，正徘徊犹豫、进退维谷时，我军伏击部队，万弩齐发，向敌猛烈射击，顿时枪声四起，手榴弹横飞，敌人逃出

※　作者当时系第二十二集团军第四十一军第一二四师第三七二旅第七四三团团长。

汽车奔命，仓促应战，且战且逃。我伏击部队一面向敌猛射，一面跃出掩体，挥起大刀片向敌人砍杀。激战半小时，将日本侵略军矶谷部队的少将中岛荣吉以下十五人全部打死，并缴获轻机枪二挺、步枪三支、手枪三支、小轿车三辆、军用地图、文件、作战资料几束。我军是役亦伤亡三人。

同日下午二时，我凫村附近游击队，又发现邹县敌人数十名，乘大卡车一辆，沿邹、曲公路飞驰而来。将近凫村村口，敌人发现公路破坏，立即停车检查。敌兵四处张望，准备抢修，以便向曲阜敌军司令部开去。我伏击部队眼看敌人落入包围圈，即发出信号，指挥两端伏兵遮断公路，中间伏兵集中向敌射击，打得敌人嗷嗷乱叫，豕突狼奔，纷纷跳下汽车，四面应战。我伏击部队继续大量向敌人投掷手榴弹，杀伤敌人。战士们跃出阵地，喊声震天，杀向前去，打死敌兵二十五人，缴获轻机枪一挺、步枪十八支、大卡车一辆、无线电通信器材一部、军用地图一套、敌军后方通信联络要图一张。我军无一伤亡，军民兴高采烈，欢呼取得的胜利。

在小雪村、凫村敌军被我游击队奇袭歼灭的消息，传到曲阜、邹县敌军司令部后，敌酋恼羞成怒，立即派遣日军二百余人，分乘十辆汽车，由曲阜驰至小雪村附近。敌军在离小雪村很远就兵分二路进行武力搜索，到处烧杀掳掠，糟蹋我国老百姓，激起了我军极大的愤怒，决心狠狠打击敌人，由于我军预先占据了有利地形，居高临下，对准在公路、大道上驰骋的敌人猛烈射击，敌人围着车团团转，全在我火力包围之中，最后不得不龟缩回曲阜城。我游击队料到敌人决不会甘心失败，必然再度卷土重来，我军当夜作新的部署，离开小雪村、凫村等地，转移到南山根据地，再伺机打击敌人。

十五日曲阜、邹县两处敌人，果然出动。每股都有步兵五六百人，炮数门，分向小雪村、凫村扑来，哪知我凫村伏击部队早已转移，邹县城出来的日军扑了个空。唯小雪村我伏击部队接到命令较晚未及撤走，被敌包围，激战至夜，始突围而出。为了防止敌人向南山进攻，翌晨全团转移到田黄村，暂时休整，再策第二步行动。是役我军伤亡连长一人，士兵百余人。

滕县外围战

姚超伦※

临城布防

一九三七年十二月间，我们全军调赴第五战区。部队搭火车到苏北砀山下车，开往金乡、鱼台做预备队，我团住金乡城附近十余里的一个乡村。正在过年之时，忽奉命开拔，第五战区长官部要求不分昼夜，渡微山湖，赶赴临城布防。经过实际侦察，微山湖的湖面宽，渡船又少，一团人渡过需费一天的时间，不如由黄口车站搭火车到临城迅速。报经长官部允许后，我团夜间急行军，拂晓时达黄口车站上车，午间到徐州，没有换车，由原车转津浦路北上，一九三八年一月四日夜半到达临城车站。

我下车到车站内询问情况，见站上职员和护路警察正在慌忙收拾行李。站长向我说："临城前面已经没有我们的军队，等到最后一辆由滕县开回的爆破车开到时，我们就要撤退，现在你们到了，我们就安全了。"还留在滕县车站的一位工兵少校向我说："滕县北面铁道上的桥梁已经炸坏了，正在准备炸坏滕县和临城间铁路上的几座桥梁，敌人占领邹县后，前哨在两下店据守，没有向滕县前进，希望我军赶快开到滕县去。"但我

※ 作者当时系第二十二集团军第四十五军第一二五师第三七三旅第七四五团团长。

团奉命到临城防守，不能擅自移动。除将这种实际情况报上级处理和派一营兵力到官桥做前哨外，仍在临城择地构筑阵地。

随即接到上级命令，第七四六团团长谭尚修率全团到界河，派一部监视两下店日军；我率第七四五团到滕县前方二十里铺构筑工事。第一二五师师部和第三七五旅旅长林翼如率所部第七四九团团长瞿绥侯、七五〇团长张元雅全旅驻滕县城。

何以徐州以北、津浦铁路正面没有我军防守呢？原因是守山东的韩复榘部队撤出济南后，没有在泰安防御日军，便沿济宁公路撤到鲁西南，只留铁甲车一辆沿铁路开到徐州，使徐州以北的津浦铁路正面无一兵一将防守，徐州当然危险万分了。韩部住山东很久，平时搜刮民财扩张武力，日军侵入山东时，又不认真抗战，只顾保全实力和私人的安全。不顾人民遭受家破人亡的痛苦，群众恨之入骨，所以我们部队到达的地方，人民扶老携幼，送肉送菜慰劳。我部官兵因在山西受到八路军军民团结作风的影响，到处开军民联欢会，处处尊重群众，不骚扰人民，军民关系搞得很好。我住的村落，战士常常同老百姓聊天，他们也喜欢和我们说这说那。过春节时，这家那家把过节的饺子送一碗来，俨如一家人似的，使我感到山东人民热情豪爽。

掩护谭团进攻两下店

一九三八年二月十四日，我旅进攻两下店，以谭尚修第七四六团全部和地方抗日武装红枪会数百人为主攻，于夜间进袭，我率全团占领铁路和右侧高地作掩护。某日半夜，谭以一、二两营和一部红枪会武装，突过日军的外壕和铁丝网，逼近日军主阵地。因敌人的工事坚固，火力猛烈，没有攻下。次日拂晓日军的炮火更为猛烈。谭团在铁路及两侧构筑工事与两下店的日军相对峙。正午日军由邹县开来援兵，有炮兵、骑兵和坦克兵。约午后两点钟，敌人用排炮咚咚咚咚向我阵地射击了数百发，山上的野兔都被敌炮弹打死一只，但是在阵地上的官兵没有伤亡，因为敌人炮轰时他们就退到山梁背后的反斜面下掩蔽，敌炮火一停就迅速地回到阵地上加强工事。

傍晚，敌人又发动进攻，我阵地前方的前哨连被迫撤回本阵地，谭团长率领陈聆一营由铁路上也移到我的阵地上来协同防守。晚间，敌人又进行夜袭，用坦克车前导由郭山两侧抄袭我阵地后面的山麓和村落，又用大炮和步兵向阵地正面攻击。当我陈聆营的重机枪连正向进攻的日军猛烈射击时，敌人向机枪阵地发射照明弹，接着咚咚咚几炮，有两挺机枪被炮弹打坏了，士兵也打伤了几名。陈聆营长适到机枪阵地去指挥，也被炮弹片打伤了脚。我同谭团长在重机枪阵地后面仅十余步。炮弹的烟尘弥漫如云雾，强烈的火药气味充满了阵地。敌人虽不断发动攻势，但我们的士兵用重机枪和手榴弹，凭借工事居高临下把敌人打退了。为避免天明后的重大伤亡，我们于拂晓前转移了阵地。

天明后，我们部队安全转移新阵地布防，沿途老百姓提着高粱面煮的热汤送我们解寒，大家都感激得流了泪。

这一次进攻，谭团伤亡士兵三百余人，陈营长负伤，我团伤亡士兵一百余人，官长负伤几员。为了以后便于指挥，将谭团按实有兵额编为两营，剩余的士兵补充我团的缺额。

香城、普阳山战斗

一九三八年三月初，占据邹县和两下店的日军增加兵力，从九日起向我滕县前方的界河防线发动攻击。担任界河防线方面的兵力是第一二七师和第一二五师的第三七五旅。第一二七师师长陈离任前线总指挥。我团在香城占据普阳山为右前方支撑点，受第三七五旅旅长林翼如指挥，左侧方是第一二四师吕立南旅。日军先向阵地正面和左侧佯攻了三天，约于十二日拂晓以主力进攻香城。因香城突出界河本阵地的右前方十余里，遵照上级指示，在香城左侧普阳山构筑坚固工事，除重机枪、迫击炮筑有工事外，士兵一般都挖有掩蔽部，并在便于瞭望的地方筑有团指挥所，阵地上和后方也架设了电线。日军以坦克、骑兵和步兵由公路向我香城进攻，经过三小时的激烈战斗，我香城杨宜营因伤亡重大，众寡悬殊，即移向普阳山阵地附近村落防御。当敌人进攻香城时，我普阳山迫击炮向敌骑兵轰击，只见敌骑纷纷向我炮火火力不能达到的地方奔跑，他们的密集队伍也用低姿势在公路旁停止。约有两个连的日军随即向我普阳山阵地进攻，我先以迫击炮火阻止，待敌人接近阵地时，用重机枪和手榴弹反击，把敌人打退了。敌人几次冲锋，均被我击退，即以一部向我阵地监视，大部队向我阵地右后方前进。我迫击炮火力，在离两千米以外，就不能打伤敌人，所有步枪，枪膛内的来复线都磨平了，子弹出口的枪声，嗵！嗵！嗵！和土枪一样，实在难听，我们的士兵都不愿用枪射击，只准备在肉搏时使用。为了便于观察全部敌情，我离开指挥所掩蔽部，刚走出十余步，被敌炮兵发现，打来炮弹在我附近爆炸，破片打伤距我身后几步的传令兵两名，一个手臂上受轻伤，一个姓唐的腿上受重伤，以后成残废。我身上也受到土块和石子的崩伤。约十分钟左右，我看到敌人分两路绕过香城，向我阵地后方和滕县方向攻来。由于我们没有飞机和大炮，敌人像演习的样子先头以坦克骑兵搜索，随即用行军纵深跟进。有飞机低飞侦察，有军官坐的吉普车，约有一个旅团的敌人。我用电话向上级报告，但不久电话线就被敌人破坏了。约夜半时候，派到指挥部和界河友军阵地上的联络人员回团来说，敌人向龙山脚下迂回，把指挥部的预备队打垮了，师、旅部指挥官均向滕县方向退去，没有给我们指示，界河阵地仍固守未退。后由邻接阵地友军传来通知，准于拂晓前全线撤退。我先以一营兵力分别封锁敌人占领的村落，待全团通过后，作为后卫跟进。我们由敌人占领村落空隙穿过，到达香城侧面的黄山，在那里据守一天，得到我军已撤退到滕县附近的消息。据我们派往滕县的侦察兵回来说，滕县已被日军包围，并占领了南沙河车站，滕县与临城的铁路交通已被切断。这时，谭尚修也带两个营来与我们会合。我同谭团长商定先开到枣庄，派人向临城集团军总部取得联络。行到枣庄途中又遇到第一二七师陈育生旅长和王澂熙团长率领的一营多士兵。陈旅长向我说，他奉命限本夜由韩庄退过运河，临城总部已撤退。我团部队疲劳，原拟在枣庄宿营，先头部队刚行至枣庄街口，即发现敌人的侦察坦克车三辆开进枣庄，环城绕行一周又驶去。于是我们迅速向南面山地前进。在到达山脚时，已届黄昏。晚饭后，拟黑夜由山路到韩庄渡河，行至半山腰时，住在山上面的友军，要求我们部队在山脚下向敌警戒。这样，夜半时，待山上的士兵全部撤退后，我们才向韩庄急进。

部队到达韩庄时，天尚未大明，但已禁止一切人由桥上渡河，另由渡船过河。我的渡船将抵岸时，轰然一声巨响，附近的屋瓦俱震，铁路桥梁已被日军炸毁了。

这次战斗很多负伤官兵流落在日军占领区内。我们部队撤到利国驿后，滕县人民自动抬运我军受伤官兵，由微山湖小路出来，络绎不绝。我团在普阳山阵地受伤的传令兵唐某，因伤重，约半月以后才由群众一村转一村地抬运出来。山东人民这种爱国拥军的热情，我们十分感佩。

我军退出滕县后，第一二五师驻徐州附近的坨城休息整编，每旅将实有的士兵编为一个实团，其余一个为空团，以后拨新兵补充。我们第三七三旅的第七四六团（团长谭尚修）编为实团，我率领的第七四五团编为空团，但因谭团长请假回川，仍由我指挥作战。这次每连补充轻机枪三挺，是重庆制造的花筒式轻机枪，每团补充了迫击炮两门，还有重机枪几挺，是我们部队抗战以来，第一次得到补充。

韩庄阻击战

在坨城休息整编数日后，为配合台儿庄战役，我仍率领第七四六团由德盛闸渡过运河，进驻曹庄，师部住广兴庄，第七四九团亦开往广兴庄附近。我们的任务是歼灭盘踞韩庄的日军。由集团军总部派来的一个炮兵连，先以大炮火力摧毁敌人坚固工事，再由于学忠部的一个团先进攻。我团与第一二四师曾苏元旅（第三七二旅）掩护进攻，并扫清韩庄外围日军。攻击开始后，炮兵没有发挥预期的效果，于部的一团进攻甚速，以手榴弹和大刀，攻破日军三道防线。敌人固守碉堡，死力拒抗，在坚固的工事下进攻部队伤亡甚众，从拂晓到黄昏，没有把敌堡攻下。炮兵建议将攻到碉堡下的部队撤退，用炮火消灭碉堡后，步兵再进攻。但于部又不愿撤退，紧紧将敌堡包围。为了阻止日军增援的部队，派我团到多义沟附近破坏铁轨，并拦击由临城南下增援韩庄的日军。我即派部队，分数段将铁轨拆毁十余里，并在西辛庄构筑工事，阻击敌人，致使铁路交通断绝了三天。最后日军以大部队围攻我西辛庄，我据守西辛庄的尹唯一营以轻重机枪和手榴弹顽强抵抗，日军攻占村落约一半。入夜后因我增援部队到达，内外夹击，敌人仓皇撤走，抛下许多尸体和弹药等。我缴获步枪十余支，钢盔十余顶，战刀、短剑几把，以及日本币、护身符、太阳旗、文件等军事物资。恰在第二天由武汉到战区的慰劳团来前线视察和慰劳，还有同来的很多新闻记者很兴奋地纷纷来询问战斗经过，并将战利品摄影。

赴滕县抗敌散记

陈仕俊※

奔赴山东

一九三七年十二月十日，我们在晋南闻知济南形势可虑，韩复榘对日不战，擅自率部队撤至曹州、巨野一带。军令部命我们第二十二集团军迅速东调，归第五战区李宗仁指挥，阻敌继续南下。

十二月十一日午后三时，我们由洪洞上火车，十二日午后四时抵风陵渡，过黄河后在潼关宿营。十四日上火车继续东进，十七日傍晚到郑州，十八日午后抵开封，沿途车辆行动缓慢，十九日到达砀山，下车集结待命。二十二日由砀山出发经金乡，于二十五日到达莱河附近宿营。当地人民与我们联欢，村庄父老举办宴会，招待我们军官。此间人士多情，军民一家。我部与人民同欢，共祝新年。我邀约本团第三营长尹唯一来部，共拟春联一副："时值三阳伊始，国家已到存亡最后关头，愿将热血横洒，染遍春光灿烂；近来万里长征，将士都能忠勇向前效命，誓把敌人歼灭，维护世界和平。"一九三八年一月一日由驻地出发，旅团进驻丰县。一月四日到黄口上火车，五日早晨到徐州，午后到临城下车，

※ 作者当时系第三十二集团军第四十五军第一二五师第三七三旅第七四六团第一营营长，战役中升任第三七五旅第七五〇团团长。

立即做战斗准备。

郭山两下店抗敌

一月七日，第三七三旅旅长卢济清令第七四六团率一、二营进驻十里铺占领阵地，第三营立即进驻滕县并在七里沟占领阵地。各营连分别到达指定地区赶筑工事，第七四五团为旅预备队，随旅部行动。

八日，据第八连连长陈开树报称，自北沙河右翼发现敌骑十余名，向我阵地搜索侦察。卢济清于九日到达滕县视察阵地，并请部队长指示机宜。十一日，闻济宁失陷，敌人南下，向我方压迫。团与第三营派出一部游击队，在滕县以东以游击阻止敌人。十四日六时，本团第三营由滕县出发（第三七五旅进驻滕县）向邹县前进，占领界河，午前九时到达指定地点，占领阵地，派八、九两连向邹县搜索前进。在津浦线上的两下店有日军三百多人，构筑据点，阻止了我部的前进，本团推进界河，旅部和第七四五团接驻十里铺，我团命第三营营长尹唯一率领该营三、六两连，是晚进攻两下店，歼灭日军。反复攻击，俱未得手。拂晓时撤退至界河，伤亡官兵三十余人。由于与日军初次作战，没有经验，加之部队装备太劣，川造步枪和迫击炮不堪使用，所有各步兵连没有一支轻机枪，军师也没有一门大炮，因此造成失败。战后，连长陈禹三受了处分，营长尹唯一则记了大过。

为了弥补武器之不足，我们就想办法，立即雇请当地大批铁匠把拆铁道的钢材拿来打马刀，日夜加工赶做，准备短兵相接以杀敌人。十六日，大雪飞扬，气候酷寒，全团在界河部署构筑工事，并派出小部力量向敌方游击。十九日夜，派出游击大队到两下店扰袭。二十一日卢旅长召集团营长和当地人民自卫军刘大队长，共同研究进攻邹县的地形和作战计划，同时，据探报称，济宁沦陷后，日本侵略军屠杀同胞两千多人，并劫掠奸淫妇女甚多，闻之惨痛已极，因此我召集第一营军官、军士讲话，要求发扬爱国精神，英勇抗战，有我无敌。日军侵占我国领土，必须歼灭，还我河山，下定决心，奋勇前进，义无反顾。官兵都表示抗战到底，不胜不还，才不愧为四川健儿来自数千里杀敌的愿望。同时尹唯一召集第三营军官会议，因前次攻击两下店未克，受处分，现在经大家讨论，立公约书，以手指盖箕斗印，表示同生死共患难，无命不后退，共同遵守公约。总的装备虽劣，而士气旺盛，官兵都有决心与敌死拼。当时人民恨日军很深，爱护我军殷切。尤其是滕县、邹县地区人民礼教最深（是孔孟之故乡），我部官兵都尊重他们的习惯，不进他们的寝室内房，只能住堂屋、阶沿边，人民与我们的关系进一步密切，经常送给我部官兵白菜、粉条、猪肉、豆腐等，晚间送柴草给我部巡查队烤火，使我们官兵异常感动，只能以努力杀敌报答人民。以后与敌作战失利撤退时，当地人民自动抬运伤兵，迂回送到我后方，使我部队永远不能忘怀。

二十八日本团派出游击队与敌人在蔡庄遭遇接触，双方都有伤亡。同时接电报说，韩复榘失地丧师，不战而退，现已枪决，大快人心。又据徐州报载，川军的潘文华军长和杨国祯师长作战不力，撤职留任，戴罪立功，陈万仞师长撤职查办。

一月三十一日是春节佳日，军民联欢，互相庆贺春喜，颇有春意。当天中午，《大公报》记者范长江、《新华日报》记者周海萍、《扫荡报》记者张剑心等都来到界河前线访问，侦视地形与敌情，同时了解部队的抗日心情，这大大鼓舞了我军的战斗士气。二月七日，师长、旅长来界河视察，因此各连营进一步加强阵地，构筑工事，并改良做法，加盖掩体。二月八日，第二十二集团军孙震总司令（邓锡侯已回四川接任川康绥靖主任）到北沙河召集前线军官训话，谈到山西作战的经过和教训，当前对日作战应注意的事项，并讲国际形势等，大家都很兴奋，枕戈待命杀敌。

二月十二日，团、营长到郭山侦察地形，俯视两下店之敌，固守一隅；我们研究了进攻路线与作战计划。返部时卢济清旅长在月光下召集军官、军士讲话，准备攻占两下店，要求忠勇杀敌，一举成功，有进无退。十四日上午十一时，令第三营营长尹唯一率部向两下店进攻，是夜两次进攻均未得手，战至拂晓，伤亡官兵三十六名，怕敌机轰炸，撤回守备原阵地。十五日，两下店燃烧未熄，敌又增加四百多人，共有七百多人，大炮十余门，向我阵地炮击甚猛。十六日，我部士兵反穿棉衣、白布衬雪，以第一、二营进攻两下店，以第三营为预备队。午后二时第一营在左翼，第二营营长陈龙光率部在右翼齐头猛进直冲，因敌人炮火猛烈，战至五时未能攻克，已伤亡四十多人。我们为了完成任务，以满腔热血，下定敢死决心，选派三个连，把不堪使用的川造步枪放在场外，都用马刀和手榴弹。拂晓时，在重机枪掩护下督率官兵短兵相接，实行巷战。我们一、二两营官兵共冲入集镇七百六十余人。敌人被我官兵用马刀砍死砍伤者甚多。苦战一天一夜，我方伤亡也很大。我部据守集镇中的两座楼房，日军交换攻击几次，均被我部手榴弹击退。敌我装备悬殊，又缺乏抗战经验，仅凭爱国血气，与敌死拼。我部于十七日午前三时由吴钦明连长、邓茂云连长率领突围出来三百六十多人，其余四百多人壮烈牺牲。我团撤退至距两下店约五华里的郭山，整顿部队再战，第七四五团则到峰山做后援。

十七日九时，敌又增援两下店三百多人，于午后二时用十几门炮向我郭山阵地轰击，掩护其步兵约七八百人进攻，并有战车几辆，在步兵前头进犯。待敌进攻到我部郭山阵地边缘最近距离时，我们才开始还击。激战到五时，我部山前阵地失守。到黄昏时敌人攻占我部重要据点，我就督率范仲和、邓茂云两连出击，激战甚烈。他们用手榴弹猛击，战至晚间十一时，才把进犯之敌击退，夺回我阵地。这时，敌人两下店大炮十几门又集中轰击我部阵地。本日战斗我部又增加一部分伤亡，敌人的伤亡也不小。

十八日，我团退峄山，到香城转白水庄。十九日，移驻后枣庄。我团伤亡过大，进行整编，准备再战。二十三日，卢济清旅长召集讲话，说后方各界对我们的作战成绩给予好评，《大公报》登载了我们川军在郭山、两下店抗日杀敌的英勇事迹，并指示整顿部队和今后作战事宜，士气为之一振。我在郭山阵地争夺战中负伤，转到徐州医院治疗。

龙山和西辛庄战斗

一九三八年二月十九日，第七五〇团率一、二两营驻界河，整顿部队，加强工事。第三营位后枣庄，在龙山构筑阵地，与两下店之敌对峙。到三月十四日，日军大部队板垣师团和土肥原师团之先头部队约七八百人，于午前六时向我龙山两翼进攻，午后一时攻到界河，与我守备本阵地一、二两营激战。另一部在龙山与第三营尹唯一部队接触，均被我团阻击，激战彻夜。至十五日七时，敌人增加部队，向我北沙河抄袭，截断我后方。战至夜间十二时，我部突围至故山集结。十六日，向滕县后方转进，至固城十里之艾湖整顿，向我追击之敌受到我友军（在滕县的第一二七师和一二二师）的阻击。十八日，在后枣庄南端我团部队被敌人战车五辆拦腰冲断。到十九日午后二时，敌人已抵运河，以机炮向我团阵地轰击。我团奉命移柳泉。在柳泉，全团缩编为两个营，兵额实际不足两营。四月一日，我团由大山进驻唐庄，向卢山、独山搜索前进，并分派部队向运河与台儿庄之线侦察。我部到卢山时，与本军第一二七师第七六一团取得联络，驻土盆附近向敌警戒。四月四日，当面之敌被友军击退；我部奉命进驻利国驿（津浦路侧）和东马安一线。八日，渡河向台儿庄外围韩庄进攻，该敌与我第一二四师之游击大队发生战斗，我部进驻阎庄、曹庄构筑工事，以巩固阵地。十二日，我军接受攻击韩庄一带敌人之任务。本团奉命截击败退之敌，第一营位置多义沟，第三营位置朱家庙。十三日午前十时，敌战车南下，被我部击退。午后四时见敌人一部北退，我们通知友军猛攻韩庄。连日我友军攻击韩庄未克，敌人向我多义沟、朱家庙部队连续进攻，都被我部队击退，双方都有伤亡。

十七日，攻韩庄之战局有进展，白崇禧参谋长到徐州督师，官兵极为兴奋。至十二时，敌人用装甲汽车十几辆、步炮兵八百多人，向我西辛庄第三营阵地进攻，官兵沉着应战，待敌到近距离才开枪猛击，敌人伤亡很大。午后三时，日军包围西辛庄抄我后方，将柳庄与赵连交通线截断，阻止了增援部队，该营全部死守，激战待援。到十九日六时，铁道上发现火车十多辆，装载增援的敌军，被我一营张连击退。午后五时，敌以各种联合兵力八百多人再向西辛庄猛攻，并纵火烧毁民房二十多间。至深夜十时，敌人伤亡甚众，被我军击退。十二时，各连长主张撤退，尹营长说，我们是抗战，不是逃难，决心死守待援。到二十日午后五时，敌人再进攻，并以十五生的大炮猛轰，弹落如雨。辛庄外墙轰倒，我部退守第二线工事，敌人继续轰倒几个碉堡，房屋倒塌三分之二。尹营长督率陈开树连长、李仲芳连长逆击激战，双方伤亡增大，李连长负伤。敌已包围三面，战局不利，遂开始撤退。深夜黑暗，迷失方向，部队混乱。敌人机枪更为激烈。我部在枪林弹雨中突围，向后撤退，又被友军误为敌人，向我射击。第三营王子君连固守西辛庄西北角阵地，他未奉到命令，仍固守激战，在拂晓前敌人因伤亡过大撤退。到二十一日七时，该连把敌人打退后，将大批战利品——武器、钢盔、弹药，运送回部。夺得此次战斗的最后胜利。全团在曹庄、张山子附近整顿部队，准备再战。

本团官兵，基于忠勇爱国、杀敌成仁的决心，以最劣的装备，敢于短兵相接，沉着应战，与优势之敌死拼，在津浦路北段鲁南地区的两下店、郭山、龙山、西辛庄各次战斗中，歼敌甚夥，获得了较大战果。

滕县车站和卓山等地奇袭日军经过

翟天佑[※]

滕县站袭敌，夜焚军车

一九三八年四月中旬，我团由鲁南金乡县南李楼奉命开赴津浦北段邹县、滕县之间担任切断敌后交通、阻截敌人补给运输任务。我团由鱼台县东北之南阳湖乘船偷渡，直达滕县以西李家沟附近。当架设电台与师、旅部取得联系时，始悉我们全师都是一个任务，只是地区不同而已。我团当即派出侦探人员侦察敌情，以便执行任务。薄暮时，忽接侦探人员报告：滕县车站停有敌方兵车一列，兵不甚多，约有一二百名，现正在车站休息，听其士兵说话口音，纯粹系日本人无讹。这时我团团长乔献三问我应该如何处理，我当时回答说："这种情况系属突然，又很紧迫，机会不可失。决不能等请示上级指示后再说，必须当机立断采取行动。我们的任务本来是扒铁路、阻截敌人向前方增加人力、物力。这辆列车运送为何物尚未判明。若见敌不打，使其增援及输送到前方，这就会危及台儿庄战局，于我方有很坏的影响。要是没有命令先打，又怕伤亡损失无法交代。"最后经过研究，还是决定打，但要采取灵活的打法，不给敌人黏住。当即召集各营长，说明眼前情况。各营长也一致主张打。

※ 作者当时系第三集团军第五十五军第二十九师第七十八旅第一五四团团附。

即决定正面用两营兵力，其余一营归团直接掌握。于是下达攻击命令展开战斗。

时当初夜，月黑天，敌人警戒颇为小心，从车上不断发出探照光向田间乱照，邻近各村犬声乱吠，敌人还不断发出稀疏枪声。天将拂晓，敌人方在梦中，这时我部队伍已摸近车站，当我们信号枪刚刚发出袭击的枪声时，士兵们的喊杀声响成一片。敌人多数一枪未放，便狼狈向县城逃去。我方两营队伍完全占领了车站，我以团指挥官的身份立即令第一营官兵向败逃之敌发动猛烈射击，令第二营限三十分钟内，尽将车上及站台上所有敌方遗弃的物资扫清堆积起来，多加油料，用火烧毁。正在浓烟腾空火光大起时，敌方枪声紧张，测敌有反攻车站之企图。我即令一、二两营相互掩护，撤离滕县车站，回到李家沟原防地，安全转移。情况具报旅部，接旅长复电，认为处置颇善，予以嘉奖。

马坡寨拆轨，敌车掉道

我团在滕县车站进行了猛烈的袭击战，给敌人以不小的打击，烧毁了敌人运往前方的作战物资。全团官兵没有一个伤亡，大家十分高兴。正在欢喜时，忽接旅长来电，令我团接电后迅即转进至滕县北两下店车站一带活动。我团接电后七小时即到达两下店附近，潜伏于马坡寨。两下店附近地形于我方极为有利。村庄多，树木多，地形复杂，容易接近铁道。因此选定马坡寨以东一段铁道，以连为单位，在夜间乘天黑拿着工具都把铁轨上钉的道钉起下来，缴团查验。在一夜之间各营均上缴不少道钉。

次晨，通过之火车出轨了，车厢歪斜地倒在路旁，摔伤的人很多。以致六七天也没能通车。在前方与我们部队作战的敌人，因铁路运输受到了严重破坏，弹药运不上去，粮秣给养也不赶趟了，成了问题。在这种情况下，我前方正面战斗，马上转为主动，士气大振。庞炳勋和张自忠的两个集团军朝着敌人的侧背发起猛攻，狠狠打击，敌伤亡甚众，终因不支，向北溃退，十分狼狈。沿临枣支线及其以北地区漫山遍野地逃窜。

当获悉这个大捷的通报后，我第一七四团及时召集营连长会议传达，大家真是欣喜若狂，高兴极了。团长即席说："日军从东北到华北，一直没有受到什么抗击，就使得它趾高气扬，如入无人之境。今天遭到我们的痛击，它也会抱头鼠窜，这还真是头一回，也叫我中国人透一口气，解一解我们几年来的仇恨。"

卓山下截击，敌溃狼藉

战局情况于我方非常有利。当时我团觉得两下店的位置也很重要。在地形上看，我们虽系一团兵力，但可顶一师人用，在战略战术上都具有很重要的地位，我们的队伍完全埋伏在附近之峰山上，严密监视敌人的退路，倘敌退逃经过时，一定给它以迅雷不及掩耳的斩杀。这时忽接旅长拍来"即刻到"的急电指示云："汤恩伯所率的追击大军，在兰陵镇附近已予敌人以致命重创，你团要星夜进据临枣支线齐村以东地区选择有利地形，痛击败退之敌。"我团立即星夜到达鹅山口（齐村以东约十里），迅即在鹅山口以西卓山一带布置纵深斜面阵地。预计敌人逃退必经之山口，路口完全以优势火力控制。团指挥所位置卓山湾，团营间架通电话。

午后，太阳还有一人高时，见到了败退下来的敌人。大道上是敌人运输军用品的车辆，其余敌人漫山遍野盖地而来。敌众我寡，敌方兵力几较我多几倍，相差悬殊，幸我方地势好，居高临下，当敌临近时又给以猝然猛烈射击，敌见已处于我火网之中，遂向我卓山阵地猛扑三次，均未得逞。当面之敌都被我击退，敌人尸横狼藉，激烈的战斗一直进行到天黑，情况逐渐沉寂趋于稳定。正拟向上级报告战况之际，我便衣探兵回报，敌已改道向西撤退。

翌日检查阵地，发现敌尸遍地，军马亦死伤很多。卫生材料、军毯、军衣及三剑牌纸烟等军需品遗落甚多，均为我士兵所获。查点我方伤亡，共计十八名，并闻我全师各团均有所获。我团官兵除受奖外，我也因此次战役而晋级为本团中校。

第 三 章

临 沂 战 役

第四十军防守临沂之战

王瘦吾※

第四十军庞炳勋部在临沂抗击日军，是一九三八年二月二十六日至四月中旬的事情。笔者当时任庞部总参议，执行参谋长职务。现将作战经过提供片段材料。

部队的编制及集结前后

庞炳勋当时是第三军团长兼第四十军军长。军部是乙种编制，直属一个特务营，一个师，即第三十九师（调整师，师长马法五，副师长刘世荣）。师属两个步兵旅（第一一五旅，旅长朱家麟，副旅长黄书勋；第一一六旅，旅长李运通，副旅长崔玉海），一个补充团（团长李振清）和炮、工、辎、通各一营，另有骑兵一个连及手枪一个连。全军合计一万三千余人。

装备计有：步枪共约八千支，各种手枪约九百支，轻、重迫击炮约六十门，重机枪约六十挺，轻机枪约六百挺，掷弹筒约二百个，山炮四门，战马约三百匹。

第四十军自一九三七年十月于沧县抗击日军后，奉命调至东海、连

※ 作者当时系第三军团第四十军总参议。

103

云港等地，一面整补，一面对连云港至盐城一带沿海设防，历时三个月，人员及武器大体上得到补充。但新兵较多，缺乏训练，战斗力受到一定的影响。

一九三八年年初，日军自津浦路北段节节南侵的矶谷师团和沿胶济路东进之板垣师团，分两路进窥徐州。临沂系鲁南重镇，距台儿庄九十公里，为徐州东北之屏障。如果临沂不保，日军则可由青岛直趋台、徐，威胁陇海、津浦两路之安全，战略地位至为重要。

一九三八年二月上旬，庞部奉令调驻临沂拒敌。二月中旬，部队集结完毕。其分布情况是：军部及第三十九师师部同驻临沂南关的山东省立第三乡村师范学校；朱家麟之第一一五旅驻城东相公庄一带；李运通之第一一六旅驻城北诸葛城一带；李振清之补充团驻城关附近；炮、工、辎、通各营及军属特务营均驻南关；骑兵连驻相公庄以东地区。

当时国民党的山东第三督察专员公署专员张里元的保安团驻在城内，有相当战斗力，已联系与驻军协同作战。

庞部到达临沂后，立即派人察看临沂周围地形，并召集营长以上官长及各级参谋联席会议，研究敌情及攻守方法。命令李运通旅沿汤头至葛沟一线，构筑前进阵地，并从白塔起顺沂河东岸向南至郁九曲一线构筑了主阵地。同时又派人到临沂以西山区，侦察地形，准备临沂不守时，在该处与敌开展游击战。

两次出击

增援莒县

当时，据报有步、炮联合之日军约两千人，在沂水、诸城、莒县一带与沈鸿烈部海军陆战队和五战区第一游击司令刘震东部激战中。沈、刘两部渐次不支，敌有进逼临沂之态势。第五战区司令长官李宗仁电令庞炳勋派队支援，庞乃令第一一五旅旅长朱家麟率所部第二二九团及第二三〇团，并配属山炮两门，增援莒县。朱部以副旅长黄书勋率第二二九团，附山炮两门为右翼，自率第二三〇团为左翼，向莒县前进。

二月二十六日，右翼第二二九团到达莒县，当即进城占领阵地。斯时城内一片死寂，阒无一人。左翼第二三〇团同时进驻营县城西一带村庄，与城内部队遥相呼应。翌日拂晓，有敌千余人突将莒县城西、北两面包围，并切断我左、右翼之联系，炮火猛烈异常。我第二二九团团长邵恩三左臂受伤，士兵伤亡甚重。邵团长坚持在城上督战，不下火线。战斗持续到下午二时，敌人始被击退。半夜时分，敌又大举向莒县城猛扑，有敌人一班带轻机枪一挺，偷上城西北角，向城东南面猛烈扫射，城内我军顿时混乱，纷纷向南门撤退。此时副旅长黄书勋偕团长邵恩三亲登城南门，组织火力，命令坚决消灭偷袭城西北角的敌人，并令炮兵自城东南角向西北角发射，终将上城敌人完全消灭。在此次战斗中，多印珩连缴获敌轻机枪一挺，军部据报后，当即赏洋一百元。

二十八日拂晓，敌人又自城东北角偷袭而上，逐渐向西、南两面延伸，虽经我组织火力反击，但未能奏效。我左翼第二三〇团方面，始终被敌人牵制，对莒县城内策应不上。邵恩三团长坚决主张进行巷战，与城共存亡。黄副旅长则认为我已处于劣势，徒逞意气，无济于事。因下令全部守军自城南门撤退。由于白昼行动目标明显，山炮两门无法运出，经炮兵破坏后，遗弃城内。

第二二九团自莒县撤退，损失惨重，当日下午六时许撤至莒县西南三十里之夏庄，始与旅长朱家麟及第二三〇团会合。三月一日，敌人又追至夏庄。朱旅且战且退，沿沭河两岸，撤至相公庄一带休整。此役共伤亡官兵五百余人，损失山炮两门，步枪数百支，估计敌人也伤亡二百余人。

总结此次战役失败的原因，一是不明敌情，二是不熟地形。初得情报谓正面之敌系刘桂堂部伪军，及接触后，始悉乃日军板垣师团田野旅团之一部。由于地形不明，以致战斗一开始我左、右两翼即被敌切断，致使第二二九团遭受重大损失。

垛庄阻击战

三月九日，据报有敌一股，由蒙阴沿公路南下，当令补充团团长李振清率领全团向该敌迎击。当李团先头部队到达垛庄以南约四十里处某村时（村名忘记），发现有日军百余人，携小炮一门，重机枪一挺，据村而守。入夜，李命令该团迫击炮连向村内发炮四十余发。敌人龟缩村内，始终未敢还击。李团对敌情尚不十分明了，仅派刘兰洲连沿公路监视敌人，准备拂晓攻击，不意敌人连夜逃往垛庄。次日天亮后，发现敌已逃走，李团长即刻下令追击，中午追至垛庄。据报敌人在垛庄寨内据守，李团长一面命令第一营到垛庄北八里之大石桥附近埋伏，阻击敌援，防敌逃跑，一面命令机动队队长苏万春率兵一班冲进垛庄外寨西门。当苏率队冲至内寨南门时，敌在寨门楼上布置机枪向我猛射，我士兵当有四五人伤亡，苏万青急隐蔽在东边门下，向敌寨楼上掷出手榴弹数枚，趁烟雾弥漫窜出寨外，向李团长报告情况。薄暮时分，李团长又命令苏万青带领步兵一排和手枪一班，围困南寨门，与敌对击一整夜。翌日拂晓，调去山炮一门，对准南门猛射数炮，将南门打开一洞，能容一人通过。接着李团长命令第二营爬寨墙，第三营攻寨门，发动总攻。当第二营一部刚爬上寨墙时，突然飞来敌机三架，低空盘旋，先投下信号袋一个，落于我军手中，获悉内情是：派某小队长率汽车六部，来接应。敌机在投下信号袋后，接着投下炸弹数枚，我李团二营营长潘鸿恩和杜排长当即被炸死，士兵也被炸伤、亡数人，爬寨部队遂即撤下。围困延续到下午七时许，果有敌汽车六部，在两辆战车掩护下，自蒙阴南下增援，敌援兵到达垛庄北大石桥附近，被我预伏该处之第一营袭击，炸毁汽车三辆，缴获全新六轮卡车一辆，步枪九支，物资甚多，毙、伤敌军数十名。此时临沂正面汤头、葛沟一线吃紧，敌有逼近我主阵地之态势。军部即将补充团调回临沂，准备增援。次日，垛庄之敌撤走，遗尸装了六汽车。

汤头退敌

三月二日，我增援莒县之第一一五旅摆脱敌人尾追后，沿沭河两岸撤至临沂东相公庄一带休整。此时敌军遂由莒县西南夏庄、黄庄向我临沂前进阵地汤头逼近。自三月三日开始与我守军第一一六旅第二三二团接触，战况日趋紧张。敌机每日数次轰炸又不停地以排炮射击，坦克掩护敌军向我阵地冲击，炮火异常猛烈。我军英勇战斗，不怕牺牲，战事持续了五六日之久。后因我第二三二团伤亡过重，乃令其放弃汤头，撤至后方整顿待命。

汤头撤守，太平、白塔吃紧，军部命令第一一六旅第二三一团坚守，拖住敌军主力。另由垛庄调回补充团，由葛沟以北抄袭敌之右侧背，由相公庄抽调第一一五旅第二二九团沿沭河东岸抄袭敌人左侧背。当第二二九团第二营前进至铜佛官庄时，与敌相遇，展开激战。我第三营营长汪大章身先士卒，冲锋陷阵，致为敌击中，壮烈牺牲，其余官兵亦伤亡八十余人。敌军见我将其左右包围，被迫于三月六日放弃太平、白塔一带被占村庄，撤回汤头镇，我军遂收复汤头以南阵地。此役，敌我各伤亡数百人。

敌军撤至汤头待援，经过整顿补充，并调来援军一部，人数共约五千人，配属大炮三十余门，坦克车二十余辆，复又在三月九日敌酉板垣师团田野旅团长指挥下，向我军压来，企图强行通过我临沂防地向台儿庄进攻。先后占我沂河以东汤头以南沙岭子、白塔、太平、亭子头等村庄。我军加紧部署，严阵以待，誓与临沂城共存亡。部署要旨如下：一、第一一六旅第二三一团及二三二团，配属山炮两门为临沂正面防守部队，由李运通旅长为指挥官。二、以第一一五旅（缺第二二九团）为右翼防护部队，由朱家麟旅长为指挥官。三、以第二二九团、补充团、特务营、工兵营为总预备队，由李振清团长为指挥官。四、由第三十九师师长马法五为前线总指挥。

这时适接李宗仁复电云："临沂为台、徐屏障，必须坚决保卫，拒敌前进。除已令张自忠部前往增援外，并派本部参谋长徐祖诒前往就近指挥"等语。

这时敌田野旅团所部于三月九日开始向我汤头、白塔等阵地进逼。十一日迫近我临沂正面诸葛城至郁九曲之线，飞机每日轮番轰炸，大炮不断轰击，我阵地大部被摧毁。第二三一团副团长谷建瀛被震昏于战壕内（曾上报谷已阵亡），官兵伤亡亦甚重。我仅有之两门山炮，在敌炮火压力下，始终未敢还击，只于敌步兵逼近时，当作迫击炮使用，尚能发挥一点作用。时敌坦克二十余辆向我阵地猛冲，我守军仅凭手榴弹阻击，炸毁坦克数辆，阵地屹立未动。庞炳勋迭请长官部派飞机助战，但临沂始终未见我一架飞机。

激战进行到三月十二日下午，第五十九军军长张自忠偕参谋长张克侠率领第三十八师（约步兵五个团，没有重兵器）到达临沂，暂集结于临沂城北诸葛城一带。第五战区参谋长徐祖诒已于前一日到达临沂，当即在第四十军军部召集庞、张两部高级人员开军事会议，决定对当前之敌反守为攻，采用正面坚守，两翼迂回，抄袭敌后，一举歼灭之战略。徐参谋长代表李宗仁发布命令，要旨如下：

一、敌情判断：当前之敌系日军板垣师团田野旅团之全部，附有重野炮三十余门，坦克二十余辆，并有飞机六七架助战，企图陷我临沂，向台儿庄增援，目前尚无后续部队到达。

二、我军意图：准备在临沂附近将当前之敌一举歼灭。

三、部署要点：

（一）以第五十九军军长张自忠指挥该部黄维纲师，自诸葛城我军左翼向敌右后方作猛烈袭击，奏效后向汤头追击前进。

（二）以第四十军第三十九师第一一六旅附炮兵营（缺一个连）仍守诸葛城至郁九曲之线阵地，牵制敌军主力。

（三）以第四十军第三十九师补充团及该师骑兵连自郁九曲以南向敌军左后方猛烈袭击，在汤头与我张军会合。

（四）以第四十军第三十九师第一一五旅工兵营及军属特务营为机动部队，由第三十九师师长马法五指挥，随时策应各方。

（五）决定于三月十四日晨四时出动。

是日，张军首先克服白塔及亭子头。当敌人发现张军在其背后，即集中兵力对付张军。庞军防守部队即乘机举行反攻，我李振清团当即在敌左侧背发起攻击，战况至为激烈，敌军腹背受敌，飞机、大炮、坦克均失去效用。从三月十四日起，经五昼夜激战，敌乃全线败退。我军乘胜跟踪追击至汤头，敌乃向莒县逃窜。同时庞部第一一五旅亦将临沂城东南之残敌肃清。十八日上午，全部结束。此役共计毙、伤敌人两千余人，我庞、张两部虏获战刀、军毯、罐头食物等战利品甚多。庞部生俘日军两人，在解送途中，一俘被另一俘踢死，一俘解送第五战区长官部。清扫战场时，发现一架敌机残骸，破损坦克六辆，日军尸体遍野。

临沂胜利消息传出后，曾得到蒋介石和李宗仁的传令嘉奖。《大公报》于一九三八年三月二十六日发表社论《临沂之捷》，高度评价临沂击败日军的政治意义和军事意义。

三月十八日晚，张自忠部奉命他调，离开临沂。庞炳勋部仍驻原地，整顿补充，加强防御，准备下一阶段之战斗。

临沂撤守

日军田野旅团被我临沂守军击败后，窜回莒县，敌又派来近卫师团一部援军，共约五千余人，配有较上次更多的飞机、大炮、坦克，以陆、空联合之势，卷土重来，气焰较前更为嚣张。三月二十五日，敌军逼近临沂，我军为了避免无谓的牺牲，在沂河东岸原阵地略加抵抗后，即将部队撤至沂河西岸既设阵地，与敌军隔河对峙。敌连日以飞机、大炮、坦克联合猛烈向我进攻，我军坚守阵地，屹然不动。敌以正面进攻未能得逞，乃以步、炮联合之敌千余人，进犯临沂城西之古城南、北道、大岭、小岭等处。同时，有敌一部（人数不详）自蒙阴南下，袭占临沂西南三十余里之朱陈，威胁我之后背。我军因正面阵地全被摧毁，后方复受威胁，又无援军前来，乃决定缩短战线，以第三十九师第一一六旅副旅长崔玉海率领刘富生之第二三一团，会同临沂专员张里元及其保安团，坚守临沂城，牵制敌人前进。其余部队，暂撤至临沂以南地区集结，军部移至临沂城南黄山至九曲店一线。

我军缩短战线后，敌乃集中火力猛攻临沂城。临沂城西北面城墙终被敌炮火摧倒。敌一部冲进城内，与我守军巷战一日。四月十九日薄暮，我军因守城部队伤亡过重，后援不继，补给困难，遂令其放弃临沂城，撤至临沂南归还建制。是役，我刘富生团伤亡千余人，临沂保安团亦伤亡数百人。张里元专员率领保安团撤出临沂城后，转入山区。我军旋奉命调至沛县休整，并对微山湖警戒。当以第三十九师邵恩三团为后卫，在码头掩护部队渡河，至四月底全军运输完毕。

庞炳勋、张自忠两将军与临沂大捷

李凤鸣※

一、临沂战役的前奏：临沂确为鲁南军事必争的重镇，该地为战略要点，屏障徐海。第五战区为掩护大军集中准备会战，令驻防海州（东海）庞炳勋之第三军团，兼程进驻鲁南。除在临沂城设防并派第三十九师李运通旅在夏庄葛沟一带构筑阵地，同时派出朱家麟旅，驰往沂水穆陵关，第四十军补充团进援蒙阴，迎击板垣师团的南进。

补充团出发前，我突然接到团长李振清的电话，当时我任庞将军所兼第四十军副官处长，主办后勤运输事务，并附有江苏汽车总队中的一中队（汽车约三十辆）。我以为要我协助该团械弹粮秣的运输，原来是请我帮忙派两名司机，并要随团出发。问他何用。他说要拉回敌人的汽车，我在匆忙中勉为其难地派两名汽车司机，前去报到，没想到三天之后，竟传来捷报。补充团果然在蒙阴截获敌人的汽车，并发动沿途百姓把汽车用人力抬回临沂。当时公路被破坏，可以说千辛万苦，真是有志竟成。大家都认为是旗开得胜的好预兆，为鼓舞人心士气，请军部的王信孚秘书，立刻在所获日军的汽车上，写明："补充团攻蒙阴虏获日军之装甲车"。展览在临沂师范的大门前，参观的人拥挤不堪，颇为轰动。

二、我军和义勇游击队协力作战：日军于二月九日越过诸城，而莒

※ 作者当时系第三军团第四十军副官处长。

县城防空虚，由地方刘震东义勇游击队守城。刘司令是国军宿将，沂水县人，为保卫家乡号召当地青年，组成守城部队仅数百人，实力薄弱，虽仓促成军训练不足，但坚决防守莒城。我军增援尚未到达，日军已兵临城下，刘振东司令力战成仁。我朱旅之二二九团部分以汽车输送驰援，随即投入战斗。邵团刘振声营长英勇善战，阻击由北门突入之敌，负伤后仍率队收复北门，连长刘同盛阵亡。旋敌人援军到来，在十二日展开猛烈攻击。军部急调沂水穆陵关方面朱旅主力转向莒县以西大湖小湖日军侧背攻击，歼灭敌约一中队，并收复莒城北方之杨店子。敌又借炮火轰击攻入城内与我军进行激烈巷战，邵恩三团长率预备队猛烈反攻。响起了冲锋号，两军白刃肉搏，我炮兵也在南关外火力支援，使日军攻击顿挫。十三日拂晓日军再兴攻击，莒城撤守。继在夏庄、汤头、葛沟之线展开两军主力作战，同时我军绕由西方高地，截击自沂水南下敌之辎重汽车二十余辆，中我地雷，汽车大部被毁，车上日军口粮白米罐头毛毯等补给品，都成为我军的战利品。

三、战地军民真正合作：国军抵御日军的侵略作战，激起全民的敌忾同仇心，敌前敌后的民众纷纷组织宣传队，并自动捐献劳军。举凡鸡鸭鱼肉以及萝卜大葱馒头煎饼，还有乡下老婆婆手提鸡蛋送来劳军，日以继夜，应接不暇。其爱国热忱，真使人感动得落泪。

前方伤亡的官兵很多，战地民众乘夜晚绕道崎岖山路把伤兵运到后方。冒着危险不辞辛劳的精神，实足表现出军民合作的真情。更有苏北宿迁、沭阳、鲁南各地的教师学生所组织的战地服务队，如王志仁、刘大同、汪典等百余人，除了做战地宣传工作，并亲自抬伤兵送弹药，更使军民深受感动。在战地军民合作成为一家人，其目的只有一个，就是为的抗日胜利。

四、艰苦的作战：敌我兵力武器装备相差悬殊，诚如五战区长官李宗仁在其回忆文章中所说："敌军穷数日夜的反复冲杀，伤亡枕藉，竟不能越雷池一步。"终为国军获得临沂大捷，使日军侵华初尝败绩，也带来了抗日战争中台儿庄会战的伟大胜利。

日我两军展开主力作战，是在临沂城北约三十里的汤头葛沟之线。日军板垣第五师团受我之痛击，曾一度被迫后撤三十余里。随又发现日军第一〇五预备师团番号，我再予迎击。敌人借飞机大炮轰炸掩护全面总攻，我阵地多被夷平，敌兵蜂拥突入。我军所有担架运输兵及文书伙夫马夫都拿起武器加入战斗。滕家官庄傅家池草坡敌我争夺，失而复得。敌我寸土必争，形成拉锯战。汪大章营长以下官兵二百余人壮烈牺牲。我葛沟补充团阵地亦被敌攻陷，营长潘鸿文在垛庄阵亡。我军损失惨重，退据临沂近郊，固守三官庙九曲店阵地。并以补充团警卫营在城东沂河东岸构筑桥头阵地，与临沂城仅一水之隔。前线距司令部之临沂师范不过三里，庞将军亲自指挥准备背城一战，以使国军徐州会战兵力集中能顺利完成。郭氏文中又提到："……当时随军观战的中外记者与友邦武官数十人，都想不到以一支最优秀的'皇军'，竟受挫于不见经传的支那'杂牌部队'，一时中外哄传，彩声四起，板垣征四郎以颜面攸关，督战尤急，我军渐呈不支。……"盖日军最初轻视国军战力，逐次使用不足之兵力，又遭受我军浴血缠斗，抵抗坚强，实力消耗过巨，因此出其意料，行动迟滞，难以达到与矶谷师团会师徐州的目的。

五、张自忠将军增援临沂：临沂既告危急，中央统帅部和五战区为确保临沂争取会战准备时间的余裕，派战区参谋长徐祖诒（燕谋）莅临军团传达作战计划协助指导作战。因临沂师范距前线太近，敌炮弹不断凌云呼啸。徐将军主张军团部应立即撤到临沂以南的傅家庄（城南二十余里），以免影响参谋作业的心情，而且便于指挥。庞将军则不以为然，他很坚决地说："如果我庞某临危后退，前方士气动摇，临沂城就难保了。"徐、庞意见相左，最后请示战区长官，所得答复，仍尊重庞的意见，军团部不动。我想那时统帅部决派张自忠的五十九军来援有几点理由：（一）敌我战力消耗甚巨，日军更显疲惫，所以成为对峙状态。欲使国军掌握先机，转守势为攻势，各个击破，先歼灭板垣师团，解除徐州外围的威胁，从容准备大军会战。（二）庞、张两将军过去有历史渊源且交谊颇厚，长城抗日联防比肩作战，张在喜峰口，庞在罗文峪，如派张军增援临沂，必能不误时机，协力作战。（三）张军战力坚强，长城抗日曾在喜峰口大胜日军，士气高昂，对统帅部命令决可彻底奉行达成任务。（四）这一战关系国运及抗战前途，统帅部已操胜算，而绝不能失败。

当日军再进攻临沂时，张自忠将军的五十九军及时赶到临沂，守军军心大振,敌我形势转变。张将军到达临沂师范军团部,天已薄暮,前线战斗转趋激烈,忽然敌方炮弹从头上飞过,机枪声也清晰可闻,指挥若定的庞炳勋将军迎出门来,张、庞两将军急忙握手,久久没有放开。当他们进入办公室尚未坐定,突有敌方炮弹飞落院中爆炸。庞对张说:"荩忱老弟来得正好,你看这里多热闹!"接着又说:"上午徐祖诒参谋长在电话里问我还有多少预备队?我的部队都在前线伤亡殆尽。现在补充团担任九曲店附近的作战,连我的警卫都增援到第一线,再有就是我了。不过我决心在临沂保卫战中和敌人拼战到底。"张自忠听了以上的话笑了起来,从容地说:"大哥你放心,我决尽力帮你打赢这一战。"

虽然正在战斗紧张的气氛中,老友会师战地,生死以之,仍然谈笑风生。庞忽然幽默地微笑说:"老弟呀,人家说你要在北平当汉奸,我才不相信呢。记得我们在北平和宋明轩曾通电全国:'宁为战死鬼,不做亡国奴。'所以我大为放心。"张将军大笑说:"今天倒要他们看看我张自忠是不是汉奸?"就这样很快地在参谋长王庾吾等敌情简报之后,接着会同五战区徐祖诒参谋长策定了反攻作战计划。

至于李宗仁回忆文中提到的庞、张结怨之事,可能是民国十九年春中原大战时,在河南陇海线上的巩县黑石关,韩复榘曾攻袭庞部落败,而绕道东去开封,或系因此"张冠李戴"有所误解。

六、师克在和不在众,兵贵神速,尤贵能出奇制胜,我军反攻,由策定计划下达命令到攻击行动仅数小时,可见庞、张两将军求胜一致的决定,是本乎军人的天职,能和衷共济忠于国家的精神。笔者随庞将军任职甚久,对过去史实记忆犹新,庞、张从无恩怨,而中枢统帅部是因人善用,绝非无军可派增援临沂。今张、庞均已作古,国人不可误解,使庞、张两将军地下难安。

三月十三日拂晓我军开始攻击。由五十九军主攻,该军军士大队首自庞军左翼敌前渡河,对敌实行强袭。第三十八师一一四旅董希仲旅长(即董升堂,保定军官,北伐时任庞军参谋处长,笔者时任参谋)所部渡过沂河,敌人火力旺盛,该旅前赴后继,伤亡之众,河水为赤。张自忠将军亲自指挥主力向临沂以北敌人进攻,攻势锐猛,经一昼夜激战,将板垣师团之片山旅团击溃。日军节节败退,张军终于克复敌主阵地之茶叶山，彻底粉碎其攻取临沂重镇之企图。

同时四十军第三十九师各旅亦协同友军展开攻势。由于友军增援，士气鼓舞，自右翼甘屯寇屯向日军侧背攻击，夺取敌后方兵站尤庄子，获得粮弹辎重无算。固守九曲店之补充团亦采取攻势。因敌主力已被击溃，无意恋战，纷纷后退，我乘胜追击，斩获极多。至此日军精锐之板垣师团不得不开始其侵华战争以来的大退却。

七、临沂胜利对战局的影响：临沂胜利，稳定了第五战区的战局，同时使日军对我国军不敢轻侮。临沂城固若金汤，并以确保徐海安全，诚由于庞、张两将军能精诚无间，树立下友军协同作战的模式。不但打破日军作战计划，并迟滞其行动达一月之久。最后迫使板垣残部绕道兰陵、向城，会合津浦线南下敌矶谷第十师团，与国军展开台儿庄会战。因板垣师团，逐次受挫大伤锐气，并已失去先机，致使日军在台儿庄会战中遭受重大之惨败。当中央获悉临沂大捷，特派军事参议院长陈元代表到临沂慰劳，亲眼看到所获日军堆积如山的战利品，至为欣悦。这次战役是台儿庄胜利的序战，因此提高全国军民士气，增强抗日必胜的信心。且颇受国际间的重视，并蒙委员长蒋公电令有"开抗日胜利之先河，振国军之士气"的嘉勉，所有参战官兵，莫不引为殊荣。

临沂之战追述

田玉峰※

一九三八年二月，日军进攻莒县，临沂吃紧。李宗仁长官命令庞炳勋部进驻临沂，保卫这一鲁南重镇。庞令部队在沂河以东、台潍公路东面的桃园、三官庙、郁九曲、于埠一线构筑工事，当地群众与军队一起挖壕破路，筑起坚实的防线。

三月上旬，敌人占领莒县后，很快逼近第四十军阵地。我第三三四、三一六团借工事掩护，沉着应战。全体官兵，决心与阵地共存亡。

三月十二日，正当敌人再次猛攻之时，忽传来振奋人心的消息：张自忠军长率第五十九军来临沂参加战斗了。一时间，阵地上欢声雷动，士气大振。

三月十四日夜，冒着霏霏细雨，城北的五十九军向汤坊涯、亭子头、郭家太平之敌发动了奇袭。敌仓促应战，乱成一团。第四十军也在同时自阵地出击。经三昼夜激战，敌军弃尸溃逃，退守汤头。三月十七日入夜，我两军全线又发动了一次总攻，迫使敌人向汤头以北溃退，为第四十军赢得了加强主阵地的时间和机会。

三月十八日，第五十九军除留第一一四旅协同第四十军守城外，在张军长指挥下，其余部队连夜向费县方向转进。三月二十九日，日军在

※ 作者当时系第三军团第四十军第三十九师特务营营长。

得到增援之后，分三路，再次向我阵地反扑。一路由沂河西岸南侵，直扑第五十九军第一一四旅防地，一路沿公路向西进攻第四十军防地；另一路由太平经相公庄，转向西进，击我侧背。第四十军官兵奉命爱惜每一粒子弹，敌人不进入有效射程，绝不开枪。敌初以为我军溃逃，遂放大胆子慢腾腾地在泥地上蹒跚，忽然一声号响，万枪齐发，敌人才慌了手脚，阵地前倒下一片敌尸。

如此又坚持了两天，因我军伤亡过重，阵地多处被突破。虽多次同敌肉搏，终未能恢复。三月二十九日，不得不放弃主阵地，退至沂河大桥东塊。

第五十九军在转进途中，复奉命于三月二十九日回援临沂。激战经旬，损失极大，被迫向城西南之磊石、朱陈一带，边打边向南撤退。敌人绕至城西南，回头包围临沂城。此时庞军长接到战区长官李宗仁的电话："台儿庄正在围歼矶谷师团，让四十军再坚持几天，拖住板垣师团，并通知给四十军补充兵员。"庞军长即作坚守临沂城的部署。原城中保安部队也归第四十军指挥，共同加固城墙，修筑工事。四月初，敌人即从四面向临沂猛攻，战况空前激烈。官兵人人决心为国捐躯，轻伤不下火线。当地很多青年，也志愿参加战地服务。

河东阵地上，我连夜加固工事，与敌展开血战。王大章营全部壮烈牺牲。庞军长闻报，洒泪哀悼。李运通旅长，亲自抱起机枪，在阵地上扫射敌人。补充团在当地吸收的数十名学生和小学教员也都参加了战斗。民众在战场上送饭、送伤兵者，络绎不绝。此时，敌机狂轰滥炸，全城一片火海，枪声、炮声响成一片，指挥部里的官兵，也都拿起步枪，随时准备战斗。

四月十九日，敌机以重磅炸弹炸塌了临沂西门城墙，敌军从此缺口攻进城内。我第四十军第二三四团的守军，因弹尽援绝，无力支持，于是从西门大街向南门撤退，并与敌进行巷战。最后从南门撤出。数百名伤兵，宁死不做俘虏，在南关美国医院包扎后，全部冲出院墙，乘夜疏散至城郊麦田里。敌人进城后，逢人便杀，伤兵未及撤走者都被敌杀害了。西门里大街天主教堂门口数百欲进天主堂避难的无辜市民，都死在敌人机枪扫射之下，惨状令人不忍目睹。敌人逐家搜索，一日之内，即杀害市民两千余人。

后　记

为了搜集原国民党第四十军在临沂一带作战事迹，笔者最近曾到沂河以东原战场九曲、三官庙、桃园和于埠各村走访。同当年一些战事目击者进行座谈回忆。

三官庙村党支部副书记杨青发同志，详细回忆了当年第四十军在该村血战的情况。他说，当时四十军的士兵，光着膀子和敌人拼杀，曾经三进三出，同敌争夺。村里的草房全被烧光。村里、村外，敌遗尸数百具。事后敌人来收尸，把尸体像垛麦捆一样垛起来，泼上汽油烧化。牺牲的四十军官兵的尸体，也有很多在这里被当地群众就地掩埋了。

在桃园村，有位姜老大爷，他亲眼看到第四十军从汤头撤下来的情况。农历二月初二的下午，大批第四十军官兵从太平方向南撤。有些满脸血汗，手提大刀边走边喊："老乡们，快跑吧，鬼子来了!"经他们一喊，全村老少，一夜全跑光了，避免了一场屠杀。在桃园以西沂河滩上，曾经发生过一场恶战。第四十军五百多人，白天渡河，被日军用机枪扫射，全部战死在沙滩上。

在城北七沟子的一次战斗中，日军被第五十九军打死数百人。事后，该村儿童光子弹壳就捡了数百斤。

彭于埠村党支部书记彭守刚回忆说，该村北面有个大庙，里面有第四十军构筑的暗堡。一天下雨，敌人的汽车陷在暗堡旁的泥坑里，敌军下来推车，被暗堡里的四十军官兵杀伤很多。有几辆汽车被打坏。没有打坏的，被四十军开走了。

在艾于埠、彭于埠、孟于埠、王于埠一带村子，第四十军到处修了工事，杀伤很多日军。敌人把尸体运到孙于埠烧化。当时有人看见，光烧剩的尸骨，就推了好几车子。

坚守葛沟立殊功

李宗岱[※]

　　一九三八年一月，国民党第四十军奉命由江苏东海、赣榆向鲁南临沂开进，阻击向临沂进犯的日军第五师团。我当时任第四十军野战补充团中尉排长，战斗中被提升为该团第二连上尉连长，亲身参加了临沂之战。

　　三月四日，我军主阵地改守桃园、蒋庄之线。军野补充团团长李振清命我第二连在我军前沿阵地葛沟阻击敌人，掩护主力部队和友军的集结。李团长下达命令时说："临沂葛沟这次战役，胜负至为重要，一定要有誓与阵地共存亡的决心，不惜牺牲，歼灭日军。"全连官兵表示，宁愿战死沙场，也不当亡国奴！

　　我连左翼有沂河依托，为了阻击南下之敌，在台（台儿庄）潍（潍县）公路附近和村庄的四周构筑好防御工事，堆集了沙袋，借土堆院墙的掩护，做好战斗准备。当时，从装备上与日军相比是十分悬殊的，我连没有附属一门炮，仅有捷克式轻机枪六挺，步枪是汉阳造，还有最陈旧的套筒枪，每个士兵都背有一把大砍刀。

　　三月九日下午一时许，步、骑、炮联合之敌三百余人，向我阵地发起猛烈攻击。我军沉着应战，激战至下午五时，敌未得逞，即退去。黄

※　作者当时系第三军团第四十军野战补充团排长，战斗中升任第二连连长。

昏后敌步兵一百余人再次向我攻击，俟诱敌进入了我有效射程，我军奋起还击，手榴弹声枪声响成一片，前进敌人因受到我军侧击，无法立足，旋即溃退。翌日上午从八时开始，敌机六架分两组轮番在我军阵地上空，从右向左来回盘旋几周后，接二连三俯冲，投下了一批炸弹，在我阵地附近爆炸。敌炮兵紧接着向我阵地发炮。我们掩蔽在战壕里，仰头都能看清敌机飞行员的面目。对日军肆无忌惮的凶暴情景，我全体官兵个个气得咬牙切齿。我一把拖过一等兵陈占彪的步枪，对着飞机喊道："对空射击组的弟兄们，打！"这时右翼友军的阵地也传来了密集的机枪声，敌机在我交叉火力射击下，惊慌地朝着东北方向飞去。敌炮连续向我阵地轰击了十多分钟，村头的大树，有的被炮弹拦腰折断了，场上的麦秸垛高粱秸秆子也燃起了大火，瓦砾泥屑沙石漫天飞射，士兵伤亡了七八人，三排长刘洪祥右下腿被炸断。我和全连官兵看到这些情景，愤怒填膺。被硝烟熏花了脸的弟兄们，穿着已露出棉花的灰军装，有的手臂包扎了绷带，有的头上缠着纱布，全神贯注地端着枪，透过硝烟密雾警惕地监视着阵地前方。在敌炮轰击过后，急促的马蹄声由远而近，日军的骑兵奔驰而来。连长王景洲一声大喊："目标，正前方敌人骑兵，瞄准马头，打！"话音刚落，机枪步枪吐着长长的火舌密集射向冲在阵地前面的日本骑兵。我压抑住心中的愤怒，瞄准目标，一扣扳机，把首当其冲的一名敌骑击中，大洋马一声长嘶，两蹄腾空，把敌兵摔落在地上，敌人还没来得及翻身，我又连补两枪，结果了他的性命。在我军火力的压制下，敌骑被迫在弹雨中夺路逃窜。

在敌骑兵被我打退后，不到一刻钟时间，敌炮兵又开始向我连阵地轰击。在两门山炮的炮火掩护下，敌炮兵向我阵地接近。我官兵临危不惧，沉着应战，一面加强工事，一面集中火力封锁阵地前沿要点，迫使敌人不敢贸然向我阵地前进。对峙至下午三时，敌机三架对我连阵地再次狂轰滥炸。继之，日军步兵对我一排阵地猛烈进攻。我军奋勇还击，双方伤亡都较惨重。连长王景洲亲自指挥狙击组向敌冲击，左臂负伤，仍继续作战，使敌不敢前进。敌又以炮兵向我狙击组阵地轰击，但仍未得逞。我连连长就在这次战斗中阵亡，团长任命大排长李玉亭为连长，敌我相持彻夜。

119

第三天，即三月十一日凌晨，日军向我发起第五次进攻。先向我阵地炮轰约一小时许，又以装甲车三辆为前导，后边跟随步兵二百余人，向我阵地扑了过来。我官兵置敌炮火于不顾，以大无畏精神，经两小时激战，打退了日军的进攻。下午五时许，日军又向我阵地发动了第六次进攻。营长闻报，亲率第三连的一个排前来增援。敌势浩大，情况十分危急，我向营长建议，由我带领一支敢死队，利用阵地左侧地形，趁朦胧夜色，迂回到敌军中间，出其不意地拦腰来个奇袭，配合我正面战斗，将敌一举歼灭。营长采纳了我的建议。我大声喝道："弟兄们！为国尽忠的时候到了，不怕死的跟我来！"一个河北籍人，外号叫二虎，长得膀大腰圆，头一个站起来呼应。接着应声而起的不下五十人。我从中挑选了精悍强壮的二十人，每人腰上挎着四五枚手榴弹，手执一把雪亮的大刀。在规定了联络暗号等事项后，趁我阵地火力吸引着日军之际，从村子的西北角，利用地形地物的掩蔽，敏速行动，前进到远离我阵地约有一千多米的小山坡下，又沿着凹洼部地形向敌方继续跃进。此时隐约听到山坡东侧方有嚓嚓的铁锹声音传来，我心中一愣，是否敌人也来偷袭？我马上用发现敌情的联络暗号通知弟兄们隐蔽。迅速又仔细侦察了周围地形，判断可能有敌人在构筑工事，便带着两个弟兄绕到山那边去。发现坡下有一条羊肠道，便顺着小路方向瞭望，果然有簇簇的黑影在晃动，侧身听去没有其他音响，只是双方阵地还继续进行着战斗。我急忙转回身来发出联络信号，敢死队的弟兄们无声无息地向坡上匍匐前进，我带着两个弟兄在前边，潜摸到距敌人大约十米远的地方，看见两个日军正挥着小锹和十字镐，吭哧吭哧地在挖机枪掩体。一挺歪把子机枪撂在旁边，另外还有两箱子弹。这正是："仇人见面，分外眼红。"为了不失战机，决定先夺机枪。我把腰上挎的手榴弹分给跟在我身边的二班长挎着，右手抽出背上的大砍刀，一个箭步，举臂挥刀朝着背对着我挖坑的一个敌人猛砍下去。他头向左一歪，哇呀一声，扑通倒卧在地，他右胳膊被劈断了。旁边另一个鬼子吓得哇的一声，立即被跟随我的上士班长王世忠奋力一刀，扎进他腹中。我顺手把歪把子机枪夺到了手。忽然看到前坡一晃晃的四个戴着钢盔的黑影，朝着我们方向来了，其中一人已看出有异，连忙开枪向我们射击，我迅速卧倒。清脆的枪声，挟着一束火光，划破了沉寂的夜空。左侧阵地的日军，一时枪声四起。我一班长右臂一挥，向敌人投掷了两颗手榴弹，爆炸声一响，我们二十个勇士像猛虎出山似的扬起大刀直扑过去，几名日军惊慌失措，丢下背包、标杆、器材、弹药等，掉头向左侧方的阵地逃跑。我们趁此机会尾随着向敌人的队伍冲去，与敌人展开了白刃战。敌人猝不及防，乱成一团，赶紧上起刺刀同我们劈刺。我们趁势奋勇砍杀，虽是人少，却都是学过武术，会耍刀弄棍的小伙子，混杂在敌人中间，挥舞着雪亮的大刀，如砍瓜切菜，十分得心应手。在刀比枪快的刹那间，日军只要碰着，不死就伤。经过几十分钟的白刃搏斗，敌人抵挡不住，向后溃退。我们抬着负伤的七名敢死队员和缴获的装备，在二班长用夺获敌人的歪把机枪掩护下，迅速返回了阵地。从战斗中获得的文件表明，与我连激战的敌人是第五师团田野联队。这次出击，大获全胜，受到军长团长的奖励。由于我连拼死抵抗，使企图南进的日军被死死钉在葛沟，不能向前越过一步。

日军受到昨夜的奇袭，恼羞成怒，于十二日凌晨起，即用山炮四门，向我阵地不断轰击。到上午九时，三架双翼轰炸机，从东北方向飞来，在我阵地上空盘旋二周后，俯冲轰炸，共投弹二十余枚，爆炸声震得地动山摇，树枝拦腰折断，村里房屋被炸毁，土石散落在人身上，交通壕掩体被炸平了很多，老百姓的防空洞门几乎都塌陷了。爆炸声震得人两耳鼓膜嗡嗡作响。从昨天起三十个钟头了，弟兄们都没有吃上一顿饭，一天一夜战斗下来，饥渴难忍。几个留在村子里的老百姓，他们自动地帮忙抬救伤员，烧茶水做饭。特别是五十八岁的葛大娘和一位快满七十高龄姓王的大爷，冒着枪林弹雨为弟兄们送茶水，送干粮和"糊涂"（是鲁南农民的一种主食，用高粱面加煮红苕，似稀饭），我们给钱给物他们坚持不收，还说："老总们打日本，保卫我们家乡，啥都能丢掉，俺老百姓烧点茶水，送点干粮，能算得什么？"日军在飞机轰炸过后，又向我连发起了第七次进攻，经过两个小时的激烈战斗，双方都伤亡很重，村口阵地前敌人倒下一大片。连长李玉亭率领第三排去堵击东北角的敌人时，被敌弹击中右腿，经三排驰援奋力苦战才击退了这次进攻，使阵地化险为夷。连长李玉亭负伤后，营长即召集各排长宣布任命我代理连长职务，指挥官兵扼守阵地。接着团长李振清也来电话，任命我为野战补充团第二连上尉连长，并说："一定率全连官兵加强工事固守阵地，坚决做到人在阵地在。"是日下午一时，日军又开始向我连攻击，这是我连守葛沟以来向我发起的第八次进攻。我连官兵临危不惧，沉着应战，当天四次攻击，均为我奋勇击退，阵地仍在我手中。经过了三天两夜鏖战，弟兄们都极度疲劳，全连官兵伤亡过半，包括伙夫勤杂在内，还不到五十人，能够直接战斗的仅有四十人上下。我乃对阵地和兵力重新调整了部署，用分散埋伏的战斗群（组）监视着村外敌人动态，敌人不进入有效射程决不射击。

十三日拂晓，日军炮兵向我阵地附近轰击约十余分钟之后，步兵约二百余人第九次向我阵地进攻。待其进入我有效火网内，迅猛向敌反击，敌遗尸两具逃遁，我缴获三八式步枪两支。上午八时，在敌炮兵火力支援下，敌人又气势汹汹地从东北角向我阵地猛攻。我紧急用电话向团长报告了敌情，请求派队增援葛沟。团长当即在电话中斩钉截铁地回答说："现在没有人来增援你们，不管有多大的牺牲，也要坚守到今天晚上。第五十九军第一八〇师李文田部，昨夜已渡过沂河，正向敌侧翼包围前进中……"这时，一个士兵跑来报告："东北角阵地已被敌炮火摧毁，王排长负伤，正在阵地指挥弟兄反击。"我搁下电话，左手拔出手枪，右手提着大刀跃出掩蔽部，大声疾呼："弟兄们！快跟我上！"这时连伙夫也拿起了枪。我带着十二名士兵跑步来到东北角被日军炮火摧毁的位置，与奋勇固守在阵地的弟兄们一起同敌人展开了肉搏战。我们凭借地形熟悉，个个勇敢善战，前赴后继奋不顾身，将敌人的进攻击退。这边敌人刚被杀退，又听到另一股敌人，从我西北角冲开了一个缺口的报告。我立即带着身边仅有的几名预备队员，又飞奔到西北角的缺口与敌人展开搏斗。我军势单力薄，敌人像潮水般涌进了村口，敌我双方展开了拉锯战，我利用墙边屋角断垣与敌人争夺寸地。血战持续到下午三时，我连伤亡人数不断增加，战斗经过十分惨烈。一排长徐安邦饮弹成仁，二班长赵学义和五班长张连三等多人身负重伤，敌人仍继续向我连逼迫，于四时许敌机在阵地上空盘旋侦察两周后，敌步兵五十余人向我东北角再施攻击。三排长杨永贵携手榴弹率众直冲敌阵，双方短兵相接，卒将敌击溃。此时敌机三架又飞临上空朝西北方飞去。不久从西偏北方向传来枪炮声，经久不息。是我友邻部队与敌人接火了。一阵激烈枪炮声响起后，不一会儿敌人机枪向我阵地轮番扫射，同时向我阵地近迫的敌人也一边向我射击，一边撤退。我马上把全连幸存的士兵二十九名重新编组部署，配合右翼部队战斗，肃清当面之敌。入夜团长来电话嘉奖我连胜利完成扼守葛沟要地的任务，并说军长已报请李长官奖励。命令我连于拂晓前转移至白庄附近地区整补待命。

三月十七日晨，在第五十九军的有力配合下，我第四十军击溃正面之敌，我团在刘家湖截获敌炮一门。当时无人熟悉敌炮操作，团长知道我是炮科出身，立即命传骑送来手令："第二连连长李宗岱迅即来部。"我跃上马飞奔团部，团长立即偕我一道去检查敌炮还能不能用。到那里一看，是一门日本大正六年式的七五口径山炮，一切完好。为了用这门炮追歼溃退之敌，我立即装上榴霰弹，将标尺定在两千四百米至三千二百米之射距离，转动炮位，将炮口指向敌人正在溃退的方向，连续发射了十几炮，我把标尺不断延伸，从瞄准镜和望远镜中可以清楚地看到炮弹爆炸，浓烟起处，敌尸累累。

三月十八日，第五战区司令长官李宗仁将军特派员到临沂第一线各部慰问并发了犒赏。除授给我两枚奖章外，还特别对我连扼守葛沟的战斗功绩给予嘉奖。同日李宗仁将军还发布了"进犯临沂之敌全部被我击溃"之通告。

第五十九军临沂抗敌记

刘景岳　于麟章※

原国民党第五十九军，是抗日民族英雄、著名国民党军爱国将领张自忠军长领导的部队。该军下辖第三十八、一八〇两个师。第三十八师师长黄维纲，该师辖第一一二、一一三、一一四共三个旅。第一八〇师师长刘振三，该师辖第二十六、三十九两个旅。全军连同军、师直属部队共约三万人。一九三七年末，第五十九军正在河南省商丘附近构筑国防工事，旋即奉令调赴徐州归第五战区司令长官李宗仁指挥，为战区机动部队，以策应津浦路南、北两线之作战，从一九三八年初，对第五战区徐州会战之各个阶段，几乎无战不与。兹将会战的一些重要战事，缕陈如次。

一

一九三七年十二月间，日军占领了南京。翌年初，企图打通津浦线，形成对徐州战区南北夹击之势。南线之敌开始向我淮南明光、池河、定远等地区进攻。我守备部队第五十一军于学忠部，因敌采用正面佯攻、

※　作者刘景岳当时系第二十七军团第五十九军第三十八师第一一三旅参谋长，于麟章当时系第五十九军第三十八师第一一二旅副旅长。

两翼包抄的战术，造成战线越拉越长，迤逦百余里，兵力不敷分配的被动局面。终至于一月二十八日，明光失守。三十日，池河又被突破。随后，定远、凤阳、蚌埠相继陷落。第五十一军不得已，遂撤守淮河北岸。嗣后，日军又增援一个师团兵力，于二月上旬在临淮关、小蚌埠、怀远三处强渡淮河。小蚌埠、曹老集又相继失陷，情况十分紧急。当时张自忠军长奉战区长官李宗仁令，率第五十九军沿津浦路南进，驰援淮北。第五十九军于二月十一日到达固镇。与北犯之敌遭遇。当即给日军以迎头痛击。敌军不支，仓皇溃退。我军乘胜追击，先后克复曹老集、小蚌埠、怀远等据点，卒将窜至淮河以北之敌，次第肃清。敌我遂形成隔河对峙状态。此次战役，虽时间短暂，但我军士气极为旺盛，沿路攻打，势如破竹。不仅挫伤了敌人锐气，也稳定了南线战局。这是张自忠重掌第五十九军后，首战告捷的光辉战绩。

二

　　一九三八年淮北之战后，第五十九军奉战区令，将淮北阵地仍交给第五十一军。第五十九军在鲁南、徐州附近集结待命。三月三日凌晨，奉命以第三十八师之一部北上袭击邹县之敌。主力向济宁、兖州间之敌进攻。正在行动之中，忽又奉令改变计划，驰援临沂庞炳勋之第四十军。限令第五十九军立即乘火车南下峄县（枣庄），尔后以一昼夜九十公里之急行军速度于三月十二日前到达临沂城西郊。

　　行军途中，张自忠给先头部队第一八〇师第二十六旅旅长张宗衡一个手令，内容如次：一、据各方情报，临沂之敌只有板垣师团之一个联队，最多不过三千人，炮数门以及伪军一千余人。只要沉着应付，不难消灭。二、要以各种方法将敌情侦察清楚。三、到达目的地后，须使官兵充分休息。四、务须处处时时都要小心。当第五十九军开拔时，战区长官李宗仁为了了解临沂方面的作战情况，同时使第五十九军和第四十军更好地协同作战，特派第五战区参谋长徐祖诒与张自忠同行。

　　三月十二日，第五十九军到达临沂城西一带村庄驻扎，张、徐、庞即会商作战计划。庞建议固守城防。张则主张以第五十九军在城外采取野战，向攻城之敌侧背攻击，以减轻守城部队之压力，亦可断其归路，阻其援军。几经磋商，最后一致通过张的作战计划。其次研究攻击开始时间。张首先发言，他说："在一般情况下，五十九军以急行军到此，非常疲劳，似宜稍作休息，再与敌人作战。但兵贵神速和出敌不意，且我以劣势装备，对现代化之强敌，必须利用夜战、近战，方可奏效。应打破常规，提前开始行动。"最后商定，第五十九军即于三月十四日晨四时，以迅雷不及掩耳之势，强渡沂河，一举插入敌板垣师团之右侧背，在亭子头、大太平、申家太平、徐家太平、沙岭子等处突破敌人防线。计划实施后，敌初不及料，损失惨重，一夜之间，歼敌逾千。我亦付出相当代价。敌遂放弃攻城，转对第五十九军作战。三月十四、十五两日，双方在沂河两岸反复冲杀，战线犬牙交错，形成逐村、逐屋争夺之拉锯战。在前后三天的激战中，双方冲杀不下数十次，我毙、伤敌四五千人。我第五十九军，伤亡也不下六七千之多。该军两师连、排长几乎全部易人，营长也伤亡近半。

三月十六日，战区参谋长徐祖诒见第五十九军伤亡太重，拟电请五战区长官李宗仁同意后，令向郯城后撤。张自忠要求再打一天一夜。经徐祖诒参谋长请示战区同意，张军长立即下令全军营、团长均到第一线指挥，师、旅长到团部指挥所，军长亲临两师前线。并令将全军所有火炮，全部推进到第一线，带上所有炮弹，限令三月十七日黄昏以前，以密集炮火，向敌人猛烈轰击。入夜后，所有官兵，均投入战斗，猛攻盘踞在凤仪官庄、刘家湖、苗家庄、船流等十余个村庄之敌。顿时枪炮大作，杀声震天。激战到十七日凌晨二时，号称铁军之板垣师团再无抵抗能力，遗尸千余具，向汤头、莒县方向溃退。我乘胜追击至董官庄、白塔、汤头一带布防，与汤头以北之敌形成对峙状态。

三月十八日晚，第五十九军奉令除留第一一四旅归四十军指挥协同守城外，其余即进出于费县、沈村一带，威胁敌矶谷师团之左侧背，以策应五战区正面之作战。

汤头以北之敌侦知第五十九军已开赴费县方面，在得到板本旅团增援之后，又向临沂进逼。庞炳勋军长再次呼援，第五十九军又奉令星夜回援临沂。于三月二十五日到达临沂西北地区，立即向敌之右侧背发动攻势，敌亦全力向我猛扑。我军在毫无凭借情况下，浴血奋战，前仆后继，损失严重。相持至三月二十八日，得知第五战区已派第五十七军缪澂流部之王肇治旅及汤恩伯部之骑兵团准于二十八日夜到达临沂增援。张自忠军长当即将援军即到的消息通知全军，并写给一八〇师第二十六旅旅长张宗衡一个手令，内容是："一、援军今夜准到，务望再撑五小时，即有转机。这个时期就是最后五分钟，我弟之苦撑，如所深知，按前几天之战事，与团体有极大之功勋。这两天之经过，又如此拼命，实在不能不为国家、为团体感佩。望再接再厉，以竟全功。二、战斗已到最后关头，看谁能忍受最后一分钟，谁就能成功。三、我困难，敌之困难更大；我苦战，敌之苦必数倍于我。望率所部支撑眼前这一极短时间。"在张自忠军长训勉砥砺之下，全军坚持苦战，激战至三月二十九日，援军到达，又重新部署，全线出击，敌终不支，向北溃退。我军乘胜追击，至三月三十一日敌大部退向东北，一部向北退去。先后两次临沂作战，我伤亡各级官佐八百余员，士兵万人以上。敌板垣师团及板本旅团亦损失兵力过半，被阻不能西进。临沂之捷，有力地配合了台儿庄会战。

由于张自忠军长指挥若定，全军将士不怕牺牲，在临沂阻击战中，第五十九军曾打退了号称铁军之日军板垣师团。张自忠因此升任第二十七军团军团长，仍兼第五十九军军长。

三

五十九军经过临沂战役后，伤亡奇重，兵员锐减，亟待重新组合整理，以利尔后之作战。尤其第三十八师，在作战前约有一万五千人，临沂战役之后，所余不足三千，张自忠遂决定将该师集中编成一个旅，约千人，归军直接指挥，其余官兵由黄维纲师长率领到后方补充、训练新兵。第一八〇师尚有六千余人，暂维现状。四月上旬，第五十九军奉令撤至卞庄以南长城村鹿山东一带休整。

四

一九三八年四月，日军已由临沂进占郯城。第五十九军奉第五战区令，由卞庄以南地区出发，北进截击南侵之敌。张自忠军长即令第一八〇师火速前进，在大王庄东北地区阻止敌人。当我先头部队行抵大王庄附近时，即与敌遭遇，我仓促应战，大王庄旋即被敌占领。我后续部队第二十六旅主力只好在大王庄以西麦田内展开，与敌形成对峙状态。一时双方枪炮齐鸣，激战竟日，敌我均有伤亡，但皆无进展。入夜后战况沉寂。为了调整部署，第一八〇师令第三十九旅祁光远部在大王庄以西各村庄占领阵地，阻止敌人。同时令第二十六旅乘夜撤至冯庄附近休整待命。四月十二日拂晓，敌先以炮火向我第三十九旅阵地猛轰，继以步兵实行强攻，我第三十九旅经过坚强抵抗后，阵地一部被敌突破，稍向后撤。此时，第一八〇师师长刘振三急令第二十六旅跑步前进，支援第三十九旅之作战。该旅到达范庄，见第三十九旅阵地已被敌突破。遂令其第六七六团在陈庄、第六七八团在展庄占领阵地，阻止敌人前进。敌见我援军已到，且时已薄暮，攻势遂挫。我军连夜加强阵地，并将展庄东北角碉楼作为据点，以瞭望敌之行动。

四月十四日晨，敌先以猛烈炮火向我展庄轰击，并抛射烧夷弹使展庄到处起火，继以步兵利用麦田之隐蔽，秘密向我迫近。因之，我展庄及其东西两端村外阵地守军伤亡均大，但阵地迄未为动。入夜后，第二十六旅旅长张宗衡去展庄视察阵地时，决定将村外阵地守军一律撤至村内，利用房屋围墙掩护据守，并以火力封锁村外间隙。当夜我又加固了阵地。四月十四日自晨至午，敌连续两次攻击，均未得逞。下午二时，敌将其步兵炮推进到距展庄东北角约数百米，首先将东北角围墙轰倒，又将碉楼上层摧毁，约千余名敌人在炮火掩护下蜂拥而上，向我猛扑。适于此时，张自忠军长乘马来前方视察，张宗衡旅长将展庄战况向军长报告后，经军长同意由左翼杜清岭团抽调一营兵力，轻装猛攻敌之右侧背，同时令旅部特务连（该连有轻机枪十六挺）经由展庄东凹道接近敌人，以炽盛火力奇袭敌之左侧背。当面之敌，经我三面夹击，死伤遍野，狼狈逃窜。张自忠军长对该旅艰苦奋战精神，备及赞许。四月十五日凌晨，浓雾弥天，我正严阵待敌，据报敌已乘雾向郯城退去。我清扫战场，计缴获三八式步枪三百余支，轻机枪十余挺，烧夷弹炮四门，战刀十余把，呢子大衣百余件。敌人遗尸二百余具，当即将其集中掩埋。后第五十九军奉令交防给第四十六军樊崧甫部接替。第五十九军奉令，调往徐州西南卧牛山及其以南地区集结待命。

五

　　一九三八年五月十二日，徐州第五战区奉令作战略转移，第五十九军奉战区命令担任掩护。当时第五十九军全军官兵只有不到九千人，其中，战斗员也仅有六千左右。第五十九军在执行掩护任务中，在萧县东南地区和敌血战两昼夜，使战区三十万大军安全脱离战场。当第五十九军撤至萧县西南之濉溪口附近时，又与由蚌埠方面前来截击之敌相遭遇。当时，军、师指挥部人员均投入战斗。军、师长均亲临第一线指挥，苦战竟日，在战区部队全部安全通过后，第五十九军才节节抗击，有条不紊地撤出战场。

临沂抗战纪略

顾相贞[※]

一九三八年三四月间，国民党第五十九军张自忠部，国民党第四十军庞炳勋部，在鲁南抗击日本侵略军板垣师团的凶猛进攻，挫败日军企图迅速占领临沂，打通南下路线，同被困在台儿庄的矶谷师团会师的计划，取得了临沂保卫战的重大胜利。这是中国首次以劣势装备的"杂牌军"打败装备精良的日本侵略军——板垣师团的战例。

临沂战役期间，我任第五十九军一八〇师作战参谋，直接参与第一线指挥、作战，对战役情况知之较详，现综述如下。

刘家湖战斗

一九三七年八月，日本华南侵略军占领上海后，沿沪宁线西进。十二月又占领了南京，转而渡江北进，占领蚌埠。华北侵略军以矶谷、板垣两师团为主力，沿津浦、胶济线分两路向前推进。矶谷师团约五万人占领泰安、济宁、兖州等地后，向两下店逼近。板垣师团亦沿高（密）徐（州）公路南侵，占领了庞炳勋部第四十军所据守之穆陵关。战斗激烈，庞军伤亡极大，被迫向临沂方向边打边退。时连云港方面之敌则以

※　作者当时系第二十七军团第五十九军第一八〇师作战参谋。

海军部队佯攻我驻海州之海军陆战队和第五十七军缪澂流部，借以策应南北两股日军向我徐州第五战区合围。

我第五十九军张自忠部于三月三日奉第五战区司令长官部命令，率全军乘火车抵达滕县城西鲁村、大瓦屋附近集结待命。三月八日奉命分两路向济宁、孙氏店之敌攻击，以策应铁路正面中国作战部队。九日整备完毕，正待出发，旋接李长官急电，谓第四十军庞炳勋部被围临沂城，形势危急。着令第五十九军改乘火车至峄县下车。限令于三月十二日赶到临沂城郊，隶庞军团指挥。① 并派第五战区参谋长徐祖诒随第五十九军同往临沂，协调作战。张军长接电后，马上命令第三十八、一八〇两师官兵分别于滕县、官桥、临城等站登车，至峄县下车。并限令下车后，用一昼夜时间，以急行军速度赶到临沂西郊。同时，具体部署军部驻大岭，第三十八师驻砚台岭，第一八〇师驻白衣庄。两师遵命于十日先后在峄县下车。部队稍事休息，即在春雪消融后的泥泞道路上，向距离一百八十华里的目的地前进。我奉师长令，先乘汽车到临沂城与庞军联系，将敌情了解具报。我于十一日下午到达临沂城，即与庞炳勋军长、国民党临沂行署张里元专员以及电话局长张筱轩取得联系。因张专员系先父至交，张筱轩又是我的老友，故所介绍情况与我直接派便衣侦察得到的情况基本相符。

当时，张自忠和徐祖诒也依时到达。一起进城与庞军团长会商作战方案。庞提出以第五十九军接替城防，庞部沿沂河西岸戒备，待敌进犯时，与敌决战。张军长根据第五十九军在河北省同日军作战的经验，认为与其待敌进攻，不如主动向敌侧背出击，以解临沂之围。最后，经战区徐祖诒参谋长同庞、张反复研究，决定施行张军长提出的以攻为守的作战计划。会后，张军长回部召集两师营长以上官长会议，他首先说明了敌我情况："庞军自穆陵关战斗以来，与敌拼搏，累经消耗，现只有一个完整旅守城，其余各部战斗力很弱。敌人板垣师团，是日本陆军的精锐部队，自侵华以来，先后犯我察（哈尔）、绥（远）两省，占领太原，仅在平型关战役中为我郝梦龄军和第十八集团军消灭一部，基本未受大

---

① 庞炳勋当时任第三军团长，同时兼第四十军军长，该军团只辖第四十军一个军。

的打击。现在该部部署在临沂城北至汤头一线，兵力近万人。敌人自恃装备精良，极为骄横。"张军长号召广大官兵要大胆、谨慎，要敢于藐视敌人。他指出："我军在喜峰口、北平、天津、淮北等地，已先后和日军交战多次。只要我们能充分发扬我军善于近战、夜战的长处，根据现有条件，集中使用轻重武器，就一定能够打败这个骄横不可一世的板垣，为中国军队争气，为中华民族争光，以尽到我们军人保国卫民的天职。即使战死疆场，也是虽死犹荣。"最后，张军长要求各部队严守纪律，密切与当地百姓的关系，合力打击敌人。要求各营营长回去加强部队整备，向全体官兵讲明情况，鼓舞士气。

当时的作战部署是：以第三十八师黄维纲部为军的左纵队，于十三日十六时出发，沿角沂庄、曲坊、白沙埠、朱潘到余粮村（原名无梁殿）、小安子等村，师部设在小安子。该师以两个旅为攻击队。另以一个旅为预备队，集中在刘家湖附近待命。第三十八师攻击目标左起汤坊涯、白塔至沙岭子一线。务于十四日早四时强渡沂河，向当面之敌猛攻。第一八〇师刘振三部为军的右纵队。于十三日下午四时三十分出发，经宋王庄、北十里堡、谢家宅到达邵双湖集结，师部设在邵双湖，该师以一个旅为攻击队，左接第三十八师沙岭子、右至柳杭头一线。攻击目标为亭子头、郭太平、徐太平村，务于十四日晨四时强渡沂河，向亭子头之敌猛攻。对其右翼柳杭头，要特别警戒，两师要密切协同。军部山炮营，以一连归第一八〇师使用，其余归第三十八师。军部直属队随第三十八师前进。时值早春，气候寒冷。两师受命后，全部官兵准时强渡了宽百余米、水深及膝的沂河。

作战情况分述如下：第三十八师黄维纲部，以第一一三旅李九思部为左翼攻击队，令赵金鹏团渡河向汤坊涯等处进击。另以一个营占领郝沂宅子及茶叶山高地，掩护师的攻击。第一一二旅李金镇部全力攻击敌沙岭子主阵地，并与右翼第一八〇师取得联系。第一一四旅董升堂部为预备队，于刘家湖集结待命，随时准备策应第一线作战。另派一个营同军部骑兵营在茶叶山后石家屯，对新河村、玉平村（原名山南头）严密警戒，以防敌迂回。第一八〇师刘振三部，以张宗衡之第二十六旅为主攻队。令崔振伦之第六七八团强渡沂河主攻亭子头，并派队与左翼第三十八师联系。张文海之第六七六团一部，对柳杭头实行警戒，随时准备消灭该方面的敌人。其余为预备队，在大姜村待命。第三十九旅祁光远部为师预备队，位于中安静附近，随时准备策应第一线作战。崔振伦团渡河后，以第二营邢炳南部在右，第一营范绍祯部在左，由亭子头西、北两面猛插村中，当即与敌展开肉搏战。我两营官兵，虽遭极大伤亡，仍不顾一切，勇敢地向敌阵猛冲，逐院争夺，战况激烈。在这次战斗中，我军充分发挥了善于近战的特长。战至下午四时左右，守敌七八百人，被我消灭过半，无力支撑下去，只好向郭太平、徐太平逃窜。崔团长率预备队三营段逢源部乘胜猛追。敌逃至太平后，利用民房顽抗，援敌也不断开来。此时，张宗衡旅长令张文海团长亲率两营兵力，及时赶到，击退援敌，协同崔团扩大战果。战斗至十五日，我军先后将被敌占领之徐太平、郭太平、大太平等六七个村庄收复，并就地构筑工事，与敌对战。第一八〇师在这两昼夜的战斗中，计伤亡团附以下至排长军官三四十名，士兵近千名。左翼第三十八师第二二五团主攻汤坊涯等地，经一昼夜激战，占领汤坊涯等村庄。敌人龟缩汤头待援。时我第一一二旅李金镇部，在攻击沙岭子村时，遇到困难较大，沙岭子村很大，房屋分散，敌人主力部队沿河构筑了很多据点。我攻击部队渡河后，正面是一片沙滩，无法隐蔽接敌。激战两昼夜，伤亡五六百人，未获进展。后来，敌酋板垣调增一个旅团援军反扑。敌于十五日午夜，由沙岭子北我两旅阵地接合部，偷渡沂河，占领了毛官庄对面河西渡口，并进而向我崖头、刘家湖、苗家庄、钓鱼台之线猛攻，同时以飞机十余架轰炸。我第三十八师官兵，沉着应战。后敌集中兵力三四千，炮一二十门，于十六日向我茶叶山、船流、钓鱼台、郝沂宅子等地第三十八师正面猛攻一天，战斗激烈。我伤亡约两千，唯士气奋发，终将敌击退。

当此之时，敌曾一度突入我船流、苗家庄，并进窥刘家湖，与我第一一四旅发生激战。张军长据报，急电令我军兵力作如下调整：第三十八师以有力的一个团固守茶叶山、郝沂宅子高地，阻击河东进犯之敌，不惜任何牺牲，坚守茶叶山阵地，以为我军的支撑点；驻石家屯的军属骑兵营，协同该地步兵，由新河村进击河东，袭扰敌之侧背；第三十八师除第一一四旅在刘家湖激战外，河东部队，全部撤回，以加强茶叶山沿河阵地的防御。其余部队，均集结于余粮村（无梁殿）、小安子以南地区，严防敌再继续西窜。师部仍驻小安子，不准后移。师长随时到第一线督战。第一八〇师所占沂河东岸之村庄，全部放弃，将兵力撤回河西；第三十九旅祁光远部，应以第七一五团刘照华部占领诸葛城，以火力严密封锁苗家庄之敌，使其不能再向外扩展，第七一七团艾明纲部，占领诸葛城村东、沂河西岸的洪福寺，对钓鱼台、苗家庄之敌，不停顿地给以火力侧击，并沿河占领阵地，以防沙岭子之敌再渡河西犯；第二十六旅撤回的部队，集结于邵双湖以北，随时准备策应第三十八师对刘家湖方面之敌的作战，并对苗索庄之敌，严加戒备，防其西犯。军部仍驻朱潘。第一八〇师师部驻邵双湖，无命令，不准稍有移动。我军兵力部署调整后，双方展开了战役开始以来最为激烈的战斗。双方死伤极重。第一一四旅第二二八团十六日在刘家湖村外与敌争夺了一天，黄昏时，敌突入村内，占领了村子的东半部，我仍据守西半部。村中有一大水塘，方圆数亩，水深一米余，双方在水塘两边互相射击，相持不下。到十六日晚，旅长又将第二二七团投入战斗，双方互有进退，阵地几经易手，水塘边上，双方积尸数百具。到十七日早，我军仍坚守阵地，与敌鏖战。这时，我军统计伤亡人数，第三十八师官兵自投入临沂战役以来，伤亡近四千人，第一八〇师也伤亡了两千余人，全军第一线作战部队中，营长伤亡三分之一，连、排长则全部易人。从临沂至新安镇一线公路上，老百姓运送第五十九军伤兵的担架，日夜兼程，络绎不绝。其战况之激烈，由此可以想见。

由于第五十九军伤亡太大，第五战区徐参谋长电请李宗仁长官，令该军撤出战斗，加以整补。此意见告知张军长后，张军长当即请求徐参谋长转请李长官再允许第五十九军打一天一夜，如果不能击退敌人，即遵令撤退。经李长官许可后，张军长即召集第一线黄、刘二师长速来军部，当面对他们说明敌我情况。他说："我军伤亡很大，敌人伤亡也大。敌我双方都在苦撑，战争的胜负，决定于谁能否坚持最后五分钟。"他告诉黄、刘二师长说："我已请求李长官，允许我们再打一天一夜，如果不能打退敌人，军部即组织有计划的撤退。不许紊乱，你们回去分别到一线，给官兵们讲清楚。"随后，即下达如下命令：（一）三月十七日，军、师所有山炮、野炮及重迫击炮全部推进到两师第一线，带上所有炮弹，听候第一线指挥官命令，在黄昏前，将全部炮弹倾向敌阵；（二）军部仍在原地，由副军长担任指挥；（三）第三十八师黄维纲师长带领预备队，到刘家湖第一线指挥，限令黄昏前将所有炮弹发射完毕，然后规定好夜战的暗号，命令一线部队一齐出击；（四）第一八〇师刘振三师长和祁光远旅长亲到诸葛城一线指挥，将所有炮弹射完后，即令第七一五团全团向苗家庄之敌攻击；（五）第二十六旅张宗衡旅长率全旅在刘家湖、苗家庄之间及时策应两师作战。命令下达后，两师按时完成出击准备。

入夜，第三十八师首先以压倒优势冲入敌人占据的刘家湖村，经过三个小时拼杀，将敌人全部击溃。敌遗尸四百余具，向汤头方向逃去。我军当即收复刘家湖周围几个村子。到十八日拂晓，复渡河进至毛官庄河岸布防。与此同时，第一八〇师向苗家庄之敌进击。该师第七一五团刘照华团长，以第一营孙瑞芳部、第三营陈芳芝部为主攻部队。攻击开始后，在村外遇到敌人顽强抵抗，双方即展开激战。我军个个奋勇当先，将敌人压迫到村内，逐屋争夺，展开肉搏战。村内枪声大作，杀声震天，直至午夜，渐次寂落。战后，根据报告，村内外战场上，敌遗尸近二百具。按以往习惯，日军在战场遗尸极少。即使不能运走，也要割去战死者一个手指或一只耳朵，交给他们的亲属。但在这次战斗中，敌人连割掉他们战死者的一个手指、一只耳朵都来不及，即仓皇逃命去了。天亮后，我详细视察了战场情况，到处都有敌我拼杀的遗迹。尸体相叠，随处可见。仅村中央一处树林内，就有二十余具敌尸体倒在一起，其中还有不少官佐。这次战役，我军将进犯临沂方面之敌的三个联队完全击溃。残敌大部向莒县方面，一部向北溃退。刘家湖战斗中，我军击毙敌联队长一名，中佐一名，大队长一名，其他将校多名。战斗结束后，我军部令第三十八师派第一一四旅向董官庄方向追击，其余部队除沿沂河西岸茶叶山一带警戒外，全部集结到刘家湖、邵双湖一带休整待命。十八日晚，我第五十九军奉第五战区长官部令，除留第一一四旅协助庞军守城外，其余即向费县转进。这是临沂战役第一阶段的情况。

古城等村庄的战斗

敌全线向北及东北溃逃。我第一一四旅配合第四十军一部奉命追击至汤头、葛沟一带，第四十军亦追至傅家赤、草坡等地，缴获敌大批辎重、文书。至三月二十一日傍晚，已扫除汤头附近残敌，并以一部向莒县方向追击，主力集结汤头附近布防。

三月二十三日下午，敌四千余援兵陆续开至，遂又向我反扑。连日激战于临沂城东之埠前店、三官庙一线。敌以飞机九架、重炮九门，竟日射击，我军英勇抗击，予敌大量杀伤。第四十军亦伤亡十分严重，不得不将学生队、军属特务营用于第一线作战。庞军渐次不支。第五十九军于转进途中到达费县沈村附近，复奉命于三月二十五日回援临沂城。这时，敌已占领临沂城北刘家湖、邵双湖等村。敌除在河东桃园、三官庙向我守军进攻外，其主力由临沂城北南曲坊、朱邬向毛家庄、西北园进逼。我庞军损失兵力过重，勉守九曲店、小李家庄、石埠岭、黄山之线。

张部先头部队第一八〇师于二十五日下午，在回援路上，遇敌于临沂城北毛家庄、北道一带村庄，当即发生激烈战斗。我第二十六旅旅长张宗衡，率领全体官兵，不顾牺牲向敌猛冲，除消灭其一部外，余敌向朱邬方向撤去，我第一八〇师遂占领南道、北道、红埠寺、营子、盛庄、古城（位于临沂城西红埠寺西面）等村镇。我后续部队第三十八师回至北十里堡、西北园、宋家王庄一带，亦与敌展开野战。此时军部进至杭头、中石埠一带，以指挥两师在城西、城北作战，策应庞军守城。第五十九军一部占领朱高、古城、南曲坊一线。是日下午，又以数团兵力渡河占领桃园。二十六日晨攻三官庙，损失极大，停止进展。下午，独树头方面之敌向桃园反扑。同时，营子、乾沂庄、沙埠庄亦发现敌步、炮联合部队约千余正沿临（沂）、费（县）公路向临沂迫近。张军长不得不以一部应付。这时，城西敌军，距城约二十华里。且又得新增援兵四五千人，兵器弹药充足。临沂城在敌炮有效射程内，第五十九军军部位于古城，亦受到义堂方面之敌威胁。在这种艰危形势下，我第五十九军黄、刘两师在城外与敌野战中，协同得十分得力，多次向敌发动攻势，使敌无法靠近临沂城，更不能由城西北通过，向台儿庄增援。敌人见攻城不下，便以全力由大岭、艾山前以西等地，由我侧面绕道向台儿庄方向前进，均经我第一八○师部队截击，使板垣、板本的部队在临沂附近，迟滞了四五天，未能达到如期增援台儿庄的目的。

三月二十七日七时，敌开始向我古城、南沙埠、小岭、北道攻击。又于二十八日增加约千余人，炮十数门，附以飞机往复轰炸。村中房屋尽燃，烟焰弥漫。我军前赴后继，英勇抗击，毙敌甚众。战事之烈，前所未有。我第一八○师部分守军血战两昼夜，全部壮烈牺牲。

为了缩短战线，我军在七德、韦家屯、前后岗头一带占领阵地。此时，虽遭严重损失，但全军上下斗志不衰。二十九日张军长在给第五战区长官李宗仁的电报中表示："职军两日以来伤亡两千余人，连前此伤亡达万余人。职一息尚存，决与敌奋战到底。"至二十九日后，我军旋得第五十七军缪（澂流）部之王肇治旅及汤（恩伯）部骑兵团的驰援，军力大振，连日挫敌。日军被迫复向汤头方向溃退，我军乘胜追击。这是临沂战役的第二阶段。

展庄战斗

第五十九军在临沂外围野战中，损失极重，战区长官部命撤出战斗，转至（苍山县）卞庄南长城村鹿山东整补待命。第五十九军于四月上旬南撤至鹿山东。因第三十八师损失过大，全师三旅合成一旅，由李九思旅长带领，归军部直接指挥。其余官长、老兵由黄维纲师长带领，到徐州西黄口、商丘一带接收新兵。第一八○师虽仍保持两旅四团建制，但缺员极多，实际每团只有七八百人。部队在鹿山东休整时，敌人已由临沂进占郯城，有切断东陇海路、进击我海州守军之企图。第五十九军连续接到战区的命令："着第五十九军即留山东敌后方开展游击，牵制敌人，将不能携带的重武器（如野炮、重迫击炮）秘密掩埋，不能携带的文件一律销毁。"张军长当即召集连长以上长官开会，传达了这一命令。部队正在调整中，又接战区另一命令："敌人占领临沂、郯城后，正南进想切断陇海路，着第五十九军前令（在敌后游击）停止，即由现驻地出发，渡沂河截击由郯城南进之敌。"张军长复召集团以上军官讲明新情况、新任务。当即令第一八〇师由吴家道口渡河，经北谢、半庄向大王庄前进。军部随李旅跟进。第一八〇师先头部队第二十六旅张宗衡旅长率第六七八团崔振伦部，由吴家道口渡河到北谢时，侦知郯城之敌已向南出动。我前卫营到大王庄与敌遭遇，当即在村中发生激烈战斗。因敌后续部队不断增加，张宗衡旅长当即将部队撤出村外，在野外麦田里与敌对战。此时第一八〇师之其他部队均到达半庄附近，军部也到达冯家窑。敌一部与二十六旅交战，一部向冯家窑我军部进攻。由于张军长沉着指挥，敌人未敢冒进。后由一八〇师接替，军部才转移到大沂庄一带指挥作战。我第二十六旅在半庄、冯家窑与敌对战终日，未分胜负。黄昏后，刘振三师长作了如下部署：第二十六旅以第六七六团范绍桢部为第一线，占领展庄、大拐等村，第三十九旅祁光远部位于冯庄后村，除对西、北两面严密戒备外，主力集中于冯庄，随时策应第二十六旅作战，师部直属队位于郇楼村附近。各部调整后，连夜构筑环村工事，达到都能独立作战程度。

四月十一日，天刚亮，冯家窑之敌开始向我展庄猛烈炮轰，到八时左右，敌人在疯狂地向我阵地倾泻轻、重炮弹数千发之后，以骄横欺人之势，从冯家窑沿起伏地带，排成纵队，疯狂地向我展庄阵地进犯。我守军无半点畏惧之心，沉着隐蔽在阵地内，把各种轻、重火器准备好，并奉命敌人不进入射程以内，绝不开火。待敌进入我射程后，我轻、重火器一齐开火。枪弹像暴风雨一样地扫向敌阵。我目睹敌第一线二百余人，几乎全部倒在我阵地前面。敌突遭迎头痛击，乃退回冯家窑。时过不久，敌又组织力量，先炮轰，再用步兵进攻，再溃退，如此三四次，直到黄昏后，始终未能接近我展庄阵地。本日战斗，毙敌不下四五百人。我军因凭借工事，伤亡较少。

十二日晨，敌向我展庄炮击。敌人接受了前一天的教训，从冯家窑至王庄分成多路，隐蔽前进，谨慎多了。中午时分，其先头部队与我守军接触，随后各路敌人全部向我展庄扑来，我以第六七六团及六七八团的两个营投入战斗。战况激烈，双方在村内外互相冲杀争夺。到下午，敌又增援数百人，凶猛地向我攻击。天黑前，敌将我展庄东半部占领，我军仍占着西半部，在村内展开巷战。刘振三师长得知展庄情况并奉张自忠军长严令，马上派第三十九旅刘照华团前往增援。又令张宗衡旅长，绝对不许放弃原占阵地，并限令收复展庄东半部。张宗衡旅长接到命令后，亲自到第一线重新作了部署和调整。以五个营的兵力，在村内与敌争夺，以两个营在村外策应。刘师长也奉军长令到第二十六旅督战。

十三日拂晓，张宗衡旅长带特务连（即手枪连）到火线指挥，该连也投入战斗，连长受了重伤。村中战斗于早七时开始，我们先集中手榴弹向院内猛投，然后再由挖好的墙洞中冲进敌占院落，消灭了院内敌人。各营、连都按院落分配任务。我军这一战斗方法，出敌意外。我军勇气倍增，村内、外七个营一齐参战夹攻，迫使敌人全部撤出展庄，向冯家窑退去。展庄战斗，我军官兵伤亡六七百人。其中，营、连、排长二十余人。估计敌人自进攻到撤退，伤亡当不下千人。

十四日，张宗衡旅长重新对第一线兵力做了调整，以三个营守展庄，其余集中在宋庄、大拐一带村庄整补。本日，军长张自忠、师长刘振三来到第一线慰问前方将士，鼓舞士气，并令呈报作战有功人员，妥善掩埋阵亡将士，树立标志。敌人退后，我即到第一线展庄战地，看见有百余人掩埋在一起的墓地，见到他们的名字，内有我当排长时（第六七六团一营四连）的老兵近二十名，我和他们相处四五年之久。为了国家民族，他们献出了宝贵的生命。我在墓前恭敬地行了军礼，默哀致敬。

前线部队自军、师长视察后，严令各部（不管前后方）一律构筑坚固野战工事，以防敌偷袭。四月十五日黄昏后，敌人突然改变了不打夜战的常规，分成几十小股，强迫当地老百姓带路，潜伏于我军前后左右驻地村外麦田中，先将电话线切断，紧接着向各村我驻守部队及第一八〇师司令部同时夜袭，前后左右一片喊声枪声，我各部均与师部失去联络，各村守军各自为战，加上早筑有工事可以凭借，并未慌乱。到夜十二时左右，敌人见我军毫未动摇，乃自动撤去。此后，敌人主力撤退至郯城、冯家窑附近，仅留下了少数警戒部队，我军此时也无力向敌作攻击之举了。至此，我军胜利完成了保卫临沂城和牵制敌人南下的任务。我军在此休整约半月时间，每日加强工事，演习村落战。

四月底，奉战区命令，我军将原防地（郯南）交由第四十六军樊崧甫军接替。该军由新安镇车站登车到大徐家车站一带下车，集结待命。二十六日下午，第四十六军让参谋及团、营长来我师接洽换防事宜，师长命我带樊军接防人员到第一线视察阵地情况，并和各交防部队长见面，我方将敌情及阵地构筑等情况一一详细告知，并商定交接防时间。樊军各部队长对我军作战阵地构筑极表钦佩，更十分赞扬工事的坚固及官兵挖工事的艰苦精神。我师长也向接防师长交代了前一段作战情况及现在敌人的动态。四月二十八日，将防务妥善移交后，我军即到新安镇转大徐家车站待命，尔后又参加了在徐州掩护战区数十万大军撤退的艰巨任务。

自四月十四日到月底十余天中，临沂失守前后，临沂城北、城西上百个村庄的房屋被敌人炸毁、烧毁，家畜、家禽、财物为敌抢光，男女老幼为敌人杀害极多，树木被军队砍伐，做了防御工事。临沂地区人民忍受着巨大的痛苦，仍全力以赴支援抗战，表现了伟大的民族气节和崇高的爱国精神。

临沂作战片段

李致远※

　　一九三八年初春，天寒地冻，冰雪遍野。第五十九军奉命日夜兼程赶行一百八十里，由峄县至临沂城西地区集结，协同守军庞炳勋部迎击敌板垣师团。

　　第五十九军军长张自忠部署该军分左右两翼沿沂河两岸出击：第三十八师附野炮一营为左翼向茶叶山、刘家湖一带之敌进攻；第一八〇师附山炮一营为右翼，向徐家太平、亭子头、诸葛城、钓鱼台一带之敌反击。军部同直属部队暂驻城西杭头为预备队。

　　左翼第三十八师以所属第一一四旅（旅长董升堂）为主攻部队，以第一一二旅及一一三旅为预备队。第一一四旅以第二二七团进攻茶叶山，以第二二八团进攻刘家湖。

　　敌人在茶叶山下构筑了一道防御工事，山半腰有个小庙，是敌人的第二道防线。山顶有个大堡垒，敌人驻有一个中队。第二二七团团长杨干三鉴于此山易守难攻，于三月十四日凌晨两点钟开始进攻。先用野炮和迫击炮向小庙集中轰击，然后转向山顶开炮，部队即向山脚敌人阵地猛扑。经过激烈战斗，攻破山脚敌人阵地，才将半山小庙拿下。天明后，敌人又将小庙夺去。我们部队退下来时，受到很大损失。第二天夜间，

　　※　作者当时系第二十七军团第五十九军第一八〇师第二十六旅旅长。

我们又将小庙夺回。为了占领这座小山，除了第二二七团之外，第二二四团和二二三团都使用上了。这三个团伤亡很大，才将小庙保住。最后攻占山顶时，第二二六团也参加了战斗。十七日拂晓前，才将茶叶山全部收复。过去敌人弃尸逃跑的情况比较少见，这次敌弃尸很多。

第二二八团主攻刘家湖，亦于十四日凌晨二时开始行动。刘家湖村是日军的补给点，存储军用品很多，敌人以有力部队守卫。第二二八团团长刘文修先派一个侦察排潜入村内，破坏交通，袭击敌人指挥部，另以一个营担任主攻（日军轻视我军，夜间只派游动岗哨，其余的人都睡大觉，所以我侦察排得以顺利潜入）。当我军向村内猛扑时，敌军猝不及防，乱成一片，纷纷退集村子北部的炮楼子里负隅顽抗。刘文修命令各营用迫击炮、枪榴弹、手榴弹逐院集中轰击。师部又调第二二五团增援，仍归刘文修指挥。最后，敌人退到西北角上的一个院落里。刘文修集结两团兵力向敌猛扑，到第四日夜三点钟，大部敌人始被我消灭，少数残敌向汤头退去。

在刘家湖激战时，敌军曾由汤头四次派出增援部队，均被我阻击部队打退。

十八日晨，敌用飞机、大炮集中火力向刘家湖轰击。刘文修奉命以第三营留守，其余部队撤出村外隐蔽。

在这次战斗中，第二二八团原有两千余人，损失半数以上；第二二四团也伤亡近半数。营长冯运申受伤不退，在担架上指挥到战斗结束，才下火线，因此被提升为第二二六团团长。

我右翼第一八〇师在徐家太平、诸葛城、亭子头、钓鱼台等地与敌作战，以第二十六旅进攻徐家太平、亭子头，以第三十九旅进攻诸葛城、钓鱼台。

三月十四日凌晨二时许，第二十六旅夜袭成功。攻下徐家太平的三个村落（徐家太平附近有四五个村落，都叫某某太平），唯亭子头的敌人顽抗不退。亭子头在沂河东岸，有旧式炮楼五个，当夜被我攻下了三个，还有村北的两个没有攻下。这时军部下令：不惜任何牺牲，务须迅速攻下。担任主攻的是崔振伦团第一营（营长张士桢）。崔振伦命令炮兵击毁这两座炮楼，但是我们的炮是很旧的沪造山炮，没有瞄准器，对炮楼射击没有把握。在此紧急情况下，我炮兵不得已只好摆脱操作规定，将两门山炮拆卸开来，用人力运至姜家村（在沂河西岸，与亭子头仅为一河之隔），在民房里架设起来，在墙上挖凿炮眼，以三百米射击距离，向两座炮楼直射。只十余发炮弹，便将两座炮楼轰塌了。这时全团火力集中射击，步兵乘势冲锋，敌人除少数逃逸外，大部分均被我歼灭。这种发射炮弹的方法，为当时战史上所少见。在这次战斗中，我炮兵某排长受重伤，仍继续指挥作战。炮兵在很近的距离内作战，致使有不少人受到枪伤，这也是战史上所罕见。

三月十八日，敌人向汤头镇退却，军部命令各部分头追击。

第二二七团杨干三部追到临沂东北的三官庙。三官庙村位置高出周围田野，是敌人抢先占领的阵地，四面开阔，易守难攻。敌人构筑了两道防线，岗脚下边一道，庙的周围一道。守军约有八九百人。我第一一四旅奉命以全力进攻三官庙，以第二二七团主攻，以第二二八团做预备队。

十九日凌晨四点开始攻击，到天明六时许，双方伤亡都很大，第二二七团的三个营长都受了伤。此时旅部命令第二二八团增援上去，又激战了两小时，敌人始退到第二道防线固守三官庙。我用重武器向三官庙射击，两团的步兵轮番冲锋。这时有敌人坦克车四辆由高岗后面向我部冲来，我攻击部队奉命向后稍撤，反坦克排随即出击。这个排是旅部特别训练的，派出两个班打毁了敌人坦克两辆，其余的两辆逃去。我步兵再次进攻，敌人溃退汤头。

我第二十六旅崔振伦团附山炮一连，向敌追击，搜索前进，于十八日拂晓前进大姚庄。崔团因行动了一夜，正拟休息吃饭，这时天已亮了，敌人即由北面村子开枪射击。我军立即展开，予以迎击。到十一时后，敌炮火甚烈，我部一连山炮已不起作用了，于是敌人由守转攻。我部逐渐后退。

在这紧急时刻，崔团派出作为右侧卫的一个营被敌包围，营长急请增援。这时又接到右邻友军庞炳勋部一个营长的告急信，要求派队救援。但都无法策应，迨第三十八师开来一个营时，我右侧卫营已全部牺牲了，右邻的那个营也只有少数人突出。

黄昏前，崔团奉命撤退，但被敌人咬住，直到天黑之后才撤至徐家太平及亭子头一带。从缴获的敌人文件中得悉，敌人原定即日攻下临沂，急向台儿庄会师，因此来势甚猛。

经过这一阶段的战斗后，第五十九军奉命开赴费县。刚走到半路，又奉命折回，再援临沂。此时敌人已侵占了西东饮宿和颜家红埠寺一带的村庄，我军就在这一地区与敌人展开激战。战斗是在逐村逐院、时退时进中进行的。有一早晨，敌人向我右后背的古城城前一带急进，崔振伦团冒着敌机的轰炸和扫射，以急行军抢先占据古城，部队刚刚站住脚，敌人已经攻上来了，激战两三小时后，敌人抢占了寨西的两个大院。其中的一个大院，院里满是秸秆（高粱秸和谷草等）。团附张世桢和连长宋再光、杜巍然等，将整捆的秫秸点上火，投向敌占的柴火院里去。士兵们看见营长、连长向敌占院里投火，即以掷弹筒和手榴弹向敌人投掷过去，引起熊熊大火。在这同时，士兵们将院墙推倒，群起冲锋，将敌人逐走。

临沂西南的朱陈镇，在我军的背后，敌人先已占据此地，因此对我军是一个重大的威胁，我军调集了差不多半数的兵力，集结在湖西崖，向敌进攻，激战多次，以后庞炳勋部也参加助战，都未成功。有一次，夜袭奏效，天亮后敌军又发动进攻，崔团的一营人牺牲过半。

在第五十九军第二次奉命撤出临沂地区后，部队准备趁空休整补充，不料队伍行到码头镇（今属郯城）、长城（今属苍山）一带，遇上敌人的强大部队，于是又在这一带与之展开激烈的战斗。

这时第五十九军为便于指挥起见，将所属各团予以归并，有的团只能并成一个营或两个营。以崔振伦团为例，在汤头镇追击时牺牲了一个营（第五连除外），攻打朱陈镇又伤亡了差不多一个营，在临沂作战前，这个团原有两千左右的人数，现在只剩下五六百人，还包括非战斗员在内。这种情况，在别的团也不例外，损失之大甚至还有超过这个团的。

部队虽然损失很大，但对敌战斗的意志仍很坚强，这与张自忠亲临前线指挥、鼓舞士气是分不开的。有一天，第三十九旅韩得福团在冯家窑激战后被迫后撤，张自忠亲自来到前线。他到前线视察后，立即命令第一八〇师全力反攻，自己在前沿阵地督战，当将冯家窑收复。张自忠随即把军部设在冯家窑，第一八〇师的指挥部又向前推进。

第五十九军撤至徐州郊区，本想进行休整，补充兵员，适商震部在萧县被围，又奉命出援。新补的兵还未来得及训练，就开去前线作战。我第三十九旅韩得福团进攻严寨附近的一个敌占村庄，范绍桢团进攻张二庄。敌人见我攻势甚猛，曾施放毒气，我军伤亡不少，副旅长崔振伦也受了炮伤。

跟随张自忠将军临沂抗敌记

陈芳芝[※]

一

一九三八年二月初，日本侵略军在津浦线企图南北夹攻徐州。敌人一路从浦口经滁县向蚌埠、淮河地区进犯。一路从济南经泰安向兖州地区进犯。当时，于学忠的第五十一军守淮河地区，孙连仲的第二集团军正向台儿庄、韩庄、运河地区集结。李宗仁的第五战区司令长官部设在徐州。那时，五十九军张自忠部驻在豫北，属于一战区刘峙建制。因徐州吃紧，急调至陇海线商丘待命，听从李宗仁指挥。

第五十九军在商丘驻了四天，即奉令开往徐州。军部驻徐州市内，各部队分驻徐州东南良山口、郭庄一带。休整仅三天，适蚌埠、淮河地区吃紧，全军即奉命急往增援。当赶到小蚌埠以南蒙城、涡阳以北地区时，第五十一军于学忠部的防线已被突破，纷纷撤退下来。我军见此情况，如果择地设防迎击，不但陷入被动，且易被友军拖垮。当时不容犹豫，随即展开以第三十八师的第一一二旅、一一四旅及第一八〇师的第二十六旅为第一线，以第一一三旅、三十九旅为第二线，对北犯的敌人

※ 作者当时系第二十七军团第五十九军第一八〇师第三十九旅第二二八团团附兼第三营营长。

予以迎头痛击。经过一天的激战，终将敌人击退，占领了曹老集等处，协助第五十一军恢复了原来的阵地。这是张自忠在七七事变后，重任第五十九军军长以来的第一仗。他亲自在前线指挥，官兵均很振奋。有一天，张赴徐州向李宗仁报告作战情况，回来时，在一个小车站上，有津浦路员工、地方各界人士及民众多人，齐集车站欢迎，并公推代表要求张自忠发表对徐州会战前途的感想。张军长沉痛地说："兄弟过去的一切（指抗战开始后，张代宋哲元任冀察政务委员会委员长，与日帝周旋时被国人误解的一段情况），国人不谅解我，骂我是汉奸，这是兄弟终身所痛心的一个污点（说到这里，张自忠感情不能自抑，几哽咽不成声）。只有留待事实来洗雪，现在是没有话可说的。至于徐州会战，我觉得完全有把握把敌人打败！"听众颇为感动。

二月中旬，山东兖州吃紧，第五十九军奉命前往增援。迨开至滕县时，兖州及孙氏店已被日军攻破，部队奉命在滕县下车，准备反攻。此时，板垣师团已沿胶济线转台潍公路向南进攻临沂。守军第四十军庞炳勋部告急，张部遂又奉令驰援临沂。三月十日，连夜登车，到峄县站时，天已大亮了。

二

峄县至临沂，全程约九十公里。我军一昼夜即赶到。在临沂城西大岭、砚台岭、白衣庄一带集结。此时临沂城以北的庞军据点多被日军攻占。敌人来势颇猛，庞军连日苦战，伤亡很大，希望我军立即投入战斗。张自忠认为我军如从正面增援，势必同陷被动，希望第四十军再努力支撑一下，我军以全力攻其侧背，则临沂之围自解。双方商定后，随即分别部署，决定于三月十四日四时，向敌人攻击。张军部署是：一路以第一一四旅董升堂部配属第二十六旅之第六七六、六七八团向城北及城西北刘家湖一带展开，作为预备队，随时策应一线作战；一路以第三十八师的第一一三旅李九思部为左翼攻击队，渡沂河后，向汤坊涯、董官庄之敌进攻，同时进占河西的郝沂宅子及茶叶山高地，以掩护师的主攻；一路以第一八〇师向郭家太平、徐家太平、大太平、沙岭子一带之敌进攻。双方接触之后，敌人初尚顽抗，激战一昼夜，即开始动摇，我军乘胜收复了汤坊涯。十五日上午四时，日军集中炮火，向我阵地猛轰，并有飞机十余架助战，低空扫射。十二时，敌军步兵亦向我第一一二旅正面反扑。我军将两个炮兵营及各团的迫击炮集中起来向敌人猛射，经反复争夺，终将敌军击败。敌人纷纷向白塔方面退去。我第一一二旅占领了柳杭头。第一一三旅第二二三团张文海部及第二二四团杨干三部同时向刘湖西南一个小土坡方面进攻。敌人在我机枪、炮火猛烈攻击下，伤亡甚重。我趁势冲锋，敌军狼狈溃退，俘获战利品很多。

第一一四旅董升堂部，于渡沂河后，即向沙岭子以左（地名忘记）之敌进攻，经过三天的战斗，也将敌人击溃。敌人向白塔和汤头方面退去。第六七六团及六七八团在炮火掩护下，向沙岭子正面之敌猛攻，敌人多次反扑，战斗非常激烈。在激战中，张自忠亲到第一线指挥。当我军攻占沙岭子之后，张即命第二十六旅向白塔方面进击。在这次战斗中，不但敌人的炮火猛烈，还有飞机更番轰炸，弹密如雨，有些落在张自忠的身旁，但他奋不顾身，带着我这一个步兵营及军部手枪营向前急进。这时，忽然发现约有一个大队的敌军向我左侧袭来。张命我营营附带领手枪营的一个连，在重机枪的掩护下，予以迎击。经过两小时的肉搏战，将敌击溃。是役，我俘虏敌人十八名，缴获大炮两门，轻、重机枪及步枪多支。我军虽伤亡很大，但士气依然振奋。如我营第十连排长王德祥、阴秀山等及士兵负伤者，皆坚决不下火线，并说："军长还在前线，我们一定要和敌人拼个你死我活。"张亲来劝说，才将其中伤势较重的送赴后方医院。

三月十六日，敌人又集结了两个混成联队和一个骑兵大队的兵力，从诸葛城以北渡河，占据大、小苗家庄，逼向我第三十八师右侧背。张自忠得报后，立即作出应战部署。命令第一八〇师第二十六旅第七一五团由诸葛城向大、小苗家庄出动，务必将该处敌人歼灭于沂河西岸。他还亲笔写信给张宗衡旅长，略谓：第一一二旅方面时与敌人有激烈的战斗，由苗家庄渡河的敌人，对第三十八师威胁很大，临沂据点关系徐州、台儿庄会战的大局，不容忽视。而苗家庄为双方必争之地，应全力以赴，务望不顾一切牺牲，倾全力将该处敌军迅速消灭具报。张旅长接到张军长的亲笔信后，遂亲到诸葛城指挥，命第七一五团向大、小苗家庄进攻。由平射炮连、机枪连猛烈射击，压制敌人的自动火力，掩护前进。团长刘旦华命第一营从诸葛城左侧向小苗家庄进攻，命我带第三营及第二营五连为主攻，由诸葛城右侧凹地向苗家庄接近。我率队进至距苗家庄约二百米某地，先令各连轻机枪就近占领阵地掩护步兵进攻，命第九、十、十二连分三路向敌猛攻，以第五连和第十一连为预备队。中午十二时，下令冲锋，激战约二十分钟，将敌人阵地突破。尔后敌我进行肉搏战，达一小时之久。我方占领了大苗家庄，将敌人压缩在小苗家庄及沂河岸边。

三月十七日，为了争取主动，我军又向敌人发起攻势。张自忠命第三十八师向临沂北刘家湖、茶叶山一带进攻。命第一八〇师刘振三部向沙岭子、大太平等地进攻。我军二次克复沙岭子，并乘胜前进。在这同时，第七一五团也恢复了大太平。敌人集中兵力向大太平猛扑，照例是先集中炮火向我阵地轰击，飞机轮番投弹、扫射。我军沉着应战，迨敌步兵进至我射程以内时，一声号令，轻重火器齐向敌人射击。在敌人接近至三四十米时，我们的手榴弹纷纷投掷出去。火光四射，敌阵混乱，我军趁势出击，与敌肉搏。当时杀声震天，枪声、炮声交织在一起，终将敌人的进攻打退。十七日下午三时，大太平我军第一营阵地曾被敌人突破，由我带着两个连，又把冲进来的敌人打回去。这时敌人精力已疲，我第七一五团趁机全线出击，将大太平等几个村子完全恢复。此役，我缴获敌山炮二门，掷弹筒二十多个，轻、重机枪十余挺，步枪百余支。至此，板垣师团再一次被我打退。我第七一五团官兵伤亡四五百名。但士气旺盛，有的官兵负伤不下火线，当即受到晋级褒奖。

张自忠决心以全力再向板垣师团残部发动攻势。十七日黄昏，他命第三十八师第一一四旅第二二八团刘文修、二二三团张文海及二二七团，向刘家湖、茶叶山一带猛攻。敌人打得也很灵活。在强大炮火的掩护下，多次向我刘文修团阵地反扑，但均未得逞。有一次，敌军又攻占了茶叶山的某高地。我第二二八团第二营营长冉德明带领全营在重机枪及炮兵火力掩护下，成纵队突上去。第三营营长陆文龙也带着全营抄击敌人左侧背向其猛扑，经过一昼夜的激烈战斗，敌军不支，向白塔方面退去。

我军完全克服茶叶山。在此次战斗中，第二营营长冉德明阵亡，第三营营长陆文龙及一营营长刘同福均负伤。各连、排长伤亡在三分之二左右，士兵伤亡过半。

此时，我第一一三旅亦奉命向刘家湖及茶叶山左面高地进攻。该旅第二二五团赵金鹏部（原团长杜兰喆被撤职）及第二二六团朱春芳部与敌激战后，恢复了茶叶山以左山地。战斗中营长田中政负伤。统计此次战役，自十四日以来，历经五昼夜，始将敌人打退。敌大部向莒县方向，一部向北溃逃。我缴获敌大炮三门，其他枪支弹药甚多。第五十九军在这次阻击战中，予敌板垣师团以沉重的打击，而我军亦付出相当的代价。

在战斗中，张自忠经常亲临第一线指挥。他对部下要求很严。第二二四团第三营的连长贺某，因作战后退，被其正法。第一一二旅旅长李金镇作战不力，第二二二团团长黄贵长借轻伤擅退，均被撤职。团长杜兰喆督率无方被免职。

自我军在临沂与日军作战以来，敌人共伤亡约两千人左右，我军在装备优劣悬殊的情况下，伤亡损失也很重。因奉战区令，于三月十八日，除留第一一四旅协助城防外，其余部队连夜向费县转进。因张自忠指挥第五十九军作战有功，国民党军统帅部予以明令嘉奖，并奖给十万元，以示鼓励。张自忠不但被正式任命为第五十九军军长，并升任第二十七军团的军团长。

三

三月下旬，敌人不断增加援军，多次反攻均被我第四十军击退。三月二十三日以后，日军集中了一个旅团的兵力，配合飞机、大炮复向临沂城步步进逼。庞军艰苦抵抗，渐次不支。第五十九军于转进途中，复奉命回援临沂。至三月二十五日，前头部队抵临沂西郊，展开兵力，同敌野战于城西之南道、北道、大岭、小岭一带。时我第三十八师伤亡很大，当时该师已无预备兵力。师长黄维纲在电话里向张自忠请援，张说："你们要坚决顶住！我们困难时，敌人更困难。要坚持最后五分钟！我已命令刘师长派一个团从诸葛城向敌人左侧猛攻，支援一一二旅方面作战，不久即可到达。"黄说:"问题是正面队伍有顶不住的样子,眼下这里实在没有人可调了。"张说:"没有人吗?为什么还有人说话?"让黄维纲碰了一个钉子。但他很知道黄维纲作战一向很沉着,情况不紧是不肯轻易求援的。张自忠放下电话后,立即传令手枪营及第六七六团第二营马上随他出发。他亲自率领这支队伍向第三十八师师部跑去。到达南道、北道小高地后,张军长正用望远镜观察敌我情况,不料被敌人发现目标,许多炮弹纷纷落在他的周围。他依然很镇静地仔细观察。经过和黄维纲师长及杨干三团长商量后,他立即作出决定,以进为守,用全力向敌人反攻。实施之后,挫败了敌人的攻势,形势趋于缓和。

至三月二十八日以后,我守军陆续得到第五十七军缪澂流部及汤恩伯部之骑兵团增援,二次击溃日军,迫其向汤头以北及东北方向退去。

四

四月初,台儿庄方面正在紧张战斗的时候,第五十九军奉命回援台儿庄作战。此时第五十九军已在临沂与敌军作战近两个月之久,官兵伤亡过半,各团、营均残破不全。为了维持战斗力,当即加以调整:将第一八〇师第三十九旅第七一五团改归第二十六旅指挥;第七一七团的士兵也补给第二十六旅;命第三十九旅的干部到后方黄口征募新兵;将第三十八师第一一三旅及一一四旅的士兵皆并给一一二旅,由李九思任旅长;第三十八师师长黄维纲亦带领人员到黄口征募新兵。经过这样的编整,第五十九军当时只有两个旅的兵力。但张自忠对于接受任何任务从没表现一点难色。

四月中旬,台儿庄外围敌军两个师团向孙连仲部进攻甚猛。而汤恩伯部在郯城西北地区遭日军袭击,因此,第五十九军又奉命担任了驰援汤恩伯部的任务。第五十九军调整完毕,当即发动声援汤恩伯军的攻势,向苍山县内之大展庄、小展庄一带敌军进攻。我第一八〇师第二十六旅第六七八团范绍卿部于五月初占领了大、小展庄,遂连夜构筑工事。未几,我第六七六团占领了孙庄和小李庄,第三十八师第一一二旅亦占领了蒋寨等地,合力阻止敌军南犯。敌人在我们占领展庄之次日,曾猛烈进攻，经过一日夜的激烈战斗，我第六七八团伤亡过重，不得已向师部请援。师长刘振三命我带三营驰援，我率队到展庄未及一小时，正与该团团长范绍卿谈话时，忽闻炮声、机枪声很紧。我与范刚走到大门，展庄的北面、东北面及东面都被敌人突破。我们当即命令第六七八团团附张世桢带第十一连从东南角出击，向敌人右侧背进攻，命第十二连增援到展庄左翼，向敌猛攻，我与范绍卿带第九连及第十连向展庄北头及东北角猛攻，并将第六七八团第一营撤下来的部队堵回去。当即见东北方向来犯的百余名敌人被我第十连冲回去，恢复了原阵地。此时又有一部敌人成四路纵队来犯，我令各连将手榴弹准备好，俟敌进至村北边，作有效的投掷。经过一小时的激战，虽将敌人杀伤很重，但仍未退却；还在我阵地前就地做工事。又激战一日夜，这批敌人始行退去。拂晓清理战场时，敌人遗尸一百余具。我收集到步枪百余支，轻重机枪五挺，其他战利品很多。统计郯南战役，敌军伤亡约四五百人，残部向临沂西南古城、湖西涯方向退去。从此，这方面敌军南进的企图完全被粉碎了。

五月中旬，敌军在徐州以西萧县地区截断了陇海线，台儿庄战局起了变化。我大军准备转移，第五十九军奉命掩护大军撤退。张自忠遂命第一八〇师派一个旅的兵力围攻萧县之敌，掩护大军西撤，又命第二十六旅从东、东南、东北三个方面向日军围攻夹击。敌人步兵配合坦克车多辆向我军反击，张自忠亲率手枪营在东北方的公路上占领阵地，用集束手榴弹将敌军的坦克阻止在距离不满二百尺的一个地方，不能前进。直到我大军全部通过后，等到天黑下来，他才摆脱了敌人，带着手枪营走在大军的后面，仍执行后卫的任务。经过萧县西南某地，遇到汤恩伯部的两个炮兵营，因与部队失了联系，惊慌异常，想弃炮而去。张把那两个营的营长找来，对他们说："炮不准丢弃！我派队伍掩护你们，跟着我走好了。"他派我率部掩护，并指示说："你率队负责保护这两营炮兵，完全撤退到许昌后，交汤恩伯部领走，才算完成任务。"

第五十九军从萧县到达永城东南青龙桥时，遇到敌军的阻击和敌机的轰炸扫射。张命第三十八师第一一二旅李九思部掩护，与敌军激战五小时，天黑后，向西突围而去，安全到达亳州地区。我部因转战数月，伤亡既多，疲惫亦甚，后调许昌整补。

第 四 章

台儿庄大战

台儿庄胜利与孙连仲将军

韦永成[※]

　　一九三八年三月中旬，日军为打通津浦线，一路由南北上，一路由北南下，两面夹击我军，欲击溃我守津浦线上大军。这一地区属于第五战区范围，战区长官为李宗仁，我当时是第五战区政治部主任。这一仗极为重要，因为我们在淞沪失利，在平津撤退，对全国民心士气影响甚大，再也不能失败了。所以在战略上有加强第五战区防御兵力的必要，乃仓促檄调第一战区驻河南补充训练尚未完成的汤恩伯军团和孙连仲集团军，星夜增援。首先抵达的为汤恩伯第二十军团，辖两个军（第五十二军关麟征及第八十五军王仲廉）共计五个师——第二师郑洞国、第二十五师张耀明、第四师陈大庆、第八十九师张雪中及一百一十师张轸。这个军团装备齐全，并配有十五生的德造重炮一营，为中国军队中的精华。

　　随汤部之后到达徐州的为孙连仲的第二集团军。孙集团军名义上虽辖有两个军（第三十军田镇南，第四十二军冯安邦），唯该部因曾参加山西娘子关的保卫战，损失甚大。四十二军所剩无几，只等于一个空番号，孙连仲虽曾屡请补充，均因战事吃紧，而未获准休息训练。故该集团军实际上可参加战斗的只有三个师（第二十七师黄樵松，第三十师张金照，

　　※　作者当时系第五战区政治部主任。

第三十一师池峰城）。孙到达徐州后即调到台儿庄北部布防，构筑工事以御敌北下。孙部为冯玉祥的西北军，纪律严明，最善于防守。

长官部判断，敌军乘战胜余威，骄狂万分。矶谷师团长一定不待蚌埠方面北上援军的呼应，便直扑台儿庄，以期一举而攻下徐州，夺取打通津浦线的大功。我方正要利用敌将这种求胜心理，设成圈套，请君入瓮。待我方守军在台儿庄发挥防御战最高效能时，即命令汤恩伯军团潜行南下抔敌人之背，包围而歼灭之。

我部署既定，敌人果自滕县大举南下。汤集团在津浦线上与敌人作间断而微弱的抵抗，诱敌深入。既奉命陆续离开正面，退入抱犊崮山区。重炮营即调回台儿庄运河南岸，归长官部指挥。敌军果不出我军所料，舍汤军团而不顾，尽其所有，循津浦路临枣支线而南下，直扑台儿庄而来。敌军总数约有四万余人，拥有大小坦克车七八十辆，山炮、野炮和重炮不下百余门。上空更有飞机临空助阵。凡有利我方的桥梁道路全被炸毁。

三月二十二日，敌军冲到台儿庄北泥沟车站，徐州城内已遥闻炮声。二十三日敌人开始猛轰我防御工事。战斗激烈期间，我第二集团军（即孙连仲集团）阵地每日落炮弹七八千发之多。炮轰之后，继之以坦克车为前导，向我猛冲。将我守台儿庄外围的阵地工事摧毁后，敌步兵乃随入据守，步步向前推进。我军浴血抵抗，台儿庄居民以石块为屋，故敌人占据一屋即等于一碉堡，我不易反攻收复，反之敌人攻取我一民屋也须付出血的代价。我军无平射炮、无坦克，我军以血肉之躯与敌方炮火坦克相搏斗，至死不退。战事之烈，诚所谓惊天地而泣鬼神，敌人猛攻三昼夜，才冲进台儿庄城区，与我军发生激烈巷战。至此第二集团军已伤亡过半。渐有不支之势，孙连仲将军为国家民族的生死存亡咬紧牙关死守不退。自三月二十七日始，敌我遂在台儿庄寨内作拉锯肉搏战，情况更为惨烈。

在此同时，长官部认为时机已成熟，严令汤恩伯军团迅速南下，夹击敌军。汤军团全师南下。然此时我台儿庄的守军已伤亡殆尽。到四月三日，全庄三分之二已为敌占有。我军仍据守南关一隅，死拼不退。敌方更以重炮、坦克猛冲，志在必得，敌方电台且宣讲已将台儿庄全部占领。我方守庄指挥官第三十一师师长池峰城将军认为，如此守下去，必至全军覆灭而后已。乃向孙总司令请示，可否转移阵地至运河南岸，孙连仲乃与长官部参谋长徐祖诒和参谋处处长黎行恕通电话请示。长官告以汤军团即将赶到，约明日中午可以进至台儿庄北部，仍严令死守，第二集团军如于此时放弃台儿庄，岂不功亏一篑。敌我在台儿庄已血战一周，胜负之数，决定于最后五分钟。长官决定于明日亲到台儿庄督战，要第二集团军守到明日拂晓。如违命令，当以军法从事。

孙将军凛于大义说：“长官有此决心，第二集团军牺牲殆尽不足惜。连仲亦一死以报国家。”语甚壮烈。

长官在电话中，指示孙不但要守到明天拂晓之后，今夜还须向敌夜袭，以打破敌人明晨拂晓攻击的计划，则汤军团于明中午到达后，我们便可以对敌人实行内外夹击，长官即悬赏十万元。孙不以伤残累累，在重赏之下，集合可用之兵，即可拿枪的士兵，甚至担架兵、炊事兵都一并参加，组织一敢死队，于午夜夜袭敌阵，打乱了日军的部署。

孙连仲奉命后亲自在台儿庄督战。这时死守最后一点的三十一师师长池峰城来电话向孙请求撤退。孙连仲命令说：“士兵打完了你就自己上前填进去。你填过了，我就来填进去。有敢退过河者，杀无赦！”孙这几句话何等壮烈。

池师长奉命后，知军令不可违，乃以必死的决心，逐屋抵抗，任凭敌人如何冲杀，也死守不退。所幸战到黄昏，敌人亦力竭停止攻击。及至午夜，我军先锋敢死队数百人，分组向敌人逆袭，冲进敌阵，人自为战，奋勇异常，手执大刀，见敌就砍就杀，真如神助。我军血战经旬，已筋疲力尽，战至最后五分钟，我军尚能乘夜出击，真是敌人万万料想不到的。敌人在遭突袭时，仓皇应战，乱作一团。血战数日，为敌所占领的台儿庄内围街市，竟为我一举而夺回四分之三，毙敌无数，我军激战通宵，敌军被逼退守北门一隅。

是时我汤恩伯军团已向台儿庄以北迫近，天明即可到达，长官也于午夜后搭车亲赴台儿庄外围督战，指挥对矶谷师团的歼灭战。台儿庄北面已闻我军炮声，证明汤军团已在敌后开始对敌攻击。如此敌军已陷入重围，想撤退已不及，而我台儿庄的守军也及时出击，杀声震天，敌人血战经旬，已成强弩之末，弹药汽油用罄，机动车辆不能动弹，多被击毁。敌人溃不成军，狼狈撤退。我军骤获全胜，士气旺盛，全军向敌猛进，如秋风之扫落叶，锐不可当。敌人遗尸遍野，被击毁的各种车辆、弹药、马匹，遍地皆是。矶谷师团长率残部突围窜至峄县闭城死守，已无丝毫反攻能力。台儿庄之战至此乃完成我军全胜之局。

战后检点战场，掩埋敌尸达数千具之多。敌人总共伤亡当在万人以上，坦克车被毁三十余辆，虏获大炮机枪等无数，矶谷师团已被彻底消灭。台儿庄一役，不特是我抗战以来空前胜利，也是日本建立新式陆军以来第一次惨败，粉碎了"皇军不败论"。足使日本侵略者对我国军队另眼相看。

台儿庄的胜利，长官调度有方，而在作战中我第二集团军总司令孙连仲将军的沉着应战及第二集团军全体官兵英勇牺牲的精神，尤关重要。

台儿庄前线见闻

余定华※

台儿庄位于山东、江苏交界，是水陆码头，徐州的东大门。

一九三八年继上海沦陷、南京失守之后，日本侵略军南北夹攻，企图打通津浦铁路，使东北、华北、华东地区连成一片。板垣、矶谷两个师团约五万人向台儿庄附近集结，战略意图在于徐州。

当时最高统帅部在徐州设立第五战区，李宗仁为第五战区司令长官。徐祖诒（号燕谋）为参谋长，黎行恕、王真吾为副参谋长，梁寿笙为参谋处处长，秦开明为上校科长。

高级参谋群有：曾希吾、郑昌藩、周崇德、曹文彬、刘清凡、陈超、赖慧鹏、梁××和我。因未设室，直接听李宗仁调遣，故习称参谋群。

当时会战，我国的兵力有第二十军团五个师，第二十一集团军五个师，第十一集团军三个师，第五十军两个师，第二集团军三个师一个旅，第二十七军团两个师，第三军团一个师，第六十军三个师，第七十五军两个师，第六十八军两个师，第二十二集团军四个师，总兵力约三十多个师，据守在台儿庄附近的就有二十五个师，约有二十五万人，我与敌为五比一，我占绝对优势。

※ 作者又名余学樵，当时系第五战区司令长官部高级参谋。

台儿庄总攻

台儿庄大战从三月二十三日起，到四月六日止，经过半个月的苦战，击退了敌人八次大规模的进攻。日本侵略军的装备机械化程度比较高，天上有飞机协同，地上有坦克、大炮配合，我国军队主要靠大刀和手榴弹，特别是西北军传统的大刀片，颇使日本军队望而生畏，敌人在喜峰口尝过第二十九军宋哲元大刀队的滋味。这次在台儿庄主要是巷战、肉搏战，是短兵相接。我国军队发挥了大刀片的威力。使日军的飞机、大炮无法发挥战斗力。我军扬长避短。在与日军激烈战斗时，两军隔墙相击，逐屋争夺，尸山血海甚为惨烈，敌人伤亡惨重，我军损失也很大，我孙连仲部第三十一师防守台儿庄车站正面，该师没有重武器，靠的是大刀和手榴弹，靠的是满腔的爱国之情，靠的是深沟高垒，他们把外壕挖得很宽，使敌人的坦克攻不过来。池峰城决心背水一战，在敌人进攻最激烈时，派人把运河木桥拆除，并派兵把守，如有退缩者，立即就地正法。时常整连、整营、整团的打光，总攻后第三十一师所剩无几。在我死拼硬打的情况下，日军已支撑不住，只得退据几个院内招架。我军四月六日夜发起总攻，池峰城部分几路向西关、北关猛攻，汤恩伯部此时也下山接近郭里集一带南下。在枣庄日军的石油库被我地方游击队炸毁着火，泥沟日军的弹药库也爆炸。在内外夹击、后路截断的情况下，在台儿庄的日军据屋顽抗，死不投降，我士气振奋，与敌肉搏相持，战况之惨，目不忍睹，战况之烈空前未有。迄六日晨三时，敌人已无招架之力，弹尽援绝，全线动摇，于是他们放火焚尸，弃辎重向北败退。在此情况下我官兵乘胜追击，占领了峄城东的双山、姑嫂山、九顶山。占领了峄县南的天柱山，峄县西的八里屯，将日军围困于峄城、枣庄内，遂告成中外闻名的台儿庄大捷。是役敌死伤一万一千多人，我缴获敌步枪万余支，轻重机枪九百三十一挺，步兵炮七十七门，战车四十辆，大炮五十余门，并生擒少数俘虏。敌板垣、矶谷两师团元气大伤，主力损失惨重。

我到台儿庄看到前线缴获的一大堆日造三八式步枪，记得有的步枪枪托上还沾着血迹，也有日造带弹巢的轻机枪。还见到俘获的几名日军下士，躺在担架上，以手频频招呼要香烟抽，但都横眉怒目，敌对情绪很大，这是日本帝国主义"武士道精神"毒化的结果，他们虽已被俘，仍蛮横无理。

在六十军的见闻

一九三八年四月六日，日军在台儿庄遭到惨败后，经过补充又向我台儿庄右翼阵地进攻，在右翼防守的是滇军卢汉的第六十军第一八二师、一八三师、一八四师。师长安恩溥、高荫槐、张冲，都是云南人，多系云南陆军讲武堂出身。滇军讲纪律，讲服从，作战英勇，不仅轻伤不下火线，连重伤也不准离开阵地。

敌板垣师团第三十九、四十联队由台儿庄右翼陈瓦房之线向禹王山一带进攻时，我被派到六十军，敌人进攻前先用飞机侦察轰炸，再用大炮轰击，我亲眼看到用五门大炮试射，弹着时呈五点白烟，然后前后左右延伸，估计有千余发炮弹落地，禹王山一片硝烟火海，看不见山的影子。白崇禧说："这次是打洋仗。"这话也说得兑现。又有人说日本人这是"红墙战术""焦土外交"，一点不假。守禹王山的是陈钟书旅长，当争夺阵地时几得几失，陈旅长身先士卒，率部与敌苦战，打退敌人进攻，收复阵地后才下火线。我代表李宗仁慰问了他。他胸部中弹，还镇定地说："惭愧啊，我对不起国家。"

禹王山争夺第二天，蒋介石一连打来两次急电，表示嘉勉。我和卢汉、胡若愚及参谋长同住一间大屋，铺连铺。急电来后我们互相传阅，卢汉得到最高统帅称兄道弟，心里自然是乐滋滋的。接着，李宗仁也给卢汉军长打来了电报。

卢汉的第六十军装备很好，武器多半由越南进口，据说在台儿庄战斗时，有些法国造的武器才从装箱中取出使用。

在台儿庄前线，我军联络的电话都是铺在地面上，不用杆子，怕敌机看见轰炸，但地面电线时常被截断。后来捕获了几只丝毛小洋狗，才知道日军专门训练小军犬，用来咬断电话线，使我军联络中断。

在第七十五军当监军

　　一九三八年四月初，白崇禧、林蔚、刘斐回到了徐州一起商量台儿庄总攻，此时我也从台儿庄前线回到了徐州，适广西省政府派总务处长孙仁霖率各厅、处长来徐州慰问。李宗仁在长官部大宴宾客，济济一堂。席间白崇禧说："这次总攻，要把敌人赶到东海去，最担心的是右翼部队，必须派个专人去指挥。"散席后，副参谋长交给一纸命令，让我带宪兵一个班、两个卫士分乘两辆吉普车直赴第七十五军。我到七十五军后，把命令交给周磐，很客气地说："军人以服从为天职，我很想协助你完成任务。"周磐立即摇电话给张琪、王光华说："长官部派来了一位余监军，望火速来军部开会。"我在会上鼓励了他们一番，一起研究了作战方案，并在地图上标上了敌我态势。

　　我们一起到前线阵地，观察敌人阵地。总攻时，第六师攻入陈瓦屋，敌人坦克一出动，我步兵抵挡不住又退回，战士们全靠一腔热血与敌死拼，终于攻入了陈瓦屋。战斗结束时，我到陈瓦屋去看了一下战场，日军丢弃三十余具尸体，身穿黄呢制服，几棵大树上还捆绑着几个老百姓，已被敌人刺死。

我所知道的台儿庄大战

赖慧鹏[※]

一九三八年台儿庄大战和徐州突围时，我任第五战区司令长官部高级参谋。曾奉令到第二集团军孙连仲部督战，现将当时作战概况，部队素质等略述如下。

一九三八年三月，日本侵略军以板垣、矶谷两个师团为主力，共五万余人，分兵两路向山东南部进犯：一路窥伺临沂，一路直指滕县、枣庄、峄县。

据守临沂的是庞炳勋军团和张自忠第五十九军。李宗仁派长官部的参谋长徐祖诒（号燕谋）到临沂设立"指挥所"，指挥两军作战。

日军板垣部在攻抵临沂时，即遭到张、庞等部的坚决抵抗。防守滕县的为川军邓锡侯集团军（内有孙震第四十一军），当日军矶谷部向滕县地区蠢动时，长官部曾电调驻在亳县的第二十军团汤恩伯部星夜开往滕县增援，并指定在离滕县不远的官桥车站下车，与邓部夹击来犯之敌。汤恩伯一部王仲廉军于官桥站下车后，与敌遭遇，遂绕道进驻滕县以东的山区，由东面威胁进犯滕县之敌时，滕县已陷落。敌军由滕县东长驱南下，沿枣庄、峄县之线攻抵台儿庄。使得临沂方面的守军侧背受敌，无法固守。

※ 作者当时系第五战区司令长官部高级参谋。

防守台儿庄的为孙连仲直辖的三个师一个旅和临时拨给他指挥的第一一〇师张轸部。台儿庄已是敌军主力板垣、矶谷两师团的集中攻击点。台儿庄如再陷落，则徐州门户洞开，敌军就可直捣长官部所在地——徐州，并使武汉处于被半包围的状态。

当时除李宗仁坐镇徐州指挥外，蒋介石还派副参谋总长白崇禧和他的侍从室主任林蔚长驻徐州，协助李宗仁指挥作战。

我方陆续开往山东战场的部队回忆得起的计有：汤恩伯军团，李仙洲军和甘丽初的第九十三师；属西北军系统的有孙连仲集团军，张自忠、庞炳勋、刘妆明等军团和冯治安、石友三、冯钦哉、孙桐萱、曹福林等军，还有四川的邓锡侯集团军、云南卢汉的第六十军（含张冲的第一八四师）、河南的张轸师、山西的黄光华师等，总数不下三十万人，多于敌军数倍。

当时，除汤恩伯、李仙洲、甘丽初等部队有现代化装备，其他作战部队的武器一般都很陈旧，就是孙连仲部的装备比起汤恩伯他们来也要差得很远。不但现代化武器、重武器很少，甚至不少士兵还是背着大刀作战。张自忠、庞炳勋、冯治安、冯钦哉、曹福林、孙桐萱、刘汝明等部队更是得不到应有的补给。就我亲眼看到的川军孙震部根本说不上有新式武器，幸能背上步枪的，不是口径不一、长短不齐，就是有单响、有三响钩的，甚至还夹杂着不少长仅过膝的前清时的产品，其他部队的待遇，大体也差不多，或者更糟。

在第五战区作战的所有部队，都能服从李宗仁的指挥，奋勇战斗，不怕牺牲，这除了他们热爱祖国的忠勇本质外，李宗仁的以诚待人、平等相处和尽其所能解决他们的困难及矛盾也有很大关系。例如张自忠、庞炳勋、张冲等，在谒见李宗仁之后曾对人说："带兵数十年，从没遇见如此宽宏大度、关心部下的长官！今后愿意战死沙场，以报司令长官的知遇之恩。"在以后的行动中，他们果然实践了自己的诺言。张冲的第一八四师血战禹王山十九昼夜，张自忠在临沂拼死抗战，川军王铭章师长在滕县与全师殉城，是其中尤著者。

如上所说，孙连仲部担负的是日军主攻的正面——台儿庄。兵力和装备又都居于劣势，制空权又操在敌人手中，所以孙连仲部的损失最为惨重。特别是该部的池峰城师，死伤人数竟过全师之半数。

台儿庄位于运河岸上，约有一千家左右铺户，没有什么天然险要可资扼守。在日军的重兵攻击和飞机、大炮的不断轰击下，大部分房屋已被夷为平地。激烈时市区四分之三的面积被敌攻占，我军据守的地区不过市区面积的四分之一，据以抗敌的多是简陋的铺屋和已被敌机炸毁的断壁残垣。士兵们将仅有的墙壁凿上"射击孔"和能够投掷手榴弹的小洞，或沿墙基挖成半人多高的立射壕对敌作战；遇到房屋被敌人炸毁时，就挖成简单的壕沟继续抵抗，坚决不后退一步。由于抗战初期，国共两党合作，国难当头，民族大义激励着每一个中国人，抗战部队虽然装备、补给很差，但士气高涨。当日军攻势最猛烈的几天里，台儿庄方面，不论白天或黑夜，密如爆竹的枪炮声从没有间断过；敌机凌晨至黄昏，更番侦察、轰炸、扫射，不给我军有喘息之机。由于我们进行的抵抗是正义的民族战争，官兵们爱国家、爱民族，抱着与中华民族共存亡的决心，终于遏止了敌人的攻势，保住了阵地。

记得有一次深夜，在孙连仲总部内，大家在倾听台儿庄方面密集的枪炮声，在战地督战的池峰城师长来电话向孙连仲请示说："敌人攻势过于猛烈，我军死伤已达十之七八，请准予暂时转移。"孙大声应道："即使剩下一个人也要战斗！你想撤就先拿头来见我，然后我拿我的头去见司令长官。"可见我军上下斗志旺盛，决心之大。

日军总攻台儿庄不下，战事呈现胶着状态。至是，长官部除饬池峰城师固守台儿庄外，另命防守韩庄地区的张轸师秘密渡过运河，向峄县方面出击。进犯台儿庄之敌，因背腹受到威胁，终于败退北撤峄县闭城待援。

台儿庄城寨里的拉锯战

何章海[※]

第二集团军开赴抗日前线

孙连仲部于一九三七年在琉璃河及娘子关两次战役中，伤亡较重，后调许昌一带整补。派人到鲁西、豫东一带招募兵员。他还吸收了从家乡流亡出来的青年学生（多是河北保定一带敌占区的），并设立了一个干部训练所，为自己部队培养补充了一批干部。因此，在许昌期间，孙部得以迅速恢复原有编制。

一九三八年三月十九日，孙连仲接到紧急命令，着开赴徐州东北台儿庄地区，阻击南进之敌，固守台儿庄，保卫徐州。孙连仲听说蒋介石当时正在通过德国大使陶德曼和日本帝国主义进行谈判，因而认为日军是故作进攻姿态，对蒋介石施加压力，答应他们的投降条件，不一定就会发生真面目的战斗。他命我带几个参谋及少数其他人员赴徐州以北地区选定前线指挥所，同时命令池峰城率领第三十一师全体官兵先行驻台儿庄及其附近地区，构筑工事，掩护其他部队继续集中。

我和少数参谋及卫队一连到达徐州车站时，从前来迎接我的当地商会会长等人的谈话中，了解到第五战区司令长官李宗仁已去前线，现我

※ 作者当时系第二集团军参谋处处长。

方和敌军正在临沂、滕县一线作战，我方先胜后败，前线甚为吃紧。据说，敌人已有两个联队突破我军防线正向南进，徐州人心惶惶，稍有资产的人家多已逃亡汉口。

我到了前方以后，在侦察地形时，发现敌人居高临下，我则是背水作战，十分不利。我根据敌我所处地形的利弊详加分析后，绘制了一个简单的地形判断图，并根据对敌情的判断作了兵力部署，命令池峰城师派一个加强团的兵力，确保台儿庄城寨，其余沿大运河南岸构筑永久工事。接着我又打电话给孙连仲，催他率领部队迅速前进，乘敌先头部队站脚未稳的时候予以迎头痛击，以壮声势而励士气，并可占据重要地区，有利于今后之作战。但后续部队迟迟其行，迨孙连仲到达前方时，敌人已先发制人，揭开了战斗序幕，我军的形势陷于被动。

三月二十二日，我军渡过大运河进驻台儿庄，并将台儿庄以西约七华里之范口村及以东约三华里之官庄同时予以占领，准备协同台儿庄核心之作战。由峄县南下之敌于二十三日曾一度进犯台儿庄，经我方还击，成了对峙状态。

我军当时布防的概况是：在台儿庄城寨里的部队是第三十一师的一个加强团，团长王冠五兼任守城司令。第三十一师（欠一个团）除以一部防守范口村和官庄并支援台儿庄核心作战外，其余部队沿大运河南岸布防，师长池峰城在城外指挥。第二集团军总司令部的驻地，只距离台儿庄城寨五公里左右。孙连仲于二十三日到达前方时，李宗仁已先一日由前方转回徐州，统一指挥全局。第二集团军其余部队，第二十七师、第三十师及第四十四旅等部已陆续集结于贾汪东北和台儿庄以南地区。

当时的友军情况是：汤恩伯的第二十军团，节制第十三、第八十五和第五十二等三个军，在邳县、郯城和兰陵镇一带广大地区活动。张自忠的第五十九军增援庞炳勋部，在临沂一带阻击南进之敌人。孙桐萱、曹福林、展书堂等部及川军邓锡侯部沿津浦铁路驻守兖州、济宁、夏镇、官桥、滕县等地，相机侧击敌军。于学忠的第五十一军及周喦的第七十五军均由蚌埠、怀远等地区陆续向徐州附近集中，准备增援第一线。

孙连仲来到前方后，对兵力作了一番部署。三月二十三日下午，我军各部队进入阵地时，敌军飞机多架即低空飞行，进行侦察扫射。我军

167

虽有各式各样的伪装，但受伤的官兵仍是不少。预料双方的喋血大战即将开始。

台儿庄城寨里的拉锯战

台儿庄附近之敌军三个联队五六千人，配有大量空军、坦克、重炮及其他机械化兵种，于二十四日晨向台儿庄猛扑。经过激烈战斗，敌人攻占台儿庄以东之黄林庄、官庄和以西的范口庄后，于三月二十六日攻入台儿庄城寨的东北角。日本同盟社竟于此时捏造事实发布新闻谎称："华方最精锐部队之国民党军已被击溃，并将台儿庄完全占领。"其实我军并未撤出台儿庄，且与敌人反复进行拉锯战，数日后敌人终因后路被抄袭，慌忙撤退峄县，这就是当时震惊中外的台儿庄大捷。兹将当时战斗实况叙述于下：

敌人侵入台儿庄东北角后，我军仍扼守西南城角的最后堡垒顽强作战；我则摸黑夜袭，每获胜利。因此，台儿庄城寨里一昼夜之间，双方几进几出，互有伤亡。在这一战役中，我军的大刀发挥了很大的威力。有一人手刃敌兵九人者，也有一人杀死五人者。参战的大刀队，平均每把大刀砍死敌人一个半。

由于战斗日趋激烈，大概是三月三十一日的夜间，第三十一师师长池峰城在电话里向我发牢骚说："你的作战计划把我收拾得够受了！你不应该总是叫我打头阵。我的部队伤亡太大了，枪械弹药也消耗太多了。你不为我保存实力，太对不起朋友了。"我本来在一切问题上从来都是偏向他的，忽然听到他这番话，感到非常气愤，便说："你说什么？好啦，好啦。有人要求守一守核心据点，还托人向我说情。你反而想下来，好得很，我向总司令报告，把你换下来吧！"他马上改了口气说，"我刚才说的话，请你不要向总司令报告，也不要向别人说，以免惹起口舌是非。"

此后，台儿庄城寨里的拉锯战，一天比一天激烈，三个师一个旅的部队，还有两个新兵补充团，就是这样一个团或者一个营地轮番填了进去。有时敌军把我们逼到城寨的一隅，也有时我们把敌军赶到城寨的一角。敌军利用他们的强大火力，在白天进攻，而我军则利用夜战，常在拂晓前恢复失去的阵地。在清扫战场的时候，经常发现尸体累累，目不忍睹。有一次，我们把第三十师的吴明林团于黄昏后拨归池峰城指挥，当夜跑步进城增援。翌日清晨，吴明林团只剩有十数个官兵退出城来。他带着全身泥土和满脸灰尘，来到总司令部报告作战经过。孙连仲一面安慰嘉奖他，一面命令他回后方整补。

记得是四月初的一个夜晚，我们命令第二十七师师长黄松樵亲自率领敢死队二十个组实行突击。他们携带空的煤油桶，内装鞭炮，伪充机枪使用；另携燃火物，到处放火逐敌。此外我们派第四十四旅旅长吴鹏举率领一个团，从第三十师防线进出，向枣庄敌军的指挥机构挺进袭击，以配合黄松樵师的行动。午夜前后，台儿庄外四面火起，人喊马嘶，再加上老百姓的协同作战，敌军慌了手脚，纷纷败退。就这样，我军终于恢复了原来的阵地。黄师与吴旅各有伤亡，仍归还原建制。

还有一次，我们叫士兵穿着呢子军装，戴上日军的帽子，并找了几个会日语的人随同趁夜出发，伪装日军偷偷摸入日军阵地，乘其不备，用大刀片和手榴弹与敌拼搏，于混战之中取得胜利。我们还曾利用集束手榴弹（十二枚一束），炸毁敌人坦克多辆，敌人最怕夜战，我军夜袭每每予敌军以重创，阵地才赖以确保。

这时，枣庄有一支矿工和学生组成的"抗日义勇军"一千余人的游击队，他们熟悉地形，经常夜袭敌人的后方，使敌人进攻受到极大的牵制。一天，敌军在枣庄的汽油库突然着火燃烧，烈焰腾空，很远的地方都可看到。敌人汽油库被焚，有人说就是游击队投掷手榴弹所引起的。日军因汽油库被焚，空军的活动已不似前几日那样猖狂了。

从三月二十九日至四月一日，我军屡次强渡运河打击敌军，展开延翼包围，毙伤敌军甚众。

四月五日，台儿庄东北郊的日军，经我军日击夜袭，伤亡甚众（老百姓看见日军沿途运送尸体骨灰者络绎不绝），其残余部队纷纷向峄县、枣庄溃退，情形极为狼狈。

台儿庄外围激战的情况

待到四月七日，据报退守峄县一带的日军获得由向城南下日军的声援，大有蠢蠢欲动之势。次日拂晓，敌军（据报已有六个联队以上的兵力）果然大举向我猛扑，台儿庄阵地几乎全丢。当我军正面吃紧时，忽然在汤恩伯军团方面的敌军两千余人威胁我军右侧背，大运河几乎不能确保，我军电台与汤恩伯军团（别号"游动哨"）的联系也中断了，幸有张金照部及吴鹏举部渡河增援，对敌进行反击，始将阵脚稳住。假使汤恩伯军团能以强有力之一部固守向城以东和郯城以西山地的要隘，而以主力配合作战，则峄县附近之敌已成瓮中之鳖，不难一鼓就歼。

自敌军汽油库被焚之后，敌空军前来袭扰的架次显著减少。及至十三日，我阵地上空敌机活动忽趋频繁。加之汤恩伯军团在郯城以西、向城以东的霸王山、禹王山一带，与敌军互相延翼包围，已成胶着状态，敌军因而得以抽调大量兵力汇集到台儿庄正面，企图以中央突破的战法，一举攻陷台儿庄。

有一天，忽然接到张自忠发来的电报，说他的第五十九军与南侵的敌军在拼战中，战况十分激烈，大有不支之势。我将这情况报告孙连仲。孙睁大眼睛说："我们军队跟矶谷师团昼夜相拼，官兵伤亡这样惨重，如果真的如同荩忱（张自忠号）所说，东北方的板垣师团再下来，我们怎么办？"我说："汤恩伯在抗战开始以来经常向我们说，第二集团军和他的第二十军团是亲密的兄弟军，彼此要不失时机地互相照应。我们是履行了诺言，经常照应他，我想汤恩伯军团一定会支援我们的。只是现在我们两家的电台联系不上，是十分危险的。我已严令傅（印图）台长，叫他用尽方法和汤恩伯军团取得联系。"

记得在局势万分严重的一天，大约是四月十四日的夜晚，敌军由临城下来的精锐部队向台儿庄猛攻，城里城外都发生激战。池峰城给我打电话，用低沉的声调说："我们的部队伤亡实在太大了！我要撤退，我一定要撤退！"此时，总司令部里既没有控制部队，又无援军来到的希望，事态十分严重。我当即跑到总司令室，看见孙连仲正愁眉苦脸地躺在床上，我将池峰城的话向他报告。他翻身下床，把眼睛瞪得大大的，说："什么！他要撤退？"他一面大踏步走向参谋办公室，一面嘴里唠叨着："真是，真是……这家式（孙对部下的惯用语），他敢，他敢？"他拿起电话对池峰城说："我告诉你，台儿庄关系战局十分重大，你马上率领你师部的人员进城去增援，我也马上带领总部的人员跟着上去。我决心不撤退，决不撤退！"到了当天黄昏时分，总司令部人员正在忙于准备投入战斗，池峰城来了电话，很得意地向我说："你报告总司令，敌人被我们打退了，原来的阵地都完全恢复了，我们正乘胜追击。"至是，台儿庄战局转危为安。

后据谍报，连日在青岛登陆之日军已逾两师团，正在迅速南进之中。在这同时，津浦线南段的敌军也对我军故作佯攻姿态，敌军某部还在连云港做登陆的模样，以威胁我军。我军一面命令前线各部加强战地的整补，并增派执法部队在第一线督战，任何部队不得后退一步。另外，第一战区司令长官程潜也向孙连仲致电慰勉，表示愿竭尽一切力量支援第一线，并说现已抽调精锐，计日可到。

恰在这时，我忽患重病，孙连仲派人将我送到鸡公山疗养。以后的情况，这里就不赘述了。

台儿庄的巷战

孟企三[※]

台儿庄位于山东省峄县东南，与江苏省邳县相毗连。运河绕城而过，城墙以砖石砌成，远眺似一县城，附近产煤，城外有炼焦厂多处。城内建筑，均系砖木结构。居民约千户左右，街道宽度仅能容马车通过，路面青石铺成，商业繁盛，有陇海铁路支线通过。它是鲁南重镇徐州东北的门户。

一九三八年春，日军企图打通津浦铁路，先以其优势兵力，矶谷第十师团向台儿庄进犯，意在吸引我军于此三角开阔地带，以强大火力歼灭我军。目的如果实现，则彭城不攻自破，津浦铁路可以不战而通。

时第五战区司令长官李宗仁驻徐州，积极求援。蒋介石令在河南许昌整补之第二集团军孙连仲部（以下简称二总部或孙部），星夜以火车送徐州，归李宗仁指挥。孙部建制部队，为第三十军（辖第三十、三十一师）、第四十二军（辖第二十七师、独立四十四旅），共有兵力约两万四千人。

孙部防守台儿庄附近（含城厢）。约于一九三八年三月二十三日，孙部各军，以急行军由徐州到达了目的地台儿庄，部署概况如下：

一、第三十一师池峰城部，防守台儿庄城厢一带；

※ 作者当时系第二集团军总部参议。

二、第三十师张金照部，防守台儿庄城外左翼一带；

三、第二十七师黄樵松部防守台儿庄城外右翼地区；

四、独立第四十四旅吴鹏举部，以一团占领运河上游桥头堡阵地，另一团为孙部预备队；

五、第三十军军长田镇南，第四十二军军长冯安邦，各就指挥位置；

六、本集团军总部指挥所设台儿庄南车辐山车站。

三月二十三日黄昏，敌开始攻击，一开始战斗即空前激烈，我军在前进阵地，由前进部队稍事抵抗后，即转入台儿庄主阵地作战。李宗仁等于战斗开始后第二日，曾到车辐山车站视察，目睹敌人火力强大，予我军以极大威胁和牺牲，即以电话告其参谋长，着派驻徐空军来台儿庄助战。

李等走后，二总部即推进至台儿庄西约五里许之一小村内。此村在敌炮射程以内，炮弹常落村头，孙不为之动，幸敌未发现我指挥所。当时对集团军位置规定，是距离第一线四十里处，孙之所以如此接近第一线者，自度此役为徐州守失的关键，故抱置之死地而不生的决心。

敌我在弹丸小城进行巷战，持续了五昼夜之久，向阵地瞭望，火光烛天。敌我胶着于城厢，彼此一墙之隔，互相凿洞射击，距离近，死角大，为争一间屋子，常相持两三日，伤亡官兵二三十人；为夺一小巷，辄牺牲一二连或一二营。真是争城以战，杀人盈城。第三十一师副师长兼旅长康法如、团长王震和旅长乜子彬受伤不退。当时城内我军阵地只剩下一个城角，战斗已到了寸土必争之关头。孙为整饬纪律，鼓励士气，将作战不力的右翼旅长侯象麟撤职，交军法审处，将左翼营长张某，枪毙于阵前，即令左右翼部队，以钳形攻势，左右抄袭，断敌归路，令我军死守。同时孙在作战会议上提出，挑选奋勇队八百名，悬赏两万元，夜间爬墙奇袭，内外夹攻，天明时城内阵地完全恢复。

敌见我军转守为攻，即以大量坦克车轰击台儿庄城墙，城砖倒塌成坡，将越墙而过，在这一发千钧之际，适第五战区配属孙部之战车防御炮连赶到，即令其参战，一昼夜中，击毁、击伤敌坦克车十几辆，后弃于阵地上者，计十二辆（以后运武汉展览）。我军两翼包剿奏效，敌遂于四月六日深夜溃退。当撤退之先，竟将骑兵马匹以机枪在城北旷地扫杀

173

净尽，徒步而逃。敌狼狈退却，我军乘胜追击，至台儿庄北獐山附近，停止追击。

此役日军以密集兵力，进攻我台儿庄坚固阵地。我军凭借工事，以逸待劳，士气旺盛，与敌肉搏数十次，血战五昼夜，敌屡猛攻，八进八出，我以死守，予敌以重创，死伤很重。此时我军采用两翼抄袭敌侧背方式，向敌反攻，致将敌击退，遂又进行追击战。是役我军官兵伤亡相当惨重。只因上下一心，意气风发，台儿庄城镇才未陷于敌手。从此益激发了孙部官兵的爱国热忱。敌忾同仇，坚定了抗日必胜的信心。

由缴获之敌人日记本上记载，敌一师团，实有兵力为两万八千余人（预备兵在内，配属之特种部队尚不在内）。孙部所持枪械窳败，不能与日军相比，以这种装备，能战胜强敌者，除上述原因外，总括尚有下列数端：一、处于狭隘之城郭中，敌攻我守，胶着成一片，敌之飞机重武器，无法发扬其火力，有利于我军之步枪刺刀肉搏。二、敌众我寡，敌密集，我疏散，以致敌死伤很重。三、运河绕台儿庄，在我军之背，当战斗最紧张之际，池师令将河上交通桥梁拆除，破釜沉舟，益增我军拼死战斗之决心。四、第三十军为冯玉祥部吉鸿昌将军之旧部，素质优良，深受抗战到底和统一战线精神之影响，再加在当时池以"精神胜物质，肉弹胜炮弹"等口号标语相号召，也起了相当的作用。

会战之前夕，迁移台儿庄城内居民时，有一老大娘发白如雪，宁死不肯离开家室，一时传为趣闻。战时，我军照顾其安全和饮食。后我和韩熙林科长等数人进城参观战迹时，坑道中残存枪弹尚在爆炸，烧毁之房屋余焰未息，房屋无一完整者，残垣瓦砾，街道为之塞，尸臭难忍，老大娘席地而坐，泪痕斑斑，对我等说日军之残暴。以后此老大娘为参观访问者必趋访之人物了。胜利品中，有敌人骨灰袋千具以上，未及火化尸体，遗弃于战壕等处未埋者甚多，此种现象为在各战场上所罕见。

当时各地各界，对孙部捐赠鞋、袜、毛巾等用品，并慰劳函电纷至沓来。汉口有一铁工厂，独捐大刀五千把。以张治中、周恩来为首之政治部，曾派委员郁达夫等组成慰劳团，到孙部慰问。作家冰心女士、诗人臧克家、英国驻华大使馆军事参赞，亦到台儿庄参观。远在甘肃学商各界，亦推代表康天衢、阎重义等三人，携慰劳品到战地慰劳孙部。常驻二总部采访新闻之记者，计有新华社记者陆诒、中央社记者李凯生、苏联塔斯社记者顾里宾斯基、翻译张郁廉女士、美国合众社记者白尔登等。素来门前冷落之二总部，此刻极一时之盛，足以说明国人希望抗战胜利之殷切和对其抗战部队之关怀。

战争为台儿庄人民带来之灾害，是难以估计的。迫于人民之呼吁及二总部之请求，财政部派视察官曹仲植为台儿庄放赈专员，携法币五万元，时二总部已移至台儿庄南二十余里之古善集了。曹仲植即在该地，向难民发放了赈款。

后孙连仲兼任了鲁南兵团总司令，为指挥便利，布置今后行动计，即将二总部移古善集。其时，敌人飞机在这一地区，见村即炸。同时津浦铁路南北之敌，企图夹击徐州，孙奉令布置鲁南兵团撤退事宜。五月初竣事后，二总部继至徐州附近之桃山集，以第二十七师之残余部队，支援徐州城郊战争。其他各集团军、各军师自选突围地点。二总部奉令由宿县突围。后又掩护退却之广西部队。孙以鲁南兵团总司令名义，又作一次整饬，在县府会议，委任王尚志等四人为苏皖等地游击司令。鲁南会战自此结束。

第三十师增援台儿庄作战片段

张金照[※]

一九三八年春，日军的精锐部队板垣师团、矶谷师团、小米内旅团约五六万人，向鲁南的临沂、峄县进犯，企图沿津浦路南下攻占徐州。

我所率领的第三十军第三十师，在河南汜水驻防，担负守护黄河大堤的任务。不久，日军向峄县等地区猛烈进犯，战局日渐紧张，孙连仲急电我率部日夜兼程开赴徐州，作为总预备队，直接由李宗仁调遣。我到达徐州后，到车站西边第五战区司令长官指挥所去看李宗仁。李宗仁指着军用地图对我讲了一段话，大意是：敌人约有五六万人，是强有力的部队，企图沿津浦路向南推进，采取速战速决的办法侵占徐州。我方整个任务是保卫徐州，因此必须将敌人消灭在徐州外围。第二集团军的任务是在台儿庄阻击敌人，待汤恩伯军团侧击成功，然后共同将敌人压入微山湖而消灭之。李宗仁要我部队做好准备，听候命令行动。

我们在徐州驻了三五天，孙连仲以阵地逐渐扩大，兵力不敷调配，向李宗仁要求将我部归还建制，于是我即率部开赴台儿庄前线。我刚到达台儿庄时，第三十一师池峰城部已奉命出动，向峄县敌军开始佯攻。第二十七师黄樵松部和第四十四旅吴鹏举部，奉命在台儿庄右翼构筑阵地，我部奉命在台儿庄左翼构筑阵地，扫清射界，防守待敌。约在一两

※ 作者又名张辉亭，当时系第二集团军第三十军第三十师师长。

天之后，执行佯攻诱敌任务之第三十一师已将敌人主力引至台儿庄附近西北地区。当时担任包围敌军的汤恩伯部，与敌发生激烈的遭遇战，敌人以飞机配合炮兵向汤部猛烈轰击，战斗大约三四天，双方伤亡惨重。在这紧张关头，李宗仁命令孙连仲增援，派兵出击。孙即指派第二十七师黄樵松和三十师的一个团，从台儿庄右翼绕到敌后侧击敌军，援助汤部。

敌人多次向台儿庄发动进攻，均被我军击退。一次，敌五六千人，配以空军及装甲战车特种兵，向台儿庄左翼阵地进犯。我得知后，一面立即用电话向孙连仲报告，一面命令部队进入阵地准备迎击。

我到阵地指挥作战时，发现敌军中型坦克十余辆掩护大部队向我冲来。这时由我指挥的战车防御炮仍未开炮射击，我责问该排长为什么还不开炮。排长说："打敌人的坦克车，不能打带头开路的一辆，要打腰中的几辆。打坏了当中的，领头的坦克退也退不走，后面的又被挡住了不能前进，这样才能打退敌人的攻击。请师长放心，我有把握。"当敌人坦克进至四五百米时，该排长亲自连续发射多炮，击毁了敌人坦克四辆，其余的转头逃跑，敌步兵亦乱作一团，纷纷后退，我即命令全线出击。从上午战至下午，血战六七个小时，敌人伤亡很多，仓皇败退。

敌人攻我左翼虽遭惨败，然对台儿庄仍以主力猛攻。台儿庄城寨虽有砖石砌成的城墙，相当坚固，但被敌人集中炮火猛烈轰击，多处被毁。防守台儿庄的第三十一师池峰城部，与敌博斗已有十余日夜，伤亡很重。

当时战局的确非常危险，我军有些招架不住，一天晚上十二点钟左右，孙连仲给我打电话说："台儿庄战事非常混乱，万分危急。台儿庄只剩下一个西门了。赶忙叫你那个吴明林团，轻装快跑，即刻开到台儿庄，从西门进城，部队归池师长指挥。"我接到电话，心里也有些紧张，但仍故作镇静，说："请总司令放心，我马上叫吴团出发。"我随即命令吴明林，以营为单位，用急跑步，限一小时内增援上去。该团准时到达后，顶住了敌人的攻击。接着，周喦的一个军也增援上来，战局始转危为安。

一天，我部奉命出击，我随即率领部队轻装出发，悄悄绕道到了泥沟一带。部队到达目的时，约在下半夜一点钟前后，立即向指定目标发动猛攻。敌人未曾提防，仓皇应战，血战至拂晓，狼狈败退，我军遂占领泥沟一带的阵地二十余里。这里敌人后方联络线完全被我切断,台儿庄的敌人处于前后受敌之势。第二天夜里,敌人突然以猛烈炮火到处轰击,有的官兵以为拂晓时定有一番恶战,而能否顶得住颇为担心。但天明以后,全线沉寂,敌人没有什么行动,我们都感到奇怪,不知是怎么一回事。后经侦察,才发现敌人已向峄县方面退去。我将情况向孙连仲报告,孙命令我即时率领原有部队向敌跟踪追击。我当时感到为难,因为这次偷袭虽侥幸成功,但经过两天两夜的激战,官兵伤亡很重,全部兵力只剩下四千多人,如再出击,不但难以完成任务,还有被敌人吃掉的危险。而我又不能不执行命令,只好且行且追,伺机应变。旋侦知敌军已在峄县东南地带构筑阵地,似有防守模样。我部进至獐山袁庄一带时,即下令构筑阵地,监视敌人行动,随后第二十七师和三十一师也开到了这一带,新增加的第一一〇师张轸部也到达我们阵地的左翼,共同对敌。这时敌我形成对峙状况,都未发动攻势。

五月间,敌人见由台儿庄正面进攻未能得逞,另以强有力的兵力分两路向徐州外围宿县及黄口进攻。两地先后失守,徐州处于被敌包围之中,我方整个作战部署全被打乱。峄县方面的敌军也发动攻势,齐向徐州合围。李宗仁见战局恶化,徐州势难保住,只好下令全部撤退。第二集团军撤至九里山附近,指派第三十师和二十七师在这一带掩护大军撤退。一天中午,敌人出动飞机百余架,并升起气球四个,指挥炮兵猛烈射击。敌军的大部队也一再向我退却部队猛烈追击。

我的部队在这次突围中先先后后,三三两两,向亳州撤退,有的不知跑到什么地方去了。大约有一星期之久,我才将部队慢慢收集起来,调往鄂北广水整训。孙连仲及田镇南、冯安邦两军长,一直跑到苏北淮阴,后由蒋介石派飞机把他们接到汉口去了。

台儿庄大战纪实

屈　伸※

战前敌我态势

大战前，华东方面敌人占据了京（南京）沪（上海）杭（州）之后，一部挥戈北上，策应鲁南作战，牵制我军的行动，但战局暂时稳定。

黄河以北，包括河北、山西、河南，几无大规模的战争，敌正在进行扫荡，企图稳定占领区之秩序。山东之敌，在占领我济南、泰安、兖州等要地后，正分兵进扰济宁、滕县、枣庄、临城、峄县等地。青岛登陆之敌直驱临沂，有分进合击我台儿庄，直捣徐州之模样。

被敌击退之孙桐萱、曹福林等军在微山湖西嘉祥一带与敌继续周旋。我临沂方面之张自忠、庞炳勋及沈鸿烈海军陆战队也在不断袭击敌人。守滕县之第一二二师师长王铭章阵亡，滕县于三月十八日陷敌。

我一战区汤恩伯军团所属王仲廉、关麟征两军奉令由安徽亳县出发，驰援五战区，正向鲁南急进中。

孙连仲集团军亦改调五战区驰援，正车运中，其所属第三十一师附独立第四十四旅，三月中旬奉令归还建制，即改为集团军之先头部队，正向台儿庄以南车辐山附近集结。

※　作者当时系第二集团军第三十军第三十一师副师长。

战区会战方针及指导要领

我当时任第三十一师副师长，师（附独立第四十四旅）受命在徐州以西杨楼车站附近集结待命。我率队先行。当车行至商丘以东某车站时，接徐州铁道运输司令某电话，传达李宗仁长官命令："三十一师部队继续开赴台枣支线车辐山附近集结待命，不得违误，违者以军法从事。"我和已到达杨楼车站之先头部队乜子彬旅长通了电话，要他们遵命继续前进，嘱他到徐州向长官部了解情况，并指示他应在部队先头到达，以便有时间掌握情况。

我于三月十九日午夜到达徐州车站，即晋见李宗仁长官，报告了本师战备情况。同时呈送了人员、马匹、武器、器材、弹药数量表以备紧急领发。李一一点头，随手交给幕僚，并嘱即刻补发或转告兵站备查补给。

李宗仁在作战地图上指示当前敌我态势说："鲁南突出冒进之敌约一师团，势甚猖獗，有进窥徐州之模样，贵师到车辐山之后，先接替张轸师韩庄至台儿庄沿运河防线，尔后向峄县之敌攻击前进。敌如出而迎战，贵师应尽力堵击，追汤恩伯军团进击敌侧背全力压迫敌人于微山湖畔聚而歼之；敌如固守待援，贵师应尽力牵制，监视敌人，掩护关麟征军北上与王仲廉军协力包围攻击，歼灭枣庄之敌，再回师合击峄县之敌，将战线推进到兖州以北，为了协同方便，贵师即暂归汤军团长指挥。"

我接受指示后，战区参谋处即把各项密封交我受领。李宗仁还把他指挥室仅有的一份五万分之一的地图交我使用，并频频告以时间紧迫，不能与官兵见面，请代致慰劳之意，等会战终了，再为官兵致贺。

第三十一师的战斗任务及军队部署

我二十日凌晨到达车辐山，即下达如下命令："师主力集结于车辐山附近，以第一八六团接替台儿庄防务，第一八二团接替台儿庄北车站防务，独立第四十四旅接替顿庄闸至韩庄之守备任务。"后孙连仲总司令率第二十七师、第三十师到达宿羊山车站，师即解除对第四十四旅之指挥。以第二十七师右翼在黄林庄附近占领阵地，以第三十师在顿庄闸附近占领阵地，以确保师两翼之安全。

汤恩伯军团长和关麟征军长进军向城、兰陵镇时，路经台儿庄和池师长会晤，汤简单地重复说明长官部的意图，并说："贵师任务重大，务须努力堵击敌人之南进，军团在贵师与敌接火后，当不顾一切，马上抄袭敌之侧背，协力夹击敌人。为了贵师与关军紧密协同，便于联系起见，贵师可暂受关军长的指挥。一切细节问题请与关军长就近协商。"然后又与关军长作了商谈，关也重复了汤恩伯军团长的话，一再说："贵师任务极重，望勉励发挥贵师固守毅力，努力完成任务，功在国家。"池峰城师长慷慨激昂地表示，决与敌人死拼到底，以尽军人之天职。我当时插话问关军长："我师与敌接战后，贵军究竟能在多长时间挥军南下夹击敌人？我师守台儿庄最低限度须坚守几日？"关说："贵师与敌接触，枪声一响，我们便能马上回援，按距离最多不出一日定可回援。贵师坚守台儿庄能坚持三日即算完成任务。"适有敌机编队来袭，都散开掩蔽。空袭过后就匆匆话别。

我师的部署是：以骑兵连为前锋，向峄县搜索前进，以第一八三团登峰队为前兵，在骑兵连后一个有利地形向前跃进，与骑兵队间距离视地形而定。以第一八三团一营为前卫，在前兵后跟进。乜旅长率第一八三团王郁彬，在前卫营后跟进。以第一八一团戴炳南控制于台儿庄，以第一八六团为台儿庄守备队，以第一八二团担任运河南岸警戒，利用时机，加强防御工事。

向峄县攻击前进

根据上述部署，我师于三月二十三日凌晨向峄县攻击前进，骑兵连（连长刘兰斋，中共地下党员）与敌遭遇，侦明敌为步、骑、炮、坦克并附装甲汽车之混成支队一千余人，该连接触后，即向潘家庵撤退，敌亦未跟踪追击，据报告后，令该连在敌后取灵活行动，尽可能侦察，袭扰敌人，受压迫不得已时由右翼或左翼撤退运河以南。

敌击退我骑兵后，即猛袭獐山。我登山队皆系惯战老兵，又占据有利地形，以逸待劳，沉着应战，予敌人沉重打击。敌乃展开了主力，并以骑兵、坦克绕我侧背，我登山队长王保坤、连长寇葆贞利用有利地形，沉着应战，王保坤不幸负伤，仍苦战不下火线，此时，手榴弹已使用殆尽，仍苦战不屈，由于我后方联络线已为敌骑兵坦克所截断，王团长命令后退几次，连长寇葆贞仍然抱"人在阵地在"的决心，认为敌前退却亦难幸存，终于在敌空、炮联合轰炸下，全部官兵百余人，几尽壮烈牺牲。战斗中，获敌油印文件，知敌系矶谷师团之濑谷支队，以濑谷旅团为基干，配有强大炮兵部队，炮兵有十五生的榴弹炮，有独立机枪大队、独立工兵、坦克、装甲队、汽车队等。就其兵员、火力、机动力和指战员素养都远远超过我一个军的战斗力。

敌占獐山后，继至泥沟，我高鸿立营据险抵抗，且战且退，后撤退到南洛时，天色已暮，敌趁势占领了北洛。

南洛由我戴团构筑工事驻守，益以王团退守，兵力尚感雄厚。我陪池师长在前方指挥一日战斗，回到车辐山师部，研究战况的发展和师相应的处置。认为敌将以一部迟滞汤恩伯军团之行动，以主力南下，攻略台儿庄。理由是：

一、敌以有力之一部，牵制汤恩伯军团，使之不能顺利南下，以主力部队对我进行攻势，将我师击溃后，占领台儿庄，即可席卷运河防线或乘虚进窥徐州。

二、台儿庄是我旅回轴作战的轴心，轴心一失，攻防两个兵团就失去联系，汤恩伯军团后方联络线中断，势难持久，对士气影响特大，因台儿庄是我军的要害之点，故敌人将以尽可能多的兵力，企图一举夺取。

处置：我军为今之计，应确保台儿庄及北车站之安全，互为掎角，坚决顶住敌人的进攻，以乜旅灵活作战，扰袭敌人，受敌压迫万不得已时，可依赖台儿庄和北车站之掩护，撤退到运河南岸，以确保运河防线的安全，待汤恩伯军团回师后，转移攻势，包围夹击敌人而歼灭之。

日军进攻台儿庄占领园上村

三月二十四日晨，从前线传来消息，敌人留一部监视南洛我军，主力军竟绕过南洛径至刘家湖向台儿庄发起攻击。我闻讯后，即驰赴台儿庄视察，并将指挥所推进到南车站之铁道桥下。当由王震团长、姜常泰副团长、沈林卫主任一行陪同我沿城墙视察，发现台儿庄北园上村（台儿庄炼焦厂及寨内商户职工，多居该村）被敌人占领，村内筑有砖构碉堡多处，敌欺我缺少重火器，利用碉楼布有自动火器，俯瞰我城防守兵，对我威胁很大。巡视中发现北门内北街尽头有一个水塘，水塘旁有一座砖构的大庙，大庙以西的民房距城墙有数十米不等的空地，地势低洼，可以大庙为据点，由民房边沿构成闩止阵地，敌如突入即可借此为支撑，进行逆袭消灭和击退入侵之敌。在台儿庄西门前，我遇见钱剑声一连整装待发，奉命收复园上村。等我回到指挥所，即接到前方电话，告知王震团长右臂负伤，钱剑声连长英勇牺牲。我心情十分沉痛，当即建议池师长以王冠五暂代一八六团团长，并建议王要把防御重点放在台儿庄西半部。

钱剑声是宿迁人，不久他父亲来台儿庄运钱的灵柩，我当面安慰钱父："钱剑声是我的战友，不幸为中华民族而战死，是我们的损失，我们都很沉痛，而死得其所，也是我们的光荣。请您老人家代我安慰家人。"即批给搬灵费三百元。

当时台儿庄内两个营，一营王镇久，二营王祖献（三营禹功魁在西门外附近）。一营在东半部，二营在西半部。三月二十六日敌突入一部，我守军英勇还击，而聚歼一部，其余被迫退出城外。

在二十六日的战斗中，台儿庄北城墙已被敌轰毁，敌前不易修复。战斗后部队主力撤到大庙，在城墙附近仍留一部分兵力作为警戒阵地。

大战中的炮兵战

我们从三月二十三日与敌接触后，即把敌情和战况报告给战区长官李宗仁。敌炮兵阵地在台儿庄以北刘家湖附近，在敌炮火轰击下，台儿庄上空硝烟雾罩，城内屋塌垣断，血肉横飞，我官兵伤亡相继，战况极其残酷。二十四日晚，战区即派炮兵第七团团长张广厚率炮兵一营前来协助本师作战。张团长到师部报到，接受任务时，我问了该营火炮弹药情况。知道该营仅有沈阳造仿克鲁伯七五野炮十门，各炮配附炮弹仅数十发。我向他介绍了战斗情况，希望该营对敌施行炮兵战，以减轻敌炮对我城内的压力。该营在台儿庄运河南岸东西二三公里内，分三连为三个炮弹群，占领互相隔离之隐蔽阵地，阵地上除火炮外，人员马匹弹药都远离阵地加以掩蔽。把观测所电话暂设在站房西南角，由我观察弹着指挥。

第二日清晨，我即登上南车站站房三楼上，炮兵已架成通信网，张团长在楼下西南设立临时观测所以电话指挥。我炮兵发射后，敌即以猛烈炮火还击，果然同时也向我南站房射击，企图摧毁我军观测所。张团长让我赶紧下来，我已见我炮兵发挥威力，特别兴奋，仍坚持观察弹着点，纠正偏差。不大工夫，南站房已被击中，炮弹穿进二楼，与我同在的战地服务团女团员杨主爱，拉住我的手，另一团员用力推搡着，要我下楼避开。我被他们拖下二楼，在二楼拾到一块炮弹片，上面有被炸官兵的血，我难过地赠给杨主爱说："这是敌人的铁，我战士的血！请你留作台儿庄会战的纪念罢。"

三月二十六日，战区派来新式机械化野战重炮兵一连（二门）在宿羊山车站东北占领阵地，该连系德国卜福斯十五生的榴弹炮，附有十生的加农炮筒，是中国战场最强大、最新式的野战重炮兵，射程达两万米以上，瞄准精确。因此在对敌炮战中，虽然在数量上居于劣势，由于利用优越条件和巧妙的战术，打得敌人晕头转向，莫知所措，大大地鼓舞了我军的士气。

台儿庄炮兵战经过十余日交战，当时观察我炮弹着处，打得刘家湖的敌炮兵运输汽车队（似乎还是敌之裹伤所，野战医院）尘土飞扬，人仰马翻。据大战后实际观察，敌车辆在溃退前被焚烧百余辆，人马遗尸掩埋数十处，尚有不及掩埋者。而我炮兵人马无一伤亡，炮无损毁。

台儿庄东部逐屋街市战

三月二十四日上午，敌攻击台儿庄虽然极为激烈，而敌人迄未得逞，一部侵入之敌被我消灭于城内。二十六日，又激战终日，入夜后，刘家湖附近灯光闪闪，敌运兵车辆络绎不绝，因我炮兵劣势，弹药又不充足，不能持续对其交通执行遮断射击，对刘家湖敌之增援无法阻击，敌将再度进行猛烈攻击已在预料之中，只有严加戒备，以待战况之发展。并调第一八六团第三营禹功魁入城策应城内之战斗。果然二十七日拂晓后，敌炮击开始了，以炽盛的火力攻击我方阵地，虽然我炮兵尽力袭击敌炮兵阵地，压制其火力，但城内受敌威胁仍然很大。迄早饭前后，敌步兵在浓烈炮火掩护下，由北门突破我军防线。在敌优势步兵之压迫下，我军伤亡枕藉，敌人鉴于两次失败之教训，攻击重点，直接指向大庙据点。此时，我第三营已入城，第八连连长裴克先增援逆袭。大呼："弟兄们！跟我来！"身先士卒，冲入大庙，与敌发生了残酷的肉搏战，敌人死力争夺，苦战到中午，终以寡不敌众，八连裴克先连长以下全部壮烈牺牲。七、九两连利用附近建筑物，全力支援八连战斗，终未奏功。但仍然反复打击入侵之敌，做进一步反击和入夜逆袭之准备，阻止敌人向纵深和左右发展。我师即调工兵营彭定一部跑步冒着敌人炮火进城，从西向东沿南部街坊，填补我防御薄弱部分。

入夜，战况空前激烈，敌人更番猛攻，城内一片混战局面。王冠五团长向池师长报告，要求下令退却，唯恐台儿庄守军全部覆灭。池百般地说服，并答应尽力要求上级增援。这时池师长咳嗽不已，一口一口地吐鲜血。我又找王冠五了解情况，王说："敌人已冲到离团指挥所五六米了。"我命令王团："一定要顶住，台儿庄必须保住，即使成了火海，也不能退出，必要时不但我要去，师长也要去。民族战争嘛，谁牺牲流血都义不容辞！"我又向孙连仲总司令报告了城内战况，并请总座再直接电话激励王冠五一番，以坚定其苦战到底的决心。我给三营副营长胡金山打电话时，他说："没问题，有胡金山在就有阵地在。"又给南洛第九十三旅乜旅长电报，要他们大力袭扰敌人。后接乜的报告，第一八三团在刘家湖以北与敌血战激烈，有一连仅余三四人。三月二十八日，乃令乜旅长率一八三团残部，绕回台儿庄，守备浮桥附近，确保台儿庄之后方联络线，即填补禹功魁营所遗原防地。

当时城内官兵信心百倍奋勇抗敌之事迹，实在多不胜数。第七连连长徐运太在大庙以北防守北街中段时，在临街房屋突出部分设有重机枪一挺，射手阵亡后，徐操持机枪扫射，屡次击退进攻之敌。一日中午，我火力点为敌人发现,敌集中掷弹筒轰击。另外以重机关枪瞄准射孔连续扫射,徐连长志不稍馁,胸腹部连中数弹,仍坚持战斗,旋即伤重阵亡。某连特务长任曾礼,在敌突破我阵地时,自动带炊事兵数人,利用阵亡战士遗留下来的步枪,冲向突入之敌,竟致全部英勇牺牲。当时城内沈鸿烈海军陆战队的弹药库存有大批手榴弹和步枪弹,看库官兵主动以手榴弹、步枪弹支援补给本师作战之用。某军在城内有迫击炮两门,主动找前线指挥官要任务,支援我军战斗。战斗中,通信兵为维持前后方通信联络,在猛烈的炮火下,他们冒着浓烟烈火,查接线路,确保了电话的畅通。

台儿庄西北城角之战斗

战斗是两方敌对意志与生死的搏斗。在战斗的一方,也有求胜立功和求生逃命两种对立思想的搏斗。如果前者占优势,就会不顾生命的危险,奋力杀敌。一旦对胜利失去信心,求生逃命的心理占了上风,就会立陷败局。法国名将福煦元帅说过:"战败了的是失掉战胜信心的人。"真是切身经验之谈。

二十八日晨,我去台儿庄城内视察,前线战士及营连长以下军官,无不精神振奋,表现与敌血战到底的英雄气概和坚定不移的必胜信念。他们在加紧修理自己阵地的缺陷及死角,调整部署,毫无连续残酷战斗后的疲倦神情。这大大地清除了我对前途危险的想法。

早饭前后,敌人又开始了激烈的攻击,由东向西,全力对我压迫。敌人用的是掷弹筒,步兵小炮,我方除几门迫击炮外,主要靠手榴弹。在敌人掷弹筒发射时,我军利用掩蔽部保护自己。等炸弹爆炸一停,立即跳出掩蔽部,投掷手榴弹阻止敌人前进。待敌到达肉搏距离时,我军一个个生龙活虎般地涌向前去,连营长身先士卒。故敌人每进展一座房屋都要付出巨大的代价,除非我守军全部战死是不会放弃守地的。然而终因优势之敌在炽盛的炮兵、步兵小炮、机关枪火力掩护下,二十八日我军阵地又有缩小。入夜,敌人更番冲锋,迄未稍煞。此时,我雄鹰九架突然出现在台儿庄上空。这是我师抗战以来没有见过的事,敌机在战

186

场轰炸、扫射终日不绝。当时敌人仍认为是他们的飞机，起立欢呼，以示前线敌我位置。我军已司空见惯，俯下掩蔽，等飞机接近时，我方战士认出是我国空军时，顿时无不欢呼雀跃，勇气倍发。是日，全歼敌坦克十一辆，这对我军士气起了很大的鼓舞作用。

待至二十九日，敌又增加生力军，大举进攻。入夜，激战空前，敌百余人突入西北城角，并附有步兵平射炮两门。借我军在我城角下的掩蔽部疯狂反扑。城西部呈现一片混战局面，城内则更混战不堪。

三十日西门以北仅五十米即为敌垒所在。我要胡金山营长（代理王祖献）把战斗位置移至西门附近，掘断敌我间交通，坚决顶住敌人向南扩展，用麻袋、家具、木箱装入沙土加强防御。以确保西门安全通路，一方面报告孙连仲总司令派友军增援台儿庄战斗，一方面命令第一八二团韩世俊团长派勇敢排长带兵一排，在西北角城外敌战车残骸附近利用地形伏击，截断敌城内外交通，令乜旅长整理第一八三团残部（仅一二百人）加强西门外防守。当晚孙总司令派三十师吴明林团增援本师，令其许德厚营进城参加恢复西北城角阵地战斗。吴在西门外归乜子彬指挥，准备策应城内作战。

战局总算稳定了。许德厚营来增援台儿庄战斗，令他们全力击灭城西北角之敌。窜入城西北角之敌附有步兵平射炮。在我火力猛攻下，他们蜷伏于城下我方构筑的掩蔽部，以其洞口是向城内敞开，有以门板、家具作掩护体，被我严密监视困伏两日，军食断绝，死亡枕藉，有被打着火的木板家具烧死者，于三十一日夜，狼奔豕突，毫无进展，乃冒死突围。我遂收复了西北城角。敌遗尸十余具，被烧死者二三人，生俘敌伤兵二人。

从此，台儿庄城内之敌虽继续挣扎作困兽之斗，然而我军更加振奋，士气旺盛。因此每到下午战斗间歇时，有些官兵在运河北岸河堤死角下嬉戏，引吭高歌抗战歌曲：

"大刀！向鬼子们的头上砍去……"

"前面有英雄的义勇军，后面有全国的老百姓……"

"中国的领土，一寸也不能失守，亡国的条件，绝不能接受！"也有拉二胡唱京剧的："我正在城楼观山景……"

这种乐观主义的精神，极为动人。记者采访，就有"台儿庄城内的残酷战斗中，尚有'音乐城'"的报道，确是当时的真实写照。

台儿庄近围战

敌迫近台儿庄后，三月二十四日，南洛我第一八一团戴炳南部，加强防御守备，为攻击部队之掩护与支撑，乜子彬旅长、王郁彬团长率领第一八五团向刘家湖敌侧背及其炮兵阵地多次攻击，给敌人以重大的威胁。虽属优势之敌（步、炮、坦克配合部队），但仍被我军重创。其中尤以第一营长高鸿立赤膊上阵，一手持枪，一手持刀，身先士卒，冲入敌阵，率部和敌人展开了残酷的肉搏战，使得日军机械化部队施展不开，故当时战场上流行着"活张飞血战刘家湖"之佳话。

苦战到三月二十八日，我第一八五团伤亡千人以上，尤以干部伤亡特重，王郁彬团长、高鸿立营长都不幸负伤，张彬波营长伤重阵亡。其直接支援了城内之战斗，使敌人不能专注全力向我城内进攻，厥功尤伟。至三月二十八日乃令乜子彬旅长率第一八五团残部退回运河南岸，令戴炳南团仍固守南洛阵地，并抽调有力部队，继续袭扰敌人。

我第二十七师，在台儿庄东侧占领黄林庄一带与优势之敌苦战，也十分残酷，黄樵松师长将作战不力之某营长（忘其姓名）立地问斩。其官兵艰苦作战，英勇杀敌之情况，曾为敌人所胆寒。我第三十师在顿庄闸附近，第四十四旅在韩庄、贾汪也不时以有力部队出击，配合台儿庄之战斗。第三十师曾进攻到泥沟、獐山附近。在顿庄闸我阵地前，我击毁坦克多辆，直至战后，敌坦克残骸尚陈于顿庄闸我阵地前。

敌坦克部队被歼

三月二十七日晚，战区派战防炮第五十四团某连来支援我师作战。据了解，属五四公分平射炮，系用汽车牵引车轮炮架，炮弹有榴弹炮弹、破甲弹、曳光弹等五种弹头，弹道低伸，不能行超越射击，主要是随步兵行动之战车防御炮。

在台儿庄战斗四五日中，在南洛以北以东，敌人坦克曾参加战斗，而台儿庄附近尚未出现坦克部队，我即同该连长研究了前边地形，认为敌坦克可能在台儿庄至北车站之间使用，因我搭有浮桥，为城内生命线所系，而敌坦克可能利用台儿庄西北角平原地带前进，以占领浮桥，遂决定将该连分为两部分，一部配属第一八二团，归韩世俊团长指挥，一部由该连长指挥，布置于浮桥附近，守桥部队协助掩护。我引该连长见了池师长，报告了使用的意见，即通知韩团长和浮桥附近部队来一个军官，带该连前往侦察地形，构筑阵地。

二十八日清晨，敌坦克部队经过南洛、刘家湖南进，似有进犯台儿庄之模样。即令第九十一旅参谋长刘荆芳（字子华）迅速亲往帮助战防炮推进阵地，准备射击。我同韩世俊团长到该团指挥所，电话催促台儿庄西门外之战防连也迅速进入阵地，做好射击准备。不到二十分钟，已发现敌坦克十余辆迤逦而来。即告知各炮位，急速准备开始射击。此时敌坦克车距我浮桥桥头已不过二百米，我战防炮四门火力齐发，双方步兵均惊呆注视，眼看曳光弹和破甲弹交叉使用，好似火龙一般击中敌坦克。有的命中起火，敌坦克手纷纷跳出车外，其后续坦克有的负伤，掉头回逃。计发现敌坦克车队十二辆完全被歼灭。此举大大地鼓舞了我军士气，敌人也大为沮丧。

指挥所里的战斗气氛

台儿庄大战中，前方将士同仇敌忾，奋不顾身，英勇杀敌，在指挥所里，也有许多可歌可泣的动人事迹。三月二十九日，敌窜入西北城角时，我要胡金山代营长在西门附近掘断敌人进路，坚决顶住敌人向西门扩张，这是关系战局的关键任务。康法如副师长以与胡有特殊关系（胡曾任康的侍从多年），即自告奋勇，亲赴前线部署。他去后不久就负了伤。中校参谋王化宇，参谋王勃森、罗文浩、耿泽山等，无不争担危险任务，以对大战尽一点责任为光荣。官兵上下，一心扑在争取战争胜利上，此情此景，动人心魄。岳飞曾云："运用之妙，存乎一心。"团结一致，共同抗日，爱国之情。民族大义是胜利的重要原因之一。

我军发动攻势，敌人全线崩溃

四月三日，蒋介石命令第五战区全体参战部队，限令四月十日前击退台儿庄当面之敌，首先击退敌人之部队者，赏洋十万元，出力将士从优叙奖，如限期内仍不能击退该敌，师长以上各级指挥官一律以军法从事。

接着李宗仁司令长官也重申此令，电谓："委座严令谅已奉悉，本长官亦对首先立功部队加赏十万元，望各努力，勿干法纪。"

第一战区司令官程潜，也来电指示："会战参加部队，多属本战区序列部队，望各服从李长官如服从本长官一样，凛于国军一体，休戚相关之精神，望鼓励所属奋发图强，为国立功，本长官亦刻日前往徐州，协助德公（李宗仁字德邻）指挥，委座及李长官悬赏首先击退该敌之部队，奖洋十万元，本长官亦加赏十万元。"

当日，孙连仲总司令派田镇南到第三十一师指挥所，亲自了解第一线情况，他力主增加炮兵力量，为步兵开拓出击道路。四月六日下达了全面反攻之命令。

适于当日傍晚，接师部电话，牛欣铨师附陪同美、苏、英、法等友好国家战地记者团十余人，由大公报特派员范长江，新华日报特派员陆诒陪同，到徐州前线采访会战情况。在车辐山接见该记者团时，由战地服务团成员李建平（北师大学生）任翻译，我概述了会战以来的战斗经过，并请记者团在徐州停留三五天，看一看"皇军百战不败神话"的破灭。后由长江同志陪同代表团返回徐州。

我从车辐山回到指挥所已是十一时许，命令各部队即刻开始反攻行动。旋即频频传来捷报：占领了园上村！占领了北门！占领了刘家湖！占领了三里庄！池师长立即向孙总司令、李长官打电话报捷。

次日，在徐州的文化人、报人以及各国记者都随长官部和集团军总部一些负责人到前线视察，我还同范长江、臧克家等一起在敌人坦克残骸上照了相，以做纪念。

敢死队夜袭日军记

王范堂※

一九三八年春，孙连仲第二集团军第二十七、三十、三十一师奉命在台儿庄一带沿运河布防，阻击日军进攻，并负责守卫台儿庄。我当时是孙连仲部第二十七师第一五八团第三营第七连连长。那时，第一五八团作为第二十七师的机动部队，驻守在台儿庄外东南地区的黄林村。三月二十七日，日军攻破台儿庄北门，第三十一师守备部队与日军展开了反复拉锯战，形势十分危急。根据命令，第二十七师师长黄樵松令我团三营副营长时尚彬率七、八两个连，急援台儿庄第三十一师。

我接到命令后，即由台儿庄东南地区，以疏散队形，冒着日军猛烈的炮火，跑步向南迁回，经南门进入台儿庄，投入了反击战。由于庄内地形复杂，未经详查，八连进庄后遭到日军机枪火力的伏击，不到半个时辰，全连官兵牺牲殆尽。副营长时尚彬见着我的时候，声泪俱下地哭道："王连长，完了！完了！八连全完了！"此时，天已黄昏，我七连被令为机动部队，随时准备应急。二十八日黎明，日军由西北角侵入，向西南地区猛攻，妄图切断庄内守备指挥部和驻守在运河的第三十一师师部的联络，其攻势十分凌厉。我七连奉命在前沿阵地进行阻击，友邻部队用重机枪从两侧组织火力交叉网，再配备我连

※ 作者当时系第二集团军第四十二军第二十七师第一五八团第三营第七连连长。

轻机枪，加强阵地前火力封锁，步枪上刺刀，随时准备肉搏战。在友邻部队的大力配合下，经过几天几夜的激战，我们打退了日军一次次的进攻，守住了阵地。是时，我连进庄时的一百三十多名官兵，尚存五十七名。

二十九日拂晓，前沿阵地一片寂静。我们突然发现，在我连阵地前百米多的开阔地带，出现好多纵横交错的壕沟，偶或可见日军太阳旗晃动。原来是日军经过连日昼夜强攻，由于地面火力封锁太强，很难奏效，于是他们采用对壕战进攻，避开我军地面火力网，通过挖筑的坑道，向我军前沿逼近，情况十分紧迫。我当即向守备指挥官王冠五团长反映了上述情况，并建议尽快集中庄内迫击炮，每炮连续打三十发炮弹，强轰敌阵，摧毁敌人坑道，再组织轻重机枪，进行有目标的扫射，歼敌于坑道之内。王冠五听到反映后，亲自来到前沿阵地观看，立即采纳了我的建议。在我军大炮机枪的轰击下，隐约看见敌人持太阳旗乱窜，迫敌部分撤离了坑道。

为了彻底击退由西北角侵入的日军，我又建议率领我连尚存的五十七名官兵，组成敢死队，绕到敌侧，前后夹击，以求全歼窜入之敌。守备总指挥王冠五接受了我的请求，并拟定黄昏前，再次集中迫击炮火力轰击敌阵，继以轻重机枪扫射。我连在炮击开始时出庄西门，在墙外集结。待炮火停止后，沿墙向北跑步进入预定位置，待机枪停止扫射时，分数路由庄外越墙插入敌侧。

二十九日黄昏，在我军密集炮火和轻重机枪的掩护下，我连五十七名敢死队员，为了国家的兴亡，民族的尊严，以大无畏的精神在血肉横飞的搏斗中前赴后继，视死如归。经过一个多小时的激烈搏斗，敌人一部被歼，一部向北逃窜，我连敢死队员，仅十三人生还，其中干部只剩下我和下士班长杨长炳。战斗胜利结束后，第三十一师师长池峰城接见了我们并奖给我们三百元，以资鼓励。当记者采访时，他还介绍了五十七名敢死队的事迹，报纸也进行了报道宣传。

恍惚之间，四十五年已经过去，当年战场上那弥漫的硝烟，呼啸的枪弹，横飞的血肉……还历历在目，特别是那些为保卫台儿庄而英勇捐躯的阵亡将士，他们的英灵一直激励着我走过了以后几十年的坎坷道路，最后终于促使我选择了光明大道。今天中国人民已不再蒙受帝国主义侵略和凌辱的苦难，如果那些为抗日而阵亡的将士英灵有知，一定会含笑九泉，死而瞑目的。特写片段回忆，以慰忠魂。

独立第四十四旅参战见闻

李效纲[※]

在台儿庄战役中，独立第四十四旅是第二集团军的总预备队，驻在总部附近。因日军在台儿庄寨外的搜索活动日见扩大，这个总预备队也被拿到寨外的前线上去防阻敌人。我当时是该旅的军需主任，始终在前线指挥所，对战役情况，概括了解一些。

官兵们对于坦克和装甲车的威力的担心，有甚于飞机的威胁。战车防御连、平射炮的负责人给大家讲，不要紧，只要在有效射程以内，它是跑不脱的。但大家总不太相信。以为八二迫击炮、七五山炮、小钢炮，这如小擀面杖粗细的炮弹如何能制止坦克和装甲车？

那天午间，敌人坦克车四五辆向我旅的前线阵地冲来，正在行进间，头一辆和第二辆被平射炮打中，歪倒那里不动，后边几辆就掉头回奔，于是士气大振，齐说："等步兵上来和他拼。"此刻，敌人的步兵并未上，而继以大炮轰击。四门大炮轮番排打，越打越远，由前线直延伸到指挥所的后头。炊事员、饲养员、医务、文书、军需等十多个人临时住所的房子也被打倒了，人都乱跑。似乎敌炮已发现我们，越打越紧。我奔了百十米远，心慌口干，无力再跑，炮弹已越过我的头顶，打到更后方。我的勤务员说："人都走了。"我说："咱不走。"此时，我考虑身携有万

※ 作者当时系第二集团军独立第四十四旅军需主任。

余元款子，到后边出了问题怎么办？现在旅长还在前边，战士们未见下来一个，证明前线未动，且前线的后边还有一道运河，敌人不可能马上越过。过了一会儿敌炮停止，我看见不远的一块地里有间小茅屋，就到那里住脚观望。天快黑了，人慢慢都回来，看见小茅屋有人，也就凑了过来，共有七八个人。我叫人前往指挥所联系，说明我们现在的地方。联系人回说："旅长叫我们就住在这里。"大家闲谈，有人问："我们的炮为什么不还击？"有人说："咱们炮只打十里远，敌人炮打十二三里远，咱们的炮还要勤换阵地才保安全，现在听说运来两门苏联大炮，射程是十五里，可能要发生些效力。"

次日清晨，前线指挥部来人说敌人退了，因为我们的炮把敌人的弹药库打着了。大家闻信，欢欣鼓舞地说："这下可把敌人打跑了！"前线战士坚持了七八天，现在都爬出战壕，在旷野活动、谈笑。各据点负责指挥人员都到总部会面，孙总指挥眉开眼笑地和大家谈说，吸烟，喝茶，漫谈前几天战地情况，他说："现在暂行休息，候上级命令，再定行动。"

五月二十日，敌人绕道直扑徐州的消息传来，我军即开始大退却。

台儿庄大战中的战车防御炮部队

杜聿明[※]

一九三八年一月十五日，装甲兵团扩编为第二〇〇师，任我为师长，积极整训，准备参加抗战。到三月间台儿庄外围战斗发生时，苏联支援的战车（五吨级炮战车八十七辆）及由意大利购买的战车（三吨级枪战车二百辆）尚未运到，全师来不及参加台儿庄会战。这时只得将已装备完成的炮兵第五十二团冯尔骏部的三个营及师直属步兵炮营佟大芳的一个营，共计四个营，每营有三十七辆战车，防御炮十八门，配属台儿庄会战各部队参加作战。这些战车防御炮，配属到第五战区之后，由战区司令长官部分割配属各部队协同作战，并未集中使用，致未能予敌人以歼灭性的打击，现将台儿庄会战中，战车防御炮（以下简称战防炮）部队长报告的一些情况，就回忆所及，提供参考。

据参加台儿庄战役的一个营长（记不清是佟大芳还是谢成章）对我说，这个营是配到第二集团军孙连仲部作战的，都是分割使用，有的师配属一个连，有的师配属一个排。有一个连同孙连仲的步骑兵一部，在台儿庄北面构筑前进阵地阻击敌人。三月二十三日，日军以飞机、炮火掩护一支轻快部队（有装甲汽车、机踏车、步兵等）约千余人向台儿庄来犯，我战防炮在公路附近占领一个侧面阵地，骑兵在前面警戒。日军

※　作者当时系第二〇〇师师长，配属第二集团军作战。

边打边进，我骑兵未作抵抗即行撤退。敌人得意洋洋，沿公路形成一条长蛇阵追来，我战防炮待敌人装甲车队在公路上完全暴露时，由尾车打到首车，打得敌人进退不得，慌乱一团。可惜我步骑兵以任务关系未能及时出击，否则当可取得更大胜利。第二天，日军又在飞机、大炮掩护下，以步兵坦克配合，再次向台儿庄进犯。敌坦克冲到有效射程内，被我战防炮打毁几辆，未能冲入台儿庄内。敌步兵一再顽强猛扑，有一部冲入台儿庄内，占领几幢房屋，与我第三十一师池峰城部展开激烈的争夺战。日军十分顽强，我军前赴后继，激战甚久，未能将其打出去。以后该营长向池峰城建议，在黄昏前用战防炮瞄准敌人机关枪眼，夜晚掩护步兵攻击，驱逐台儿庄之敌。池峰城接受了这个意见，但担任反攻的团长有顾虑，怕战防炮摧毁不了敌占领的建筑物，完成不了任务。这个营长告诉他，战防炮不仅有穿甲弹，可以打穿坦克，打穿墙壁，还有爆炸弹可以大量杀伤人马。这个营长为了证明他的话真实可靠，还说可以当场试验。于是他们一同到阵地上，用一门战防炮对准敌人的一个机关枪眼，连发三炮，打得敌人机关枪立刻变成哑巴，房子塌了一个角，连步枪的声音也不响了，附近官兵叫好，士兵大为振奋。那团长高兴地说："伙计! 请你今晚把这几个火力口都打成哑巴，我们就拿这大刀、手榴弹把敌人一个个消灭掉。"当晚调来了一连战防炮（火炮六门），摆开阵势，做好准备。等到深夜后，六门炮一齐发射，将日军好几个机关枪打哑了，我步兵接着冲入敌阵地，激战了一阵，日军伤亡甚多，仅有少数残敌，狼狈逃窜。

这个营长还告诉我，日军在台儿庄的作战非常狡猾，坦克、步兵攻击战术，每次不同。一次日军向台儿庄我第二十七师及独立第四十四旅阵地攻击时，起初并未出动坦克。等到双方激战甚烈，敌人步兵接近冲锋的距离时，敌方坦克突然出现，疾风骤雨般冲来。我阵地内官兵顿觉紧张，连续要求开炮打。一个步兵营长怕敌方坦克冲入他的阵地，亲自跑来硬要战防炮射击，否则阵地失守要战防连长负责。该连长坚持要等坦克与步兵发动冲锋时再打。正在争执不下的时候，敌军步兵、坦克一齐冲来，战防炮利用隐蔽好的阵地突然射击，打得敌人坦克晕头转向，有的被打坏履带，有的起了火。营长及时指挥集中步机枪反击，打得敌人落花流水，狼狈溃退。以后独立第四十四旅士气旺盛，官兵与战防炮连相依为命，作战协同较好，始终未被敌攻破阵地，直到五月中旬该旅撤退淮阴，转到信阳，都对战防炮掩护得很好。

据说，日军向台儿庄阵地左翼攻击时，又改变战术，坦克与步兵各分一路，分头向我第三十师进攻。当敌坦克在一千多米外出现时，第三十师师长张金照即指挥战车防御炮赶快射击。战防炮排长说，这次来犯的敌坦克是一个纵队沿公路来的，打敌人的坦克纵队，应待敌人坦克全部暴露时，在有效射程内以一门炮打首车，一门炮打尾车，使敌人坦克前进不了、后退不得的时候，再集中火力歼灭中间的全部坦克。可是师长一再强要开炮打，该排长顶不住，在敌人坦克纵队尚未完全暴露，在五六百米之外就开始打了，仅打毁敌坦克四五辆。后面的敌人坦克见势不妙，立即掉头窜逃。

在台儿庄会战中，第二〇〇师参加的战防炮四个营，拥有比较新式的武器，又是机械化装备，通信设备比较完整，排、连、营都有无线电，各营无线电可以直接同我通报。在我先后接到的战报中，自三月二十三日序战开始到四月六日这期间，共计先后击毁击伤敌装甲车、坦克三十多辆。当时我得到日军溃退的捷报，正拟设法将这批战利品运回时，得到机械化兵监徐庭瑶的指示，着派人到台儿庄将这些车辆运回，尔后运往湖南湘潭。我即于四月中旬派人前去，计运回中小型坦克八辆，另有一五点五重炮二门及履带式牵引车四辆。这些战利品运到湖南湘潭后，车和炮都只剩下个空架子。这是因为这些车和炮在战场上打毁后，又被日军在撤退时予以拆卸和破坏。日军在战场上被打毁的坦克，因撤退时来不及运走只好加以彻底破坏，丢弃在战场上，这是可以理解的。但是，日军既未受到我军歼灭性的打击，为什么将重炮和牵引车也毁弃在战场上则令我很久不得其解。直到一九三九年十二月在昆仑关作战中缴获日军对台儿庄作战失败的检讨文件中，才发现日军在台儿庄所以失败，是由于轻敌冒进，久攻不下，弹尽油缺，后路又遭截断，被迫撤退，因而将大炮和牵引车也毁弃了。五月中旬，日军用一支数千人的轻快部队插到徐州以西黄口附近，截断陇海铁路交通，企图将台儿庄一带的我数十万大军击垮。这时我接到前方各营长来电说，前方并无激烈战斗，奉命正随大军撤退中。此后半年之久，一直未得各营长的报告，我很担心这支新成立的战防炮部队，会不战而牺牲掉。后来陆续接到报告说，这次大撤退，怕日机追击轰炸，白天不敢走，都是晚上行车，沿途车辆人马拥塞，混乱不堪。战防部队丢了不少车辆，但极大部分已在混乱中安全撤出。只有配属第二十四集团军副总司令韩德勤部的一个连，退到苏北淮阴后，情况不明。差不多过了将近半年，忽然接到该连长的一份电报，说他们在苏北配合韩德勤部打游击。此后又久无讯息。又过了一个时期，连长和大部官兵回到广西全州。那连长哭丧着脸对我说，韩德勤命令将车辆和战防炮（六辆卡车、六门炮）毁掉，部队自行撤退，归还建制。他将卡车烧毁，战防炮埋藏后，经苏皖交界我军防地回来，沿途并未遇到日军，一路由老乡们送情报，做向导，老乡们仇恨日军奸淫烧杀，全力支援部队，军民团结合作；如果将车炮带上，那还可早日安全归队呢！

台儿庄一带作战记

姚国俊[※]

会战前敌我情况

一九三八年三月上旬，第五十二军关麟征部（军辖第二师郑洞国部和第二十五师张耀明部）奉令开至安徽北部阜阳集中，归第五战区司令长官李宗仁指挥。在阜阳集中待命期间，得悉在淮河以南的寿县、蚌埠一带，驻有李品仙所指挥的广西部队，准备对沿津浦铁路南段北犯之敌作战。在津浦铁路北段的邹县、滕县等处驻有孙震部的第四十一军（四川部队），防止敌由津浦铁路南犯。在临沂驻有张自忠部，防止敌由胶济铁路由潍坊南犯。

三月十六日，第五十二军又奉命开至津浦铁路运河以南利国驿集中待命。三月二十日，第五十二军在利国驿集中完毕，当时奉第五战区司令长官李宗仁命令要旨如下：

一、敌第五师团已由青岛附近登陆，有进犯临沂可能，敌第十师团濑谷支队于三月十六日进攻滕县，我守备滕县的第四十一军王铭章师长率部英勇抵抗，奋战三日，壮烈殉国。滕县已于三月十八日失守。已令第八十五军王仲廉向枣庄临城方向前进支援第四十一军作战。

※ 作者当时系第二十军团第五十二军参谋长。

二、着第二十军团长汤恩伯指挥第五十二军和第八十五军对由滕县南下之敌攻击，力求将敌压迫至临城附近铁路以西至微山湖畔歼灭之。

三月二十日下午，汤恩伯来到第五十二军军部，他一见到关麟征就说："我是来搬兵的，我看到你们两个师人强马壮很高兴。咱们两个军合起来一定能打个大胜仗。"据说第八十五军原拟向临城前进，支援第四十一军作战，结果由于临城、枣庄已经失守，他已令第八十五军据守枣庄东北山区，等待第五十二军到达后，再向枣庄方面攻击前进。当即决定令第五十二军于三月二十一日由利国驿出发，经台儿庄、兰陵镇到达向城集中，然后会同第八十五军攻击枣庄之敌。在由利国驿开赴向城途中，汤恩伯一直随第五十二军军部行动。三月二十一日下午经过台儿庄时，已看到孙连仲部的第三十一师在构筑阵地工事。据汤恩伯说："孙部共有三个师，附有重炮、野炮、铁甲车等，正陆续向台儿庄附近集中，奉命在台儿庄附近占领阵地阻击敌人。"

第五十二军通过台儿庄后，为了避开敌人的飞机侦察，保持部队行动机密，一直是夜行军，全军于三月二十二日晚，到达向城。奉令在向城附近休整一日，三月二十四日向枣庄方面前进。

枣庄、郭里集附近战斗经过

三月二十三日晚，第五十二军在向城接到汤恩伯命令，要旨如下：一、敌第十师团的濑谷支队（两个步兵联队，附有野战重炮、野炮、装甲战车等）主力在临城附近集中，已分别向韩庄、峄县方向追击我第四十一军退却部队，枣庄有敌一部占领。二、着第五十二军（附野炮兵一营）于三月二十四日晨由向城出发，向枣庄以东鹁鸽窝、郭里集之线前进。到达该线后，即与在枣庄东北山区的第八十五军联系，准备从东、北两方面协同向枣庄方面攻击前进。第五十二军根据此项命令，当即分两个纵队，于三月二十四日晨出发，向鹁鸽窝、郭里集之线前进。前进部署如下：以第二十五师为左纵队，经辛兴庄沿九顶山北麓向郭里集前进，到达后，即向枣庄方向严密警戒。军部率第二师和炮七团之野炮兵一营为右纵队，在第二十五师之右后成梯次沿尚岩、税郭以北高地边缘向鹁鸽窝地区前进。到达该地区后，与在右翼山区的第八十五军联系，准备协同向枣庄攻击前进。

第五十二军军部率第二师在前进中，于当日下午四时前后，行至税郭东北高地边沿一个小村旁边时，忽然有人由村内开枪向军部警卫连射击，该连当即散开，将此村落包围，要求派人出来说明开枪原因。军部当即派上校参谋徐幼常进入村内进行交涉。据称：这个村庄内驻有便衣武装人员四十余名，是当地进步人士新组成的敌后游击队，准备在敌后打游击。他们听说我们是抗战部队，表示愿意支援前线。军部率第二师继续前进，于三月二十四日晚十时前后到达郭里集地区。郭里集是一个比较大的村落，村落周围筑有几个碉堡楼，其中一个比较坚固的大碉楼位于村落东北角，该师第七十五旅之一部当晚在郭里集宿营，由于搜索、警戒不周，当晚没有发现这个大碉楼内藏有敌人。二十五日拂晓，始发现这个大碉楼内藏有敌人，即向敌攻击，用轻重机枪和苏罗通小炮封锁碉楼射击孔，并挖掘地道准备用炸药炸毁碉楼，以迫使敌人投降。敌人据守碉楼进行顽抗，军部得知这一情况后，即派野炮兵一连，直接瞄准碉楼射击，碉楼上层当即被轰垮，楼上约六十余敌人，纷纷跳楼企图逃走，结果除极少数向枣庄方向逃走外，大部被我军击毙击伤。在围歼敌人时，枣庄之敌曾派出步兵三四百人于当天中午向郭里集猛扑，企图救援碉楼被围之敌，经我第二十五师派队迎头痛击，乃退回枣庄。

第二师方面，于同日中午，在距离鹁鸽窝附近山脚下约两千米处的一个小庙旁边小高地上发现日军约四五十人在构筑工事，该师当即派步兵一营在炮兵支援下，向该敌攻击，敌即向枣庄方向逃走。该营占领这一高地后，向枣庄方向警戒。

一个被我击伤后俘获的敌第十联队第二大队的中士经军部审问后，得知以下情况：一、敌濑谷支队的第六十三联队，主力已于三月二十二日到达峄县以南，准备进犯台儿庄。二、敌第十联队第二大队二十四日由临城出发到枣庄宿营，准备向沂州方向前进，负有策应坂本支队作战的任务。在郭里集及右前方小高地之敌，系第二大队先头的一个中队。三、濑谷支队主力现在临城集结，准备向峄县前进。三月二十五日下午四时前后军部在鹁鸽窝附近高地上观察到枣庄通往临城的大道上尘土飞扬，在夕阳西照下，逐渐看出有敌人步炮兵大部队行军，向枣庄方面急进，兵力约五千。判断该敌系濑谷主力，可能于二十六日向郭里集一带大举进犯。关麟征军长当即令第二十五师留一个加强步兵营附各团便衣队，由得力的一个副团长指挥，在郭里集、鹁鸽窝之间占领广正面制高点，构筑工事，欺骗敌人。如敌向该营攻击，可逐步向东撤退。第二十五师主力于当晚撤至鹁鸽窝东边山上隐蔽，准备乘敌东进或南下之际，会同第二师和八十五军以全力攻击其侧背。军部并将敌情和处置报告了汤恩伯，并要求汤恩伯令第八十五军与五十二军协同一致向敌攻击。此时汤恩伯及第八十五军尚在抱犊崮山区。

三月二十六日上午，敌机不断向郭里集附近村庄投弹轰炸，并进行炮击，后以装甲车掩护步兵前进。我第二十五师加强步兵营和便衣队按照原定计划，边抵抗边逐步向东撤退。直到上午十时前后，敌人始占领郭里集附近村庄。中午十二时，我们在鹁鸽窝观察敌人行动，清楚地看到敌人除以一部向东搜索外，大部陆续向郭里集附近村庄集合整队，以步、炮兵为主，共约五千人，并有战车、装甲车等。在三月二十五日至二十六日，汤恩伯未按原定计划令第八十五军会同第五十二军向枣庄攻击前进，对关麟征提出的攻击敌人侧背的意见也没有发出指示，关麟征当即派覃异之和我（在台儿庄作战过程中，覃异之担任第二十五师参谋长和第七十三旅旅长），于三月二十六日下午，前往汤恩伯总部汇报情况，并请示今后作战行动计划。当我们两人乘马向抱犊崮山区行进中，半夜在途中碰到汤总部正由抱犊崮向南移动，汤恩伯睡在担架上一面前进，一面小声向覃异之询问敌人情况。二十七日拂晓，始到达汤总部宿营地。此时汤恩伯已接到孙连仲告急电报，据称："敌步炮兵两千余人从三月二十四日起不断向我台儿庄附近阵地发动猛烈攻击，其后尚有增援部队向台儿庄方向前进。"要求汤恩伯军团南下，支援台儿庄方面作战。汤恩伯当时对我们两人说，他打算以一部兵力攻击南下敌人侧背，支援孙连仲部作战，主力暂控置于抱犊崮以南山区，相机攻击郭里集附近之敌。我们曾向汤建议：先集中两军主力歼灭郭里集、峄县附近之敌。汤对此未作表示。他说："等我同关军长商量后，再决定具体计划。"随后关麟征又向汤恩伯表示以全力攻敌侧背的意见。接着李宗仁又来电令汤恩伯以全力攻击台枣支线敌人侧背，汤才决定先令第五十二军南下进出台儿庄东北地区，向台枣支线之敌侧背攻击。第八十五军暂集结于抱犊崮以南山区，准备对付郭里集附近之敌。第五十二军根据汤恩伯命令，即于三月二十七日晚南下，在兰陵镇附近集结。二十八日开始向台儿庄附近之敌侧背攻击。

台儿庄附近的攻防线

当时的情况是：一、敌濑谷支队的第六十三联队的第二大队附野炮一个大队，于三月二十三日由峄县南下，二十三日傍晚向台儿庄城发动攻击，曾突破台儿庄城墙东北角，因被孙连仲部守备台儿庄部队的反击，没有成功，又撤至台儿庄北面，准备再攻。二十五至二十六日曾在台儿庄城外受我优势兵力攻击的日军准备二十七日再向台儿庄城守备部队攻击，并要求峄县之敌六十三联队主力南下增援。二、在峄县附近敌第六十三联队于三月二十七日晨由峄县出发南下，当晚到达台儿庄东北刘家湖附近，该联队主力约两个大队于二十八日晨开始对台儿庄攻击。三、敌濑谷支队主力受我第八十五军的牵制，从三月二十六日至二十九日一直在郭里集附近，一度曾向郭里集东北高地攻击，结果扑了个空。该支队主力于三月三十日晨始开始由郭里集出发向台儿庄西面进发。

第五十二军于三月二十八日晨开始向进犯台儿庄之敌攻击，先占领泥沟东北的红瓦屋屯。令第二师向北洛、北大窑方面攻占，第二十五师的七十三旅接第二师左翼向南洛、北洛之间攻击前进。第二十五师第七十五旅控置于红瓦屋附近做军的机动部队。军部位于红瓦屋附近一个小高地旁的农房内。野炮兵营在红瓦屋东侧放列，以火力掩护两师攻击前进。二十八日下午驱逐了红瓦屋西南方面敌之警戒部队。二十九日拂晓，向占领南、北洛和北大窑之敌攻击。我第二师在攻击时，为了防备由峄县南下之敌威胁我军侧背，曾派步兵一营向獐山前进，拟占领该处掩护军右侧背。该营于三十一日晨在獐山附近与南下之敌约一个联队遭遇，激战数小时，退至獐山东南台枣支线以东一个村落占领阵地，掩护第二师右翼。第二师曾于三十日下午攻占北大窑，会同第二十五师第七十三旅向占领北洛之敌攻击，战斗极为激烈。三十一日上午，敌人由北面和南洛方面向北洛方面增援，与我第二师发生激战。四月一日上午，濑谷支队第十联队向北洛方面增援，向我第二师反击，激战一日，双方在北洛以东附近对峙。在敌人向北洛方面增援之际，我第七十三旅向南洛攻击，曾一度攻占南洛，在敌人增援反攻下，退至南洛东北端附近，向第二师靠拢，仍与敌激战。

三月三十一日下午，汤恩伯率第八十五军到达台儿庄东北之河南头杨家庙一带，经与关麟征研究后，决定第八十五军从四月一日起，在第五十二军左翼展开，向台儿庄东北方面之敌攻击前进。四月一日起，我第五十二军左翼展开，向台儿庄东北方面之敌攻击前进。四月一日起，我第五十二军与八十五军向台儿庄东北面至台枣支线南、北洛之敌发动全面攻击。控制在第五十二军军部附近的第七十五旅，除留步兵一营在军部外，也参加到第一线，向南洛附近攻击前进。关麟征和汤恩伯都在红瓦屋附近的小高地上指挥作战。激战至下午一时许，我军已攻占南、北洛，截断了台儿庄以北台枣支线，对进犯台儿庄之敌侧背猛烈攻击，形成包围态势，并以一部向台枣支线之泥沟方面攻击前进。濑谷支队曾几度由台儿庄西面抽调第一线部队向我反攻，均被我击退。四月一日下午二时许，正当我军以全力向台儿庄东北和台枣支线附近之敌包围攻击时，第五十二军军部在向城附近的便衣侦察队，派员骑着自行车仓促来到军部指挥所报告紧急情况。据称：有步、骑、炮联合之敌约四千余人由临沂方面开来，向通兰陵镇之大道南进，其先头部队快要到达向城附近。关麟征获此紧急情报后，作了如下处置：一、令在军部附近的步兵营长徐文亮指挥该营和军直属骑兵连，即刻跑步向兰陵镇方面前进，务须以广正面攻击行动，诱使敌人过早展开，尽力迟滞敌人前进，争取时间，以便我由第一线抽调兵力迎击该敌。二、同时令第二十五师第七十五旅迅速撤离第一线，跑步开到军部附近，接受命令迅速向兰陵镇方面前进，迎击来犯之敌。此时汤恩伯表示完全同意这些紧急处置，并对关麟征说："你在这方面招呼，我去八十五军军部叫他们也抽调部队支援你们。"他和他的参谋长万建藩急速地走开了。

徐文亮营长接受命令后，即率领该营和骑兵连向兰陵镇方向跑步前

205

进，到达兰陵镇附近，与敌前头部队遭遇，即向敌猛烈攻击。敌人果然展开，向该营炮击，约一小时后，我第二十五师的七十五旅已赶到兰陵镇附近向敌攻击。同时军部又令第二十五师师长张耀明率该师第七十三旅开至兰陵镇参加战斗。此时，军部指挥所也推进到距兰陵镇不远的洪山镇附近的一个小高地指挥作战。当时敌炮已向洪山镇附近不断射击，战斗十分激烈。在黄昏时，第八十五军的第四师师长陈大庆也来到第五十二军指挥所。据称：汤军团长命令该师参加这方面作战。关麟征表示这方面不需再增加兵力。当即请汤恩伯令第八十五军以全力攻击台枣支线方面之敌，支援孙连仲部作战。此时，我第二十五师已逐步将这股敌人压迫至兰陵镇以北地区。入夜以后，敌人绕过兰陵镇西北向杨楼、底阁方面逃窜，企图与台儿庄方面之敌濑谷支队会合。其掩护部队步、骑兵百余人，被我包围于兰陵镇西北之傅庄内。军部即令第二十五师除留步兵一团围攻傅庄外，主力向杨楼、底阁方面追击，会同第二师围攻这股敌人。

困守傅庄之敌步骑兵，在我第二十五师韩梅村团围攻之下，利用傅庄土围墙顽抗，不肯投降，曾几次突围未逞。我围攻部队在炮兵直接射击掩护下，一举攻进傅庄，全歼该敌，俘获一些军马和伤兵。据敌伤俘供称：他们是日军第五师团坂本支队，共有步兵四个大队、野炮两个大队和一个骑兵队，负有救援第十师团濑谷支队作战的紧急任务。四月二日上午，我第二十五师已将敌坂本支队大部包围于杨楼、底阁附近。敌人占领村落家屋、碉楼作顽强抵抗。与此同时，军部已令第二师从北大窑、北洛方面转移至杨楼、底阁以西，协同第二十五师包围攻击该敌。敌人曾几次向台枣支线突围，企图与敌濑谷支队会合，迄未得逞。四月三日，我第二十五师以全力从东面向占领杨楼、底阁之敌猛烈攻击。激战至二时许，已攻占杨楼，该师第一四六团第一营营长曹云剑在率部向杨楼突击中不幸阵亡。我第二师会同第二十五师于当日下午又攻占底阁，敌纷纷向底阁东南肖汪方向逃去，我军乘胜追击，当晚将该敌包围。

四月四日至五日，我第五十二军的两个师继续围攻敌坂本支队，敌我都有伤亡，敌曾几度向西北方向突围，均被我军击退。四月五日晚，敌坂本支队因受我优势部队两个师包围攻击，正在苦战中。敌濑谷支队从台儿庄方面抽出兵力，向我第八十五军方面反攻，被击退。第八十五军仍在南、北洛附近与敌激战。四月六日，敌濑谷支队纷纷向泥沟方面转移，有退却之势。我第五十二军当时在底阁附近指挥作战，继续围攻在肖汪附近的敌坂本支队，并请第八十五军加紧向北洛、泥沟方面敌濑谷支队部队攻击，阻止该敌向肖汪方面前进。四月六日至七日在肖汪附近的坂本支队，在我第二师和二十五师围攻下，曾几度向西面突围，企图与濑谷支队会合，未逞。

四月六日晚十一时前后，据第二师报告：泥沟方面之敌，向台枣支线以东攻击。在肖汪附近之敌也向我阵地反扑。军长关麟征判断这是敌人企图乘夜总退却前的反扑征候，当即令第一线部队不失敌踪，继续攻击，同时令炮兵向敌占村落北面道路不断射击。半夜后，发现敌坂本支队沿台枣支线东侧向北面溃退，同时接第八十五军军长王仲廉电话，据称：在泥沟一带的濑谷支队也乘夜沿台枣支线西侧纷纷向北溃退。四月八日拂晓，我第五十二军跟踪向峄县附近台枣支线以东追击，到达该地区时，敌已在峄县东侧之九顶山占领阵地。此时第八十五军也进至峄县以南地区。孙连仲部也有部分部队沿台枣支线以西向北前进。随后，第五十二军奉汤恩伯命令进至九顶山以东及东北地区，准备会同第八十五军向峄县及其以东九顶山之敌攻击。

综观台儿庄战役，在开始时，由于第五十二军在郭里集附近曾给敌濑谷支队先头部队迎头痛击，濑谷当时认为汤恩伯所指挥的两个军是要同他们决战。为了防止我第五十二军和八十五军从东北面攻击其侧背，濑谷支队主力在郭里集、峄县附近停留五六天，不敢南下。先以一个步兵大队和炮兵大队向台儿庄攻击，过了三日，才令其第六十三联队主力南下作战。直到三月三十日该支队主力始由郭里集附近出发，向台儿庄西北方面前进。由于敌人犯了逐次使用兵力的错误，由于我守备台儿庄阵地的孙连仲部坚强抵抗，特别是我第五十二军及第八十五军先后以全力猛攻进犯台儿庄之敌侧背，使敌濑谷支队陷于被包围之中，死伤很大。敌坂本支队由临沂方面南下，企图攻击我军之侧背，其目的是解救濑谷支队的困境，由于我第五十二军处置得当，转用兵力迅速，对敌坂本支队予以反包围，使之陷于被围苦战之中，损失惨重，终于被迫突围向峄县方面溃退。

峰县九顶山附近攻击战经过

敌濑谷支队和坂本支队被我军击溃后，逃至峰县附近，凭借有利地形占领阵地，企图等待增援部队，再图南犯。峰县东有九顶山，西有獐山，南面是平坦开阔地，利于防守。敌人在九顶山和峰县南面台枣支线正面和两侧占领阵地，构筑工事，郭里集附近有敌控制部队和炮兵阵地，其以东税郭附近亦有敌一部占领阵地。枣庄附近有敌飞机着陆场。

第五十二军附有野炮兵一营到达九顶山以东之辛兴庄附近后，于四月十一日奉令向占领九顶山及其以北各村庄之敌攻击。第八十五军奉令沿台枣支线向峰县方面攻击，四月十二日晨，攻击全面开始。第五十二军攻击重点指向九顶山敌阵地，这山是一座东西向的岩石山，没有草木，东端转向东北的坡度比较缓。第二师向九顶山及其南麓平地以西攻击，第二十五师向九顶山东端以北各村庄攻击。军部位于九顶山东端一个小村庄指挥作战。敌人在山上筑有工事（多以麻袋装土沙石等构成掩体，因山石不易挖掘战壕），居高临下。第二师经过侦察后，认为白天仰攻目标暴露，难以取胜。决定采取夜袭，从几方面进攻，出敌不意，展开近战，经过一夜激战，此山东半部敌阵地已被我占领，郑洞国的师部指挥所也移到山上，督促所部继续攻击。四月十三日上午，关麟征率军部主要幕僚和少数通信兵及卫士等，也在山上设临时指挥所，亲自指挥炮兵集中火力支援第二师作战。我们在山上看到峰县南面台枣支线之敌不断向第八十五军方面攻击，敌战车、装甲汽车往来频繁。关麟征以电话直接令第二师左翼部队和野炮、山炮兵向该敌射击。在步、炮兵协同下，向台枣支线方面之敌发起猛攻。使敌之反攻受到顿挫。此时敌炮兵也不断向我军部在山上的指挥所附近猛烈射击，双方形成炮战。激战至下午四时许，我们在山上看到有九架中国编队飞机从南向北飞向枣庄上空投弹，枣庄顿时被炸弹烟尘全部笼罩，敌高射炮盲目射击一阵。这是抗战以来，我们在战场上第一次看到我国飞机编队向敌投弹轰炸。在第二师攻击九顶山的同时，第二十五师也向九顶山以北敌占的几个村庄发动了攻击，经过两天激战，攻占了敌人阵地。有一天下午五时前后，敌人炮兵向军部所在的村庄射击，有些炮弹落入村内。据第二十五师报告，敌人增援部队向该师右翼包围攻击，左右翼第一线的一个营阵地已被突破，敌仍不断增加部队攻击。军部判断向我右翼包围攻击之敌，当系敌第十师团的增援部队。为了调整部署对敌作战，于四月十四日晚，即令第二十五师左与第二师九顶山阵地衔接，转移至山以东地区，构成由南面北阵地。军部也移至辛兴庄附近一个小村庄指挥作战，敌我形成相持状态。

四月二十一日，日本侵略军第五师团主力陆续由临沂南下，有向我军侧背攻击之势。汤恩伯即令第五十二军撤至邳县以北之连防山、艾山、燕子河一带占领阵地，第八十五军之一部在艾山以西至台儿庄之间占领阵地；该军主力控制在邳县东南之官湖镇附近，准备迎击南下之敌。

邳县以北阵地防御战之经过

四月二十一日晚，我第五十二军乘夜由九顶山以东阵地出发，向邳县以北地区前进，四月二十二日上午到达连防山、艾山附近地区。该地区西有艾山，东有燕子河（可以徒涉），河与山之间是一片平坦开阔地，中有大、小刘庄等村落。大刘庄北面有一个相当大的村庄称为连防山，内有上千户人家，周围有残缺的矮土墙。村庄以北是一片开阔平坦的麦田，其西南有虎皮山、艾山西等要点。军部根据防守任务、地形和敌人可能进攻的方向，决定第二十五师派出步兵一团在连防山占领前进阵地，掩护军主力占领阵地构筑工事。主阵地的兵力配备如下：第二师左接第二十五师艾山阵地，在大刘庄、小刘庄至燕子河之间占领阵地。特别要加强大、小刘庄的阵地工事，准备固守。第二十五师除派该师第一五〇团在连防山占领前进阵地，构筑工事阻击敌人前进外，主力接第二师左翼，在艾山及艾山以北之虎皮山、艾山西占领阵地，构筑工事。配属于军之山炮营和野炮营在艾山以南成梯次放列，准备以火力阻击敌人，支援两师作战。

第二十五师派至连防山担任前进阵地防守之一团，在到达该地之第二日，即四月二十三日早晨，即遭敌人飞机轮番轰炸和敌炮兵的集中轰击，部队仓促进入阵地，还不及构筑好工事，即被敌板垣师团主力三面包围攻击。军长关麟征当即登上艾山督战，在电话中鼓励该团团长高鹏坚守阵地，并许以在击退敌人后，即保升为少将团长。激战至中午，敌人已攻进连防山村庄内，该团守兵经过巷战，多退至连防山南端。关麟征严令该团长率部反攻，高鹏团长在向敌反攻督战中中弹殉国，部队失去指挥，连防山当日下午失守。但进占连防山之敌在我炮兵及守备大刘庄及虎皮山部队的火力压制下，受到打击未能前进。

敌人占领连防山两日后，先后向我第二十五师阵地前沿之虎皮山、艾山西两个据点发动攻击。首先集中火力攻击虎皮山阵地，守备该地的第七十三旅段培德营，在我炮兵支援下，俟敌人接近我阵地时，即集中各种武器猛烈打击敌人，同时派出部队逆袭，敌人被迫溃退。军部根据过去作战经验，为了保持各重要守备部队的战斗锐气，令第二十五师第七十三旅覃异之部和第七十五旅张汉初部轮流担任第一线作战。对于第一线各据点守备部队，采取以营为单位，每隔二十四小时轮换一次，保证部队有较充分的休息时间，保其锐气。敌人先后向该师正面之虎皮山、艾山西、半步店子等据点轮番攻击，结果伤亡很大，均遭失败。敌人经过两天休整后，又改用夜间攻击，在我炮兵预定的阵地前的射击区域，及苏罗通小炮、轻重机枪在阵地前组成的严密火网下，敌人每次夜间来犯，均未奏效，遗弃在我阵地前的尸体、武器不在少数。由于双方第一线相距很近，火力相接，无法清扫战场，敌遗弃尸体很多，臭气难闻。我第一线守备部队有时乘敌溃退之际，派队在阵前麦田里收集敌弃武器，弹药补充自己。

敌人从四月二十六日起，先后向我第二十五师阵地日夜进犯，始终未得逞，过了两天，又增派部队向我第二师阵地攻击，攻击重点指向大刘庄附近各村庄阵地。大刘庄是一个较大的村落，第二师在此构筑有较强固的防御工事。阵地前是一片平坦开阔的麦田，射界开阔，又能得到我第二十五师右翼在艾山上的轻重机枪、苏罗通小炮组成的火力支援，还有军属炮兵的射击支援，敌人前进都在我火力控制之下。敌人经过攻击准备后，利用拂晓，在飞机、炮兵的掩护下，向我大刘庄阵地猛扑，遭受到我步炮兵密集火力打击，死伤甚多，纷纷向连防山方面溃退。我第二师以团为单位，每经一次战斗，即轮换守备第一线阵地，始终保持了第一线作战部队的战斗力。敌第一次向大刘庄攻击失败后，过了一天，夜晚又接近我阵地，当即被我守备部队发觉，我们清楚地看到，由我艾山发射的苏罗通小炮曳光弹向敌不断侧射，使敌隐蔽困难。黎明，双方又发生激烈战斗，敌人在飞机、炮火的掩护下，曾反复向我大刘庄阵地发动冲锋，在我正面和侧面火力打击下，终因死伤过重，狼狈溃逃。敌人在这两次攻击中都遭到我艾山上火力射击和炮兵射击，曾集中炮兵火力和飞机投弹，企图破坏我侧防设备和炮兵阵地，均未能得逞。过了两天后，敌人又增加兵力，以一部向大刘庄攻击，以大部向第二师右翼阵地攻击，经过一天激战，攻占了大刘庄东面一个小村庄，乘夜向大刘庄阵地继续攻击。第二天拂晓起，敌人向我大刘庄阵地两面攻击，整个大刘庄被敌炮火烟尘全部笼罩，战斗空前激烈。关麟征当时在艾山炮兵观测所附近，一面指挥炮兵向敌集中射击，并令第二十五师尽量利用各种武器侧击敌人，一面在电话中鼓励守备大刘庄之第二师第七团团长刘玉章坚守阵地打击敌人。该团长在战斗中虽然负伤，仍然指挥所部继续战斗，终于保住了阵地，使敌进攻受到顿挫。但敌人潜伏于阵地前的麦田里，强行构筑工事，企图再犯。经我第二师增加兵力，利用夜暗，出其不意地出击，残敌乃溃逃。敌人在我阵地前遗弃之尸体武器甚多，我军先后在阵地前捡拾得步枪两百多支，轻机枪十挺，其他如战刀、手枪、太阳旗、敌官兵日记手册等多种。在这次作战过程中，许多中外记者先后来我军、师部参观访问，多要求给他们一些战利品做纪念。

从两师先后缴获的敌人证件看，此次向我第五十二军阵地进犯之敌，以敌板垣师团为主，但也有敌矶谷师团部队参加，在这次作战过程中，我五十二军阵亡团长一名，伤团长一名，营连长以下，伤亡很大。合计经过台儿庄战役，峰县附近战斗，及此次阵地防守战，全军伤亡过半。但敌人这次通过平坦开阔地，向我阵地发动多次进攻，都告失败，伤亡更大。

这次阵地攻防战，经过将近一个月的激烈交火，结果成了对峙局面。敌人逐步向我右翼友军阵地移动，有施行延翼包围攻击的态势，五月中旬，汤恩伯派第八十九师在我第二师右翼清水河附近占领阵地，归第五十二军军长关麟征指挥。随后第五战区司令长官李宗仁命令第二军李延年部接替第五十二军邳县以北防守任务。并令第五十二军交防后，开徐州附近集中，准备开后方补充整理。第五十二军于五月十四日交防后，开往徐州以西之拾屯、刘集附近集中。我同关军长在当天下午到汤恩伯的指挥所辞行时，看到汤恩伯正在滩上镇（在邳县西南运河东岸）东端空地上，正同张自忠在地图上研究情况。时张部已撤到邳县以东占领阵地。

第五十二军台儿庄抗敌经过

郑洞国　覃异之※

向敌侧背攻击阶段

一九三八年三月中旬，第五十二军关麟征部奉命由亳州开往津浦线之利国驿车站附近集中，军部及第二师于三月十七日到达，第二十五师于十八日到达。第二师在利国驿奉军长关麟征的命令，要旨如下："一、日军已陷临城、官桥，我友军正逐步南撤。二、着该师以有力之一部占领沙沟，主力驻韩庄，并沿运河南岸占领阵地，掩护我军之集中。"

三月十八日晚，汤恩伯到第二师师部视察。他未带幕僚，要第二师参谋长舒适存代拟战报。三月十九日，第五十二军奉汤恩伯之命令，开临城、枣庄以东之向城附近待命，准备向临枣地区敌之侧背攻击。

第二师把防务交第一一○师接替后，于三月十九日晚间经台儿庄、兰陵镇开往向城。到达向城后，得知情况如下：一、敌矶谷廉介师团主力在临城、枣庄、峄县各有一部。二、第八十五军王仲廉部现在枣庄以北抱犊崮一带山区集结。

三月二十二日，第五十二军奉命秘密向枣庄以东鹁鸽窝、郭里集之

※　作者郑洞国当时系第二十军团第五十二军第二师师长；覃异之当时系第五十二军第二十五师参谋长。

线挺进，准备与第八十五军从东、北两方面向枣庄进攻。第二十五师为军之先头部队，经辛兴庄沿九顶山北麓，循临枣大道向郭里集附近前进。军部率第二师及炮七团之一部，在第二十五师之右后成梯次，经尚岩、税郭以北高地边缘，向郭里集东北之鹁鸽窝一带前进。第二十五师之兵力部署为：第七十五旅驻郭里集，对临城、枣庄方面之敌须严密警戒，并占领阵地准备战斗。师部率第七十三旅（旅长戴安澜）驻辛兴庄附近，第七十三旅对峄县方面派出警戒。当时据便衣侦察，辛兴庄、郭里集一带均无敌情。三月二十三日上午六时，忽闻郭里集方面传来枪声。后来才知道敌人巡逻队（也可能是先遣队）数十人，于二十二日黄昏前后到达郭里集，照例在炮楼里面宿营，他们的哨兵也在炮楼里。我们的便衣侦察白天到村里，黄昏以前便离开村，故未发现敌人。天亮后敌人发现我军，便从炮楼里开枪射击，有十余人伤亡。第七十五旅最初以为是日本侵略军的便衣队，经过详细调查，一两小时以后才判明炮楼里有敌人，立即用轻重机关枪及苏罗通机关炮封锁炮楼的射击孔，并挖地道准备用炸药把炮楼炸毁。后来军部派野炮兵来支援，并命令必须迅速歼灭这股敌人，乃用野炮直接瞄准，很快就把炮楼轰垮。午后四时前后，敌人大部被歼灭，只十余人突围逃跑。当时我们希望多捉几个俘虏，命令第七十五旅设法追捕。从望远镜看去，敌人跑得比我们快，这固然因为他们是逃命，也可以看出我军士兵体力比敌军差，结果只俘获一名负伤的中士。

当郭里集发生战斗时，第二十五师师部命令第七十三旅派出一个营，对枣庄方面警戒。正午前后，枣庄之敌约二三百人，曾企图向郭里集增援，被我阻止，未能前进。下午三时前后，发现临城、枣庄之大道上尘土飞扬，显然是大股敌人向郭里集前进，判断敌人明（二十三）日将对郭里集一带大举进犯。关麟征命令第二十五师除留一个加强营在原阵地欺骗敌人外，主力撤至郭里集东北山地隐蔽。第二十五师师长张耀明决定每旅派一个营长指挥两个步兵连及便衣队，统归第一五〇团团长高鹏指挥，在原阵地逐步抵抗，分批后撤。三月二十三日拂晓，敌机对郭里集一带村庄分批轮番轰炸。上午八时许，敌先用炮击，继以战车掩护步兵攻击。上午十时前后，敌人占领了郭里集一带村落，浪费了许多炮弹，却扑了个空。午后，敌机在附近高地上空盘旋，敌约四千人向峄县台儿庄方向开去，后来知道这股敌人是以第十师团之濑谷旅团为基干，由步、炮、战车联合组成的。

第二师的前进目标是鹁鸽窝，因山路行军走了不少弯路，天亮才到达目的地。在郭里集激战之后，枣庄的日军派出数十人到鹁鸽窝西南高地构筑工事。第二师第十二团派出一个营驱逐该敌，并占领高地，对枣庄方面警戒。

当第二师全力向枣庄外围攻击时，第八十五军只派出一个旅配合作战，而旅又只派出一个团，团只派出几个排在枣庄外围扰乱了一下。当时关麟征要第二师派人与第八十五军联络，连个人影也找不到。就又派军部参谋长姚国俊和二十五师参谋长覃异之到军团部商量攻击枣庄的具体计划。姚、覃二人骑马走了半夜的山路，在距汤恩伯军团部不远的地方，遇到汤的司令部及直属部队正向南移动。汤恩伯睡在担架上对姚、覃二人说："情况发生了变化，详细情形到宿营地再谈吧。"在休息时汤悄悄对覃说："敌人正在猛攻台儿庄，看来台儿庄是守不住了，敌人可能比我们先过运河南下。"

我们到达宿营地（一个山间的村落）时，天已亮了，覃异之急于要了解情况，便到军团部参谋处访问处长苟吉堂。在参谋处里，覃异之看到孙连仲给汤恩伯的求援电，大意是：步炮战车联合之敌约四五千人，连日对我台儿庄阵地猛烈攻击，我三十一师伤亡惨重，盼以全力攻击敌之侧背，支援台儿庄之防御等语。早餐时，汤对姚、覃二人表示，拟以一部兵力向峄县敌之侧背攻击，以策应台儿庄之作战，主力暂集结于抱犊崮山区，俟看准后再打。他说："具体的作战方针，俟和关军长商量后再决定。"姚、覃二人回到军部，把汤的上述意见向关军长报告，都表示不同意汤的意见。这时第五十二军已转移到兰陵镇附近，第八十五军转移到抱犊崮山里。听说汤曾拟由第五十二军和八十五军各抽一个团，配属一部分炮、骑兵，组成一个混成旅，向峄县攻击敌之侧背，以配合台儿庄之作战。但是关麟征不同意，他主张要打就全力打，反对零打碎敲。后来第五战区长官部严令汤恩伯，务须以主力攻占敌之侧背，不得贻误戎机。汤恩伯这才率军南下，对敌之侧背展开攻击。

汤恩伯军团的攻击部署是：第八十五军在左，第五十二军在右。当时第五十二军的兵力部署是：第二师在右，向南洛、北洛、北大窑攻击；第二十五师（留一个营归军部掌握）在左，向红瓦屋屯攻击，务将敌压迫于台枣支线以西歼灭之。

经两日激战，两师的进展颇顺利，已将敌压迫于台枣支线附近。第二师在北大窑附近战况激烈，敌我双方伤亡都很大。当第七十五旅投入战斗之后，对当面之敌形成了包围之势，一度切断了台儿庄、峄县之交通。激战正在进行之中，不料情况有了突然变化。三月二十九日正午，第二十五师接到军部电话，说有步、炮联合约三千之敌，正由向城向我军侧背急进，已令徐文亮营（第二十五师留军之营）及骑兵连拒止该敌，着将第七十五旅迅速由前线抽下来，跑步到军指挥所，准备迎击敌人。第七十五旅刚投入战斗，又匆匆撤下来，以营为单位向军指挥所跑步前进。黄昏前，张耀明亲率第七十三旅（旅长戴安澜）到兰陵镇指挥战斗。第二师继续向当面之敌攻击。第八十五军之第八十九师向第二师靠拢。这时，向我侧背进犯之敌，与第七十五旅激战至黄昏前后，绕过兰陵镇向台儿庄逃窜，其掩护部队（约一个加强中队）被我包围于兰陵镇西北之傅庄。第二十五师奉命派第一四五团（团长韩梅村），附炮兵一连，负责歼灭傅庄之敌。经一昼夜战斗，敌人除少数逃窜外，大部被我歼灭。从俘虏口供及文件中，知该敌是以片野联队为基干之步骑炮联合支队，其任务是增援台儿庄矶谷师团。三月三十日，第二十五师主力仍转到台枣支线方面，继续攻击敌之侧背。后来据当时在场之军部上校参谋徐幼常说："当发现向城方面之敌情时，汤恩伯正在第五十二军指挥所，拟令五十二军迅速转移，以免被敌包围。关麟征坚决反对，认为白天在敌前转移部队，容易暴露企图，在敌机轰炸下，有崩溃之危险。汤恩伯同意关的主张，匆匆离开军指挥所时，对关说：'我回去即派第四师上来增援你们。'但是后来第四师一个旅（旅长石觉）到洪山镇时，战斗已快结束了。"

片野支队与矶谷师团会合后，即在台枣支线南段东侧之杨楼、底阁等地占领侧防阵地。第二十五师第一四六团（团长何士雄）对该敌展开进攻，敌据村寨顽抗，几次向我反扑，该团营长曹云剑阵亡，攻击一度受挫。第七十五旅投入战斗后，经几日反复争夺，终于将敌击溃。

同期间，第二师在北大窑方面与敌相持不下。汤恩伯亲到该师视察，决定由第八十九师接第二师阵地，抽出第二师绕出敌后，迂回攻击。他将困难任务交第二师，可是第八十九师（师长张雪中）接替阵地不久即被冲垮，不得不又匆匆忙忙把第二师调回来稳定战局。经过数日之激战，第五十二军各师均接近台儿庄支线。四月六日夜间，敌人突然向第五十二军阵地反扑，战斗异常激烈。根据经验，敌人很少夜间攻击（因为不能发挥其空军优势），我们判断这可能是敌人撤退前的反扑，因第五十二军对敌之侧背威胁很大，不打击第五十二军，日军退却不得安全。军部也认为这是退却之征候，鼓励前线部队坚持固守，并要求乘机反攻。半夜后，日军已向峄县撤退。七日拂晓，我军跟踪追至峄县附近，敌人已在峄县附近占领高地。当时由南向北追击的我国军队除汤军团外，孙连仲部亦杀出城来齐头北进。第五十二军进出峄县以东地区，第八十五军进出峄县东南。到达峄县附近时，第二十五师奉命派一个团监视敌人，主力在峄县以东地区整顿。

两日后，战区长官部命令各部队对峄县附近之敌发动攻击。攻击部署是：汤军团由东向西，孙连仲部由南向北。汤军团之部署是第五十二军由东向西，第八十五军由东南向西北，形成包围攻击之势。第五十二军之攻山部署是第二师在左，向九顶山及其以南攻击；第二十五师在右，以主力（三个团）向九顶山以北各村庄之敌攻击。留一个团为军预备队。

九顶山是峄县附近的最高点，可以俯瞰全城，为最好的炮兵观测所。夺取九顶山是第五十二军进攻峄县的重要步骤。九顶山是光秃秃的石头山，白天攻击不易接近，且会造成过多伤亡。第二师第一天攻击到山脚后，决定用"精兵奇袭"的办法，即挑选优秀士兵利用夜间袭击。经过一夜激战，天亮前即占领了九顶山，这对我以劣势炮兵之战斗，起很大的作用。而第八十五军方面两天来并无多大进展，说是受到獐山日军炮火的威胁。

第二师攻下九顶山，关麟征非常高兴，亲到九顶山视察。他带的随行人员较多，目标暴露，惹来敌人炮轰。我方炮兵亦予以还击，一时炮声隆隆，九顶山上石块四飞。黄昏后，九顶山西端距峄县北关不远的后

217

桥村，也被第二师攻占。

第二十五师方面，经过几天之激战，占领九顶山以北几个村庄，使敌侧背受到很大威胁。敌抽出兵力对第二十五师多次反扑，均被我击溃。四月十五日前后，一个下午，敌人由税郭方面对第二十五师右翼之第一四五团第一营（营长奚濯之）进行三面包围攻击，该营阵地被突破，第二十五师右翼受敌反包围。该师全力反攻，经过三小时之激战，右翼阵地始稳定下来。黄昏前后，该师侧背又发现敌之增援部队，炮弹不断落到师指挥所周围。当夜，第二十五师奉命转移至九顶山以东，与第二师衔接，构成由南向北的战线，以后敌我双方形成对峙局面。关麟征追究此次作战不利的责任，枪毙营长奚濯之以告诫全军。四月十七日全军奉命向邳县以北之艾山、连防山、燕子河之线转移，从此转入阵地防御阶段。

阵地防御阶段

第五十二军转移到邳县以北，在艾山与燕子河之间占领阵地。兵力部署如下：第二师在右，其右翼在燕子河，左翼在大刘庄（连防山正南）与第二十五师衔接，重点保持在右翼。第二十五师右翼与第二师衔接，左翼在艾山以北之虎皮山、艾山西等处。第二十五师第七十五旅第一五〇团（团长高鹏）在连防山占领前进阵地（艾山、虎皮山东北）。卜福式山炮在艾山南无名小河南岸（沿河有稀疏树林）分散放列，野炮在更后方分散放列。观测所设于艾山，这是全阵地最高点，高约一百五十米至二百米。

这一阶段的战斗经过概要如下：

（一）连防山失守经过

连防山是一个有千户左右的村庄，位置于我军阵地之正前方，守住这个村庄，全军阵地都得到掩护，实为我主阵地的重要前进据点。村庄周围有残破的土围墙，并有稀疏树林，对敌方面是一片开阔的麦田。在这里倘能认真构筑防御工事，至少可以支持几日。由于第一五〇团团长高鹏麻痹大意，认为敌人一时不会来犯，拟休息一日再构筑工事，不料第二日上午八时许，敌机即轮番轰炸，继以炮击，步兵从三方面向该团进攻，不到三小时就被突破。关麟征、张耀明亲至艾山督战，曾由虎皮山方面派出部队向敌侧击以支援该团，因敌机轰炸，未能奏效。高鹏退到连防山南端，收容败下来之官兵，关麟征严令他迅速反攻，一定要把阵地夺回来。他只得勉强收拾残部反攻，不到一小时，即为敌人炮火击毙，队伍又垮下来。这时关麟征又令第二师派一个团加强大刘庄之防务（该地原属第二十五师防守后来交给第二师）。敌人占领连防山后，因受我炮兵火力及虎皮山、大刘庄两地火力之压制，暂时停止前进。

（二）二十五师虎皮山之战斗

连防山之失，使我主阵地暴露在敌人面前。敌机连日在阵地上空盘旋侦察，我们判断，虎皮山可能是敌人的下一次攻击目标。因虎皮山与艾山连接，是全军阵地之锁钥部，敌人势在必得。守半步店子、虎皮山、艾山西等地之第七十三旅，日夜加强防御工事。由于这一带都是石头山，构筑掩蔽部用的泥土也要由山下运上去。经两日夜努力，防务大大加强。第三日敌人果然向虎皮山进犯，步兵在飞机和炮火掩护下逐步接近我阵地。在敌机轰炸和炮击时，我守军除少数在阵地上监视敌人外，都进入掩蔽部，俟敌步兵进入我火网时，各种武器同时发射，给敌以猛烈的打击。我们同时派出小部队由两翼侧击，使敌遭受很大损失。当天敌人两次进犯都被我们打退了。第一日之胜利，大大鼓舞了士气，为了避免第一线部队过度疲乏，乃以营为单位，二十四小时轮换一次，士气始终饱满，这对于持久防御非常有利。

第二日，敌以一部对虎皮山作佯攻，主力线攻艾山西，企图从侧背切断艾山与虎皮山的联系，战况较前激烈。第七十五旅第一四九团（团长刘世懋）派出部队由侧面袭击进犯之敌，敌人遭受重大伤亡，进犯又告失败。白天日军屡次受挫，我们判断敌人可能夜间来犯，就连忙准备夜间射击设备。四月二十七日，日军果然利用夜间，以一部攻击半步店子，分股冲虎皮山。这一夜战况异常激烈，敌人占领了半步店子一部分，敌我展开了肉搏战、巷战。虎皮山向敌之面亦被敌占领。我军必须在天亮之前将敌击退，否则白天敌人飞机、大炮配合，对我很不利。当夜即组织火力给敌以歼灭性打击。近距离用手榴弹及六〇迫击炮，山脚至山

219

腰用八二迫击炮，更远处用卜福式山炮及野炮，由近到远构成浓密火网。在深夜二时左右，我军各种火力同时向敌射击，并由正面及两翼派出少数部队向敌袭击，两个小时后把敌人完全打垮。天亮时，阵地前日军遗尸甚多，敌用炮火封锁，用飞机在上空扫射，阻碍我清扫战场。半步店子之残敌占据几个独立房屋，顽强抵抗。判断敌人第二晚可能以攻击掩护来搬尸。黄昏前，我工兵就在阵地前沿埋下地雷，并加强侧防火力，天黑后，敌人果然来犯，在我阵地前遭到很大伤亡。我军乘夜把半步店子之敌驱逐。第二晚战况没有头一晚激烈，天明前敌人即退去。敌继续用炮火封锁，并有飞机监视，我无法清扫战场，那时天气已热，臭气难闻。自此以后，敌再未进犯虎皮山。从缴获敌人文件中得知连日进犯之敌是矶谷师团。

（三）第二师大、小刘庄之战斗

敌人进犯虎皮山受挫后，停止了两日，即转移其攻击目标于第二师方面，企图从大刘庄对我阵地实行中央突破。几日来，第二师之防御工事不断加强，村与村之间构成交叉火力，并有交通壕连接。大刘庄阵地前面是一片开阔麦地，颇利于发扬火力，且可得到虎皮山、半步店子方面火力之支援。敌人虽然有优势炮兵及飞机掩护，但第一次攻击即遭到很大伤亡。停止一日之后，敌利用夜间第二次接近我阵地，拂晓时在飞机大炮掩护下向我冲锋，战况甚为激烈，但最后还是被我打退了。第二师根据第二十五师之经验，以团为单位，每经一次战斗之后即轮换一次，始终保持锐气。我们从俘获敌之文件中，得知进攻第二师阵地之敌是板垣师团之板本旅团。

敌人从正面攻击一再失败，停顿两日，改向我右翼进攻。经一日激战，大刘庄东边的一个小村庄（一个营防守）被敌占领。第二日敌从三面向大刘庄攻击，战况空前激烈。守大刘庄之第七团团长刘玉章负伤，但阵地始终屹立未动。敌之连续攻击虽遭顿挫，但仍潜伏在我阵地前之麦田里，并构筑工事，伺机继续进犯。入夜，师部抽出部队从两翼出击，将敌击溃，遗尸满地。自此以后，除零星炮战外，敌再未向第五十二军阵地进犯。

刘庄、税郭和虎皮山战斗

韩梅村[※]

刘庄争夺战

在敌军矶谷师团进犯台儿庄时，第五战区司令长官李宗仁令汤恩伯军团之第八十五军由抱犊崮山区南下攻枣庄，第五十二军和第十三军攻峄县，威胁敌之左侧背。第五十二军奉命由兰陵镇附近经郭里集向峄县前进时，由于侦察不严密，失去耳目。当第二十五师先头队伍第七十五旅进至郭里集时，遭到炮楼上的敌军警戒部队突然袭击，使之伤亡近百人。当调来炮兵打垮炮楼后，少数敌人被击毙，多数逃跑了。接着敌以飞机、大炮轰击郭里集，第二十五师即向东撤退至山区。

三月二十九日，敌军板垣师团从临沂以西窜来步、骑、炮联合兵种约三千人（这时临沂仍在庞炳勋、张自忠两部队固守中），侵入兰陵镇北面之向城，并派出一个加强中队约二百人侵占向城西南面的刘庄。汤令关麟征负责消灭刘庄之敌。当时我是关军第二十五师第一四五团团长，由于我这个团在河北保定及河南漳河两次战斗中伤亡惨重，剩余老兵拨补了其他团，在洛阳接收新兵两千三百名，虽经过了三个多月的严格训练，但很需要实战锻炼。因而关麟征令我团附卜福式山炮一连，包围刘

※ 作者当时系第二十军团第五十二军第二十五师第一四五团团长。

庄之敌而消灭之。

刘庄居民近五十户，村外四周是麦田，地形开阔。我令第一营立即占领刘庄西北面的两个小村庄，向刘庄构成火网，防敌向西逃窜；令第二营向刘庄东南疏散前进，迫近刘庄，令山炮、迫击炮、苏罗通小炮位于刘庄南面约七百米的两个小村，其余部队随团部位于炮兵阵地稍后的小村，团指挥所在炮兵阵地。三月三十日上午七时许，各营电话架通。炮兵开始向刘庄射击。由于刘庄有部分茅屋，在我炮击后成了火海（村里老百姓早已逃走）。中午前后，第二营之一个连，已冲进刘庄东北角房屋。据该连报告，敌人在刘庄外沿房屋墙壁上有枪眼，墙脚下挖洞，上盖门板，门板上盖土，守兵在洞里，因而我军接近时颇有伤亡。战斗至黄昏时，有四十多个敌人向村西冲去，全被我第一营消灭。这时，我亲率第三营增援第二营，同时令第一营派出一个连突进村内。午后八时左右，第二、三营全部进村，战斗结束。俘敌五十多名，内有伤兵三十余名，其余全被打死。在清扫战场时，还有少数敌人躲在墙脚洞内不肯出来，顽强抵抗，均被打死。日军练兵，每班均带着写有"武运长久"的小白旗，每人都随身带有小刀，自杀者亦有。据说这是所谓"武士道精神"。从俘虏口供和缴获文件可知，敌是板垣师团以片野联队为基干的步骑炮联合支队，其任务是增援攻台儿庄的矶谷师团，掩护其主力南窜。

我团在这次战斗中，有两名排长阵亡，三名排长负伤，士兵伤亡八十余人，而日军则死伤，被俘一百八十多人。增强了我军与强敌作战可以取胜的信心，鼓舞了士气，锻炼了我团新兵。这次胜利，得力于炮兵，而敌人孤军无援，我又以多胜少。

这时敌矶谷师团之一部，仍在台儿庄城内与我军池峰城部队进行拉锯战，在得到庄野支队增援后，更为疯狂。孙连仲令第三十师师长张金照派出一个团归池师长指挥，接着又令第二十七师师长黄樵松率领敢死队二十个组向侵占台儿庄城里东北角之敌进行突击，终于在四月六日将敌人逐出台儿庄，打了个胜仗。当时中外新闻记者云集徐州，从第五战区司令长官部得到了这一消息后，纷纷赶到台儿庄，也有几位记者到了我团，查看了刘庄，报道了一些战斗胜利的消息。

向税郭进军

这时正是我军乘胜追击受挫之敌的好时机，李宗仁严令汤恩伯军团向峄县、枣庄之敌进行侧击。第八十五军绕道攻峄县，第五十二军攻枣庄。第二十五师于四月十三日上午在第二师之右经陈岭、税郭之线，向枣庄攻击前进。第七十五旅第一五〇团团长高鹏知道税郭有敌军防守，他指挥各营前进到离税郭五里附近村庄停止不动，只派出一个连向税郭之敌警戒。我团在高团之后，前进到陈岭，驱逐了敌之军哨，占领了陈岭及其西北一个小村。上级用电台令我团速向枣庄东侧攻击前进。我令第三营（营长段培德）在陈岭及其西北小村作为团的预备队，并就地构筑工事。我率领第一、二两营及团直属两个炮兵连开始向枣庄东侧进攻。当第二营接近枣庄东南角一个小村时，突然遭受税郭之敌的侧击，该营虽抢占了这个小村，但伤亡了近百人。我带着第一营进入小村，由于受到税郭之敌的大炮轰击，第一营也有伤亡，第二连代理连长袁双亭牺牲了。我令第六连连长王存忠指挥第二营，在原地构筑工事，第一营也疏散在小村西南面的麦田里构筑工事，防止税郭及枣庄之敌向我攻击。就这样，我团攻击前进的态势一变而为防守。

下午三时左右，枣庄和税郭之敌果然向我反攻，敌之飞机、大炮也向我团阵地轰击，同时板垣师团也有一部向我右侧进攻，我打电话指挥第三营向右侧警戒，旅长戴安澜指挥第一四六团增援我右翼。就这样战况形成了胶着。当天黄昏后，我团奉命撤退。

虎皮山阻击战

敌军矶谷师团强攻台儿庄失败后，转移兵力，绕过台儿庄，企图经邳县南下。这时在临沂附近的板垣师团主力也南侵与矶谷师团会合。四月十七日，第五十二军奉命由台儿庄东面撤退到邳县北面燕子河及其以西连防山、半步店子、虎皮山至艾山西之线筑阵防守，第二十五师在第二师左翼，阵地是连防山、半步店子、虎皮山至艾山西之线。我团奉命防守连防山。我带着三个营长和团直属单位的负责人先到连防山察看地形。连防山是约有两百户居民的大村庄，四周有高约三米的土筑围墙，墙外是筑墙取土挖成的小河沟，沟外是麦田，平坦开阔，圩子里有街道、商店，树木成行。只要加筑工事，组织火网，是可以坚守的。在我团到达后正要构筑工事时，又奉命转移到半步店子、虎皮山，将连防山交第一五〇团防守。

半步店子在连防山西侧约五百米，有二十多户居民，再向西三百米是虎皮山，此山高约二十米，东西长约千米，山是光秃秃的石多土少的孤山，山的南面是艾山，艾山北坡有起伏不大的丘陵。我团的部署是：以第二营（第六连连长王存忠代理营长）防守半步店子及其以西至虎皮山东侧；以第三营防守虎皮山；团属苏罗通小炮连在虎皮山西侧，迫击炮在虎皮山东侧，其余部队随团部位于虎皮山后约千米的小村。各单位进入阵地后即抓紧时间构筑工事，准备迎接到来的战斗。团指挥所位于虎皮山后五百多米处的小山丘上，离三营指挥所仅二百米，可观察全阵地。

四月十九日，敌飞机不断飞临第五十二军阵地上空侦察、投弹和扫射。二十日凌晨，敌炮开始向我阵地轰击，并以坦克车掩护步兵向我虎皮山作试探性的进攻，均被我炮火阻止。我当时估计到敌人必以虎皮山作为重点攻击目标，因为占领了它可俯瞰我阵地的大部。敌军第一天向虎皮山进攻未得逞，二十一日上午又向连防山进攻，连防山丢失。当天下午二时，第七十五旅旅长张汉初将第一五〇团收容完毕，准备以第一四九团（团长刘世懋）与高团协同反攻连防山，关麟征不同意，这时第二师的防守部队也丢失了一个小村庄，关说："谁失的阵地，就要谁负责反攻夺回来。"因而高鹏又集合部队于下午三时向连防山反攻。敌人用大炮猛烈射击，高鹏中弹阵亡。

在敌军侵占连防山的同时，半步店子受到敌之侧击，我第二营五连拼死抵抗，与敌逐屋争夺，形成胶着。四月二十一日拂晓以后，敌炮射向虎皮山的炮弹在二百发以上，我军虽筑有工事，仍伤亡近百人。随着我在一起的传令兵、通信兵、警卫兵，有二人受伤，一人阵亡。在敌坦克车掩护下，进攻虎皮山的敌步兵，也因我炮兵和轻重机枪猛烈阻击，未能得逞。二十三日，敌再猛攻。在坦克车掩护下的步兵成倍增加，被我苏罗通平射小炮击毁了几辆。此时王存忠代营长亲率第六连向敌接近虎皮山脚的步兵猛烈冲击，敌未及防，死伤很多。我第六连亦伤亡过半，王存忠代营长英勇牺牲。这时我又令第一营派出一个连由虎皮山左侧突击敌之右翼。这天的战斗敌人死伤很大，残敌逃窜。是夜，敌曾发动夜袭，因我方有周密防范，仍被我方打退。自后成胶着状态。虎皮山之战，我团坚守了五昼夜，伤亡官兵三百多人，而敌军死伤五百多人。由于敌以炮火掩护，离阵地稍远地段，不能清查，时值初夏，天气渐热，阵地前沿的敌尸臭气很大，而麦地的尸体，敌人也不敢掩埋。

第五十二军在邳县北面的防御战，与敌成相持状态。根据缴获文件，知道了进攻第二师阵地之敌，是板垣师团之板本旅团。进攻第二十五师阵地之敌，是矶谷师团。

南洛、金陵寺、八里屯之战

张　轸※

第一一〇师的成立和指挥系统

第一一〇师的前身为补充第二师，由鲍刚的独立第四十六旅、东北谭自新的骑兵旅和豫北师管区的五个新兵营，于一九三八年一月在焦作混合编成，同年二月开赴孝义训练，即改编为一一〇师，归汤恩伯指挥。

当时副师长为王晓民，师参谋长为秦鼎新，第三二八旅旅长为鲍刚旧部辛少亭，第三三〇旅旅长为谭自新旧部李世勋，第六五五团团长鲍汝澧，第六五六团团长廖运周，第六五九团团长王振淮，第六六〇团团长张继烈（雪平）。师直属部队有工兵营、骑兵连、通信连、特务连、武术大队、军士队和战地服务队。全师官兵共为一万一千三百四十人，马三百八十九匹，破旧步枪七千一百多支，轻机枪一百二十四挺，重机枪三十八挺，迫击炮十四门，另外武术大队有梭镖二百杆，大刀二百把，装备之劣，训练之差，为当时台儿庄抗日部队所没有的。

※　作者当时系第二十军团第一一〇师师长。

开赴鲁南担任运河南岸的防务

一九三八年三月十八日奉令由临汝出发，到许昌以火车输送徐州，二十五日到达。当见李宗仁司令长官后，即拨归孙连仲指挥。二十八日接关麟征由万年闸至韩庄运河南岸防务，由台儿庄至万年闸三十华里，归孙连仲部担任，由万年闸至韩庄三十华里归第一一○师担任。韩庄车站为敌前进据点，随时有渡河威胁徐州的危险。本师未经严格之训练而装备又差，居然担负如此重任，所恃者，拨归我指挥的有十五生的榴弹炮及七十五生的野炮各一营，每日向韩庄车站及敌人重点发射，并不时以小部队出击。官兵有旺盛的士气，都抱同仇敌忾的决心，所以由三月二十八日至四月五日的八天运河的防御中，虽经过许多艰苦，卒能完成任务。四月一日夜敌由韩庄渡河，向我守军阵地袭击，激战四小时将敌击退。四月三日夜，我武术大队以梭镖大刀冲入韩庄车站，杀敌数十人，曾一度占领韩庄，给敌军以有力打击。

夜渡运河攻占南洛及追击敌人

一九三六年我在豫北曾办军官军士训练班，有一百名青年男女学生参加，我任班主任，秦鼎新为副主任，聘请第一战区八路军联络参谋朱瑞、唐天际为游击战术教官，讲授政治要领和敌后活动的游击战术。

现值日军矶谷、板垣两师团的主力向台儿庄正面进攻，孙连仲部池峰城师奋勇抗敌，坚守不退，虽经各路援军陆续参加，终不能将敌击退。与此同时，孙、汤两部转移攻势，第一一○师也奉命于四月五日由得胜口夜渡运河。在台儿庄至枣庄以西，韩庄至临城以东，运河以北的广大地区，战地服务团的男女学生，开富人仓库救济穷人，组织侦探队、担架队、运输队。六日拂晓前占领獐山，威胁泥沟，我师配合孙连仲、汤恩伯的主力军，于六日夜令李世勋旅长带兵一营佯攻峄县，令王振淮团长带兵一营佯攻泥沟，令袁国贤营长率本营佯攻北洛，我率辛少亭全旅及张继烈的第六六○团猛攻南洛，由夜间十时开始，各按原计划进攻，南洛之敌被我南北西三面包围，我以迫击炮八门、重机枪八挺集中向村庄西端猛射，使坚守该村庄之敌死伤惨重，救援不及，遂于七日拂晓前廖运周团完全占领南洛。台儿庄前线之敌与后方联络线被截断，全线退却。

四月七日拂晓，向敌猛追。午后三时，追至白山西，遇敌反扑，廖运周第六五六团占领白山阵地与敌对抗。是日敌无大规模行动，仅以小部队阻止我军追击而已。

八日拂晓，敌先以飞机三架两次轰炸白山西村落，继以大炮向我白山阵地集中射击，由拂晓至黄昏，敌发射炮弹一万余发，尤以下午三时后为最烈。午后六时前，敌以两营兵力向我白山左翼山头猛烈进攻，先以优势火力制压住我方火力后，即向我方阵地猛冲，守白山山头的鲍汝锐营长带全营由山腰向下反冲锋，展开了激烈的肉搏战，遂将敌人击退，我鲍营长亦壮烈牺牲。柏得福营长亦负重伤，官兵共伤亡九百余人。

是夜我转移至金陵寺望仙山一线阵地，连夜构筑工事，准备坚决抵抗。

我军占领南洛以后，立即报告孙连仲及李宗仁司令长官。

四月九日午后三时，孙连仲始派黄樵松的第二十七师、吴鹏举的独立第四十四旅前来支援，我当时把金陵寺望仙山一带防务交给该部。是夜我部就进占八里屯，并驱逐敌军监视部队，占领老虎山卧虎寨，控制有利地形，瞰制峄县之敌。

敌反攻八里屯之战斗

我军占领老虎山卧虎寨之后，使敌军感到极大威胁，敌遂乘机向我进攻。八里屯距峄县城只八华里，为七百余户的大村落，屯北群山中之最高峰老虎山、卧虎寨又为我师占领，地形于我极为有利。师部设魏楼，距第一线之八里屯卧虎寨为四华里，每日遭到敌炮轰击，故终日除巡视阵地外，均在掩蔽部中指挥作战。四月十二日八时起，敌反攻八里屯，敌以大炮集中射击，毁我两个碉楼，遂以坦克车四辆，后随步兵两连向我军进攻，我张庚寅营之王连避开当面阵地，隐蔽在右侧森林中，猛烈侧射，将敌击退。第二次，敌又发射燃烧弹十余发，将村落房屋几乎全部焚毁，又用步、炮联合一营以上的兵力，向我右翼包围进攻，亦被我军击退。第三次敌于午后四时，以两营以上兵力三路进犯，猛烈进攻，反复突击，我以迫击炮两门重机枪三挺密置于卧虎岩山麓，待敌人接近时猛烈侧击，又以预备队两营由第六五五团长鲍汝澧率领，切断敌左翼联络线，向敌侧射，守八里屯张庚寅全营同时奋勇逆袭，遂将该敌击退，并追出五华里之外。自此以后，敌军有二十余日，不敢轻犯。

奉令北进截断枣临交通扰敌后方

四月十五日至二十六日的十余日间，在敌后大量展开活动，派王振淮的第六五九团深入敌后，威胁临城。该团毕连长于四月十八日焚毁张店附近大桥，截断枣庄与峄县交通，我袁国贤营屡向敌部袭击，并于四月二十日协同群众二百余人扒断临城至韩庄间铁路四华里。在这期间，敌猛攻台儿庄右翼的胡山、禹王山一带阵地，致卢汉优良装备的第六十军损失极大。该军损失后，孙连仲的正面同时紧张，四月二十三日将黄樵松、吴鹏举东调增援，我师奉令接替金陵寺望仙山防务，对于老虎山、卧虎岩、八里屯一带，只留少数部队，于敌后从事游击活动，而以卜集村马山为第一线阵地，以金陵寺望仙山、铁角山为主阵地，东西三十里的重大防务由一一〇师担任，旬日以来，以徐清心为首的战地服务队，配合活跃。

敌军大举反攻我艰苦奋战的经过

在这十余日当中，敌我形成对峙局面。数日来，我军左翼方面之敌在韩庄增兵一部，枣庄约增两个联队，并有向峄县移动模样。敌整个部署，即以山东主力向济宁一带移动，更由淮南调集大军，已开始向永城集结，企图断我陇海路交通，以与济宁南下之敌会合，同时由兰封渡河威胁开封，并与东面之敌遥相呼应，对徐州已形成战略包围。

四月二十日前后，敌进攻台儿庄右翼，除卢汉的第六十军遭受损失外，汤恩伯军团顿时吃紧，张自忠的第五十九军虽曾以一部由汤恩伯右翼侧击敌寇，终未收夹击之效。

四月二十九日，敌军向我师大举进攻，我第六六〇团张继烈之戴忠信营守备白庙、卜集村第一线。白庙失陷后，戴营坚守卜集村，由晨至午激战五小时，戴忠信营全部官兵壮烈牺牲，卜集村随之沦陷。敌又继攻马山及马山套，曾营和钟营勉强支持至黄昏，将敌击退。

四月三十日拂晓，敌以飞机大炮轰炸马山后又以大部兵力包围马山，马山失陷，敌遂攻我铁角山主阵地，该阵地为第六五九团王振淮之两个营防御，该团战斗力薄弱，支持不到三小时即为敌占领，我望仙山主阵地随之大受威胁，遂与敌军激战终日，我官兵死伤一千一百余名。黄昏后，退守南庄子。敌军进攻，我两天连向孙连仲请援的电话、电报不下十余次，而援兵不到，至为焦灼。

五月一日晨，敌又大举进犯我金陵寺，鲍汝澧团长带着张庚寅全营奋勇抵御，将敌击溃，敌军又大增援兵，反复冲锋，该营连、排长几伤亡殆尽，副营长王毓衡亦于此役牺牲。

金陵寺既失陷，南庄子势不能守，渴望援军犹未到达。至五月二日始将王长海的第一三二师归我指挥，当即协同反攻金陵寺南庄子。攻了一天未能奏效，第一三二师损失兵力一营以上，王师长负重伤，我师亦伤亡官兵五百余人。当敌军反攻正烈时，营长钟××不战而退，立即将其枪决。同时我右侧后张金照的三十师所守的张庄、朱庄及白山西一线阵地，也被敌军攻陷，形势极为紧张。

五月三日，敌又大举进攻我卜落村第一三二师阵地。我将临时归我指挥的野炮八门、山炮十二门参加战斗，集中火力向敌侧击，使敌三次进攻均未得逞。五月五日，师部移驻大荒。其后数日来未参加大的战斗。

第一一〇师自三月二十八日接替运河防务，至五月五日参加近四十天的战斗，共伤亡官兵四千三百一十人，原来四个团，现只编四个营。敌军大举进攻时，将金陵寺、望仙山的阵地失守，台儿庄左翼大受威胁，除呈请将第三三〇旅李旅长及其两个团长同受撤职查办处分以外，我应负指挥失当之责，也同时自请处分。

五月十四日我以第十三军军长名义，参加运河南站的高级军事会议，到会者有李司令长官，白崇禧部长，徐永昌参谋长，林蔚次长，刘斐厅长，孙连仲、于学忠二总司令，汤恩伯、张自忠二军长等。

统帅部的作战原案，系以主力攻击永城之敌，掩护徐州左侧翼，维护陇海路交通，如不奏效，即行总退却。

徐州总退却

五月十六日奉急令开赴徐州增援，十七日乘车急行，早八时前赶到徐州，看到全市被炸几成焦土，不禁惨然。当至长官部，先见刘斐厅长，继见林蔚次长，后见李、白二长官，立令开至段庄，掩护徐州退却。当即迅速率领本部，不顾飞机轰炸，急向段庄布防。是日形势严重，敌炮竟向我城内不断发射，当晚全线总退却。本师奉令归还第二十军团建制，并掩护第十团重炮十门及第六团野炮一营，夜行军通过沘河，脱离危险地带。

韩庄、泥沟、峄县之战

吴绍周[※]

一九三七年春，汤恩伯的第二十军团在阜阳一带集结，次年春开徐州，参加台儿庄战役，汤恩伯到达徐州后，出席李、白所召集的军事会议，在会上发言强调运动战和游击战的优越性。实际是汤自参加太原、子洪口等战役，通过同八路军并肩作战所得经验，对游击战术亦确有体会，后李、白即就汤自己的建议，决定第二十军团为机动部队，划定台儿庄东北地区归他负责指挥，更基本的经验是扼守运河，巩固徐州。当时以这样庞大的正规军投入运动战，台儿庄这次战役究竟多大，曾引起好些将领的疑义。

台儿庄西面、北面几次较大的战斗是：韩庄、泥沟、峄县、枣庄、临城。汤的军团司令部驻运河南岸郾庄寨，张轸军部亦驻该寨北边村子里，我率第一一〇师驻杨楼，军委会所配属的重炮连亦布置在杨楼附近，归第一一〇师掩护，第八十五军、骑兵师及其他各部均散布在这个区域的运河北岸。汤部第一次战斗是支援滕县，时敌军与川军王铭章部激战，呼援甚急，汤恩伯令王仲廉率第四师、八十九师驰援，出发前，军团部第一次在郾庄寨召开师长以上主管作战会议，军团参谋长万建藩主张直扑滕县敌阵，王仲廉判断在枣庄的敌人兵力较弱，坚持先攻枣庄，以牵

※ 作者当时系第二十军团第一一〇师副师长。

制敌人对滕县的攻势。但当王仲廉在枣庄展开围攻时，王铭章在滕城阵亡，所属部队向南撤退，第八十五军的一部在兴隆庄受敌一次猛烈的袭击，军部被敌人骑兵冲入，王仲廉由水沟逃出。

滕县沦陷后，敌紧随王铭章残部向南追击，并侵占韩庄，该庄在第一一〇师驻地的杨楼正北面，逼近运河，铁桥除时常有我游击部队出入外，无固定军队驻守，被敌人盘踞后，对运河南北岸交通威胁很大，汤恩伯乃决定从周喦的第六师北进监视滕城之敌，并策应枣庄，令我率第一一〇师配合炮兵攻取韩庄。在韩庄作战的十天左右，先对守护铁桥兵力再增加一个连，掩护进攻部队往返过河，利用敌人不敢夜战的弱点，经常是夜间出击，白天隐伏，除韩庄西边微山湖无战斗以外，其余三面每晚均有激战。这里值得一提的，是张轸先任第一一〇师师长时，由豫西带来红枪会的一个梭镖队，并配有大刀、板斧和手枪等武器，他们各有一套神话带有迷信色彩，勇于夜袭，一到展开肉搏，个个拼死不要命，确使敌人无法招架，为之胆寒。他们有时是在步炮兵进攻以后，再打进庄内，有时偃旗息鼓，单由他们秘密袭击，在连续约十天的搏斗中，被梭镖队刺死、刺伤及活捉的敌人不少。不久，枣庄为王仲廉攻下三个碉堡，一个水楼，而韩庄仅一个中队的敌人却始终顽抗不退，同时峄县、泥沟也相继沦陷，周喦在滕县附近又无作为，汤恩伯又召集第二次作战会议，开展运动战。时战地形势是：台儿庄为池峰城的第三十一师驻守，几经激战始终屹立未动；其余滕县、峄县、泥沟、韩庄均在敌人手中，与围攻台儿庄之敌互为掎角；由临城通枣庄的铁路支线点被敌军侵占，但这一区域的广大乡村则均为我军活动范围。汤恩伯针对这一形势，决定作战方针大致是：占领各沦陷据点的外围村庄，不让敌人有活动机会；以部分兵力深入敌后，展开游击战；白天由各师自派小部队四出搜索，主力是昼伏夜动，相机对敌猛袭。具体做法虽与共产党所领导的人民武装不可同日而语，但所搬用的却是游击战术中"敌进我退，敌退我追"等方针。汤恩伯嘴里经常说"既是运动战，又是游击战"。至于部队作战地区，无固定分配，大致是第十三军靠近运河北岸，第八十五军进入临城枣庄附近，第六师及骑兵师之一部出入峄县、泥沟间，其余第二师、二十五师在兰陵地区。关麟征曾在抱犊崮驻守很久，作战情况不明。在王仲廉率第八十九师由峨山向台儿庄移动时，郑洞国亦率第二师从右侧面齐头并进，在整个晚上的行军中，突于拂晓与敌人骑兵遭遇，当即以两个师的兵力将敌骑围困在一个村子里，并予以全部歼灭。

汤部依据上述的战术指导，经过约两个月昼伏夜动的东奔西跑，占用兵力达八万人以上，除迫使敌人龟缩在所盘踞的城镇没有猖狂进攻外，一大片战场却始终处在胶着状态，对台儿庄整个战局不起积极作用，当时的紧急任务是支援台儿庄的战斗，汤恩伯始决定同第一一〇师攻取泥沟，再集中兵力对峄县展开攻势，经池召集张轸和我等研究后，提出"明攻峄县，暗取泥沟"的计策。第一一〇师出发时，先令廖运周的第五五六团在白天前进（平日大部队均夜间行动），并直趋峄县，我率主力晚上出发，张轸亦率骑兵一个营参加指挥。廖运周到达峄县东南面，与原在该县周围的第六师联络，提前在下午对峄县佯攻，主要是集中炮兵猛烈轰击，夜间设疑兵，到处纵火，我到晚上按预定部署向泥沟展开围攻，经过一整晚的冲杀，迫使敌人向峄县溃退。泥沟克复的当晚，我发现台儿庄外围之敌亦有撤退模样，因电话时常中断，对军团部无法联络，乃派员驰赴台儿庄通知池峰城，并告继续进攻峄县，池得到通知后才发现他周围的敌人亦乘夜同时向峄县撤退。

接着的任务是仍由张轸率第六师、一一〇师攻取峄县，该县敌军约一个大队，加上由泥沟退却之敌和炮兵部队，亦不足两大队人。其指挥官为一白须着道服的老头，在居民和士兵中间流传不少神话。先是第四师两次进攻，不克；在台儿庄解围和泥沟收复以后，汤恩伯乘敌人动摇及我军士气稍振机会，责令张轸限期攻克。我们的兵力部署是：第六师攻东南门，并负责攻天柱山敌炮兵阵地；第一一〇师攻西北门，罗芳珪团攻东北门，另配合骑兵为机动部队。在部队开始集结时，第六师所属陈团被敌炮火轰散，陈团长中弹阵亡。周喦要求张轸将原定的总攻时间延缓一天。我们连续攻击两个整夜，伤亡惨重，敌军在其优势的炮兵掩护下，继续顽抗。第三天，张轸召集团长以上部队长临时开会，责令第六师以足够兵力提前在下午先将天柱山敌炮兵阵地摧毁，攻城部队亦将夜战时间提早，争取在限期已届的当晚克复峄县。会后，罗芳珪回到团部，与副团长李友益查阅地图，竟被敌炮弹击中，两人同时殉职。是晚各部队继续战斗，天柱山在战斗不久为第六师攻下。

韩庄之敌，由第一一〇师分出部分兵力配合红枪会的梭镖队监视未动，其他各部队仍同以前一样，白天避战，晚上游击，目的在于扰敌诱敌，相机聚歼，每晚出发，无计划，无目标，形成了盲目行动。

台儿庄大战是抗日以来支持较久的一仗。后汤恩伯军团奉命向许昌转移，我率第一一〇师掩护重炮部队撤退，在河南行军途中看到各地祝捷标语，才知台儿庄大捷的影响是颇大的。

台儿庄会战中的 "翼" 字军

廖运周※

一九三八年，原国民党第一一〇师参加了台儿庄会战。由于该师师长张轸字翼三，全师官兵的左臂上都戴着蓝底白字的 "翼" 字臂章，所以，当时人们就把这支队伍叫作 "翼" 字军。会战中，"翼" 字军主动出击，十分骁勇，在侧击、追击敌人，破坏敌人通信联络，捣乱敌人后方，掩护我大部队转移的战斗中，发挥了重要作用，荣立了战功。

临战之前

第一一〇师是由国民党独立四十六旅、东北军骑兵旅和豫北师管区三支队伍，一九三八年一月在河南焦作合编而成。豫北师管区司令张轸任师长，王晓民（后为吴绍周）任副师长，秦鼎新任参谋长。该师辖第三二八、三三〇两个旅，四个团。第三二八旅是以原独立四十六旅为基础改编的，辛少亭任旅长，鲍汝澧任六五五团团长，我任六五六团团长。第三三〇旅是东北骑兵旅与豫北师管区合并的，旅长李世勋，第六五九团团长王振淮，第六六〇团团长张雪平（继烈）。师部和直属部队由原师管区调充，还有汤恩伯从第十三军派来的两个营。

※ 作者当时系第二十军团第一一〇师第三二八旅第六五六团团长。

这个师的成分虽然比较复杂，却有着良好的传统和作风。独立旅的前身是抗日同盟军，骑兵旅在东北军时也曾参加过对日作战，第十三军来的两个营还参加过南口抗日。师管区的部队，曾在辉县组织集训队，宣传抗日战争的重要意义，讲授抗日游击战争的战略战术。在孝义集训干部时，张轸亲授抗日救国十大纲领。还成立了一个抗日救亡社，组织了有数百名男女青年参加的宣传队，这些队员和一批比较进步的官兵，成了部队的骨干力量。第一一〇师的军纪也比较严明，记得我们到达运河南岸进入守备阵地的时候，运输连一个班长掀开了群众的红薯窖，拿了红薯，引起群众不满。张轸师长知道后，尽管我们大家一再劝阻，他还是命令运输连严惩了这个班长。此事在当地群众中引起了很大震动，由此对"翼"字军更加热爱，军民、军政关系搞得不错。这些，为该师参加台儿庄会战打下了良好的基础。

一九三八年二月，第一一〇师按照第二十军团司令汤恩伯的命令，由许昌开赴安徽蒙城做第五战区的机动部队，集结待命，准备参加保卫徐州的大会战。三月初，日军沿津浦路南下，三月下旬进攻津浦线上的韩庄和临、枣、台支线上的台儿庄，图谋包围徐州。三月十五日，第一一〇师奉汤恩伯的命令由蒙城经宿县开到了徐州北的贾汪、柳泉、利国驿地区待命。听说要打鬼子了，全师官兵摩拳擦掌，精神振奋。在利国驿、柳泉车站，补给了武器弹药和其他军需品等大量物资，尤其四川省给我们送去了很多榨菜等食品，这在市面上都很难买到。很多官兵领到手里激动得热泪盈眶，都表示："如果我们不消灭日本侵略军，就对不起全国人民的关怀和期望，就无颜见家乡父老！"

贾汪会议

到达利国驿的当天夜里，全师团以上干部被召到设在贾汪的师部开会，师长张轸指着墙上的军用地图，分析了敌我双方的态势。

他说，三月以来，津浦路北段之敌已有夺取鲁南要地、进窥徐州之企图。自三月十四日起，敌第十师团濑谷支队约两万人，从津浦路正面两下店向我第二十二集团军发起攻击，十五日突破了该部正面界河和右翼香城之线。之后，该敌兵分两路，一路以步兵第十联队为主力，直趋滕县县城；一路为步兵第六十三联队，向南迂回绕过滕县，于十六日到达沙河，继续向临沂、枣庄之线进犯，有攻占韩庄、台儿庄、运河之线，威胁徐州之企图。十七日，我守滕县县城的师长王铭章率部与敌进行反复激烈的争夺战、巷战，十八日该城陷敌，王师长殉国。敌第五师团坂本支队进犯临沂，于三月十九日被我庞炳勋和张自忠两军合击，敌溃不成军，临沂大捷，从而粉碎了该敌南下增援敌第十师团之企图。

张师长又介绍说，我汤恩伯军团于三月十五日由归德开往滕县增援，第八十五军先头部队于三月十六日在河南沙河、官桥附近与敌遭遇，未及增援滕县。滕县失守后，敌军主力继续南犯。汤恩伯军团第五十二军扼守运河南岸，第八十五军在峄县与敌交战后，即转移到峄县附近山区。

他传达了战区的命令：一、孙连仲第二集团军第三十一师渡过运河扼守台儿庄要点，另派一个师与张轸第一一〇师衔接，据守运河南岸；二、汤恩伯军团第八十五军秘密向枣庄东北山区转移，准备从北面向敌侧背进攻。第五十二军将守运河南岸的任务移交给张轸的第一一〇师接替完毕，秘密向东过运河绕道北上，到枣庄以东郭里集与第八十五军配合，侧击南犯之敌；三、张轸第一一〇师接替第五十二军守韩庄附近运河南岸的阵地，右翼与孙连仲部的守备部队衔接。

张轸师长命令我们：第三二八旅为第一梯队，二十日接替韩庄附近运河南岸的防御阵地，以第六五五团为右翼队，我的六五六团为左翼队。第三三〇旅为第二梯队，控制在贾汪迤北高地前沿，构筑防御工事。

他还要求我们：一、限三月二十日夜间接防完毕，接防前派小分队和侦察队监视敌人之行动；二、二十一日派谍报队深入临城、枣庄、峄县附近活动；三、黑夜加强防御工事，特别要增挖前后方的交通壕；四、密切注意韩庄车站敌之动态，组织火力消灭向韩庄增援之敌。

回头说几句，我师在蒙城的时候，曾与地方政府联合宣传抗日，动员参军；邀请该县知名人士钮玉书为师部秘书，参加政治部宣传工作；他发动地方武装五百多人组织武工大队，配合部队进行打游击训练；还在地方组织了一支二百多人的谍报队，他们当中有开饭馆的，有小商贩，有卖唱说书的妇女，甚至有青、洪帮，三教九流，各色具备。当时，这些人也抱有杀敌报国之志，又不容易被敌注意，在敌后活动频繁，战斗中为我师提供了许多意想不到的可贵的敌方资料和情报。

运河南岸

根据我们师的成分和装备情况，战区给我们的任务就是守备运河南岸。我们于三月二十日夜间接守了韩庄附近运河南岸的阵地。天很黑，阵地上静悄悄的。友军第五十二军给我们每个营都派来了向导，带着我们先接替了运河北岸的警戒点，然后进入南岸的战壕。大家秩序井然，鸦雀无声，一直未被敌人发觉。战壕深、宽均为两米多，作战需要的设施齐备，掩蔽部也比较坚固。友军向我们介绍说，夜里阵地上严禁烟火，即使划一根火柴也会被对面敌人发现，前几天就因为有人吸烟被敌炮火打死打伤不下十多人。所以，我们更不能在战壕里做饭、烧水了，只得趁白天在后方山区把饭菜做好，夜间送到战壕里，送来一次够吃一两天。即使这样，有一天在利国驿通往我们团部的路上行走的我方掉队人员和车马，还是被敌人发现，引来了一阵炮火，被打死打伤十多人，我团部驻扎的村庄也被轰击了半个多小时。张轸师长亲临我团部询问情况，要求我们人马车辆白天不准在通往前沿及车站附近的开阔地上行走；连夜挖掘通往前沿的交通壕；速派谍报人员到临城、枣庄、峄县查清敌军番号、兵力及动向；各团均在运河上设两个渡河点，并加强火力掩护这些渡河点。

我们师并没满足于完成守备运河南岸的任务，站稳脚跟后就开始了主动出击。三月二十二日，为了进一步摸清敌情，我派出一个加强连开到距运河北岸七八里的几个村庄进行火力侦察，驱逐了一些由临城到韩庄沿线据点出来捉鸡抢狗的零散之敌，掌握了敌人的一些动态。第二天，到峄县活动的谍报队员们也回来了。他们报告说，枣庄之敌被我第四师攻下了三个碉堡，炸毁了中兴公园的水塔。敌主力已向峄县集中，逼向台儿庄。因此，我第四师也向峄县活动。张轸命谍报人员继续与第四师保持经常联系。二十四日，鲍汝澧的第六五五团奉命向獐山、北洛方向侦察，我带六五六团向临城附近的一个车站威力搜索，以便主动向敌人发起进攻。是夜,武工大队对韩庄车站发起围攻。他们只有两挺轻机枪,队员大都以红缨枪、大刀为武器,但每个人都有一套武功,而且不怕死。记得队员中有个姑娘女扮男装被我发现后,还让我保密,也参加了战斗。他们很快攻占了车站外围,迫使敌人钻进票房,又钻进车站地下室。那都是敌人的防御工事,非常坚固,除门窗等对外枪眼外,别无他孔可通。武工队就用红缨枪往门窗里捅,里边的敌人用马刀把红缨枪杆斫断。车站虽未攻下,但武工队却缴获了大批敌人的物资,于拂晓前回到了运河南岸,大大鼓舞了我军的斗志,大灭了敌人的威风。

白山西战斗

二月二十四日,敌主力向台儿庄发起攻击,其后方峄县城内只有少数车辆运输弹药向前方补给。为了策应台儿庄作战,张轸师长命令我们第三二八旅抽调两个营,相机夺取獐山,截断敌后方之交通线,并派一个连到峄县截击敌之辎重车辆。

我们于黄昏后渡河,由旅长辛少亭亲自指挥向獐山秘密前进,于夜里十一时到达了白山西庄。白山在獐山西北,是个椭圆状的孤山。东北接近峄、台支线。山的东北面是个缓坡,西面坡陡,山脚下有个百余户人家的村子,就是白山西庄。敌人只注意攻击台儿庄,在运河北岸特别是峄县附近未派部队警戒,所以,我们很顺利地到达了獐山附近山区进行侦察,熟悉地形,直到白山附近也未与敌人遭遇。天明后,敌辎重车马五十多辆由峄县南向台儿庄运动,我们猛攻下去,敌弃车而逃。这时,北洛方面的敌人发现了我们,第一批约二百多人向我们发起攻击,双方展开了激烈的战斗,在山脚下的无名村庄反复争夺。

我正在指挥作战时,几位穿着整齐的草绿色军服的女青年来到团指挥所,齐刷刷地站在我的面前:"报告团长,还认识我们吗?我们从孝义调到鲁山集训毕业啦!现奉命前来做战地服务工作。昨天我们见到了张师长,听说您这个团打得很漂亮,特来看您!"我一看,原来是曾在我们师搞过抗日救亡宣传工作的青年学生,她们一边唱《我的家在东北松花江上》一边流泪的情景犹在眼前。我很高兴,却又批评她们不该到阵地上来。正说着，五六架敌机飞来投下了许多炸弹，指挥所被炸塌了，瓦砾纷纷落下。她们立即扑上来掩护我，并把电话机搬到了桌子底下，我就在桌下与各营通话联系。敌机轰炸后，前沿阵地仍在激烈地战斗。我到山上命令第三营派第九连占领制高点，掩护第二营正面的兵力向山腰撤退，占领第二线有利地形，诱敌前进，两翼部队分两侧疏散隐蔽。当敌人进到我阵地前，三方面同时合击，敌伤亡过半，畏缩不前。过了一会儿，敌在峄台公路上的炮兵向白山东坡倾泻过来密集的炮火，霎时山崩石裂，烟雾弥漫。接着，敌人又派出第二批步兵五百多人向我猛攻，我团第二营营长鲍汝锐头部中弹阵亡，五连连长杨世忠、排长李树荣先后负伤。第九连据守的制高点阵地稳定，没有伤亡。我马上派第三连从左翼山北坡增援。敌人已到了山腰，我第三营立即向山腰敌人侧背冲去，敌人纷纷向南侧运动。我又派第三连从右翼山脚向敌后背集中射击，使敌前后受到夹击，死伤惨重。接着，第九连和第二营向敌出击，居高临下，投出了一批手榴弹，机枪更是拼命扫射，敌人已支持不住，弃尸大败而逃。我们缴获了十挺轻机枪，八十多支步枪，十三把战刀，手枪多支，这些都装备给了武工大队，队员们真是乐不可支。

这一阵拼杀真可谓惊心动魄。那几个青年学生见到在这样血肉横飞的时候，我一面沉着指挥作战，一面很坦然地与他们谈话，有的激动得流下泪来。黄昏，敌人全部撤退了，我派人把她们送回了师部。行前，她们戴上士兵们刚刚缴获的钢盔，一齐向我举手敬礼，十分英武可爱。没几天，她们就写了一篇报道，把我们团在这次战斗中的表现，大大褒扬了一番，"翼"字军的名声大振。回到运河南岸，张轸师长也给我们打来了电话表示嘉许，使我团官兵深受鼓舞。

由于我们这次主动出击，有力地配合了台儿庄方面我对敌作战，使敌分散了兵力，放缓了对台儿庄的进攻。我们在白山西还烧毁了敌人的弹药库，捣乱了敌人后方，给敌造成很大威胁。谍报人员回来说，敌人再也不敢小看"翼"字军了，说我们这支部队像只乌鸦，飞到哪里，哪里的"皇军"就倒霉，真是"不祥之鸟"。我们就是这样不断出击，几乎每天都有所获。台儿庄方面的友军说，我们在后面攻一攻，他们就会松一松，因而一再感谢我们。

峄县、枣庄运动战

三月二十七日至四月四日，台儿庄战事达到了白热化程度。我们在运河南岸的阵地距台儿庄不过十几公里，不断听到那边密集的枪炮声，夜晚还不时看到那边漫天的火光。一天，从临城和枣庄回来的谍报人员说，日军已攻占台儿庄大部地方，敌我连日进行巷战。敌方伤亡惨重，连非战斗人员都补充了上去，后方又没有增援的部队。如果我们出兵峄县，捣其后方，敌必定从台儿庄撤退。我向张轸师长提出了出击峄县的建议，以第三三〇旅接替第三二八旅守备运河南岸的任务，第三二八旅到运河以北相机攻击峄县和枣庄附近之敌。师长赞同我的意见。

四月一日，第三二八旅渡河占领了峄县西南面十多个山区村庄，日夜进行侦察，发现峄县城内只剩下接运尸体和运送弹药的百十辆马车，十分空虚。四月二日下午，敌人对我们进行了轰炸，但我们并未撤退。晚上，我派陈银贵连长、左虎排长带领五十多人组成突击队，偷袭了峄县北门外的汽车站一个大院，把敌人的弹药库及装好弹药的车辆浇上汽油点燃，爆炸了两个多小时，一度中断了敌人由枣庄、峄县向台儿庄的弹药输送。记得张轸师长打电话跟我说，敌人整整一天没有补充上炮弹，几乎停止了对台儿庄的炮击。他下令对突击队员每人奖赏五十元钱。

四月三日上午，我们抬着云梯向峄县县城发起了进攻。到达城南门附近还没打，城里的残敌就向城东北逃窜。中午，敌五六架飞机向我们扫射，北洛的敌军也向峄县增援，我们掉转兵力迎了上去。鲍汝澧的第六五五团派出一个营击退了来敌，还破坏了敌人的通信联络。接着，临城方面之敌又派出二百多人，在空军的掩护下，分两路向我围攻。我派了两个连向枣庄附近佯攻，诱敌向东北方向转移兵力；又派第二营从左翼猛攻来敌，使敌猝不及防，大败而逃。枣庄之敌恐慌万状，不敢轻易外出。我们又一次取得了可喜的战果。

全线反攻和追击战

四月六日，张轸师长传达了战区命令要旨：进犯台儿庄之敌，经我英勇抗击，伤亡惨重，腹背受击，后无援军，弹药不济，有向枣庄、峄县地区撤退的动向。我军自六日起向敌全线反击。一、命张轸第一一〇师和第三十军第三十师立即渡过运河，由西向敌背后的泥沟附近进攻，截断敌之后方联络线，乘胜追击；二、汤恩伯军团主力从东威胁敌侧，向枣庄地区追击；三、曹福林部从北面截击敌后方交通线。

我团于六日夜间，经白山、獐山之间，向泥沟猛攻。第一营攻占泥沟以北公路两侧的辛庄。天明后被敌发觉，獐山守敌向我打来密集炮火，并以坦克掩护步兵，向我第一营包围。营长王韵泉将主力撤守白山附近占领阵地，可是第一连的张明山班却被冲散了，与大队失去了联系。他们只带了一挺轻机枪，冲进了公路边的一个小寨子。寨内有座三层的碉堡，他们钻到里边。敌人用炮击，又派一百多名步兵围攻，打了一天也没攻下这个碉堡。第二天上午，这个班弹尽粮绝，宁死不降，士兵全部战死，张明山最后自杀殉国。敌人见了，也十分感动，在那里立了一个牌子，上面写着："中国的英雄班。"这一班弟兄真是死得壮烈！

四月七日，战区司令长官李宗仁下达了向敌追击的命令。那时，台儿庄的敌人已退到了峄县、枣庄地区，在獐山、天柱山、黄山和峄县迤东地区重新组织力量，固守待援。我师追击敌人越过枣庄、峄县间的交通线，直至邹坞、枣庄东北山区，突破了敌人的封锁。这期间，我们曾攻下了敌人占据的一个山头，开始只靠步兵，攻到山腰就被敌人打了回来。我团常海亭副团长在东北军时当过炮兵连长，是个神炮手，他亲自用迫击炮轰击山上敌人占据的石寨子。我们终于攻下了这座山。四月十日，第三二八旅旅部和我团占领了峄县西南的一个小村子。敌坦克攻了过来，我们就用高粱秆裹上棉花，再浇上汽油点燃，阻敌前进。黄昏后，敌人用平射炮向我们射击，一发炮弹打进了指挥所，旅参谋主任魏琳的腿被打断，我的脚也被打伤，我们被敌人包围了。张轸师长马上命第三三〇旅旅长李世勋、参谋主任张大错组织一个连的敢死队前来营救，才使我们脱险。

在这半个月的时间里，敌我形成了对峙的局面，大批敌人从南北增援，东西会合，截断了陇海线，形成了包围徐州之势。面对这种局面，战区只好调整部署：一、命孙连仲部主力附周嵒第七十五军、张轸第一一〇师，在高皇庙、峄县迤南之线，占领纵深据点、阵地，持久抵抗，并控制有力的预备队于南洛、北洛附近；二、孙震第二十二集团军守备韩庄南面的运河；三、汤恩伯军团控制于大小良璧机动；四、樊崧甫部集结于贾汪附近。

我师加强了对据点的守备，并派人深入枣庄、峄县附近，有的以白山为重点，在金陵寺望仙山迤东山地活动，与敌犬牙交错。张轸师长命令组成了爆破组、阻击组、游动炮兵组，常海亭副团长为神炮指挥官，协助步兵集中迫击炮轰敌在山头的石围子，摧毁了敌人五个小型据点。别动小组群专门利用夜间潜入枣庄、峄县内部进行破坏，敌人有线通信随时被我破坏，其交通已处于瘫痪状态。

尾声——九里山掩护战

由于我方配合不力，战局急转直下，我军本来在台儿庄获得大捷，结果还是以撤离徐州告终。五月十二日，张轸师长参加了台儿庄会议回来介绍说，淮北蒙城之敌北窜永城，鲁西之敌分别攻陷丰县、沛县、砀山县，并向徐州南进；命汤恩伯军团主力在徐州迤西孤山集结部署，向淮北来犯之敌进行反攻；命张轸第一一〇师速过运河，经贾汪进驻徐州市内，占领九里山，掩护部队转移，交通要道由该师控制。

我团遵照张轸师长的指示，于十三日拂晓前占领了九里山阵地。我视察了工事后深感痛心，所谓很完备的国防工事，不过只有几处钢筋水泥的机枪掩体，而且只有向北的射击孔，连步枪掩体和交通壕都没挖掘。临时构筑工事，山石难挖，我们只好占领制高点和其他有利地形，把部队控制在隐蔽的地方，避免敌机轰炸扫射。上午九时以后，几架敌机不间断地对我阵地扫射、投弹，部队未遭伤亡，徐州市内秩序尚好。几十万大军依次撤退，的确不易。黄昏时分，传来敌装甲车部队窜到陇海路上的黄口车站，李庄铁路已被破坏的消息，徐州市内一度混乱，但由于我们掩护得当，次日，撤退的秩序又稳定了下来。

五月十七日，敌人向韩庄运河和台儿庄全线进攻。我师奉命在萧县、三浦附近集结，掩护机械化炮兵团经宿县、涡阳突围，向周家口、漯河转进，九里山阵地由孙连仲派部接替。我派钮玉书秘书带武工大队和搜索队，先到濉溪镇找宿县区长兼大队长王燮亚，请他协助侦察，架设桥梁，布置团队掩护炮兵团转移。我们还与蒙城、涡阳团队进行了联系。同日，敌机不间断地在萧县附近低空扫射，并继续沿着我们的行进路线向徐州增兵。我们幸未与敌人遭遇。炮团团长吕国桢与我是黄埔同学，担心炮车渡河困难，非常焦急。我让第一营挑选两个连负责掩护炮团，派工兵连跟炮团行进，逢河搭桥。敌人白天通过浍河、涡河时在河上搭设了铁板桥，而且晚间无人看守，我们就掩护炮团夜里在敌人搭设的铁板桥上，顺利地通过了这些河流，我师和炮团都没一点损失，还收容了不少失散的官兵和志愿参加抗日的青年学生。通过涡阳，武工大队离开我们回到蒙城地方政府去了。我师出色地完成了掩护机械化炮团转移的任务。军令部对我师官兵都分别记了战功，并发给了我们十万元钱的奖金。第一一○师到达河南唐河整编时，只剩下一个旅的兵力，在这次会战中伤亡了五千余人。我们重整旗鼓，又投入了新的战斗。

第五十一军增援台儿庄作战记

曹宗纯[※]

一九三八年四月上旬台儿庄大捷后，为了防备敌人的再次反攻，保卫战斗果实，第五战区司令长官部，从其他战场抽调作战部队增援台儿庄，加强战斗实力，以迎击敌人卷土重来。

原防守在津浦铁路南段固镇至五河之线的于学忠第五十一军（欠步兵一团和山炮兵一营），于四月中旬奉命开往台儿庄参加战斗。固镇防务交由桂军李品仙部接替。我们是用火车输送到台儿庄集结的，俟部队到齐，摸熟情况，稍加整顿后再行参加战斗。

本来我们计划在陇海铁路台枣支线车辐山车站下车的（距台儿庄站约二十里）。因敌人板垣、矶谷、土肥原等师团和伪军李守信部由燕山、红瓦屋屯以及峄县等地，向我大举反攻，当时邳县东北大小良璧之线，兰陵镇附近，没有兵力防守，成为真空地带，情况十分紧急。我们第五十一军乃改由台儿庄车站下车，立即参加战斗。第一一三师第三三七旅第六七三团于当日下午二时下车，即刻接受任务，在兰陵镇东西之线占领阵地，拒止敌人。当天夜里即与敌人激烈战斗，敌人凶猛地向我阵地进攻。

在增援台儿庄战役之前，第一一三师第三三九旅第六七七团和军属

※ 作者当时系第五十一军第一一三师第三三九旅第六七八团副团长。

山炮兵营，由旅长梁忠武率领，已参加临沂和韩庄战役去了。第一一三师第三三七旅第六七三团是开往台儿庄的先头部队。全军的兵力部署是：第一一三师在兰陵镇（不含）以东庄家堂之线占领阵地，拒止敌人；第一一四师在兰陵镇及其以西之线占领阵地，拒止敌人。第三三七旅第六七三团接一一四师第三四〇团右翼在兰陵镇以东几个村庄附近占领阵地。第六七四团为旅预备队，同时该团车运尚未到齐。第三三九旅第六七八团为师（一一三师）预备队控制在庄家堂西北和崔家圩以北各村庄待命。

因为我们刚下车，战斗情况不完全了解，不清楚当地和周围地形，再加缺乏警惕和防范，当天夜里受到很大损失，而且部队因逐次填补火线，被敌各个击破，后续部队尚在车运中。

我们接防不久，敌人即向我阵地大举进攻，战斗甚为激烈，双方都有很大伤亡，兰陵镇受敌压力较大。第二天和第三天的战斗，敌人陆、空军配合，飞机大炮掩护步兵进攻。尤其敌人的飞机整天不断地轰炸附近村庄，第六七三团第一营指挥所被敌机发现，丢下重型炸弹数枚，死伤人员马匹不少，全团逃散人员也很多。当天夜里第三三九旅第六七八团团长张炳南给我电话说，郁庄附近几个村庄有我团的散兵三四百人，我当即率人将其全部收容，带回团部并送其归连。当时前线上的战斗是非常紧张的。

兰陵镇势在双方必争之地，由于第一一四师后续部队到达得较快，该地我方兵力较占优势，敌人几次进攻遭顿挫后，逐渐向我右翼延伸，企图由右翼包围我。我第一一三师第三三七旅为减轻第一一四师守兰陵镇部队受敌的压力，命右翼部队第六七三团第一、三营战斗到第四天拂晓前向敌人进行反攻。但敌人顽强不退，进展不大。我伤亡人员也不少，第二连连长傅某（名字记不清了）和第三连连长崔庆剑均负重伤，也有不少排长伤亡，暂在到达之线固守。

第六七三团战斗到第七天时，师为了部队休整，更好地进行战斗，乃于夜间调防，换为旅预备队，位置在崔家圩子及其附近各村。第六七四团接替第六七三团阵地，即行参加战斗。同时，我师属骑兵连，在我阵地右前方向敌阵地搜索时，遭敌优势骑兵袭击，追到我阵地前，步兵参加战斗，才将敌骑击败，我骑兵连的伤亡约有一个排。第六七四团接防后，战斗到中午，团长张儒彬腿部负伤，接着全团即退到我预备队位置的后方。第六七三团正在休息时，因情况紧急，又变成了第一线，复又与敌人战斗。敌人用坦克大炮掩护步兵向我猛烈进攻，我既无战防炮，也无山野炮，只有八一迫击炮和三七平射炮（没有穿甲弹，只能打敌机枪和步兵），亦无能为力。战斗两小时后，全团不支，也撤退了，满地遍野皆兵，没有完整的队形。第二营营长崔鹤鸣腿负重伤不能行动，然后用手枪自杀身死；第六连连长王仲陶因负重伤在野地里爬了两天，被第六十军前进部队搜索兵发现给营救下来。当战斗正激烈时团长申恩普离开阵地，我见他走，问他做什么，他说我去侦察阵地，你在这里指挥，没有我的命令不能撤退。因此，主官一动，全线动摇，全团就由崔家圩子退了，秩序很乱，官找不到兵，兵也找不到本连的官。后来第一营的营长赵桂枕来到我跟前说，赶快想办法！我和他就在涛沟桥将队伍截住，令赵在桥头上堵截未过桥的散兵，不准其再过桥，我将已过桥的散兵圈回，全部收容起来，令其各归本营、连，暂时稳住了阵脚，这是当天下午二时左右的事情。在午后四时许，团长申恩普又乘马回来，我当即将队伍交给他，并向其报告了战斗经过。后来听说军长于学忠在战况紧急时，亲率大刀队一班，前来运河北岸督战，见到逃亡官兵就杀头。

　　第五十一军在战斗紧急和撤退时，右翼友军第六十军正由台儿庄经螳螂庙向庄家堂前进，其先头部队已和追击我们的敌人遭遇。因此双方就比较轻松了。第六十军一鼓作气攻到了崔家圩子附近，主力进到庄家堂。但当天损失也不少。此后，敌我主力作战就转移到第六十军方面。我们五十一军在涛沟桥之线，第六十军接我右翼在丁家桥和禹王山之线与敌人相持不下。第六七三团由崔家圩子退下来时，敌人并未追击。涛沟桥之所以能站得住，确实是得力于第六十军的援救。否则，台儿庄就要丢掉。

　　敌人受到第六十军阻击后，也有很大损失，因此，敌即转移兵力，进攻兰陵镇。我第一一四师第三四二旅守兰陵镇的第六八四团，遭到敌人的强大压力，将兰陵镇丢失一半，与敌人隔墙相持，构成胶着状态，谁也夺取不了谁的阵地，一直相持到台儿庄的撤退。

　　第六十军参加战斗后，给敌人以沉重打击。禹王山和火石埠（禹王

248

山下）之战，打得最为出色，任何友军是不能与之比拟的，火石埠与兰陵镇的状态一样，敌我各占一半，隔墙相持。

禹王山之战敌军投入极大的力量，每天都要进攻几次，敌炮兵集中火力向禹王山阵地射击，不下一二千发，当时守军士气旺盛，给敌人以沉重打击。第六十军守禹王山二十多天，阵地没有一点丢失，但王文彦的第一〇四师掩护六十军在禹王山撤退，不到一天工夫，就被敌人击溃了，这样，就影响了全部战局，无法挽救，使全军不得不提早撤退。

第六十军在这次战斗中非常出色。如禹王山阵地的固守，从其参加战斗到撤退，我是亲眼目睹的。因我们与第六十军部队接邻，天天有联络。

台儿庄战役中，当地百姓损失严重，城内没有一处完整的房屋，城郊三十里内也没有一个完整的村庄，不是被敌人烧毁，就是被敌炮弹打坏，到处是死人气味，苍蝇乱飞，满目凄凉。

台儿庄撤退是徐州战场总撤退的一部分。第五十一军是台儿庄撤退中的殿后部队，第一一三师第三三七旅第六七三团是撤退时的掩护团，并担任后卫警戒。

本来在撤退前三天，黄口车站已失守，第五战区司令长官李宗仁正在准备撤走，我们也做了转移的充分准备。台儿庄之战线，计划于五月十八日夜撤退，但由于第一〇四师禹王山的失守，而改于十七日晚就全线撤退了。当时情况非常紧急。我们撤退时，敌人已绕到燕子埠（运河西南方，距台儿庄城约十五里），与我们没有接触，安全地撤出战场。运河上的浮桥，是我指挥工兵连破坏的，敌人没有追击。但于第二天（十八日）走到梅村附近时，看到老黄河滩方向（黄河故道，梅村西南），敌机十余架轮番轰炸我行李车队，辎重弹药、行李完全损失，仅机枪弹和步兵弹就有三百多万发，人员死伤也不少。我们夜间路经其处时，尚抢救出负伤人员三四名；同时看到徐州城郊到处是烟火和逃难百姓。

空军参战追记

陆光球※

　　八年抗战，是中国人民抗御外侮，保卫国土，争取生存的全民族战争。在这场战争中，全国各爱国党派、爱国军队、爱国人士，在抗日民族统一战线政策的影响下，同仇敌忾，共赴国难，投入了轰轰烈烈的抗日行列。当时，广西空军，就是其中一支抗日爱国军队。在国难当头，民族危亡之际，毅然接受统一改编，膺起抗日救国大旗，奋起参战。在八年的岁月中，年轻的飞行员、机械员纷纷奔赴前线，转战南北，流血流汗，乃至献出宝贵的生命，为祖国的生存尽忠，为民族的尊严尽节。在全国人民抗日战争的史册上，留下了光辉的一页。

　　卢沟桥事变的炮声，揭开了中华民族全面抗战的序幕，国共两党重现合局，全国人民看到了希望，增强了信心。抗战伊始，我以一个壮族青年投身于全民族的抗日行列，感到十分光荣。每回首往事，甚感无限欣慰，"前事不忘，后事之师"，愿对自己在广西空军的经历，略作追记，借以缅怀先烈，勉之自己，激励后人。

　　※　作者当时系中央空军第三大队第八中队队长。

改编抗日，初获战果

三十年代广西办起了地方空军。当日本侵略者扑来，危及国家、民族利益的时刻，广西空军于一九三七年七七事变后被改编为中央空军，北上抗日。

广西空军是新建的军队，它的飞行、机械人员平均年龄不过二十三四岁，真乃风华正茂，血气方刚。多数人对国家、对人民、对民族有着美好的理想与愿望，面对日军的入侵，无不切齿痛恨。听说要北上抗日，个个欢欣鼓舞，所以都心甘情愿接受改编。广西航校并入中央航校，飞行部队改编成：

一个驱逐机大队（番号为空军第三大队，顶替抗战开始已消耗殆尽的原中央空军第三大队番号）。大队长：李凌云（灵川县人，空军少校，广东航校三期毕业）。

驱逐机第七中队。队长：吕天龙（南洋华侨，原籍陆川县，空军中尉，广西航校一期毕业。曾留学日本明野陆军飞行学校）。

第八中队。队长：陆光球（壮族，田东县人，空军中尉，广东航校六期毕业，曾留学日本明野陆军飞行学校）。

第三十二中队。队长：张柏寿（云南人，空军中尉，广西航校一期毕业，曾留学日本明野陆军飞行学校）。

一个独立轰炸机中队（番号第三十四独立中队）。队长：邓堤（龙州人，空军中尉，广东航校六期毕业）。

每中队有飞行人员十一至十五人。改编后每人的级别都比原来的降低一级，但人人心中只考虑如何为国杀敌，对此无足挂齿。

一九三七年九月，第七、八两个中队奉命开赴湖北襄阳机场，接受苏联飞机的飞行训练，准备接收苏联飞机参战。为了确保将来空战的胜利，空军领导机关委派吴汝鎏（广东人，空军少校，广东航校三期毕业，曾在广西空军任过中队长）为大队长，李凌云则调任幕僚工作。

飞行部队改编完毕，除第七、八两中队调离广西移驻襄阳外，第三十二中队移驻南宁，第三十四中队仍驻原地桂林。

一九三七年十二月，某日拂晓，第三十二中队按计划照常练习飞行。突然间，上空出现四架来路不明的怪机，机身下面有两个浮筒（水上飞机），断定是敌机，机场发出紧急空袭警报。副队长韦一青（容县人，空军中尉，广西航校一期毕业）当时在地面，立即起飞迎敌，其余在空中练习的分队长韦鼎烈（融县人，空军中尉，广西航校一期毕业）等也齐奔敌机迎战。由于我机破旧与敌交火先后不齐，等到各机都加入战斗时，飞行员蒋盛祜（灌阳县人，空军少尉，广西航校二期毕业）已被围攻中弹阵亡，殊为痛心。

我机速度虽慢，但飞行员斗志昂扬，采用缠斗方法，以时间换取速度，于是韦一青、韦鼎烈等纠缠敌机不放，想等到敌机油量耗尽，迫降我境。敌机不敢恋战，加大速度俯冲脱离战斗，其中一架已被击伤，尾曳白烟，向北部湾方向逃遁。

一九三八年一月，七、八两中队训练完毕，奉命到兰州接收新飞机。当时苏联援助的战斗机有"伊－15"式和"伊－16"式两种，均为单座战斗机，安装有固定式机枪四挺，火力相当强大。"伊－15"是双翼机，最大时速三百六十公里，留空时间两小时三十分钟，最适于缠斗。"伊－16"式是单翼机，起落架可以收缩，最大时速四百公里，留空时间两小时，适于追击。这两种飞机和当时日寇的"九五"式和"九六"式战斗机性能相仿，不相上下。七、八中队都装备"伊－15"式战斗机，准备担任空防任务。本来按当时空军编制，每中队有飞行员十至十五人，规定配备飞机九架，使飞行员可以轮流警戒，轮流休息。但是七、八中队要求参战心切，人人都要求自己单独领取一架飞机，所以特许每人接收飞机一架，于是七、八中队都按人头领到飞机各十一架。机身号码七中队从5860号到5870号。八中队从5871号到5881号。各中队又把飞机固定分配到每个飞行员，领到新飞机后，人人喜气洋洋，精心检查，反复试飞，对"伊－15"式战斗机的性能感到十分满意。有的还在机身涂上自己设计的图案，使战友在空中也能辨认自己是谁。（当时飞机没有无线电通信设备）

接收飞机完毕，七、八中队奉命分批回防襄阳，第三天敌机就来挑衅。空袭警报后，七中队飞机十一架，八中队飞机六架（另五架由副队长何信率领在回防途中。何信，桂林人，空军中尉，广西航校一期毕业，曾留学日本明野陆军飞行学校），全部起飞。近一小时，未见敌机到来。正踌躇间，一架敌机在很远的地方出现，是一架轻型轰炸机。总领队吕天龙一个转弯向着敌机迎去，其他飞机也同时转向敌机。敌飞行员是个狡猾的家伙，技术相当老练。开始时若无其事地向前继续飞行，等到敌我距离四五百米左右，我机要开枪未开枪的一刹那，敌机轻轻抬起机头蹿进云里，无影无踪地溜掉了。我机群扑了一个空，只好加强警戒，继续盘空搜索。不一会儿，敌机又在另一个地方出现，我机群又一起奔向敌机。敌机还是那一招，又躲进云层，我机又扑空，像在天空"捉迷藏"一样，我机始终没有机会打过一枪。

敌机来偷袭机场，发觉我方防备严密，无隙可乘，乃盲目投弹后，偷偷逃遁。

津浦北线，空袭敌阵

一九三八年二月，我空军第七中队奉命移驻湖北孝感机场，协同其他部队担任武汉三镇空防。因为任务重要，大队长吴汝鎏坐镇这个中队。第八中队移驻河南信阳机场，担任京汉铁路南的空防。

三月上旬，敌军占据南京后，正从南北两路夹击，企图打通津浦线。北线战场尤为吃紧。第五战区司令长官李宗仁为了鼓舞守军士气，要求空军支援。要求不高，既不要求保卫指挥中心徐州市，也不要求长期配合陆军作战，仅仅要求我方飞机在前线敌阵转几圈，投下几颗炸弹，然后向我军阵地低空飞过一趟，使守军官兵亲眼看见我方飞机支援，借以鼓舞士气，就算完成任务。

七、八中队都是驱逐机中队，别说在前线低飞一趟，即使十趟百趟也可以，问题是炸弹怎样携带呀？右手拿驾驶杆，左手抱炸弹吗？不行啊，驱逐机飞行员不但要右手拿驾驶杆，左手也是闲不着的。飞机快慢全凭左手操纵油门，调节发动机温度，翻阅地图等都要用左手来照料，携带炸弹必须另想办法。经过机械员们精心设计，结果在机翼下面临时安装一套炸弹架。左右两边一共可挂小型炸弹八个，每个八公斤，勉强凑合。

因为飞机油量有限，从孝感、信阳起飞不能往返徐州前线，需要临时转场飞行。乃选定归德机场为前进基地，驻马店机场为中间站。先派必要的机械人员前往当地场站协助做准备工作。

一切准备完毕，三月某日，七、八两中队各队出动飞机九架，先飞驻马店机场会合。为了出敌不意，黄昏时候才悄悄地飞到归德机场着陆，准备明日一早出发徐州前线。

飞机着陆完毕，天已渐渐黑了，趁飞行员们吃饭休息的时间，大队长吴汝鎏与徐州通了电话，向第五战区长官部请示。长官部告知了前线最新情况，特别是敌军我军的实际位置。因为当时没有大比例尺军用地图，只有航行用的小比例尺地图，敌我位置无法在地图上具体认定。乃约定由长官部将我机到达时间和飞机架数通知前线各守军，并要求守军于我机到达时，在显眼地点铺设长条白布一块，表示我方阵地所在，以资识别。

接着大队长召集全体飞行人员下达出动计划，大家对计划没有什么意见。为了确保安全，飞行员一律不许外出，大家挤在机场内一个临时搭床的仓库里睡觉。

不知是谁出的主意，派来大批军警在仓库周围到处设岗放哨，密密层层地把飞行员睡觉的仓库包围起来，加以严密保卫。这帮军警凑在一起就热闹了，他们各有千秋，聊起天来一个比一个能干。设在仓库门口的那一组岗哨，喧嚷得更为起劲，好像故意让仓库里的人也能听见他们的高见（当然，他们所聊的都是有关抗日救国的一套议论，不过时间地点不对就是了）。飞行员们刚刚到一处新环境，本来不易入睡，明天还要出发作战，怎能经得起半夜大声喧闹呢？大家对此非常恼火。后来，虽经大队长撵走，不许在仓库周围三十米以内停留，仓库里才得安静睡觉，但已过了半夜十二点。

第二天早晨，天将亮，机械员已经开动发动机，细心进行试车。隆隆机声把飞行员叫醒，因为要出发打仗，个个精神抖擞，都忘却了昨晚睡眠不足，立即起床准备出发。场站送来了早餐，因为时间太早，大家都吃不下饭。厨师懂得按实际情况办事，在饭菜中备有不干不稀的清淡绿豆汤，正合大家的胃口。但大家都很当心，因为飞机上不能大小便，不敢多喝。

　　天刚放亮，碧空无云，天地线看得清清楚楚。大队长吴汝鎏一声令下，飞行员纷纷爬进座舱，各自开动飞机等待起飞。不多时，所有的飞机都发动起来了，唯独第八中队飞行员陈业干（容县人，空军中尉，广东航校六期毕业）的飞机发动不起来。机场上所有的视线都集中在这架飞机上，焦急地等待它的螺旋桨快快转动。陈业干心情更加焦急，可是一次又一次地发动不起来。虽然三月清晨北方天气还很冷，陈业干此时却满头大汗。时间已经耽搁了将近二十分钟，不能再等了。大队长吴汝鎏用手一挥，领着第七中队为第一梯队起飞。接着我领着第八中队为第二梯队起飞。正当两个梯队一面上升，一面进入航线的时候，陈业干终于把飞机开动了，加大速度从后面赶了上来。当他加入编队的时候，两眼一直凝视着长机，表示前来报到，并表示一定和大家战斗在一起，为国家、为民族争一口气。长机点头表示欢迎，其他各机也都点头致意。第八中队又恢复正规队形"三三制"了（三机为一分队，三分队为一中队，故称三三制）。

　　航行高度第一梯队为四千米，第二梯队为四千五百米（这是我机最优性能高度），大约四十分钟到津浦北段的兖州、邹县、滕县上空。乃一面进行空中警戒，一面根据长官部指示的敌我概略位置进行盘旋侦察、寻找敌我实际位置。不一会儿，有两处地方铺出讯号，一处是在一个大院落里，放一条长条白布，旁边似乎有人走动，另一处在一间土房的屋顶上，是一块近平方状的白布，像是一块白被单的样子，这处没有看见人。

　　其实无须地面指示，从空中看地面，敌我位置分得清清楚楚。一边是浓烟弥漫，很多民房正在火起焚烧，很少看见有人走动，这正是铺设讯号的我方（守军都在掩体里坚持抵抗）。另一边，没有什么烟火，大路小路都有人、马在走动，有些村庄停有车辆。显然，这是敌人一方，正在凭借重武器向我方进犯。

　　情况判明以后，第八中队继续担任空中警戒，由第七中队首先对敌攻击。第七中队迅速降低高度，降到离地面一千米时，解散队形，采取单机分散行动,尽量扩大活动范围,由各机自行选择目标,自行俯冲投弹。于是各机有的向敌人炮位俯冲,有的向敌人车辆投弹,每架飞机六十四公斤炸弹一次投下。敌人阵地顿时全面开花,浓烟滚滚。虽然看不清敌人被炸的尸体,但是未丧命的敌人从一团团浓烟中向外拼命奔跑逃命的狼狈相却看得一清二楚。

原先,当我机在高飞行时,敌人误认是日本飞机,所以一切照常活动,不理不睬,若无其事。及至发现我机攻击,才张皇失措起来。有的从道路向两旁飞奔,有的从马背跑到马下,有的从屋里往外奔跑,又有的从外面向屋里奔跑。整个敌人阵地乱作一团,好像一窝老鼠被捅了一棍子到处乱窜。日军的所谓"武运长久",不过是这等货色。

投完炸弹,各机相继低飞通过我军阵地上空,表示向坚守阵地的我军致敬。并缓缓摆动机翼,使地面官兵看清自己的标志,表明我方空军支援来了。我方守军官兵看清是我国的飞机,纷纷跳出战壕,举枪欢呼,脱帽招呼,士气一时大振。旋即一面上升,一面恢复队形,接替第八中队担任空中警戒。第八中队随即降低高度,用同样的办法对敌人进行第二次攻击,敌人惊魂未定,又遭第二次打击,更是人仰马翻,心惊胆丧,狼狈相自不待言。投弹完毕,同样低飞通过我方阵地上空,再一次向守军致敬。之后一面上升,一面进入航线返航。

两次攻击,前后需时不到二十分钟。但这二十分钟对我军将士来说,真正是一次大鼓舞、大动员,坚守阵地的信心更足了。相反,对于敌人来说,正是预告侵略者的下场绝不会是美妙的。

当第八中队正在对敌攻击的时候,从徐州方向飞来两架日军轰炸机,由南向北编队飞行。第七中队分队长欧阳森(云南人,空军中尉,广西航校一期毕业)发现后,立即领一个分队三架飞机向该敌机攻击。这一次双方对射,时间不过十秒钟,敌机一架当场起火,一架坠落敌阵。但欧阳森左手被敌射伤,为抗击日军流了血。

在返航的路上,第八中队改任第一梯队,第七中队为第二梯队,仍在归德机场着陆。趁飞机加油时间,大队长吴汝鎏与徐州通电话,报告战斗情况,司令长官李宗仁亲自接电话,对七、八中队飞行员大加表扬。当谈到打下两架敌机时,李宗仁连连说:"好得很!好得很!"并说,"就是这两架敌机，天天按时来徐州轰炸，每天早、午、晚三趟，太可恶了！"打完电话，吴汝鎏笑眯眯地向大家走来，眉飞色舞地转达李宗仁的赞许，大家听后，实在高兴。加油完毕，再飞驻马店，当日各回原防。

飞往台儿庄，严惩侵略者

归德大空战后，第八中队损失惨重，奉命移驻孝感机场，与第七中队共归第三大队直接指挥。一九三八年三月底四月初，台儿庄方面战况最烈。第五战区长官部要求七、八中队再次协同出击。只因大队长吴汝鎏战伤，派林佐（广东人，空军少校，广东航校三期毕业）为副大队长，重整军容。七、八中队飞行员与日军不共戴天，只要是和日军拼命，剩下一人也要拼到底。第八中队因归德空战中队长受伤，副队长阵亡，无人领队，遂由分队长曾达池（容县人，空军中尉，广西航校一期毕业，曾留学日本明野陆军飞行学校）替补副队长缺，率队参战。七、八两个中队，凑够九架飞机，由新任副大队长林佐率领，勇敢出动参战。

这次支援台儿庄，以轰炸机投弹为主，战斗机只担任空中掩护，不进行对地攻击，连六十四公斤的"芝麻弹"也不携带了。轰炸机两个中队分成两个梯队，从河南周家口机场起飞，经归德上空与战斗机三个梯队会合，飞往徐州以北峄城、枣庄一带，轰炸敌军后续部队（苏联志愿队使用开封、砀山机场配合作战）。

轰炸机投弹完毕，第七中队队长吕天龙发现敌军阵地上空有敌机一架，是双座侦察机，正在执行炮兵观测任务。吕当即俯冲攻击。该敌机驾驶员很狡猾，一面作急转弯，一面降低高度以躲避我机的射击。吕几次俯冲都因速度过大，射击时间太短，无法瞄准，没有击中要害。等敌机降到不能再降，吕便潜入敌机后方进行尾随攻击。只见敌机被我机追逐在敌阵上空掠地而过，震撼了整个敌军阵地，扫尽所谓"皇军"的威风。敌机时而向左急转弯，时而向右急转弯，极力想摆脱我机的射击。吕天龙岂肯罢休，咬住不放，非捕捉到良好的射击机会不轻易开枪。在追逐过程中，吕发现敌后座机枪已无人操纵，判定敌机后座机枪手已被击毙，乃更逼近敌机尾部，进入敌机后方视线死角。敌机驾驶员霎时间看不见了我机，慌了手脚，一时操纵过猛，飞机突然"失速"，轰隆一声倒栽在敌军阵地上，自取灭亡。

吕天龙露出轻松的笑容。突然座机发生一阵抖动，随即一颗子弹从下方射穿右手掌，血流如注，疼痛异常。顿时右手无力，无法继续操纵驾驶杆。当时飞机离地很低，随时有撞地的可能。情况十分危急，无暇思索，吕天龙想道："这是敌人从地面射来的炮火，必须迅速脱离敌阵上空。"说时迟那时快，吕用左手一把抓住驾驶杆，加大速度冲出敌阵上空。

在返航的路上，鲜血不断从手心涌出。吕感到阵阵疼痛加剧，只觉两眼直冒火星，疼痛难以忍受。几次由于疼痛而濒临休克，危险万分。但是"壮志未酬"的念头始终支撑着吕天龙和他那可爱的"伊－15"式战斗机忽高忽低、忽左忽右、歪歪斜斜、弯弯曲曲地飞回自己的基地归德机场。

飞机着陆，吕全身气力已用尽，无力走下飞机，在昏昏迷迷之中被抬进了医院。机械员马上检查飞机，发现机身机翼弹痕累累，战友们都为吕的平安归来握手称庆。

经过战斗分析，大家认为，这次空战敌机屡屡降低高度，固然是为了回避我机的射击，同时还有另外一个企图，就是引诱我机在敌阵上空低飞，以便地面炮火夹击。敌人虽然诡计多端，然而侵略者心虚，抵抗者胆壮，敌人的阴谋绝难得逞。

当吕天龙正在追逐敌机的时候，我轰炸机群、战斗机群已陆续回航。轰炸机仍回周家口，战斗机飞回归德。非常奇怪，敌机专等我机回航油量将尽的时候，在归德附近拦截我机，而且又占高度优势向我战斗机攻击，发生第二次归德大空战。激烈程度不亚于上次，双方都有相当大的伤亡。我副大队长林佐及第七中队飞行员梁志航（宾阳县人，空军少尉，广西航校二期毕业）阵亡，第七中队飞行员韦鼎峙（融县人，空军少尉，广西航校三期毕业）受伤，大家都很悲痛。第四大队亦有损伤，苏联志愿队也在另一个空域与敌激战，亦有损伤。同是一条战线，同为反抗日军侵略而流血牺牲，中苏飞行员为台儿庄大战作出了贡献。

台儿庄大战目睹记

李同伟[※]

台儿庄大战前后，我曾任国民党山东省第三区专员公署秘书兼临沂、郯、费、峄四县边区联庄会（简称四县边联）办事处处长及代理峄县县长。台儿庄正在我辖区之内，地方政府负有协助军队抗日的责任，参战军队为征调民工、搬运、向导、侦察敌情，处处也需要地方的协助，因而我有机会了解到这一战役的一些过程。

临沂战役见闻

临沂是鲁南政治、经济、文化重镇，原来驻有第四十军庞炳勋部，庞原为西北军冯玉祥部下将领，四十军下辖三十九师，师长马法五，另有补充团、特务团各一个，总兵力不过六七千人，装备不好，战斗力不强。庞的军团司令部驻于临沂南关第三乡村师范学校。我因多年在该校教书，地熟，便去拜访庞炳勋。庞知我曾是该校教员，非常客气，称我为"老师"，并问我现在何处？（因这时第三乡师已迁校于河南潢川）我告以在抱犊崮山区组织民众抗日。庞极为赞赏，说他有军用物资、弹药、

※ 作者当时系山东省第三区专员公署秘书兼临沂、郯、费、峄四县边区联庄会办事处处长及代理峄县县长。

汽油等，请我设法在山内存藏。我说抱犊崮山区有一黄龙洞，可做仓库，庞立即派车将上述物资运往黄龙洞，并派兵一排看护。第三十九师师长马法五夫人及其他随军眷属也由临沂城内移至我住地附近（这时我四县边联办事处住抱犊崮山前西沟、向城）。庞说："台潍路日军行进犯临沂企图，奉第五战区命令死守临沂，拟以抱犊崮山区为后方。"嘱我代为照料，我答应完全照办。果然在津浦路日军进攻滕县时，台潍路日敌也进攻临沂。庞军以劣势兵力、装备与号称日军精锐的板垣师团展开激烈的攻防战。血战数日，日军竟不能得逞，然临沂战局已濒于严重关头，沦陷只在早晚中。

大约是三月初某日傍晚，我正在向城照料专署疏散人员及从战地逃来的难民，忽见一支部队以急行军速度沿向城南门外台潍公路向东疾进。我问是何部队？一军官说系张自忠第五十九军增援临沂。我问张军长何在？这军官说后边就到。我便前往迎接，张自忠等从马上下来，问我是何人？我告以职务姓名，说欢迎张将军到镇内稍休。张等一行便随我到街内休息，问我地方情况及前方战况，我说临沂已激战数日，难民很多逃到这里，庞军仍在死守，这里民众武装都组织起来了，可以协助军队抗战。张问这里距临沂城多远？我说公路九十里，抄近路不过七八十里。张叫我派十名向导抄近路往临沂西北，喝了一杯茶就前进了。我见张军士气旺盛，装备较好，步兵均系中正式步枪，每班有一挺捷克式轻机枪，还有步兵炮和重机枪。另外每一名士兵都有一把大刀。

次日拂晓，临沂方向就传来激烈机枪大炮声，次日中午炮声渐远，我接到专署电话说临沂之围已解，日军向汤头方向溃退，张军与庞军正在乘胜追击中。据我派去回来的向导说："张军先头部队出敌不意突入敌阵，用大刀手榴弹短兵相接，日兵见刀光闪闪，惊呼冯玉祥的大刀队来了，在混战中日军的优良武器失去威力，被大刀片砍得落花流水，抱头鼠窜而逃。张军一直追到汤头，扫清了临沂东北六十里以内的敌人。"后来听说由于我军发生误会，互相炮战了一夜，使日军得以脱围，遁往莒县，否则张军的战果一定会更加辉煌。

台儿庄大战见闻

临沂之围既解，台潍公路战局已见缓和。而津浦铁路正面之敌，于突破滕县城防后沿津浦铁路及临枣支线突入枣庄、峄县。据我四县边联峄县分会会长田瑶峰报告："该路日军为日军王牌部队矶谷师团，约三四万人，配有山炮、野炮、重炮不下百余门，上有飞机掩护，下有坦克、装甲车七八十辆开路，并有骑兵部队担任两翼搜索，杀气腾腾，直奔台儿庄方向前进。"

据守台儿庄的我军系旧西北军冯玉祥将军部下的孙连仲第二集团军，预先已筑好防御工事，予日军以迎头痛击，展开激烈的攻防战。台儿庄周围本是平原地带，无险可守，正是敌人机械化部队驰骋之所，对于劣势装备之孙军极为不利。因而外围攻势很快被敌坦克攻破，孙军乃退守市内与日军展开逐屋争夺战，炮声如雷，竟日不断。孙军利用夜战、肉搏战冲入敌阵，短兵相接，充分发挥了大刀、手榴弹的威力，给日军以极大杀伤。据从台儿庄逃出的难民说，他们白昼伏于麦田里，晚间才逃出战场，沿途见日军死伤甚多。据峄县、枣庄逃出的难民说："日军运回尸体成堆火化，日兵绕场痛哭。有一个死尸骨灰装入飞机运走，传闻死了一个大官。"大战持续了十五天，由于我援军赶到，内外夹击，日军弹尽油绝，终于不支，丢弃大量坦克、炮车（因汽油库被炸着火不能开动）向峄县、枣庄溃退。

这时我正率四县边联教导队在枣庄以东地区活动。我四县边联临沂、峄县接近战场的各村常备队，也分成若干小组袭击从台儿庄溃退的零散敌人。一天忽见日军坦克三辆沿山边小路后退，最后一辆突然翻车坠于山崖下，前边两辆已走出二三里，中途停下似欲回救。我伏在山林内的游击小组开枪射击，翻车的坦克内钻出两个日兵，惊呼着尾追前两辆坦克而去。我游击小组下山搜查翻倒的坦克，内有九一式机枪一挺，已无弹药。当将机枪卸下，以后经改装支架，成为一挺威力很大的机关枪。我另一游击小组正在前进，忽然山坡上一个牧羊石屋内传出三八式步枪声，从枪声判断显系掉队迷途日兵误认已被发现而抗拒。我游击小组乃散开包围，并派三名勇敢队员隐蔽地接近石屋，从背后掐住顽抗日军的脖子，把他活捉了，缴获了一支三八式大盖步枪。

胜利后的会师

台儿庄大战胜利后，第五战区司令长官李宗仁亲临台儿庄视察，并指挥各路军队分路追击溃败日军。从来没看见过的我国飞机也飞临战场低空飞行，人们看见了自己的空军，莫不振臂高呼，欢声雷动，胜利的消息很快传遍了山区平原的每一个角落。为迎接我军，我由临时住地向山前出发，遥见大队人马从东山门蜂拥而来，先头尖兵已渐渐接近我们。当我看清服装武器确系自己的队伍时，便迎向前去。据尖兵告诉是汤恩伯第二十军团的陈大庆第四师，陈师长在后边就到。我在路旁等候，见队列中一个担架上躺着一个人，说是陈师长，我就近前自我介绍表示欢迎。陈在担架上掀开毛毯向我颔首，说行军太疲劳了，没什么事，到宿营地再谈吧。当时我虽然感到这位师长架子不小，但我很快意识到他们确实太辛苦了。

这时汤恩伯军团共四个师：第二师师长郑洞国，第四师师长陈大庆，第二十五师师长张耀明，第八十九师师长张雪中等共有三四万人已全部到达，住于抱犊崮山麓白山、埠阳一带二三十个村庄内，这些部队装备比我所见的其他部队都好，步兵一律捷克式步枪，另外还有重机枪、步兵炮、山炮等重武器，是我七七事变以来见到的第一支装备优良的军队。我心情非常兴奋，认为抗日战争从此可以转败为胜，便通知四县边联辖区附近二十里以内村庄全体动员，筹备猪、羊肉、鸡蛋、白面、煎饼等慰劳部队。当时虽是荒春青黄不接之季，但各村群众无不尽其所有踊跃输将。

我于安排好支军任务后，就近到第二十五师师部去见师长张耀明。张说："我们自南口转战数千里刚到河南，未暇休整即奉令到第五战区，日夜行军，士兵异常疲劳，刚刚结束了台儿庄战役，又到这里。汤军团长指挥部就在埠阳村，正在开会，你同我一块到军团部去吧。"我们又骑马到军团部，汤恩伯军团长及万建藩参谋长亲自接见。汤说："我们走过很多地方，部队未到，村民即逃避一空，见不到老百姓，见不到地方政府人员。你们山东地方组织得很好，能协助军队作战，全国都这样，仗就好打了。"我说："这需要大力发动群众，做好宣传动员工作，广大人民是有爱国心的，组织起来力量就大了。"正值开饭时间，汤留我共进午餐。我原以为作战行军中生活一定很苦。不料高级烟酒，罐头食品，煎炒烹炸，非常丰富，应有尽有。席间，汤说："我们准备沿津浦路东侧北进，直趋济南。"他对战局非常乐观，大有一举收复济南之势。

饭后，随汤恩伯军团行动的有一个"华北战地记者团"，中外记者十余人，还有一位苏联塔斯社记者，他们对我很感兴趣，问这问那，并叫我把所带四县边联教导队排好，给照了几张相。塔斯社记者见队员中持有俄国造水连珠步枪数支，要过来看了又看，高兴地对其他记者说："俄国造的，俄国造的！"我说："此枪射程远，威力大，只是缺少子弹。"他说："旧枪了，苏联红军已不用了。"其他记者也都向我采访了地方情况及日军溃退情况。我说："昨天我们还俘虏了一个日兵，缴了一挺坦克上的机枪、一支三八式步枪。"记者叫我派人把日俘带来照个相，因该日俘已被汤军团要去，交给上级，故未能领来。

我从汤军团回到住地，又遇见第九十二军李仙洲部开来，我又前去见他。他说他是山东长清人，早年当过小学教员。因同乡同行关系，倍觉亲切相投。他叫我随他到前线巡视。这时，自台儿庄溃退的一股日军盘踞在枣庄以东抱犊崮山前的雷雨村，凭险顽抗，不时用山炮向我方阵地盲目放射，炮弹嗖嗖凌空而过，在我们身后二三百米处爆炸。我们巡视一番，见到李军炮兵正在树林内挖炮兵掩体。我说汤军团长说要收复济南，很快就可实现吧？李军长笑说："这是速胜论。"隔了一天，李军长告诉我，他已奉令留在敌后打游击战，希望我配合建立山区根据地。我听后非常高兴。

战局突变，徐州吃紧

当我们正在做着乘胜追击收复济南的好梦时，忽然接到报告："台潍公路方面日军板垣师团绕过临沂城向西南进犯，临、费边境大仲村已发现敌军。"我立即率队前去侦察，行至临沂长新桥以东，忽见日本飞机三架低空飞来，向正在路旁休息的大队日军空投包裹，有一包落在我们趴伏的沟旁一百多米处，日兵并不来拾。我派队员爬着前去拾了回来，打开一看，都是食品罐头，有的罐头装的是酱油干，尝之味甚鲜美。有的罐头装有掺棉绒的黄色油脂，不知是何物；我们仍趴在隐蔽处详看动静，见日军打开罐头盒燃起火来，用随身饭盒煮饭，才知那是野餐军用燃料。日军饭后又整顿继续前进，从队列纵长估计至少有一千五六百人。这时，我一面派人速回向汤军团报告，一面亲到日军休息过的地点查看，见路旁抛弃很多罐头盒、木盒及刚刚燃烧完的燃料盒，有的木盒上印有"板垣师团长野联队"字样，证明这是一个联队的兵力。

我仍赶回驻地，预备报告汤军团派队截击这股敌人。行至中途见第九十二军正在河边沙滩上整队待发，我找到李仙洲军长报告了所见情况。李军长说："敌人后援部队已到，另路土肥原师团由鲁西向苏北前进，有截断陇海路企图，东路之敌由连云港登陆向西推进，南路之敌也渡过淮河北犯，有四路合围徐州之势。第五战区司令长官部可能要放弃徐州。我军已奉令掩护大军转移，不再留在山东打游击，这就要出发。"说完和我握手说："再见吧！后会有期。"便乘马而去。

我站在河边上望着大军渐渐远去，心中非常难过，没想到战局变化得如此之快，几天来人欢马叫热气腾腾的山沟，顿时变得一片沉寂，乘胜追击收复济南的希望，转眼变成了泡影。

大军撤退之后

我送走第九十二军李仙洲部回到驻地后，便召集四县边联干部研究如何扩大抗日武装及如何开展敌后游击战问题。四县边联及我的办事处教导大队中，有不少中共党员，他们是中共苏鲁豫皖边区特委书记郭子化同志应我的要求派来协助我工作的，都是富有游击战经验而又能吃苦耐劳、英勇善战的同志。经过共同商定，一面组织突击小组发动台潍公路附近会员破坏公路桥梁，伏击日军来往汽车（曾截获日军载重汽车一辆），一面派人赴临沂方向寻找专员公署移往何处，以便早日与上级取得联系。同时又派人赴枣庄、峄城、台儿庄等地侦察日军去向。三日后，据回报，台儿庄之敌均已南去，峄县城、枣庄有少数日兵据守，大部队均开往徐州方向。从徐州方面传来隐隐炮声，估计作战重心已远在百里之外，台儿庄一带已成为日军的后方。

我为亲自了解台儿庄战后情况及安抚战地炮火余生的难胞，便率队沿台潍公路到台儿庄。只见沿途村庄人烟一空，愈接近台儿庄，景象愈惨，各村房屋几乎全被摧毁，有的余烬尚未熄灭，军民尸体遍地可见。山野炮、迫击炮、重轻机枪及炮弹箱、弹药箱、手榴弹箱所在皆是。这时正是麦黄时期，顺着麦垄望去，只要有一个尸体，就有一支步枪一挂子弹，有的麦田被机枪扫射后只剩半尺来高的麦秆。台儿庄车站房屋皆毁，断壁上弹痕累累。进入台儿庄北门，一片瓦砾，这是敌我往返争夺，巷战激烈的地点。街道上手榴弹碎片有三四寸厚。敌我两军逐屋相争，每座墙上都有两军对峙的射击孔。有的射击孔伸出一支步枪筒，用手往外拉枪，竟然呼的一声射出一粒子弹，原来死者的食指仍扣着扳机，往外拉枪用劲，所以击发了。我们为避免危险，相戒躲开枪口。几乎每屋都有阵亡士兵，可见当时战况的激烈。

台儿庄及附近村民群众，早在开战之初，大部逃往运河南岸苏北一带，一部分逃往抱犊崮山区，这时尚未敢回来，只有少数大胆的老年人至死不愿离开故土，所以我们见到的都是老头、老妈妈，间或有刚从苏北或山区回来探望家乡情况的年轻人。因这时日军刚刚过去，日机还不时在这一带低空盘旋侦察，所以大家还不敢回来。我召集了几十位村民讲话安慰，他们都惊魂不定，掩面哭泣。我说："鬼子已走远了，赶快送信叫大家回来收割小麦，整理家园，组织起来，维持地方秩序。"

我们在战地捡了很多枪械弹药，无人无车代运，便派人回去要了十几辆马车，运回迫击炮两门，炮弹四十余箱，轻机枪二十余挺，步枪二百余支，子弹、手榴弹几十万发。另外，还收容了一些伤病员和零星携械归附的掉队士兵。因日军仍在峄县、枣庄盘踞，我们不敢在台儿庄久留，便整队回山区去了。后来听说战地遗弃枪支不下几千支，都被当地村民捡去，成了后来鲁南地区组织游击队的抗敌武器。

台儿庄大战从一九三八年三月十四日滕县保卫战开始，到四月六日日军败退为止，炮火连天二十余日。日军挟其初战取胜的余威，骄横异常，认为打通津浦铁路，控制半个中国的南北交通，易如反掌，没想到在台儿庄却被中国军队打了个人仰马翻。以上所见所闻，仅是局部战场的一个侧面。

第 五 章

血战禹王山

蒲汪、辛庄、后堡之战

安恩溥[※]

　　一九三八年二三月间，日军矶谷廉介师团攻占滕县后，连下临城、枣庄、峄县，直驱台儿庄。板垣征四郎师团攻占蒙阴后，南下临沂，企图以此地区为根据地，会攻徐州。但台儿庄方面被我孙连仲、汤恩伯等集团军阻击，临沂方面被我庞炳勋、张自忠等部阻击，两路敌军均伤亡惨重，仍退峄县山地和临沂以北、蒙山以南等地区固守待援，准备卷土重来。迄四月中旬，日军第一〇三师团、一〇五师团，酒井兵团的各一部共七个番号的兵力，还加上刘桂堂伪军数千人以及数以百计的坦克、大炮、飞机等，改变它原来攻占台儿庄、临沂等地为根据地的计划，企图汹涌南下寻隙乘机用楔形战术突过中运河，切断陇海路，直攻徐州。这时，我方在峄县以西横山亘兰陵及峄县南附近之线与敌对峙的有汤恩伯、于学忠、孙连仲等集团军。他们被绝对优势之敌猛攻，二十日退据小良璧、雇珊、兰城店地区继续抵抗。二十二日我第六十军第一八二师之五三九旅奉命开赴该地，迎战日本侵略军。从二十三日晨战斗序幕揭开后连续打了几仗，分述于后。

　　※　作者当时系第六十军第一八二师师长。

蒲汪战斗

二十二日，敌对我蒲汪、辛庄只施行稀疏的炮轰和飞机盘旋扫射。

二十三日拂晓，敌由陈瓦房、耿庄地区出动，向西南攻击我第一八三师的邢家楼、凤凰桥等阵地，同时对我蒲汪六二六小高地等东北方一线阵地开始进攻。

我蒲汪阵地守军为第一○七九团。他们来到蒲汪，在旅长郭建臣、团长杨炳麟等的指导督促下，构筑工事，迄二十三日晨，所有前后蒲汪周围均构成了掩体，并同时施行了伪装。二十三日以来，一面战斗，一面继续加强工事。到下午，敌人发起激烈的攻击，墙外特重机枪排长发现由耿庄出来的敌战车，即令班长射击，杨炳麟团长见射击过早，急跳出去制止，被敌机枪击中左腿，不能继续指挥，由钟光汉到蒲汪接任，将杨团长送去后方医治。

二十四日拂晓起，日军由步、炮协同，间用战车数辆，向我蒲汪东北面猛攻竟日。我第二营官兵已伤亡三百余，但阵地屹立不动。敌伤亡更重，除当时已抢运走外，尚遗尸百余具，发现为板垣第五师团所属。

二十五日敌继续来攻，战车比昨日来得多。冲入我阵地的战车，被我守兵以十三毫米二特重机枪和手榴弹击坏两辆在阵地，成了"赶不走、牵不动的铁牛"。代团长钟光汉右手臂已负伤，我和他通电话，他说："我负伤在手上，可以继续指挥。"但全团伤亡已达三分之一。

至午后十四时起，敌用各种炮百余门、轰炸机十余架轰击，并投掷燃烧弹、毒气弹，爆炸声已分不清发数。此时卢军长电话问我："你的正面好像地震打雷一样，这是什么声音？"我说："这是日军对蒲汪阵地袭来的炸弹、炮弹等的爆炸声。"卢说："飞机大炮轰后，步兵战车就来了。要注意！"至十五时半，炮火方停。敌步兵和战车对蒲汪阵地东北面三面围攻，数度冲入阵地，均被击退。最后一次已十七时半，第一营长王承被率百余官兵，从南面绕出西面向敌侧后袭击，才将敌击退，但王营长腿部被敌机枪击中数弹重伤，所率官兵阵亡四十余，伤三十余，生还者只十余人。

这时敌军已复来猛攻，炮火有甚于前一段时间，战车到了二十余辆。有几辆进入村内横冲直撞，我军利用颓垣断墙做的掩体多数被冲毁，我吕建国排十余人守着的西北角阵地被敌用重坦克连人和掩体碾为平地。我官兵与敌肉搏血战直至入暮，敌方退出村外对峙。我上报军部获准后，才命郭建臣、钟光汉撤下来，到胡山集合清点，连同派出勤务归来和自行跑出归来的官兵共五百多人。敌遗尸遍村内外，发现是矶谷第十师团番号。

辛庄战斗

我第一〇八〇团于二十二日十一时到达辛庄后，以彭勤第一营配备于右翼，又派出一个连在辛庄，与第一〇七九团蒲汪阵地之间占领据点，封锁两个团的空隙，以辛朝显第二营配备于左翼，以王谦第三营布置于距辛庄约一千米之后堡为预备队，并立即开始构筑工事。二十三日，敌军攻击我第一〇七九团蒲汪和第一八三师第一〇八二团邢家楼、凤凰桥北小庄阵地时，曾数次派一部乘隙来攻辛庄，均被击退。二十四日敌猛攻凤凰桥、蒲汪的同时，也猛攻辛庄。薄暮时，凤凰桥第一〇八二团严家训部退下来，不少散兵进入辛庄。敌一部随第一〇八二团散兵混入辛朝显营阵地，龙团长随辛营长率队将窜入之敌驱逐出去。方出大门，见护旗排的士兵在左面与敌搏斗，勤务随龙团长往左迎上去，走到一棵大树下，龙拿着手枪靠在树右射击，朱副官靠在树左。侧面跳来一个日本兵迎胸给团长一刺刀，团长倒了下去，嘴里还喊着朱副官，"杀敌!"朱手里无武器，滚在一棵大树枝下，敌人走开后，朱伸手拉拉团长的脚，喊两声，不见动静，见着好几个敌人从我们的指挥所出来，朱倒地滚在沟里，顺沟才跑了出来。

当二十四日夜，龙云阶团长报告敌人冲入辛庄的情况后，我即率特务连的一个排由胡山窝取道邱家林去李家圩视察，约二十五日五点到达李家圩，见着由辛庄逃出来的士兵，他们对我说，团营长都阵亡，辛庄已失守了。我由窑上回到李家圩时，敌已来攻后堡，遂将随身特务连之一排留在窑上，继续督战收容。

271

后堡战斗

我第一八二师第一线阵地，左翼的辛庄于二十四日夜失陷后，右翼蒲汪还在孤立继续苦战中。敌猛攻蒲汪的同时，进攻我第二线后堡、火石埠阵地。

这个阵地为我第五四○旅第一○八○团第三营王谦营长率部固守，敌攻占辛庄后，于二十五日七点多钟开始进攻后堡，猛扑数次，均被我击退。激战至正午十二时，日军三百名又猛烈地来攻。王谦命第七连连长陈志和率部绕袭敌人侧背，将敌击退。陈志和头部负伤，排长乔秉权负伤，武良阵亡，由第三排排长李鑫升代连长。全连官兵只剩五十余人，布置于前堡为预备队。陈志和负伤后，吃下一些云南白药，稍微清醒，他对我说：“我这个连得深密麦棵的隐蔽，摸到敌人的后方袭击，我们伤亡虽大，敌人伤亡更多，这一出击是值得的。师长放心，我们的营长王谦不但勇敢，而且很细心，有办法。后堡的阵地也构筑得比较坚固，后堡不会轻易落于敌手的。”

敌猛攻一个上午不得逞，下午十五时起，集中各种炮十余门，不断地轰击我后堡至暮。敌一再使用烧夷弹，整个后堡彻夜大火。敌步兵乘夜又来袭数次。第九连连长杨青池，就是在敌人夜袭与敌拼刺刀时阵亡的。这一日的战斗，虽然后堡的阵地保住了，三个步兵连连长伤亡了两个，只剩了第八连连长李朴。机枪连连长王均也被敌炮炸伤后送。全营官兵和布置在前堡的第七连士兵已不到两百人，弹药也消耗殆尽。师指挥所派特务连士兵乘夜送交该营机、步枪弹一万发，手榴弹三百颗。这一日，师通信连连长张蕴珍也率通信兵抢修该营及火石埠电话线数次，他们乘夜架设预备线以备明日使用，这一天，通信兵也伤亡十余名。

二十六日拂晓起，敌不断从东北、西北两方面猛攻。王谦营长直接到各方面督率官兵隐蔽，做好准备，敌人不到两百米以内不许射击，俟敌接近时，很准确地猛烈射杀，敌之攻击顿挫，再反攻冲杀，消灭敌人。这样战斗一个上午，敌遗尸百余具，在遗尸中发现有刘桂堂伪军。至十三时，狡黠的敌军以百余人从正面来攻，待我反攻而双方混战时，敌炮以猛烈的火力，不分敌我地轰击。这一次敌人逃回去的寥寥无几，我方伤亡特别惨重，李朴连长也负伤后送了，现在阵地上的官兵只有五十多人了。王谦来电话说要将前堡的几十人调来后堡。我告诉他，现在调来已无济于事，你们就拼掉几个敌人算了。一会儿他又来电话说："我面前的机关枪手阵亡了，我自己去打机关枪，我叫勤务兵黄少清守着电话，师长有话，可以告诉他，由他转告我。"大约十四点，黄少清说："王营长的右腿已被打断，阵地上只有十二三个人了。"我告诉他："你们十几个人快把营长抬到师指挥所来。告诉营长，阵地的问题，师长负责。"这十几个人撤经前堡来到李家圩，连重伤的王谦和其他轻伤的只有八个人了，马上将他们后送。

前堡第七连的残部，由于接护王营长，代连长李鑫阵亡，其他士兵又伤亡十余人，剩下四十余人由排长张培基率领在第五三九旅杨庄等阵地火力掩护下撤下来，去第五四〇旅归队。

火石埠战斗

这个阵地先是第五三九旅第一〇七七团第二营魏开泰部防守的。二十五日敌开始攻击后堡之后，曾数次攻火石埠。均系侦察扰乱，掩护其攻后堡敌兵侧背安全，我守兵有少数伤亡。鉴于后堡、火石埠这两个据点必须死守，确实重要，于是派一个得力的张泽第三营来接防。当张营接防后，受到敌炮猛轰，燃烧弹炸毁东北头村庄。敌步兵数百余分由西面及西北两面来进攻。张泽派少数部队到西面占领阵地阻击敌人，指挥主力迎战西北来犯之敌。在战事吃紧的情况下，我率特务连连长卢俊、参谋刘汉鼎等赶到火石埠。卢俊率部投入战斗，将企图由此绕袭上火石埠的敌压制住。刘汉鼎去寻张泽，十六时许，张泽率第九连的重机枪一个排来到，占领火石埠西麓，以火力向左、向右扫射掩护。第九连由凹部冲出消灭正面敌人后，向右侧攻西北面来犯之敌。张泽又令西北面守兵乘第九连攻击前进行反攻，歼灭正面敌人。我对张泽的机智勇敢、处置适当非常高兴。回到指挥所接张泽电话："已将正面敌人全部击溃，遗尸累累。而我九连连长也阵亡，排长亡一伤二，士兵伤亡过半。七、八两连的官兵伤亡亦重。"入夜，敌炮火不断轰击，也使用燃烧弹将东西、东南两个村庄的房屋烧夷殆尽。敌步兵的小股，数次来夜袭。张泽以少数守兵在阵地上防守，其余以班为单位布置于要点，敌人来近，方予逆袭。这样的夜战中，敌我伤亡又增加数十。次日张泽调整部署，将阵地全线分为十段，每段配备轻机枪一挺，共十挺，各段配备步枪四支至五支。张泽亲自到各段指示以轻机枪为主构成全线火网。配备以外的步兵编成十个小队，布在阵地反斜面的隐蔽部内。

这天十点以前，敌以炮火不断轰击，飞机时来盘旋扫射，步兵未来进攻。这时，张泽又到阵地各段检查，构成能充分侧射斜射的火网，并督促修补工事。十点半起，敌以猛烈炮火对我这狭长形的火石埠全面轰击，间以数架飞机参加轰炸扫射。据派在阵地前沿哨兵报告，距离他们百多米处有说话的声音，人数不少。张泽迅速地分头传达各段做好准备，俟敌进入我阵地各段前有标志之处，即瞄准射击，敌胆敢冲上我阵地，以手榴弹、刺刀消灭，不能出击。十一时半，敌炮轰一停，阵地前二三百米的敌步兵不下三百蜂拥冲来，将到一百米附近，我守兵猛烈射击。敌死命进攻，已有少数敌兵爬上我阵地之际，敌炮复猛烈对我前沿阵地轰击。某一段掩体被毁，布置在后面的一小队即驰去增援，一面消灭残敌固守，一面修补工事。这样打到十二点后，我阵地仍屹立未动。但剩下的三挺重机枪又损坏了两挺，十挺轻机枪坏了六挺。加以张泽直接掌握的两挺还有六挺。张泽即以所剩的一挺重机枪配备于最右翼，六挺轻机枪自己掌握一挺，其他五挺，以阵地中部为重点，构成火力交叉。敌炮断断续续地轰击至十七时后，敌步、炮协同，炮轰我阵地前沿，步兵约百人冲至我阵地前百米前后，用机、步枪对我守兵猛烈射击，有的敌兵冲至我阵地前斜面，拖走几具前半天战斗的遗尸，虽遭受我守兵猛烈射击，仍拉去十余具。至薄暮，敌炮轰渐缓，散伏在二三百米外麦田里的机、步枪仍稀疏地对我阵地守兵扫射。这时，我四个排长又伤亡了，士兵只剩五十余名。

十九时后，第一〇八三团团长莫肇衡率部经赵家渡口来到火石埠，由张泽引导到阵地各要点视察情况，调队接防。莫团长接防完毕，直到深夜，张泽才率残余的五十余名士兵经师指挥所回第一〇七七团。

全线出击

二十七日八点多钟，第六十军军部传来孙连仲总部命令，略谓：敌主力已深入第六十军正面，进入我军袋形阵地。决于本日（二十七日）十时（后改为十二时）各军开始全面出击，歼敌于禹王山以北地区。各师攻击目标：第一八二师为蒲汪、后堡，第一八三师为李庄、五圣堂；第一八四师为涛沟桥。

经过师部商讨，按实际情况，主要保全现阵地，抽调出击队执行总部的旨意，实施的经过和结果是：

一、右翼方面：第一〇七八团团长董文英爱国杀敌之心最强烈，部队东运来战地之初，即写下遗嘱，抱不成功便成仁的决心。这几天来摩拳擦掌，听到出击命令，欣喜若狂，屡次提出愿率所部出击，恢复蒲汪。虽经劝说，董文英坚持要亲自率领进攻。带了一个机枪连和迫击炮一个排，分两线向蒲汪前进。第二线交第二营营长陈浩如率领在五百米后跟进。十三点，迫近蒲汪。董文英指挥第一线出击队向蒲汪右翼猛冲，敌步骑协同由大翼反攻，包围了我第一线出击队。董文英率部左冲右突，杀声闻数里外。陈浩如第二线赶到，反击敌人的侧背，董文英突围与陈浩如会合冲杀一番，退至与后堡平行之线，左得第一〇七七团攻击队的呼应，右得西黄石山、戴庄重武器的支援，稳定下来，与敌就地激战。旅长高振鸿在胡山发现敌战车数辆由蒲汪南下，即将情况告知董文英速撤回原阵地固守。由于疏忽，暴露了撤退行动，敌步、骑、战车配合跟踪追来，薄暮，我退至戴庄，原阵地的守军抵抗优势敌人的力量不够，董文英命令撤上胡山扼守。他自己率护旗排及团指挥所人员在胡山、锅山鞍部指挥。敌占了戴庄后，利用刘桂堂伪军换上我军的服装混入我在后退的伤病官兵内，潜入胡山。十二时许，与守军发生混战，官兵多伤亡，胡山失守。董文英率护旗排官兵反攻胡山，冲到山腹，敌顽强抵抗，董文英大声疾呼："弟兄们！今天是我们献身报国的时候了，冲啊！杀啊！"一阵手榴弹爆炸后，董率部抬着轻机枪扫射，向山顶的敌人冲去，与敌用手榴弹和刺刀、战刀进行搏斗。我忠勇爱国的董文英团长不幸壮烈牺牲了。我军攻势顿挫，该团原防的锅山、胡山陷于敌手，第二营营长陈浩如退守禹王山南麓，与锅山、胡山之敌对峙。这天，第一〇七八团出击的部队伤亡官兵约在三分之二，损失甚重。

二、左翼方面：我第一〇七七团长余建勋注意到固守运河栏栅——禹王山的重大意义，认为站稳脚跟才能出击。在火石埠苦战，换防回来的营长张泽，率余部六七十人，一到团部，余建勋就由第二营拨了两个步兵连交给张泽，命他即刻进入胜阳小山、禹王山已设阵地，指挥在禹王山的迫击炮、重机关枪连，一面固守阵地，同时支援一、二两营反攻辛庄、后堡。

在迅速调动部队进入进攻位置时，适被敌观测气球发现，第一八二师整个正面受到敌强大炮火压制。前敌指挥所从李家圩推进到下场庄麦地内，余建勋指挥所部奋勇攻击前进，顿时受到敌人野炮、山炮、平射炮、轻重迫击炮的集中攻击，战事尤为激烈。我官兵在平原麦地上，冒着强大浓密的轻重武器射击，伤亡迭出，仍勇气十足，前赴后继地冲向攻击目标。第二营第五连杨从善部，在无遮掩物可利用时，齐声唱起义勇军进行曲："冒着敌人的炮火，前进！前进！"赵一鹤、岳家祥及时整理编组所部，迅速冲入敌阵，第一营一部二十余人冲入后堡，遭敌隐匿机枪火力阻击，全部壮烈牺牲。尔后多次发起冲锋，因为攻击企图过早暴露，屡攻不克，至晚我出击官兵伤亡十分之七，在麦田里就地构筑工事与敌对峙。

余建勋见伤亡很重，伤员武器多未收容下，再派部队掩护担架队重上战地，收到不少尸体和伤员，并捡回机、步枪数十支，将糖坊、高庄突出的两个小据点挪回来，加强自上杨庄、下杨庄至李家圩的守备。团指挥所也移往李家圩右翼的小高地。我第一八二师在第一、二两线艰苦战斗，消灭了敌人的有生力量，自身也遭受了很大挫折。

第六十军血战禹王山

余建勋[※]

第六十军编成和出征

第六十军是在云南征募的农民子弟，经过四五年训练，成为军容整齐、武器精良、军纪较好的一支军队，辖第一八二、一八三、一八四三个师。每师两个旅，共十二个步兵团。军部、师部，还有直属部队：警卫营、炮兵营、工兵营、通信营、辎重营、卫生队、防毒队等机关部队，总数官兵四万五千多人。一九三七年十月，由军长卢汉率领出征抗日。

一九三八年三月初，由津浦线南下之日军矶谷廉介师团及青岛南下之板垣师团，向峄县、临沂以南我防军猛攻，企图南渡运河，直迫徐州。矶谷师团之濑谷旅团猛犯台枣支线，侵入台儿庄，与守军池峰城师巷战甚烈。第五战区司令长官李宗仁，指挥着邓锡侯川军、张自忠、孙桐萱部及东北军于学忠、西北军孙连仲、中央军汤恩伯等集团军，展开以台儿庄为中心的争夺战。四月初，日军被逐出台儿庄，退据峄县、临沂地区，迅速整理补充兵员，并裹挟伪军刘桂堂部七八千人；又得到敌第五师团、第十师团、第一一四师团等部增援，共约二十万人，于四月十七日大举反扑，李宗仁要求增兵，请调用第六十军，并派员持令到兰封、

※ 作者当时系第六十军第一八二师第五四三旅第一〇七团团长。

民权、临德车站，命铁路运输司令把第六十军直接拉到徐州增援。

不预期的遭遇战

四月二十一日晚，第六十军在徐州东面赵墩至车辐山车站下车。敌人的侦察机不时出现在上空，前线隆隆的炮声，已清晰可闻了。是夜，各师进行战斗准备。军长卢汉奉长官部命令，限第六十军四月二十四日前到台儿庄东北地区凤凰集、蒲汪、耿庄、邢家楼、五圣堂等处集结完毕，待命行动。军部为了早日把部队集结在第一线后方，了解情况，便于参战起见，于二十二日令各师向前推进。第一〇八一团潘朔端部行抵耿庄，突然与敌遭遇，发生战斗，邢家楼、五圣堂处第一八三师部队也先后与南来敌人展开以争夺村庄为中心的激烈战斗，大部村庄被我占领，赢得战场主动有利的形势，站稳了脚跟。由于事出仓促，我敌双方都是以行军纵队相遇，一开始就短兵相接。第一〇八一团营长尹国华，率部反复冲杀，予敌重创，我方伤亡亦大，尹营长不幸壮烈牺牲。日军后继的机械化部队赶到，第一八三师各团，受到绝对优势的炮火和坦克部队的联合攻击，重点指向耿庄，激战竟日，官兵伤亡十之七八，团长潘朔端负伤，耿庄陷入敌手。邢家楼、五圣堂等村庄，相继毁于敌方炮火。

第一八二师在第一八三师后跟进，杨炳麟团进入了蒲汪。龙云阶被敌野战炮火力阻于辛庄、后堡。第五三九旅第一〇七七团和第一〇七八团（团长董文英）被阻于禹王山北麓、后堡以南一带村庄，官兵略有伤亡。第一八四师渡运河后，西向台儿庄附近集结。

自二十二日上午，第六十军顶住敌人主力鏖战后，各村庄的守备队队长，在敌人炮火阻击下，利用地形构筑防御工事，整天整夜地与敌人激战。二十三日敌主力经耿庄南下，攻第一八二师第一〇七九团的蒲汪，该团有一天一夜的准备时间，工事相当巩固，敌屡攻不下，集中炮火轰击蒲汪，蒲汪在熊熊烈火中被毁。阵地被二十余辆坦克反复游弋攻击，该团官兵咸抱与阵地共存亡的决心。在坦克辗过之后，战士从散兵壕跃起，与伴随坦克的步兵肉搏。自晨到午，杀声不停，阵地屹立未动。敌人的空军和重型坦克投入战场，战事激烈程度，达到鲁南战役的最高峰。

我官兵伤亡甚重，团长杨炳麟负伤。步兵排排长吕建国与迫击炮排排长靳家祥在一起，自动组成反坦克队。吕建国在靳家祥迫击炮掩护下，迫近敌人坦克，用集束手榴弹炸毁坦克两辆，被另外数辆坦克围攻，全队二十余人，用尽一切方法与坦克搏斗，全部壮烈牺牲。是晚，继任团长钟光汉到职，收容得官兵二百余人，重新编组，继续奋战一天一夜，到二十四日夜军部才命令该团撤离蒲汪。

敌乘胜继攻后堡，我营长王谦在敌环攻下，苦战到二十五日午后，仅余二十人，王营长自兼机枪射手，激励所部，屡次打退敌人的进攻，王营长腿负重伤，仍坚守阵地。入夜再战，官兵非死即伤，王营长被少数士兵救下火线，后堡随即弃守。

在二十二日至二十四日三天的激战中，日军竭其所有的力量，企图摧毁我旺盛的抗击能力。六十军突然碰上陆空联合的现代化的强大敌军攻击，损失是巨大的。但是，每个村庄的争夺，敌人也要付出最大的代价。

二十四日午后，军部调整部署，将第一八四师主力自台儿庄向右转移，左与台儿庄附近于学忠部，右与岔河镇陈养浩师保持联系。轻重火器调整配置，构成有纵深又能相互支援的火网，日夜加强改进工事，又将新增的战车防御炮投入阵地，官兵战斗，信心更高。二十五日敌重点攻击我第一〇七团，火石埠中弹千余发，工事全毁。营长张泽沉着应战，率部隐伏在火石埠高地脚的平地工事里，将进攻的敌兵多次击退。敌人炮轰阵地右侧，张营沿交通壕右轰左避、左轰右避，俟敌人进入我火网内，又被张营击溃，激战终日，官兵滴水未进。阵地面前的麦地里，敌尸横陈。火石埠屹立未动，张营伤亡亦重。入暮后，全营只剩下营长和一个新升排长及士兵七八十人，其中尚有不下火线的伤员数人。是夜，奉军部命令，交由第一八三师第一〇八三团莫仲璇部继守。

二十五日下午，第一〇七团部和火石埠电话线被敌截断，张营长派一伤员杨××（忘其名）送一个请求增援的报告给我。杨自称是轻机枪手，子弹由左肋前穿后背，子弹头半露在皮肤外面，我用身边简单的卫生工具替他割出。问他："痛不痛？"他说："不痛，你割吧！我死也划算了！我抬着我那挺轻机枪，从东边打到西边，变换了几十次阵地，所有火石埠周围的机枪掩体，都用遍了，敌人的平射炮始终找不到我，打不着我。我亲眼看见鬼子倒在我机枪下的不少，我赚大了！这点伤算什么？如果不是张营长要我送重要报告给你，我还不愿下火线呢。我是十一二点就负了伤的。"这位机智英勇的战士，在我笨重开刀的手术下，他面不改色，谈笑风生，显示了第六十军广大战士英勇顽强的大无畏精神。

全线出击，守住禹王山

二十六日晨八点多钟，师部转来长官部的命令，略谓：敌主力已深入第六十军正面，进入袋形阵地，第六十军应全面出击，配合友军两翼夹击，歼敌于禹王山以北地区。第一八二师指令第一〇七团攻后堡，一〇八团攻辛庄，限午前十时开始攻击，并有炮十六团一个营协攻。其他各师各团，亦各有具体攻击目标。我以部队的集结、进攻路线和攻击点的选择、进攻的部署等，需要时间准备，要求师部把进攻的时间稍微推迟，同时要求在禹王山上留置少数守备部队，以防攻击不成功尚有立足之地。师部要我径向军长请示。军部同意我的意见，把进攻时间改为正午十二时。当军部炮兵开始射击，掩护步兵前进时，引起激烈的炮战。敌我间广阔的麦田里，万头攒动，各师各团的攻击部队，正在交互前进，枪炮声大作，第六十军正面又展开一场激烈的战斗。第一八四师××××团，在涛沟桥将敌击溃，追到十余里以外地方。第一八三师各团，曾一度进出于小李庄一带，与敌激战。第一八二师第五三九旅董文英团，屡次对辛庄发起猛烈攻击，士气昂扬，杀声、手榴弹声震撼了战场。余建勋团主攻部队，在禹王山步兵的重火器密切配合下，曾一度攻入后堡，受到敌人隐蔽火力的奇袭，二十余名官兵全部壮烈牺牲。第二营杨崇善连，继续组织进攻，在敌人浓密火网下，起伏前进。并高唱"冒着敌人的炮火前进！前进！进！"的雄壮进行曲，引来大量的炮火，有利于友军的前进运动。

董文英团后撤时，行动不密，被敌追袭，敌便衣队数十人混入锅山，董团长亲率护旗排与敌肉搏，屡次打退敌人。可惜援兵不至，锅山随之失守。董团长往救，遭敌围攻，在这里壮烈牺牲了。第一〇七团禹王山及枣庄营的侧翼，暴露于敌，如敌继续南进，即有渡过运河的危险。军部急调第一八四师前来接替第一八二师的防线，在未交接前，第一八二师组织所有能战的官兵，全力保住胜阳山、禹王山、枣庄营等要点，不让敌人再进一步。

二十七日，第一八二师在拂晓前另行调整部署，以第五四〇旅余部编为一个营，固守胜阳山及鸭鹅城。以新任第一〇七八团陈浩如部百余人守枣庄营，另一部被敌人隔断的赵彬营固守西黄石山，以火力封锁戴庄通向运河的路口，以第一〇七七团全力固守李家圩及附近高地，向右延伸到禹王山北麓，与正面敌人对战。早晨八九点钟，敌猛攻杨庄，与第二营守兵激战，敌一股窜入村落内，营长魏开泰伤亡。代营长岳家祥率兵一排增援，与敌展开逐屋争夺战，最后将侵入之敌一小队全部歼灭，缴获日式轻机枪两挺，步枪十七支。外围之敌，亦被击退。同日，第一八三师火石埠阵地，也有激战，莫仲璇团长英勇殉职，火石埠弃守。

二十八日，我团调守枣庄营，陈浩如部在禹王山、枣庄营间防守。日出后，第一八四师旅长万保邦集中迫击炮攻锅山。陈团一部反攻锅山受挫，敌乘机反扑禹王山南侧，来势汹汹，营长张泽指挥两个连从侧翼攻上去，敌人节节败退，不幸我英勇的张营长及两个连长先后负伤，战士亦有伤亡，攻击不利。陈浩如团长组织部队续攻，将敌人逐退锅山，不意被湖山侧射机枪击中，阵亡于禹王山南麓。

敌人得手火石埠后，集中炮火轰击第一八三师东庄阵地，昼夜不停，东庄起火，彻夜不熄。守军第一〇八二团第二营营长张仲强摸清了敌人行动的规律。当敌人炮轰东庄村落时，全营在村外战壕隐伏，不发一枪，俟火烧村庄后，主力又进入村内阵地。次日，敌派搜索部队鸣枪向东庄前进，仍不还击，直至日军后续占领部队整队进入伏击圈内，这时，全营在统一的信号下，突然急袭射击，继之以手榴弹战和刺刀战，全歼日军一个大队，横尸遍野，只有少数敌人逃脱。是役，缴获轻重机枪二十余挺，六〇炮数门，步枪一百六十七支，给敌人以沉重打击。从此之后，敌人虽不时向禹王山前方阵地发动攻击，但亦谨慎行事，不敢轻率冒进了。二十八日夜，团长严家训在东庄被敌炮击中，不幸伤亡。二十九日，敌机九架，轰炸枣庄营阵地，企图突破我防线后，直渡运河。敌人的坦克两辆，越过戴庄火力封锁线，驶向禹王山南麓，在枣庄营前面从事侦察活动。被我战防炮击中一辆，摇摆退去，不敢轻进。自三十日至五月中旬，我禹王山周围阵地，工事日益强化，官兵作战经验亦比较丰富，敌人屡次进攻，都被我军击退。

敌人原拟集中兵力，南渡运河，占领临、台支线，直趋徐州。不期在禹王山以北地区，碰上了顽强的第六十军，以死拼硬打的办法，抵住了敌人现代化部队的猛攻猛打的战术。经过八天八夜的激战，敌人的劲头在禹王山前面基本上消逝了。

蒋介石获悉后，派后勤部部长俞飞鹏到黄家楼军部慰问，给第六十军打气。孙连仲也来电嘉奖："贵军此次在台儿庄附近以血肉之躯与敌之机械化部队艰苦奋斗，前赴后继，鏖战八昼夜……使战局转危为安，忠勇奋发，足资楷模。唯残寇犹作困兽之斗，尚望激励所部，继续努力，积极加强工事，完成聚歼大计，是所至盼！"

八天八夜的血战，第六十军牺牲了数万官兵，不仅初步知道敌人立体战争的规律和战法，同时还体验到我们的上级和友军如何对待下级和战友的手法和作风。在这些经验教训的基础上，我军也摸出了自己的打法。从四月三十日到五月十六日，敌不断攻击我禹王山阵地，均被我击退，没有一次得到便宜，迫使敌人放弃其原始计划。五月十七日军部奉命将阵地移交黔军第四十一军王文彦接替。

经过二十五天的激烈战斗，我军损失甚大，各师均从事整编，第一八二师和一八三师各编为一个团，第一八四师编为三个团。总计全军伤亡七个团，约一万四千多人。其中有五千多人壮烈牺牲，九千多人负伤，全军军官伤亡近五百人，为了抗日救国，第六十军在战场上舍生命、洒热血，在抗战史上写下了壮丽的一页。

禹王山顶争夺战

李　佐[※]

　　一九三八年四月二十一日，第六十军所属第一八二、一八三、一八四等三个师，六个步兵旅，十二个步兵团及军直属机关，部队共四万余人，奉命赴鲁南抗日前线。我第一八三师先头部队进入台儿庄以东陈瓦房、邢家楼、五圣堂等地以后，与南犯之日军遭遇，当即展开激战。我军虽然武装精良，携带弹药充足，但缺少反坦克火器，每个步兵团仅有十三点二毫米高射机枪两挺。与敌遭遇后，在敌军飞机、坦克、步炮的联合进攻下，只是凭着手榴弹与敌人轻型坦克拼搏，以轻重机枪、步枪抗击敌人，用刺刀与敌人肉搏格斗，激战至深夜，敌我都有重大伤亡。

　　四月二十三日，我第一八二师与进攻之敌在蒲汪、辛庄展开激战、与此同时，第一八四师集结涛沟桥、沧浪庙、丁家桥等地，在师长指挥下，各部先站稳阵脚，再向前进，只受到敌人远程炮火的拦阻射击，没有与敌人步兵直接交锋，伤亡不大。十四日晚，我师奉命接守孙连仲部第三十一师台儿庄防地。

　　四月二十四日至二十五日，我第一八二、一八三师继续激战两天，官兵伤亡过半，又奉命全线出战。当时，第六十军的出击目标是：第一八二师向蒲汪、后堡；第一八三师向李庄、五圣堂；第一八四师向涛沟

　　※　作者当时系第六十军第一八三师第五四二旅第一〇八三团第三营第三连连长。

桥。汤恩伯兵团向西，三面围攻突入之敌。我各师按规定时间向指定目标出击。二十六日日落前，敌人约一个大队的兵力乘势向我第一八三师火石埠发起进攻。当敌人炮火向火石埠猛烈射击时，我主要兵力进麦田内隐伏，待敌炮火延伸射击，敌步兵进入我隐伏地线前五六十米时才突然开火，猛烈射击，敌人死伤累累，我步兵即奋起冲杀，将残敌全部歼灭。防御重点保持在禹王山方向，背水为阵，誓与敌人决一死战。

这时，敌人也将其进攻矛头指向禹王山，从此就揭开了血战禹王山顶的序幕。

禹王山是台儿庄东南运河北岸海拔较高、面积较大的一个山头，与台儿庄互相呼应，位置重要，敌人势在必争。

四月二十八日夜晚，敌约一个大队，在炮火支援下向李家圩及禹王山西北坡第一〇八七团阵地进攻，在敌人连续冲击下，一部分敌人已夺占我禹王山西北山麓一个小高地。这时，第五四四旅旅长王秉璋亲自率领预备队实施冲击，胸部中弹，仍坚持指挥，将突入之敌大部分歼灭，夺回失地后才下山送后方医院治疗。

四月二十九日拂晓，敌人先以飞机进行侦察，继而升起气球，指挥其炮兵向我禹王山正面集中射击。敌步兵在坦克支援下，向我发动进攻。我防御禹王山各部队，在敌人猛烈炮火射击中，留下少数人在阵地监视，绝大多数都在掩体内隐蔽，待敌炮火延伸，步兵起来冲击时，才进入阵地，先以机枪、步枪突然开火，继以手榴弹猛投，将冲击之敌大部分歼灭。

四月三十日清晨，敌人又对我军发起全面进攻，我第一道防御线数处被敌人突破，禹王山顶也被敌人占领。我守备部队抱着"与阵地共存亡"的决心奋起反击，突破我阵地之敌均被歼灭或击退。只有进占禹王山顶之敌，被我第一〇八六团第三营多次冲击，并以山顶两侧阵地火力严密封锁着。这时，第一营疏散配置在禹王山南麓。我是步兵第三连连长，全连官兵共二百八十六人，为夺回禹王山顶，巩固我后方安全，四月三十日凌晨三时许，团长杨洪元命我连带到禹王山南侧距山顶约三百米处，给我下达任务说："占据禹王山顶的只是退不走的少数敌人，你赶快在各排挑选数十名勇敢的士兵，组成一个敢死队，趁夜暗发起进攻，把敌人歼灭掉，夺回山顶向前发展，在山头构筑坚固的防御阵地。"当时我想：出征抗日的官兵，人人都怀有抗日报国的志愿和不怕牺牲的精神，现在距天亮只有两个多小时，再到各排去挑选敢死队队员，不但贻误战机，而且临时组成的敢死队，官兵互不熟悉，难以发挥夜战的威力，不如用建制排，一个排一个排地连续冲击，一定能把山顶夺回来。团长同意我的意见后，我先率领第三排往上冲，前面两个班已夺回山顶正向前冲击，在我左右的一个班快到山顶时，只听见身边一声爆炸，在我附近的五六个士兵，有的应声而倒，有的负伤，冲过山顶的两个班也全部牺牲；接着又把第三排投入战斗，也遭到同样的结果。两个排一百三十多人经两次冲击，已伤亡近百名，只剩下三十多人守卫禹王山顶。在此情况下，第三营营长王朝卿就向团长杨洪元建议："不能再令第三连向前冲了，只要能守住山顶就行了，否则全连都会被打光。"得到团长同意后，就命令我连停止前进。这样，我连从四月三十日八时起就在禹王山顶棱线上与敌人形成对峙状态。

王朝卿营长老成练达，沉着冷静，富有作战经验，他指挥我连在禹王山顶一百多米防御正面，配置了十四挺轻机枪，每个士兵身边都有一箱至两箱机、步枪弹和手榴弹，又有团迫击炮火力的有力支援，不论敌人来势如何凶猛，插翅也难飞过禹王山顶，但我们也冲不过去。开始只在棱线上选择几个既能遮蔽身体，又能发扬火力的地方，配置少数兵力监视敌人行动，多数人就在棱线稍后一米至二米先构筑单人射击掩体，然后连点成线，再向深处和前方挖掘，掘进一段，再转向另一头挖，打算在山顶下面构成鱼鳞形的坑道。打通以后，把当面的敌人歼灭，扩大山头防御阵地。

五月三日夜间，敌人约以一个中队的兵力，向第二连阵地偷袭，其先头一个分队的一部悄悄地从第二连正面摸进营指挥所掩蔽部，把正在熟睡的营附和他的勤务兵刺死后就在掩蔽部内隐伏起来，其后继分队被我守兵发觉，即以机枪、步枪和手榴弹一阵猛打，全部歼灭了他们。

五月四日拂晓，潜伏在掩蔽部内的敌人，就把日军军旗插在掩蔽部上，并以轻机枪向第三营指挥所射击。这时，团长杨洪元正在第三营指挥所，听到敌人枪声，就要出去看个究竟，卫兵拦住他并说："团长不能出去，让我先去看看。"说完，转身走出掩蔽部，即中弹牺牲。杨洪元立即用电话向旅部报告，并通知我说："你连的任务是坚守住山顶，不能让一个敌人上来，右侧发生的情况由团来对付。"接着，在旅长万保邦和团长杨洪元的亲自指挥下，以第二连严密监视当面敌人，又从左邻第一〇八五团调来一个步兵连，由第一〇八六团迫击炮支援步兵歼灭突入之敌。这时，迫击炮连的阵地距潜入我掩蔽部内敌人的位置仅七十五米，精通迫击炮技术的连长罗谦擅长射击指挥，第一次齐放，稍微打远了一点，第二次齐放，就正好打中敌人潜伏的掩蔽部顶上，把几个敌人尸体抛起三四米高。顿时，阵地上响起了一阵鼓掌声，欢呼我们的神炮手"打得好!"我们进攻的分队乘势冲上去，把活着的敌人杀死，打扫战场后归还建制，一度紧张的场面才平静下来。

从五月一日清晨起，敌我双方在禹王山对峙以来，每晚黄昏、半夜、拂晓前各有一次激烈的炮战和步兵的进攻行动。

五月七日拂晓，在我连左前方约五百米处，敌人突然以九二炮（口径七十毫米）十余门，集中火力向禹王山顶及左斜面连续实施破坏性射击约半小时，将我连棱线上的射击掩体全部摧毁，守兵大量伤亡。这时，我连增加上去的士兵已来不及修复工事，只好用烈士的身躯作依托，以猛烈的火力打退敌步兵的多次冲击。在我连阵地后方凹地内，仅有数十亩麦田都埋满了阵亡烈士的尸体，新阵亡的官兵已无地可埋。战士一日数餐，边打边吃或短暂的休息，也就在烈士身旁。在这样艰苦而残酷的战斗日子里，由于出征抗日的官兵都怀着"舍身报国"的志愿，视死如归，加上全国人民对抗日将士的热烈支援，军、师战地服务团和政工人员冒着敌人的炮火，把全国人民的慰问品如香烟、糖果、饼干、馒头等源源不断地送上火线，更加激发了官兵的斗志和胜利信心。"与阵地共存亡"，已成为共同的信念。

经过七天的激烈战斗，我连的排长已全部阵亡，士兵只剩下三十八名，团里给我补充了近百人的一个新兵连，防御的兵力又有了加强，连日来阵亡官兵的尸体也得到了掩埋。

五月十一日以后，战斗虽然逐渐沉寂，但到十五日止，我连又伤亡官兵九十余人，剩下来的只有四十多人了。这时，团里再给我补充一个新兵连，我们与敌人在山顶下面的对壕作业也快要挖通。在更深夜静时，敌人说话和打坑道的声音都能隐约听到。我时刻设想：坑道打通后会是怎样一种情况呢？怎样在坑道里与敌人战斗？还幻想出如何冲出坑道，把当面的敌人歼灭，为国家、民族雪恨，为牺牲的战士报仇。

五月十八日前，第六十军主力已撤过运河以南整编，只留下第一〇八六团在运河北岸与敌人对峙，我连还坚守在禹王山顶上，积极加强工事，准备抗击进攻之敌。

经过争夺和坚守禹王山顶十八昼夜的战斗，由于战略需要，十八日下午我团奉命于暮后开始撤离阵地，到九里山接防。我们立即收拾行装，带足武器弹药，打扫战场，把能用的武器和土工具全部带走。没有遗弃一件在阵地上，直到晚上八时许，才从容不迫而又依依不舍地撤离禹王山顶，向徐州转移。当我路经贾汪时，在朦胧的月光下，看见停在车站铁路线上望不到头的一列列火车上都装满了武器弹药，站台上作战物资堆积如山。全国人民对抗日前途正寄予厚望。这时，敌人气球已在空中升起，远程炮火已打到徐州，重机枪的枪声也越来越近，我团即以跑步的速度向徐州疾进，当我们部队到达徐州西城外时，飞来八架敌机轰炸城区，我团就地疏散，利用城边树林、沟渠隐蔽，待敌机飞走后，才向徐、宿公路前进。

第 六 章
徐州外围战

收复济宁之战

刘青浦[※]

第三集团军在韩复榘被枪毙后，即任命第十二军（辖第八十一、二十、二十二三个师）军长孙桐萱为总司令，第五十五军（辖第二十九、七十四两个师）军长曹福林为副总司令。一九三八年二月上旬，第三集团军奉命收复济宁，威胁兖州，牵制日军南进。

孙、曹奉命后的军事部署是：第十二军第二十二师师长谷良民率部从北门进攻济宁城。第五十五军进攻南关（济宁的经济中心），协同收复全城，歼灭日本侵略军。使日军在台儿庄作战的部队右翼受威胁，敌后交通津浦路北段随时可被我军切断。第二十二师奉命后从定陶县出发，为避免被敌人发现，昼伏夜行，经巨野、嘉祥各县到达济宁运河西岸。师命令第六十四旅（辖第一二七、一二八、一二九三个团，旅长时同然，我是副旅长）为攻城主力，二月二十一日，到达进攻准备位置，二十二日夜，协同第五十五军进攻，第六十六旅为后援。我们反复派员到城内、外侦察。查清日军约一千三四百人，大部驻守南关，城里有四五百人，北关没有驻军。北门日军站岗一般是两人，农民进城，只要向守门之敌行个礼即可出入，检查不太严。城门楼上驻敌一班人，有机枪两挺。运河多年失修，东岸一片沼泽，不能通行，只有城关二十里铺有小木桥可

※ 作者当时系第三集团军第十二军第二十二师第六十四旅副旅长。

通过。汶上县驻敌军约一营，有坦克和炮兵，机动性大。兖州、济宁有铁路可随时增援。根据侦察，我们决定到达准备位置后，先派化装便衣队携带轻武器混进城内，攻城时内外夹击。首先歼灭城门及门楼上之敌，大部队就可迅速进城，展开全面战斗。第六十四旅一九三二年在济宁驻过，人地两熟，在城内人民支持下，是可以完成收复任务的。

二十一日拂晓前，趁月夜经二十里铺到达准备位置。以一个团在二十里铺布防，维护后方交通和阻截汶上之敌救援。两个团配置在北关两侧小村庄，旅部推进到距城约十里处，等待天明开城门后派便衣队混进城去。但情况突变，天明后城门紧闭，无法混进，原派进城去的侦察人员没带武器和通信器材无法联系。情况变化，我们立即指示两个团在工兵协助下迅速准备爬城工具，夜晚爬城，并命二十里铺之团，赶筑工事，阻击汶上增援之敌。约在晚上十点钟，两团以北门为界，同时爬城攻击。并指示配属的一个炮兵连，测定距离，摧毁城门楼敌据点。部分官兵爬到城垛门时，被敌哨兵用刺刀杀伤掉下城墙根，但终因梯子多、士气壮，消灭了城墙上的敌人。拂晓前共爬进城九个连。在北大街及其周围展开激烈的巷战。第一二八团傅营长带一排人强袭城门楼据点时牺牲。配属的两门炮是旧架腿式炮，连瞄准器都没有，炮弹年久受潮，有的不能用，无法命中敌据点。天明后城门楼上的敌人又有增加，在敌机枪扫射下已不能继续爬城。另一方面，午后四五点钟，汶上之敌倾巢出动，在坦克掩护下迫近二十里铺，首先用炮兵摧毁了木桥，向我军进攻。第一二七团告急。遗憾的是第五十五军曹福林部未能进攻南关，因而南关之敌抽调大部队到城卫参加战斗。形成我城里九个连的孤军奋战，伤亡无补充，弹药难补给。战斗到天黑，枪声逐步减弱，九个连牺牲殆尽。我军腹背受敌，伤亡惨重，距运河虽仅几公里，但因一片沼泽不能通行。在这处境万分危急的情况下，时同然旅长含着眼泪沉痛地问我："青浦，你看我们怎么办？"我说："现在情况变化，攻城已不可能，二十里铺又告急，天明后我们就会被包围，全部死完也无济于事。第六十六旅只能在运河西作声援，吴化文旅（原韩复榘手枪旅）在东平、长清一带打游击，我们应迅速采取措施，在十二点前后把部队转移到梁山以南安全地带休整。我们应一面电告师长和孙总司令，一面派人和化文联系，可能时就破坏铁路，威胁兖州。"各团长一致同意，决定半夜十二点开始转移。

夜十一点钟时，同然接到孙桐萱来电：第六十六旅在运河西岸掩护工作已准备就绪，吾弟应克服一切困难，想尽办法，务于拂晓前到达运河，船只已安排好。奉命后我们邀请几位老农民询问，除二十里铺外，过沼泽地带去运河有无道路可通。他们说："从北关到运河有条小路，泥水多，一片荒草，单行人可以过去，车辆马匹不能过。"我们当即请老农做向导，命工兵排、手枪队利用荒草修补道路。车辆用草垫人推，马匹陷入泥中用人抬，炮拆卸开用人背，拂晓前安全地到达运河岸。掩护撤退的田营长牺牲。天明后兖州敌炮兵增援到济，对运河以西狂轰一通。第六十六旅旅长薛明亮中弹受伤。

蒙城阻击战简记

梁学乾[※]

　　蒙城之战，是徐州会战南战场十分重要的一个战役。

　　一九三八年四月下旬，第二十一集团军总部综合各方面的情报，判明津浦路南段之日军有向涡阳、蒙城方面北犯之企图。为使守军利用工事拒敌北进，总部派遣一个三人小组前往蒙城，指导构筑城防工事，并积极配合当地政府发动民众协助之。三人小组组长是少将参谋张众佩，出身陆军大学特二期，皖籍。组员是参谋王汉昭和笔者本人，当时都是上尉级。

　　五月初，我们到达蒙城，拜访了县长，经过商谈后，即巡视城郊。但见该城并无战壕、碉堡和工事，民夫一个也无法征到。一连数天，我们从早到晚，都去城郊侦察地形，确定设壕筑碉的计划，可是因为无法征到民夫，战壕及碉堡的位置，也由我们三人亲自动手，执绳索去量度，并画写经始线。

　　五月六日上午，我们正在郊外工作，敌机猝然飞临蒙城滥施轰炸，我们即伏卧于麦田里，利用青纱帐般的麦苗来掩蔽自己。眼见敌机向我城中投弹狂炸，城内外房屋塌倒，且有多处冒起火头，浓烟上升，弥漫空际，居民更加慌乱，纷纷逃走。

　　※　作者当时系第二十一集团军总部参谋。

敌机向蒙城轰炸，这是日军攻城前奏的信号。我们即打电话向总部报告，请速派劲旅前来镇守，阻敌北进。

敌机轰炸过后，午后即下倾盆大雨，到夜不止。我第一七三师副师长周元将军冒着滂沱大雨，奉命率领骁勇善战的桂军第一〇三三团团长凌云上和随行师参谋梁家驹等于傍晚及时赶到，即将部队区分守城，并赶速构筑城防工事御敌。虽然官兵衣服尽湿，而且兼程赶路，备极辛劳，可是士气却十分旺盛。

我们会见周元、凌云上、梁家驹三人之后，就把各方面情况，如蒙城全无防御工事和当天被炸状况一一向他们详述。他们要留我们在一起互相商量工作。我们以任务已完，将一切交代清楚之后，即决定于翌日早晨离蒙城回集团军总部（当时设在宿县）销差。五月七日清早向宿县北返。

当我们回到宿县总部时，已入薄暮，知道宿县也刚遭敌机大轰炸之后，城里城外，一片凌乱，沉重频密的炮声仍不断地从蒙城方面传来。

蒙城之战，是我军与日军在皖北战场上打的一场硬仗，虽然我未曾在城里直接参战，但后来知道我忠勇的守军，在敌人的陆军、空军及战车、骑兵夹攻之下，用血肉筑成的长城，与敌奋战四个整天，予敌人以重大杀伤。守军弹尽援绝，伤亡也很重，直至五月九日奉命突围撤出，蒙城乃告陷落。副师长周元将军英勇殉职，参谋梁家驹掩蔽于浓密的麦田里，得庆生还。团长凌云上亦幸免于难。

蒙城之战，我军官兵浴血奋战，虽然牺牲重大，但阻击强敌，推迟了日军北进的速度，打乱了敌人的步调，给徐州会战创造了有利的态势。

蒙城血战

凌云上※

　　一九三八年春，侵华日军向我山东台儿庄进攻，迭次失利，为了速战速决，乃以重兵向安徽之砀山急进，企图截断我徐州后方主要交通线陇海铁路，形成大包围态势，给我主战场以严重威胁，遂从南京方面抽调兵力约两万余，以敌之第十三师团（荻洲师团）为主力，配合各兵种，沿津浦铁路南段陆续向蚌埠集结。于五月七日由蚌埠向怀远县城进攻。我防守怀远的第七军部队给敌以激烈抗击后，于十日经蒙城向西转进。敌即以主力并配合机械化部队，沿涡河南岸之淮蒙公路，向蒙城急进。另一部则由涡河北岸大道向西急进。五月十一日下午一时，先头部队到达蒙城东郊，时近下午三时许，即向蒙城包围攻击。

　　我第二十一集团军第四十八军之第一七三师第一〇三三团原在田家庵以东之洺河附近与敌对峙，于五月八日奉令固守蒙城，由副师长周元率领，即日向蒙城开拔，到凤台南岸渡过淮河，沿蒙凤公路前进，是晚，在新集附近宿营，九日晨向目的地续进。原拟赶到蒙城布防，因部队通过大兴集以后敌机在我上空不断扫射轰炸，妨害我之行动，下午四时以后又遇倾盆大雨，道路泥泞，行进异常缓慢，人马疲劳，天色极度黑暗，即摸索前进也感困难，不得已即在楚村铺附近宿营。十日拂晓始继续北

　　※　作者当时系第二十一集团军第四十八军第一七三师第一〇三三团团长。

进，于上午十一时许全部到达蒙城。我当即率领各主要干部侦察地形，以决定兵力部署。蒙城地形易攻难守，县城狭小，城墙单薄，且大都是土墙，倘容纳过多的兵力，则易招致炮火损伤。东郊附近有小村庄数个，村缘树林浓密，勉强可作防御阵地。城北城西的郊外，地势平坦，村庄离城较远，守城较为有利。北面城垣脚下有涡河东流，不能徒涉，顾虑较少。乃决定以第三营（营长兰权）的主力在东门外附近各村庄占领阵地，其一部占领东门内大街两侧街市，并构筑街市的巷战工事，以第一营（营长贾俊优）主力占领南门外小街市及南门城顶；西城郊外地形平坦，村庄离城数里，敌人接近较难，由该营酌派少数兵力防守及构筑城上工事，其余在南门内占领阵地并构筑巷战工事；第二营（营长李国文）以一连占领北城外的河边街及西北角之小北门，向涡河北岸严密警戒，并防止敌人渡河，其主力为团预备队，控制于北城内，并构筑十字街西北各街市及北城的防御工事；以团搜索队（约七十余人，配轻机枪二组，步枪兵三十人，驳壳手枪兵三十人，每手枪兵配大刀一柄）在涡河北岸之全集与移村间活动，并向龙坑方面警戒。限令各部队占领阵地后迅速完成立射散兵坑，如时间余裕，应继续加强工事。是日下午三时，我第七军防守怀远部队纷纷经过蒙城向西撤退，我当即命令各部队，严加戒备，准备随时迎击进犯之敌。我团官兵于上海战役曾经二十余天的苦战，虽牺牲较重，仍能苦撑到底，此次守备蒙城，个个斗志昂扬，誓与蒙城共存亡，以发扬过去光荣战绩。副师长周元勇敢沉着善战，因身体有病，此次行军疲劳过度，病又加重，自到蒙城后，一切防务计划部署，均交我个人完全负责。

十一日十时许，敌之骑兵百余越过河溜集，向我搜索前进，其后续部队亦向我急进。敌机三架，在上空来回低空飞行，掩护其部队前进。

下午三时许，涡河北岸敌骑兵一百四五十名，到达移村附近。我搜索队李队长令各士兵在大道两侧麦地隐伏，待敌到最近距离即猛烈袭击。敌一时大乱，纷纷溃退，稍加整顿，又复向我冲来。我利用麦地为隐蔽，仍坚决抵抗。敌骑虽系装甲骑兵，因距离甚近，不能下马战斗，支持至黄昏时候，其后续步兵已到移村附近。此时我仅伤亡五六人。敌被我伤毙人、马四十余。入夜后，我沿涡河北岸撤至小涧集，渡河归还蒙城。

是日下午三时许，东门外村庄附近我之守备部队已与敌接触。敌骑兵约一个连分向阜阳及凤台方向进行搜索，其观测气球在东门外十余华里处升起，大量炮兵向东门外各小村庄附近我阵地猛烈射击，其步兵即向我阵地猛扑，被我官兵强烈抵抗，纷纷后退，黄昏时又复向我进攻，仍未得逞。入夜后敌大队兵力，由东南角附近村庄纷纷向南门方面移动，企图包围南门外小街市我之阵地。夜十一时，东门及南门外我守军均与敌发生夜战。是夜，敌彻夜不断向我袭击，步机枪枪声、手榴弹声不绝于耳。我第一营占领城西涡河南岸各渡口之一个连，地形隐蔽。北岸之敌彻夜以轻重机枪扫射，施行威力搜索，企图南渡涡河，经我还击后，乃沿北岸进至小集附近，始偷渡南岸，再由西而东，向我占领各渡口部队攻击。每一据点，我均经过强烈反击，给敌以相当损耗后，始逐步向蒙城撤退。

十二日晨，敌又升起观测气球，以大量炮兵向我东门内外各阵地进行极其猛烈的射击，炮弹不断落我阵地。敌机三四架又在我上空来回俯冲，轰炸扫射。约上午十时左右，敌步兵在轻重机枪及步兵炮掩护下疯狂向我进攻。我东门外及南门外各阵地的守备部队早有戒备，虽阵地工事遭受相当摧毁，但士气旺盛，顽强抵抗，给敌以严重打击。

下午一时许，敌大量炮兵在其观测气球指示下，向我东门外阵地及东门内街市猛烈射击，敌机三四架时时向我轰炸扫射。城内房屋炸毁很多。炮火甫停，其坦克十余辆即向我阵地冲来，除一部分薄弱的阵地被摧毁外，我大部阵地未被突破，敌之后随步兵被我轻重机枪击退。东门外第三营自战斗开始至此时止，已伤亡约二百人。我不得已将该营控制在东门城上的一个连调至东门外增援，另以第二营一个连接替所遗防务。战斗至下午六时止，我东门外阵地均被敌炮火粉碎，附近树木枝叶亦被炸光。守备部队伤亡惨重，残余部队不足两排，战斗力大为削弱，已无法继续苦撑，入夜后即撤回城内休整，不得已而将东门外阵地完全放弃。本日自晨至暮，敌炮火向我射击约三千余发，摧毁房屋甚多。南门外小街市阵地孤悬城外，三面受敌，被敌更番猛扑，经我苦战，支持至夜，亦撤入南门内。是夜，蒙城城外各阵地全陷敌手，我之防区大为缩小。

两日以来，浴血苦战，伤亡重大，头一天的负伤官兵乘敌尚未合围以前派队掩护出城，转送阜阳后方医院，以后伤员均收容在南门内各学校里，无法后送，时时遭受敌炮及敌飞机威胁；又因药品缺乏，医务人员过少，治疗护理不周，辗转呻吟，惨不忍闻，除于精神上给以安慰外，余无他法。

下午六时，将经过战况电报师部后，于夜十一时接贺师长来电，谓解围部队已在出发途中，务须固守待援等语。

是夜，因我部队撤回城内，敌得以迫近城垣，以机枪扫射城顶，屡次向我夜袭，企图爬城，因我防守严密，迭次反击，未遂。支持至次日天明后，发现城外附近遗弃许多爬城工具如木梯、木条、板块等物，因此判知敌之急于攻城。

十三日拂晓后的战斗其剧烈残酷为我所从未经历过。敌之轻重各种炮兵因我撤守城外后，得以推进至离城最近距离，对我城防工事可以直接瞄准。我防守部队不但没有炮兵来还击敌炮，仅有的步兵炮四门弹药也已用完，使敌得以毫无顾忌地向我猛烈射击。自上午七时起，敌人各种火炮在其气球指示下对我猛烈射击，城顶及城内，弹如雨点，尤其东城的南端，更为激烈，炮声隆隆，震耳欲聋，硝烟尘土弥漫空际，呼吸也觉困难，阵地守军即不受伤也被炮声震荡得如无知觉一样。炮声一停，敌步兵乘机冲至城边，纷纷搭板架梯，向东城城顶及东城南端缺口爬入城内，战况极端危急，我即刻率领第二营营附李如春及该营之两个连，从东门街两侧房屋小巷向敌之翼侧进行逆袭，敌因初入城内，地形不熟，队势纷乱，立足未稳，被我步机枪及手榴弹等猛烈袭击，益形混乱，死伤累累，无法抵抗，溃退出城。正当敌人在城东南角缺口溃退挤拥不堪时，适东街口我重机枪班士兵被敌炮弹全数炸毙，该枪无人使用，我乃亲自使用此枪向该溃退敌人连续扫射，我士兵乘机向敌冲杀，当即将阵地完全恢复。于是立即修复被毁的工事，堵塞缺口。在此一战斗中，计房获敌重机枪一挺，轻机枪四挺，步枪五六十支，俘敌兵十余名。我二营营附李如春及排长四人壮烈牺牲，士兵亦伤亡逾百。我团自战斗开始至此，轻重伤员已五百余人，均收容于南门街内的学校及宽大民房内，无法后送，又无掩蔽部的安全掩护，负伤后复被敌机敌炮杀伤炸毙，惨不忍睹！战斗至此，全团战斗力量大为减削，防务处处薄弱。各官兵仍能鼓其余勇，继续艰苦支持，给敌以有力打击。

约十时许，敌人各种大小炮又复开始激烈射击，仅一个多小时，向我城上城内发射千余发之多，敌飞机亦时向我轰炸扫射，除北门外有涡河做天然屏障无敌兵攻击外，其余东南西三面均又发生激烈战斗，尤以东南两方面最为激烈，将近正午，敌于东南面大量施放烟幕弹，掩护其步兵向东城南城两面的城下冲来，其坦克三辆每辆装载工兵四五名，直向城门冲来，到达东门口时，其工兵纷纷下车，将我城门洞的各种防御工事拆毁，经我城楼上守兵以手榴弹向城门洞猛投，敌工兵伤亡殆尽，我立即将城门工事修复。但敌又复以随伴步兵之钢炮向城门洞工事连续射击，沙包、城门板、铁丝网、石条等均被打得崩溃粉碎，城门立即洞穿。城楼上守兵被敌炮弹杀伤殆尽。敌此次进攻非常激烈，尤以东城方面更甚。城上守兵伤亡特重。敌炮延伸射程，构成浓密弹幕，将我前后方隔断，增援部队几次不能通过。城上残余守兵已不能再予支持。大队敌兵得以越过东门城壕，爬上城顶，并由东门及东南角缺口侵入城内。东门内百余米地区均陷敌手。我又率特务排及搜索队由东大街北侧，又令第三营残余兵力约两个排由东大街南侧，同时向侵入之敌逆袭，因敌占据家屋顽抗，逆袭未能奏功。敌后续部队继续拥入城内，我乃占领预先做好的逐屋战斗的工事继续抵抗，彼此处于相持状态，但战局至此已趋严重阶段，第三营营长兰权于此次逆袭战斗中不幸中弹壮烈牺牲，其余官兵亦伤亡甚重。这时，南门及其两侧的战斗又趋激烈，我又赶到南门，见敌之小炮弹及掷弹筒弹不断落在城顶及城内，其轻重机枪亦向城上连续猛烈扫射，敌步兵纷纷将木条及门板等搬到城壕附近，准备登城。我守备该方面之第一营之一个连新兵占三分之二，尚未经过战斗，此次守城战斗两昼夜，已伤亡近半。见敌如此猛烈攻击，已呈动摇，情况危急，我亲率手枪兵十余人冲上城头，向敌急袭，并大呼："跟我冲上！"各班长也大喊道："团长已先到城上，大家不要怕，快退城顶去！"于是，各士兵都纷纷登城，以手榴弹、步机枪猛烈袭击。敌阵顿形混乱，逃的逃，死的死，伤的伤。我阵地立趋稳定。我即返指挥所，电话查询各部队尚存弹药多少。据各部队报告：步枪每支仅有弹药二十余发，重机枪弹尚存百余发，轻机枪弹五六十发，手榴弹每班尚有四五颗。看来人员伤亡重大，医药用罄，弹药缺乏，又无他法补给；东城已被敌人突破，冲入城内，尚未驱逐出去，情形极为危急。

我将目前战况电报师长，拟稿完毕，正在翻译电码中，而东门内战况又已告急！我又即刻前往视察。刚到市中心之十字街，见我所占领东门内的房屋被敌炮不断轰击，弹如雨点，被毁房屋无算。敌战车五辆直向东大街冲向我方，其先头战车将我东大街防御工事重加摧毁，随伴步兵纷纷潜入两侧房屋，将我防守部队前后隔断。我即调第一营步兵两班固守十字街，拒敌前进。东大街之敌已不能前进，我再由小巷往北城垣下，找第二营营长李国文。他正率领残存兵力坚决抵抗，不时出入枪林弹雨中，不幸中弹阵亡，重要干部又损一员。东门内街市家屋虽被敌分割成为三片，联络断绝，士兵仍能逐屋抵抗，各自为战。我对该方面部队进行鼓励后，即返小北门街指挥所，电话询第一营营长贾俊优，欲了解该营战况。因电话线被敌切断，不能联系，后了解：该营防区战况非常激烈，谢团长奋不顾身，率队向冲入南门之敌猛击，不幸中弹壮烈牺牲。战局至此，主要干部牺牲殆尽，弹药缺乏，部队伤亡惨重，兵员过少，顾此失彼。市中心的十字街口阵地被敌突破后，继续向西扩展，并向各小巷渗入，将蒙城全市分割为几个片段，使我联络断绝，指挥困难，战局进入极端恶劣阶段。

下午一时许，敌战车四五辆，又载运步兵越过市中心，向小北门街道冲来，距我指挥所二十余间铺户的距离以机枪向街上不断射击，当时团已无预备队控置，仅有警卫指挥所的特务排三十余人，即刻占领附近街道上沙包做的防御工事，拒止敌战车前进，但因无手榴弹，只以步枪机枪击敌战车，效果不大。战车上敌步兵纷纷跃下占领街道两侧铺户，洞穿墙壁，逐屋将手榴弹投过我方，步步紧迫，缩小包围圈。我所占领地区面积不过百余平方米。周元副师长处亦断绝联络，无从请示机宜。当此一发千钧的时候，考虑再三，下定决心，冲出重围，重整旗鼓，再图报国。若突围而牺牲，死亦光荣。只有这条道路可走，不容稍事迟疑。当时南面城门内外均被敌占领，不能通过，西面则城外也有敌占领，突围不易成功。由北面突围，则涡河水深，不能徒涉，突围亦不可能。只有北门外河边街的东端街口，尚在控制之中，但街口外约四五百米处，有敌轻重机枪正对我街口警戒。判断东门外敌之大队步兵已侵入城内，其后方除炮兵外，其他的兵力想必较为薄弱，倘能将河边街口外之小村落取下，则突围较易成功。此时小北门西侧的防御工事已被敌小钢炮击毁，敌我双方均用手榴弹互投，即将进行白刃战。我率同少校团附罗光炎由指挥所后门到小北门附近，侦察敌情及突围路线，适遇周元副师长率卫士二名，打穿他的指挥所后墙，到小北门附近城上之小宝塔脚，视察地形及战况，我即将城内战斗恶劣情形及突围意图向他作了简要的报告。他非常同意我的意见，并促我即刻行动。我即传知小北门街附近的部队，以极少数兵力在原阵地阻止敌前进，其余兵力，立即集结于小北门外河边街，听候指挥行动。兵力集结完毕后，由周副师长和我一同带到河边街东端街口，共有步枪兵四十余人，驳壳手枪兵约三十人。正在下达突围命令时，城头上敌人向我集结部队射击，我们的部队散开，由手枪兵为第一线，步枪兵为第二线，利用秀茂麦地作隐蔽，爬行、跃进并用，迅速向街口东面的小村庄接近。该村庄约有敌重机枪一挺、轻机枪两挺，步枪兵约三十余名。前进至手枪有效射程时，步枪兵上好刺刀，迅速加入第一线，与手枪兵于最短时间，用最猛烈的火力，一齐冲入敌阵。在我们冲出街口二百余米时，当面与右侧之敌以及后方城头顶之敌，均同时向我猛烈射击，我高呼："前进就是生路，后退及迟疑是死路!"各官兵益加果敢奋勇，向前猛冲。一刹那间，即到达距敌五六十米的地线，我步枪、手枪手一齐冲入敌阵。敌军死伤过半，其余的四散逃命，我们完全占领了这个小村落，计虏获重机枪一挺，轻机枪二挺，步枪十余支，因为需继续进行第二次的突围，情况急迫，我们即将虏获武器，当场尽行破坏后，又复继续前进。

在攻击这个小村落的战斗中，我突围部队也伤亡三十余人，余下的尚有四十人。我的图囊及衣袖均被敌枪弹贯穿，幸身未受伤。周元副师长在突围到达东门外飞机场东北角附近，于混战中饮弹牺牲，由于战斗急迫，无法将尸体抢运，极为遗憾，忠勇将领又少了一个!

蒙城东门外村庄稠密，许多村庄住有或多或少的敌兵，以靠近蒙城的村庄住敌较多，当我们前进时，敌气球对我不断监视侦察，对我的行动极端不利。我部队经过地点发现敌电话线，一概加以破坏，使其指挥联络失灵。在我们进出离蒙城东门约二公里许的地区，南北两侧的村庄内敌军向我猛烈夹击，在极短时间内，又伤亡十余人。我戴的钢盔也被弹贯穿，震动激烈，几至昏倒。稍息片刻，即已恢复常态，又复指挥部队，继续前进。突围前进约五公里，才没有敌人向我们射击，我们以为从此稍可安全了，不意又发现敌骑兵在前方约一千米处的村边活动。当时我部队已极度疲劳，行动困难，遇此活力强大的敌骑，应付极感棘手，处置又不许迟疑。为了避开敌骑注意，减小目标，乃将部队化整为零，加以疏散，并指定东南方约九百米处附近为集合点，极力利用沟渠和麦苗作掩蔽，向目的地前进。当我们安全到达集合地点时，检查人数，只剩军官三人，士兵十三人。突围开始，共有官兵七十余人，伤亡之惨重，实所罕见。我们稍事休息，又再向南前进，到达楚村铺时，已非战时状态，地方秩序已经恢复，我们经数昼夜战斗，突围十余里，已感非常疲劳，不能继续行动，即在此地住宿，以资休养。

次日（十五日）到达凤台县城，即在此从事收容，适第二十一集团军荣誉团在此担任警戒，蒙该团团长叶浩森派干部在附近各要道代为收容残余官兵，以后有少数官兵陆续归队。

收容数日后，部队即开田家庵，归还师建制，从事整理。计前后收容官兵共约四百余人，这些归队官兵，内有部分是十二日黄昏前突破我东门外阵地时不能返回城内被敌冲散的。其余大都是蒙城沦陷时各自突围冲出，或散匿民房，夜深乘敌戒备疏忽，潜越城墙跑出的。此等官兵，身历艰危，排除万难而归来。归队官兵，共带回武器计有轻机枪七挺，步枪六十余支，手枪二十余支。即将所有人、枪，编为两个步兵连及两个步兵排，组成团本部。一部分人员从速办理慰劳伤病、赶办抚恤、补充装备、休整部队等事宜。

全团经三昼夜之激烈战斗，计前后负伤官兵共八百人，内百余人是战斗第一天负伤的，因城之西面尚无敌人包围，经派队护运，由小北门运送阜阳后方医院留医。以后的六百余人于城陷时，有小部分轻伤者，散匿民房僻静处，在夜深乘敌防备松懈，潜越城墙偷出归队的，也有自行向各处后方医院报到留医的，人数无从查考。此外，卫生队、输送连、通信排及步兵炮连的弹药队，共约三百人，系非战斗员，概被日军强迫运送物资及伤病员往蚌埠后，未知下落。重伤官兵及已无战斗力的官兵，于城陷后，敌兽性大发，以惨无人道的残忍手段，用铁丝及绳索捆绑，推出城郊附近集体屠杀，此种惨绝人寰的暴行，言之发指！就义将士，浩气长存；血海深仇，神人共愤。

蒙城之役由于我团各将士奋勇抵抗，坚持战斗，日军伤亡亦在不小。据调查所得，其伤亡数目，一百余名陆运怀远外，复强拉民船三十余只，装运死伤敌军，驶往蚌埠，估计每船装三十人，也有八九百之数，约计此役敌军死伤也不下千人。

日军退出蒙城后，地方各界团体人士将我殉国将士忠骸捡收，埋葬城郊附近，命名为"抗日将士忠烈墓"。副师长周元将军则另立一墓，均勒碑纪念，以垂不朽，每年由地方各界定期举行祭祀，以表敬仰。各地报纸连日登载蒙城激战情形，各部队政工人员及救亡团体将此役经过事迹，编剧表演，以励来兹。日方广播电台也承认他在此役已付出相当代价。我个人在此次战役后得到国民政府林森主席颁发四等宝鼎勋章一座及奖状一轴，第五战区李司令长官明令记大功一次，又奉第二十一集团军廖总司令的电令，略谓："该团长于蒙城抗战已尽最大努力，应予传令嘉奖。"第一七三师贺维珍师长代电："递转军政部令，晋升上校级。"

我团在田家庵将残存部队整顿一个短时期后，又开往寿县八公山阻击敌之西进。后又转战六安附近，接到第二十一集团军廖总司令电令，略谓："第一〇三三团蒙城抗战，牺牲重大，着由本部补充团拨归该团补缺额，以保存光荣番号。"我当即前往叶家集附近接收，由该补充团罗敏将人员、武器一概点交后，经短暂时间整顿，又开赴前线参加武汉外围战。

微山湖畔抗敌记

熊顺义 [※]

一九三八年三月中旬，第二十二集团军自山东邹县、滕县保卫战后，收容余部，重新整编，据守微山湖畔之南韩庄，保卫徐州第五战区长官司令部，策应台儿庄会战的进行。

这次战役，从三月十九日起至五月十九日整整两个月，虽然双方兵力都不很大，战斗正面也不广，但战略意义却比较大。微山湖的战斗，给徐州长官司令部策划台儿庄会战以安定和从容指挥的条件，对赢得会战的胜利，暂保陇海东线的安全以回旋余地上，作用匪浅。这段战斗除中间有几天为我军作反攻战外，大部时间是在激烈的对阵战中度过的。

当时，我以第二十二集团军第四十一军第一二四师第七四四团团长名义调任第四十一军前敌指挥部代理参谋长职务，自始至终参与了战斗的组织、计划、指挥等参谋工作。对这一重大活动了解得较多、较具体。

战前形势

一九三八年三月中旬，第二十二集团军在山东邹县、滕县战役中失

※ 作者当时系第二十二集团军第四十一军第一二四师第三七二旅第七四四团团长，第四十一军前敌指挥部代理参谋长。

利。日军第十师团长矶谷廉介指挥其主力部队由津浦线转台枣支线，尾追汤恩伯军团。而汤部在枣庄附近散入山区后，该敌即会同日军第五师团长板垣征四郎所指挥的部队，窜犯台儿庄，企图切断我陇海线东段，迅速侵占我连云港入海口，以便进一步入侵内地。同时令其一部约七八百人，山、野炮各四门，由临城乘势南窜，直抵苏、鲁两省边境微山湖东岸的韩庄附近。因遇我军强有力的抵抗，即以韩庄车站、韩庄街道、微山湖大闸北头、运河铁桥北端等处为基础，构成前进据点工事，控制我鲁南要地，掩护其主力投入台儿庄会战。

在韩庄附近的侵略军抓捕我临城、沙沟、韩庄一带的劳动人民滥伐树木，修筑据点工事，数日之间，建成纵横交错的战斗堡垒群，形成一个完整的阵地体系。各种战斗堡垒的火口高高低低，大大小小，从前后左右向四面八方张着吃人的血口，构成严密的交叉火网。各个据点的外围，安设铁丝网和鹿寨。韩庄铁桥北岸桥头堡、微山湖大闸北端桥头堡、韩庄车站以及韩庄中间地带之各据点增设三四层铁丝网，上面挂满了罐头盒、纸烟筒和其他发声器。在这些铁丝网外埋设地雷，在运河北岸水段偷布水雷，在微山湖岸边除布水雷之外，还安设电网。经常杀死我田间干活的和平居民和牲畜。

三月十六日，第二十二集团军总司令部由临城转移到微山湖南岸江苏省境内之利国驿后，即收容沿津浦线撤退下来的残余部队，组织新的战斗队伍，据守微山湖东岸之南韩庄迄陈庄一带之运河大坝，阻止敌兵继续南侵；还收容由夏镇渡微山湖去西岸之残余部队，在徐州九里山前的拾屯，整编为战斗部队与接收新兵的干部队，调到利国驿前方参加战斗。以上总编五个步兵团，配属炮兵一营，约四五千人，担任运河南岸至微山湖南岸的守备任务。迄至三月二十五日，我军的部署大要是：

一、第四十一军前敌指挥官第十二师代理师长曾苏元，指挥第四十一军之第一二二师第三六四旅第七二七团（两个营），第一二四师第三七二旅第七四三团（两个营），第三七〇旅第七三九团（两个营），及配属炮兵一个营，守备微山湖东岸之运河南岸大堤及从陈庄经运河铁桥南头、南韩庄街道、微山湖大闸南头至微山湖南岸之铁山寺、利国驿、柳泉车站之间地区。

二、第四十五军前敌指挥官第一二五师师长王学姜，指挥第四十五军之第一二五师第三七三旅第七四五团（两个营）；第一二七师第三七六旅第七五二团（三个营）守备微山湖南岸之铁山寺、南石楼、上马庄至拾屯以北之小王庄等地区。

三、第四十一军、第四十五军之接收新兵干部队，暂在徐州至丰县道上之郑集、敬安集整训，听令参加战斗。

邹、滕战役失利，我军伤亡较大，官兵恨日本侵略军的思想也更加深刻，但收容并编起来的部队，打破了原来的建制，在组织上、思想上有些混乱。广大官兵在抗日民族统一战线的号召下，经过短时间的工作之后，很快安定下来，决心坚守岗位，听从指挥，积极参加各项战斗活动。

当时，第四十一军各部队，在前敌指挥官第一二四师代理师长曾苏元的指挥下，大致部署是：

一、右地区队：队长是第一二二师第三六四旅七二七团团长司吉甫，指挥该团第一、二两营，守备运河南大堤陈庄至韩庄铁桥（含）之线，团部在小陈庄。

二、左地区队：队长是第一二四师第三七○旅第七三九团团长蔡钲，指挥该团第一、二两营，守备运河南岸大堤从韩庄铁桥（不含）经南韩庄街道、微山湖大闸，折向西南沿微山湖南岸至铁山寺与小白庄之间地区，团部在小白庄。

三、炮兵队：队长是炮兵第五旅十团一营营长（姓名不记得），指挥该营三个炮兵连，在蔡庄以南至张小屯附近，占领阵地，以对韩庄车站、韩庄铁桥北桥头堡、北韩庄、微山湖大闸北头、韩庄车站西南敌炮兵阵地各点为主，并以一部对韩庄车站以北、津浦铁路附近之多义沟、周家庄等要点，准备适时射击。

四、预备队：队长为第一二四师第三七二旅第七四三团团长余坚，指挥该团第一、二两营，在利国驿、蔡庄地区，构筑预备阵地。

五、第四十一军前敌指挥部驻蔡庄。

根据前敌指挥部的作战命令，三月二十五日晚上各部队即到新地区，执行战斗任务。第一线之两个地区队首先在运河南岸大堤上修整，增加地面防御工事，逐步由点及面，由地上转地下，与敌竞相争筑各种高堡、低堡、地面堡、地下堡，人人都想利用各种智慧、各种物质条件，多消灭几个敌人，减少自己的伤亡。在当地人民的帮助下，数日之内挖起了各种机枪掩体、交通壕和人员、弹药掩蔽部，编成极为严密的地上、地下各堡垒间的火力网与日军对峙。我军还在微山湖上、运河南边，设置了一些水上障碍，防止敌人偷渡。

在微山湖南岸，利用湖岸大堤与小山向北构成据点工事，大多数逐步转入地下，构成层层的火力网，以控制湖面及运河南大堤，防止敌人水陆两方面的进攻。

预备队则以利国驿附近高地与蔡庄中间各村庄构成互为椅角之纵深据点，作为万一敌人突破第一线阵地带，便于逆袭、反攻，或作持久的第二抗敌地带。

我苏、鲁边区英雄的人民纷纷与我军配合，做了许多侦察、防奸、反谍、带路、修筑工事、挖交通壕的工作，支援了我军的防守，打击了敌人。记得利国驿以东张山子有一农民领袖杨大爷，经常带领着三四十名人民武装，渡过运河，深入沙沟附近，破坏敌交通联络线，袭击敌人后方辎重等。在南韩庄、利国驿一带的人民群众给予我军很大的物质帮助。有的农民大爷把自己的寿材、房料都献出来作军用物资，毫无吝惜之心。还有许多少年儿童、青年学生，经常担任对空监视哨、放警报、防敌机轰炸等活动。

对阵战斗

自三月二十日，日本侵略军窜到北韩庄附近，与我军隔运河对峙之后，我军即陆续与之展开了激烈的阵地宣传战、炮战、堑壕战、阻击战等各种形式的政治、军事斗争活动。

关于宣传战。我军本着去年在山西洪洞县朱德总司令所率战地服务团教育的方法，用日语在战场喊话不论白天黑夜都不断地向敌军展开强大的宣传攻势，收到一定的效果。听韩庄逃出来的渔民杨万方说："由于我军展开了强大的宣传攻势，敌军经常有想家和厌战等事情发生。偶尔他们也喊'我们都是穷朋友，穷人不打穷人'的口号。"曾经有一段时间，敌人前线士兵不向我方放炮，多半朝着天放。后来，我们在反攻战斗中俘虏的日军供称，他们的军官很怕我们的战场喊话和各种宣传活动。

关于每天的隔河炮战。我军以压倒优势的炮火，经常在激烈的炮战中，打得敌炮兵销声匿迹而后已。敌人据点一有炊烟，也立即予以炮击，打得敌人吃不上热饭、热菜，喝不上热开水。敌人后方的火车也被打得不敢靠近韩庄车站，不得已被迫停于沙沟车站或沙沟、韩庄之间，增加了敌人运输上的困难。逐渐逼得敌人白天不敢出来行动，晚上出来又易遭受潜入敌后军民的袭击。敌人炮兵很狡猾，往往乘我不打炮的瞬间，偷击我阵地内各个村庄，一个月内，即将我大小陈庄、小白庄、蔡庄、南韩庄等村民房轰毁，弄得几百户和平居民无家可归，更激起了我军的仇恨。我军迅速将难民安置在柳泉车站以南及微山湖南岸各村，还经常带武装掩护渔民出湖打鱼。敌人的飞机，不断轰炸我利国驿、蔡庄、柳泉、贾汪、清山泉等地，造成很大损害。

关于对阵中的堑壕战。敌步兵经常在运河北岸大堤各据点，用轻机枪、步枪，阻击我军前后方往来人员，经常打死打伤我军班、排、连、营长。敌人还利用短距离的有效曲射兵器，经常向我后方死角射击，曾打击过一班、一排集合在堤后休息、吃饭、开会的队伍，伤亡损失也不小。敌军还有时以轻机枪对准我堡垒的火口、展望孔、瞭望哨所等处射击，常常造成意外的伤亡。在这种情况下，我军前线部队也越打越灵活，逐渐由地面战斗转入地下战斗。经常以机枪、步枪的特等选手阻击运河北岸敌人各据点暴露目标的官兵，或修补工事的人员，在大堤后方晒太阳的人员，以及白天通信联络、送饭、换防的人员等。据了解，在对阵战中被我零碎打死打伤的连、排长和军曹、兵卒相当多。据俘虏反映，吓得日本侵略军靠念咒吃符水，或者带着"天皇护佑"袋等迷信东西，祈祷菩萨保佑不死。敌人最卑劣的做法是，常把我爱国人民逮捕起来送到前线，故意一隐一现，让我军狙击手射杀他们。

四月反攻

我军一面据守微山与运河天然地障打击敌人，一面抓紧时间，进行战地训练，士气逐步提高。到四月中旬，即拟乘敌人台儿庄会战大败撤退之际，歼灭当面敌人，一举到达临城附近，切断敌人主力军之后方联络线，把战线推到远离徐州的地带，以便更有利于今后之作战。于是，侦骑四出，详细探明运河北岸敌人各据点的阵地编成、火网配置、障碍设施等。我也率领参谋组化装进入敌人后方，潜行侦察，先后曾接近韩庄车站、小王庄和柳桥等处，将敌人阵地里里外外摸得清清楚楚。确知敌大队长带领一个步兵中队、机枪中队在韩庄车站附近。炮兵阵地在车站南基地附近。另两个中队分别占据微山湖大闸北头、北韩庄街道、运河大铁桥北头以及车站与北韩庄中间的小村庄。绘成敌人阵地判断要图，带回前敌指挥部，作策定反攻计划之依据。然后制订四月反攻计划，经报请集团军总部转第五战区长官司令部批准后，于四月十七日实施。

四月十六日，第四十一军前敌指挥官曾苏元在蔡庄召开团、营长会议后，即下达攻击命令。大意如下：

一、敌第十师团第十二旅团第二十四联队第二大队附炮兵两连，约七八百人，重机枪四挺，轻机枪二三十挺，迫击炮两门，山、野炮八门。现据北韩庄、大铁桥北头、微山湖大闸北头以及火车站各据点。其核心阵地在火车站附近。

敌第十、五两师团在台儿庄与我军会战，失败后，退据台、枣支线附近地区，动向不明。

二、十七日拂晓，开始向韩庄之敌进攻，重点指火车站方向，一举歼灭敌人，迅速向临城方向进击，切断敌主力军之后方联络线，威胁侧背，以利我今后之作战。

三、工兵队：工兵第三团第一营第一连连长×××指挥该连，于十六日黄昏时，在陈庄以东运河上架设纵列桥一座，尔后以一部组成几个地雷排除队，归右翼队队长第一二二师第三六四旅第七二七团团长司吉甫指挥，协助主攻部队向韩庄车站之敌攻击，一部协助左翼队强渡微山湖大闸，主力随阻击队挺进至韩庄车站以北柳桥、朱姬庄附近，破坏铁路线，斩断敌人后方交通联络，困杀敌人。

四、阻击队：第一二四师第三七二旅第七四三团第一营营长胡少瑷，指挥该营为阻击队，并配属工兵二排。十六日夜间由陈庄以东新架设之纵列桥，渡过运河，挺进韩庄车站以北之多义沟、周官庄等地，利用有利地形，构筑阻击阵地，阻击敌增援部队并破坏铁道交通。

五、右翼队：第一二二师第三六四旅第七二七团团长司吉甫指挥该团于十六日午夜由陈庄渡过运河，拂晓开始向韩庄车站之敌进攻，一举歼灭该据点敌人后，即速向临城方向进击，切断敌人主力军的后方联络线，策应台儿庄方面我军之作战。

六、左翼队：第一二四师第三七〇旅第七三九团团长蔡钲，指挥该团第一营由微山湖大闸上强渡运河，袭占北韩庄、大闸桥头堡、大铁桥桥头堡后，协助右翼队攻击。攻击奏功后，随第七二七团之后向临城附近挺进。

七、炮兵队：炮兵第五团第一营营长指挥该营之主火力支援右翼队对韩庄车站敌人据点之攻击。一部火力支援右翼队对北韩庄东西各据点之敌攻击。

八、预备队：第一二四师第三七二旅第七四三团团长余坚指挥该团，除以一营为阻击队外，其余控制于陈庄附近地区待命。

九、前敌指挥部十六日晚挺进至陈庄。

攻击命令下达后，各部队依次行动。前敌指挥官曾苏元和我率领部分参谋人员，随右翼队之后，十六日夜挺进至韩庄车站以东之小王庄，亲临前线指挥，督导右翼队之攻击准备。十七日拂晓前回到运河南岸陈庄指挥部。接到各部队已就攻击准备位置，做好攻击准备报告后，立即命令炮兵队开始射击。一时炮火连天，敌兵头都抬不起来。跟着命令各翼部队开始攻击，于是机枪、迫击炮、步枪万弹齐发，以急风暴雨之势袭击，使敌军仓皇应战，措手不及。我右翼队第七二七团很快打进韩庄车站敌人阵地核心，敌炮兵惊慌失措，不敢发炮。敌兵慌用步、骑枪起而应战，立即形成犬牙交错的混战局面。正当情况万分紧张，眼看车站敌核心阵地全部瓦解的时候，北韩庄各据点之敌全部转过来，拥到火车站附近，与我军拼命决斗。战斗逐渐达到高潮，你争我夺，忽进忽退，喊杀之声，震天动地，我主攻部队始终占优势地位。

这时，我左翼第七三九团第一营营长曹先哲，窥破战机，指挥该营立即强渡微山湖口大闸，挥大刀、举白刃，斩杀留守闸头堡、北韩庄、桥头堡的敌兵三十余名，俘虏十余名，胜利占领了各个敌人据点工事，立即转向韩庄火车站方面，施行围攻。忽然敌机十二架飞来向我军猛烈轰炸、扫射。敌人在喘息已定之后，很快调整部署，逐步分区逆袭，我军预备队一时也增援不上，右翼攻击部队在立足未稳之时，即被敌人逐出韩庄车站。敌机枪猛烈射击，我攻击部队即停止于车站外边弧形铁路线的反斜面上，陷于进退维谷境地。左翼队也被阻于车站以南敌人三层铁丝网外，相持入夜。我军预备队投入战斗，发起新的攻势，又迅速打入敌人阵地内部。但敌人阵地工事经过整修、补充，特别是车站站旁等坚固建筑物内，都加强了措施，我军反复冲击，逐屋争夺，也未能全部得手。加之日军又利用楼上窗口发射机枪和投弹，伏在车站站房外边无掩蔽物之我军，遭受了很大的杀伤，由北韩庄向北合围之我军左翼队，也始终未能突破敌人层层的铁丝网，停滞于敌人火网之内，伤亡虽不甚大，但进展十分困难。激战彻夜，未达歼敌目的。

十八日拂晓以后，敌机轮番飞临上空轰炸、扫射，我军也用机关枪对空射击，敌机虽不敢低飞或俯冲投弹，但精神威力相当大，我军再次发起的新攻势受到了挫折。十时以后，日军由临城用火车运来千余人，战车十二辆，炮十二门，在沙沟以南下车驰援韩庄，企图解韩庄之围。下午三时到达多义沟附近为我军阻击部队阻止，战斗甚烈。我炮兵队全部火力支援阻击队，形成浓密的弹幕，于多义沟前方击毁敌战车五辆，其步兵被阻，不能前进，敌炮只得狂轰滥射。

在这种情况下，我们主张予敌人增援部队以重大打击后再回到运河南岸，而集团军总部则为保存实力，避免过重伤亡，严令撤退，以保运河防务。十八日入夜开始按阻击队、右翼队、左翼队次序撤回原阵地，继续与敌隔运河对峙。

十九日中午以后，敌增援部队到达韩庄车站附近，会合原守备韩庄附近之残破部队重新返回北韩庄、运河铁桥桥头堡、微山湖大闸等据点与我对阵。下午二时许，敌人二十门火炮一齐向我军炮兵阵地轰击，我军炮兵立即予以还击。在激烈的炮战中，敌机也不断以六架、九架的不同编队飞到我军上空轰炸、扫射。新换防之敌步兵，也在运河北岸展开了佯攻活动。我军利用有利地形和坚固堡垒，沉着还击，给敌兵以重大打击，压制着敌人的各种疯狂活动的同时，我苏、鲁边区的人民武装又深入敌后破坏交通，到处袭击，使敌人又有了后顾之忧。于是，当夜即匆忙率领残兵败将，离开韩庄附近，沿着沙沟、临城大道向北逃遁。换防之日本侵略军继续与我军隔运河对战，我军仍然学习八路军在战场常用的宣传战，对新接防的日军展开宣传攻势，瓦解敌人军心，动摇其战斗意志。战场喊话，顿时又积极活跃起来，韩庄附近运河两岸，都显得特别紧张、热闹，既鼓舞了我军士气，又打击了敌人猖狂的气焰，使敌人的战斗活动日渐消沉。炮战与阻击战也不似从前那么紧张了。有时敌兵也与我军官兵隔运河而对话。

这种对阵战，是冷战与热战交互使用，或同时使用，继续到五月十九日，计两个月。直至我军全面突围时，我们才离开微山湖畔，转移到徐州以南之杨庄、褚兰、后程一带与南京方面北上的日本侵略军作战。当地人民武装仍留下与敌斗争。是役，约打死、打伤敌四五百人，俘敌五十余人，轻机关枪十余挺，步枪五十余支，掷弹筒十余具，军马十二匹，各种弹药、粮秣不少。我军伤亡五百余人，苏鲁边区参加我军作战活动的人民群众伤亡百余人，当地居民被日本侵略军打死、打伤数十人，房屋、财产的损失很大。

徐州会战战场见闻

熊顺义[※]

一九三八年夏初，抗日战争进入徐州会战时，我以第四十一军第一二四师第七四四团团长名义，暂时调任第四十一军前敌指挥部代理参谋长职务，参加了这个会战。

五月上旬，津浦北线之日军，在兖州、济宁附近地区，集中诸兵种联合之部队，有由台儿庄会战失败秘密转移过来的矶谷廉介师团、板垣征四郎师团、第一〇六师团、第一一〇师团以及新由华北抽调而来之土肥原师团。配属一两个装甲兵联队、化学兵联队等地面部队，以及华北派遣军之航空兵联队等空军部队协力，作为钳形的右翼。从五月中旬开始，向我鲁西孙桐萱所属之第三集团军发动攻势。

津浦南线日军，以几个师团配属一部分战车联队、化学兵联队的地面部队，于五月上旬秘密集中在凤阳、蚌埠地区，在华中派遣军空军部队配合下，为钳形的左翼，从五月十一日起，向我军淮河守备部队发动攻势。当日攻破我临淮关、小蚌埠等地于学忠第五十一军阵地。十二日，我第五十九军张自忠部队，由徐州前往增援，十三日，又把敌人占据小蚌埠的部队打过淮河南岸的蚌埠附近。因为徐州方面情况紧急，张自忠

※ 作者当时系第二十二集团军第四十一军第一二四师第三七二旅第七四四团团长，第四十一军前敌指挥部代理参谋长。

之第五十九军马上调回徐州作战区总预备队。十四日，日军又乘虚再兴攻势，强渡淮河，十五日以后逐步占领我任桥、固镇、宿县、蒙城等地，主力直奔永城。十七日窜抵萧县，联系北线窜抵黄口之日军，切断我徐、亳公路另一重要之后方联络线。一部控制于宿县附近，堵击我军由徐州以南向后方撤退。同时切击我军由徐州向淮阴方向撤退。

日军违犯国际公法使用毒瓦斯

五月十七日，日侵略军所发动的钳形攻势的两个钳头，卡住我军徐州以西之黄口、萧县两个战略要点的时候，我第三十二军商震部队，立即予以反击。于是，徐州外围的争夺战展开了，两支日军的来势都很猖狂，我军的反击亦很猛烈。当时我们第二十二集团军在津浦北线的利国驿、韩庄等地，也终日听见炮声隆隆，很少间断。华北敌机，不断飞往助战。

根据当时的战报，第三十二军某部在萧县附近与日军打得如火如荼之际，第五战区司令长官部，又命总预备队第五十九军张自忠军长，率领该军，在战区强大的炮兵群火力掩护下，驰往萧县方面增援，以期击退敌人收复萧县，为今后战区扭转局势，打下了有利基础。

当我第五十九军之第一八〇师打到萧县附近之张二庄、严寨附近时，日军被我军反复冲杀，势渐不支。又见我军攻势越来越猛，害怕招架不住，影响他们的所谓胜利的局势，便穷凶极恶地向我张二庄、严寨旁边的一个小庄的重点攻击部队，大量施放毒瓦斯。由于敌人使用毒气战，更加激怒了我军官兵的民族仇恨，除一面积极向敌攻击，猛打猛冲，一面采取各种防毒措施坚持战斗外，战区的炮兵群也发挥了高度的炮火威力，以压制敌人的反扑。结果越战越猛，敌人施放的毒瓦斯也越来越多。我第三十九旅的官兵中毒的人员也不断增加，战斗力就逐渐减弱。眼看张二庄、严寨附近的和平居民中受到敌人毒瓦斯毒害的人，也不断增多。不得已才撤出张二庄、严寨附近，稍向后退，继续抵抗。当第二十九旅官兵退出张二庄附近以后，日军在萧县升起了观测气球，观测徐州城郊我军情况，指导其炮兵向着徐州西郊及徐州城射击，我第五十九军各部队，鉴于掩护徐州城及其以东等地区各军撤退任务的重要，仍继续与敌人鏖战于徐州城西郊一带。以后，因伤亡逐渐增多，十八日，战斗逐步移至徐州西北的九里山以西之霸王山与城南云龙山以西的小太山一带。

日军集体屠杀我军徒手新兵

第二十二集团军各部队一九三八年春季在山东邹县、滕县一带与日军多次作战，特别是三月中旬滕县血战之后，官兵伤亡较多，为了继续抗战，除将各部队残余人员合并整编为几个战斗团，立即开赴徐州以北的南韩庄、利国驿以及微山湖南岸等地与敌作战外，其余各部组成班长以上的干部队，留在徐州西北之拾屯、敬安集等地训练，等待徐州新兵到来，即行接收、整训。

四月底五月初，四川新兵陆续来到徐州一部分，两军的四个师的干部队，各分一个多营的新兵，集中在以上所说的拾屯、敬安集一带整训。迄至五月十七日，日军北线兵团伸到我徐州后方之黄口附近时，其另一部日军由丰县南犯，将接近拾屯、敬安集之际，我第二十二集团军总司令孙震命令各新兵部队，以营为单位，迅速向后方撤退。各新兵部队即纷纷率领各自的部队，钻隙迂回，脱困而出，有的在途中平安无事，有的中途碰见少数敌骑兵，单凭干部所持少数武器一打，敌兵即行他去；有的遇着敌人大部队，不仅没有走掉，而且还遭受了残酷的集体屠杀。根据我的同学第七三一团第三营营长罗浚对我诉说，该营新兵惨遭敌人屠杀的情况，大致如下：

五月十七日，第七三一团新兵营四百多人，正由敬安县沿梁寨、唐寨、砀山以东夏邑路线向亳州方向转移之际，部队刚刚走到梁寨与唐寨中间，突然遭遇日骑兵部队猛烈袭击。罗浚急忙命副营长唐少斌率领徒手新兵，跑步到黄河故道里面暂时掩蔽，自己集合拿枪的班、排、连长等五六十人，出来应战，打算掩护新兵移到黄河故道以后，慢慢再想法脱离敌人，偷越砀山、黄口之间的陇海铁路，逐步向夏邑、亳州方向转进。哪知日骑兵越来越多，除被我军打死打伤的敌兵以外，其余三百多敌骑兵，即在梁寨以东广阔的麦田中，从四面八方包围而来。该营干部且战且走，逐步掩护新兵部队退到唐寨以东地区，就渐渐陷入敌人重围。我持枪奋起抵抗的干部，经过一两个小时的激烈战斗，伤亡二十人左右，营长罗浚又命唐少斌副营长挑选新兵中比较优秀的分子，继续起而抗战，一直打到下午三点多钟，所带弹药将要打完之际，又与敌兵肉搏冲锋。在这以前，敌骑兵多已下马徒步战斗，看见我军与他进行肉搏战时，很快又把后方马匹招来，骑上马背挥舞长长的战刀向我军冲杀。最后，敌我众寡悬殊无法继续战斗。这时敌骑纵横驰骋，乱砍滥杀，越围越紧，到不得已的时候，为使一枪一弹都不落入敌手，营长罗浚便下命令，把仅余的几支步枪的枪把打断，枪杆扔入麦丛中，枪机埋在地里，带着徒手新兵部队，向西南方面冲去，还想脱围而出，再想办法。结果被敌人骑兵团团围住，含愤做了俘虏。

当日军得到这几百名俘虏之后，更加嚣张不可一世。罗浚营长在俘虏群中，一面鼓舞士气，一面观察敌人行动，亲眼看见一名日骑兵中队长，下命令搜俘虏的腰包，几十名敌兵跃身下马，跑向俘虏队前，每个搜十人，开始搜起俘虏的腰包来。不管士兵身上的三元、一元，军官身上的十元、八元，都一点不留地全部抢劫一空。把这些官兵的腰包搜光摸尽之后又翻身上马，二三十名骑兵押着我军新兵部队，向唐寨以东走去。当全部队伍进入黄河故道以后，突然命令停止休息，用三列横队，整齐地坐在北岸大堤下面，四面八方都安设哨兵，不许我军官兵乱动。然后，敌人军官召集干部开会，布置如何进行大屠杀的罪恶活动。罗浚看见形势不对头，即出面与敌人交涉，希望敌方军官尊重国际公法，保护俘虏生命。一名骑兵中校骄横傲慢，根本不理不睬。在他们大屠杀的罪恶部署完成之后，一声令下，四面机关枪口都对准俘虏队休息地点，猛烈射击。罗浚营长看见敌人比野兽还残暴，急得蹦起来，高呼："冲出去！""与敌拼啰！"几百名我军官兵，一哄而起，翻过大堤，夺取敌人的武器一面冲杀，一面挥舞拳头与敌军拼命，打得北岸敌人一时混乱，不知所措。但未被冲击部分的敌人，仍然不断猛射，一部分日兵翻身上马包围拢来，我军官兵仍然奋不顾身与敌死拼，打到黄昏前后，罗浚营长才率领虎口余生的十多名战士，钻在茂密的小麦田中，一面痛恨万恶的日军疯狂屠杀我几百名手无寸铁的新兵，一面又沉痛悼念无故被敌屠杀的战友。他们十几人英勇奋斗，眼看敌骑在麦田四处搜索，整队向黄口方向窜走，然后，他们慢慢绕到梁寨以西第三个村庄，把这些日兵屠杀我军俘虏的惨案告诉村中的同胞。我父老民众一致愤恨日本侵略军的滔天罪行，并且表示要跟敌人战斗到底，决不向敌人屈服。该村民众，迅速募集一部分便衣，叫罗浚等人化装成老百姓，并招待他们吃了一顿好饭好菜，休息一夜，次日设法送他们偷越砀山、黄口之间的铁道向夏邑方向前去。罗浚等十多人脱险以后，分为三人一组的几个组，约好每天住宿地点，分散在田野上的小道行进，以防再遇敌人突然袭击，被敌人一网打尽。他们徒步走了三四日，通过徐州、永城、商丘公路之后，脱离了危险区域，再大胆地集合起来在路上行走。沿途依靠爱国的人民群众，给吃给住。他们这十多人中，又有好几个人受了不同的轻伤，营长罗浚左手指被敌人砍断两个，边走边休息，走得很慢，到了五月底，才慢慢地到河南潢川，获得医疗和招待。以后逐步转到信阳、襄阳整训补充，全军官兵对罗浚营长等十多人以及同他们在唐寨附近同日军浴血奋战的几百名手无寸铁的战士，都表示无限钦佩！

第四十一军突围中的对空战斗

五月十九日，各部队奉命做好一切退却准备工作。第四十一军前敌指挥部指导炮兵部队集中射击敌人炮兵阵地和交通要点，并毁韩庄铁桥附近敌之核心阵地；指导工兵部队做好主要道路、桥梁的破坏准备工作；指导前线步兵部队一面作出佯攻样子，眩惑敌人，一面积极做好撤退准备，指导派往运河北岸敌人后方的侦察部队和侦察人员，既要准备撤退，跟上主力部队，又要不过早暴露我军企图。特别是兵站用火车送到利国驿以南的弹药，补充各部队以后，还剩下二十万发子弹，除分别发给防区附近各地方抗日武装一部分外，不得已只好命令林肇戊团长派兵埋藏在附近山区耕作地的水沟、洼坑中。

在这一天的繁忙活动中，敌人炮兵也不断向我炮兵阵地射击，引起了激烈的炮战。同时对我交通要点的封锁射击也不放松。我军人员、马匹的伤亡、损失，也比平常较重。因此还要处理伤员，埋葬烈士，调整军用马匹等工作，就格外显得忙碌一些。

不知不觉地，很快到了夜幕初垂，开始全面撤退的时间——二十点来到了。第四十一军各部队除派第一二四师第七三〇团，在南韩庄津浦路正面，掩护全军撤离第一线，尔后改为军的后卫外，其余各部队陆续撤下火线，按顺序在总部直属部队后面，迅速沿着柳泉、贾汪、黄集、杨庄的道路前进。第四十五军各部队也迅速从微山湖南岸撤下，沿着张家庄、贾汪以西之孙村，越过陇海路东段之大庙集、张旗杆、杨庄的道路前进。并派第七四六团为右侧卫，掩护集团军之右侧背。

第四十一军各部队在敌前安全撤退之后走了一个整夜，五月二十日拂晓，到达陇海路上的黄集车站附近，早餐后稍事休息，又继续南进。为了防御空中敌人的袭击，又命令各部队把现有的轻、重机关枪，组织成防空部队，在队列中行进，随时准备打击敢来空袭的日本侵略军。

军行不远，开始发现徐州城市上空徐徐升起了几个观测气球，始知徐州市已为敌人所控制，这些气球专供敌人监视我军各方的行动，以便指导其空中和地面部队，对我采取种种阻碍活动。同时还远远听见徐州市附近炮声隆隆，烟火四起，判断为敌人炮轰所引起的火灾。想我商震、张自忠两军官兵，正在浴血苦战，徐州广大人民已陷入或将陷入敌人铁蹄践踏之下，心中非常难过。

转进部队不久翻过兔山，穿过林头村之后，即进入黄河故道。沙滩难走，行军速度突然减慢，各部队除在黄河故道两岸及兔山、林头等地布置防空监视哨和对空射击部队，掩护我军通过障碍外，还组织一些步兵部队协助炮兵部队推炮车、弹药、辎重等车辆，加快行军速度。八时左右，忽然发现敌机九架，飞临我军上空，黄河故道两岸部队，完全进入掩蔽，未被敌人发现。只有正在黄河故道中涉沙而行的炮兵部队，在大片沙漠中没有什么掩蔽，敌机即对准这些目标，滥肆轰炸并低空扫射。我军对空射击部队万弹齐发，当即打落敌机一架，吓得其他敌机也不敢放肆俯冲轰炸和低空扫射了。不过，敌机发现我军这些目标之后，不断地分批飞来袭击，三架、六架、九架，一队又一队的轮番飞来，我军怀着对敌人的无比愤怒，各种火炮与轻、重机关枪，都一起对准这些空中强盗发射，即连陷在黄河故道沙漠中的各炮兵，也抱着与其白白遭受敌机轰炸，不如与敌机搏斗，拼个你死我活的决心。这样一来，我军的防空威力大大增强了，迫使敌机更不得不在很远、很高的高空即开始投弹。于是，炸弹多半落到我军行进路外较远的沙滩上和麦田中爆炸。我军各部队冒着敌人空袭危险，迅速通过了这段黄河故道。然后进入南岸村庄中，休息、整顿、救护伤员，调整炮兵马匹，扔去一部分没有挽曳力量的空弹药车，继续向杨庄前进。

正在这时，我后续部队第七三九团第二营又进入黄河故道。敌机十八架又分两个编队，飞掠而来。我两个步兵团之对空射击部队轻、重机关枪同时指向敌机猛射，又击落敌机二架，击伤多架，我军步兵部队也略有伤亡，敌机慌慌忙忙把炸弹扔下，即向南飞去。然后，远远望见徐州上空之敌气球，逐次降落，估计敌机空袭，可能有一个短暂的间隙，于是，我军各部队乘机迅速向杨庄急进。十二时左右，全部到达杨庄附近各村庄，准备下一步越过津浦南线的种种工作。

保卫连云港的三次战斗

万 毅[※]

抗日战争初期，为了抗击日军的侵略，完成守卫国土的神圣使命，我曾率领部队在连云港一带同侵犯祖国海疆的日、伪军打过几次仗。在这几次战斗中，我们曾沉重地打击了日本侵略军猖狂进攻的凶焰，挫折了他们的锐气，迫使他们不敢在连云港一带再轻举妄动。

一九三八年一月间，我被任命为第五十七军第一一二师第三三四旅第六六七团团长，二月即奉命驻防海州地区的云台山、墟沟一带。当时第一一二师全师的任务是保卫连云港，阻止日军从海上入侵。

第五十七军第一一二师在守卫连云港期间所进行的几次战斗，我团全部参加了。这几次战斗沉重地打击了日本侵略军，使日军受了很大的震动。

连云港是一个重要的港口，位于陇海铁路东端，海陆交通都很方便。台儿庄战斗后，日军又想重新集结兵力，在徐州与我军会战。连云港是他们妄想中的兵源补给、集散之地。占据了连云港，就可以从海上增兵，通过陇海铁路支援徐州。因此，他们千方百计想夺取港口，控制要津。当时，第一一二师防御的目的，就是要保卫连云港，坚守住阵地，挫败

※ 作者当时系第二十四集团军第五十七军第一一二师第三三四旅第六六七团团长。

日军的企图。

为了阻止敌人登陆，挫败日军夺取港口的企图。第一一二师的部队担负着第一线阵地的全部守备任务。第六六七团被配置在师的左翼阵地上。从兵员、火力等方面都进行了周密的部署。

从一九三八年三四月间直至九月的这段时间里，为了保卫连云港，第六六七团除了抗御敌人舰上、空中的轰击之外，在地面上曾进行过三次激烈的战斗。

第一次是在日照、赣榆一带打击已经登陆的日、伪军。一九三八年三月下旬或四月上旬，日本海军配合刘桂堂（诨名刘黑七）、张宗元、刘沛臣等部伪军，企图打通海（州）青（岛）公路，在柘汪、安东卫附近偷偷登陆。流窜到日照县的碑廓、巨峰一带进行骚扰。我第三三四旅（辖第六六七、六六八两个团）正驻防在连云港、墟沟及日照县的费家湖、山口、沟洼一带。第一一二师得悉日伪军登陆窜犯的踪迹，即令第六六七团、六六八团及炮、骑兵各一部，急速奔赴赣榆、日照一带迎击进犯的日伪军。一期新兵队的同志也随军出发，参加了战斗，担负掩护炮兵阵地的任务。第六六七团出师日照，首战告捷，一举攻克了碑廓、巨峰，歼灭伪军一部，并在圣功山粉碎了敌人的顽抗，将敌击溃。接着，又与第六六八团配合，向柘汪、大石桥之敌发起猛攻，迫使残余的敌人从海上仓皇逃遁。这次战斗，缴获敌人的武器、弹药等战利品甚多，仅轻、重迫击炮就有十一门。

第二次是孙家山阵地防御和反突击战斗。一九三八年五月初，我团奉命在孙家山占领阵地，阻敌登陆。当时的配备是：一、二营展开在第一线，构筑防御阵地，加强火力配系，伪装隐蔽。不断增强防御能力。三营为团预备队。隐蔽集结在团指挥部地址附近。一天拂晓，海面上尚有雾气笼罩，我们的哨兵从朦胧的曙色中观察到近海海面上有船艇向岸边移动，便急速发出了信号，全团官兵闻警，随即进入阵地，准备战斗。当敌人的几艘小汽艇急速向岸边驶来时，全团官兵立即警戒起来，把子弹推上膛，手榴弹握在手，严阵以待，准备迎头痛击敌人。这时，海面上又飞来几架敌机，直向我山坡阵地上俯冲投弹、扫射，日军登陆的部队在敌机、舰炮狂轰滥炸的掩护之下，一个劲地拼命往岸上冲。我守卫在主阵地上的第一营健儿，当即以猛烈的火力痛击猖狂进攻的日军。敌人一次、再次地向我阵地扑上来，我们就一次、再次地把他打下去。战斗持续到傍晚，日军只楔入了我一营一、二连之间前沿阵地，我军始终固守着自己的主阵地。入夜，敌人在突破口内变更配置，转入夜间态势。团决心使用三营在一连阵地上从敌人侧后发起反突击。从下半夜二时起发起冲锋，手榴弹、白刃并用。经两个多小时苦战，将突入我阵地的敌人全部赶下海去。第一线部队利用拂晓前时间调整了部署，修复了阵地，补充了兵力弹药。继续监视敌人。反突击部队胜利结束战斗，回到团指挥部位置。这以后敌人除了用舰炮和飞机对我阵地进行轰炸外，再没有对孙家山进行过实兵登陆作战。

第三次是一九三八年八月间的大桅尖反击战。大桅尖海拔六百米，是北云台山的最高峰，它挺立在黄海之滨的连云港港口之上。扼守住此峰，便占有居高临下的优势。当时担负着守卫大桅尖阵地重任的是第三三六旅的第六七二团。我所指挥的第六六七团这时已奉命作为师的预备队驻扎在师部附近待命。八月初的一天早晨，日本侵略军出动飞机、舰艇轮番向我军阵地轰炸、扫射，掩护登陆部队向我阵地猛扑。大桅尖一度被敌军攻占。第一一二师师部急令第六六七团立即投入战斗，协助第六七二团夺回大桅尖阵地。我团接令后，即与第六七二团取得联系，并立即向敌军的右翼发动猛烈进攻。日军在我团强大的攻势之下，仓促应战一阵，随即龟缩起来。我团亦悄悄地转到敌军右侧后，暂时隐蔽起来。当天下半夜三点整，我们按照预先商定的计划，协同第六七二团发起了对敌人强有力的进攻。第六七二团从正面进攻敌军，吸引住敌人的火力；我团从敌军右侧翼展开进攻，猛击敌人的侧后。日军两面受击，无法应付，终于支持不住，便慌忙夺路奔下山去。这时，我团战士架起机枪猛烈扫射敌人，被击毙的一具具日军尸体，被他们的伙伴拖走了，而他们的武器、弹药、帐篷、油桶等军用物资却都丢弃在山野。日本侵略军挨了这次痛打，吃了苦头后，在当年十月份第一一二师去安徽策应武汉作战之前，就再也不敢从连云港海上来冒死侵犯了。

沂水河阻击战

胡希昌[※]

一九三八年一月十二日，日军板垣征四郎所率的第五师团在我青岛强行登陆后，即沿着胶济铁路线西犯，至潍县忽折向南，沿高密、诸城、莒县一线，直扑鲁南之临沂。我军有几个师的兵力都坚守在这道防线上。

我是当年沂水河畔阻击战的亲身参加者，所属部队是第二十六集团军第一九九师，师长是罗树甲。我所在的团部团长是罗成会，营长姓常，连长叫陈山，我是第二排排长，副排长是张士俊。团部驻在临沂正南四十里、沂河西岸的一个村庄，庄上稀稀落落的有三十多户农民。我们在一月中旬来到沂河阵地，立即忙着建筑防御工事，积极准备迎战。这时，正进入严冬，寒气不断袭来，我们官兵以壕沟为营房，日夜蹲在里面，每人身穿一件棉大衣，睡觉就拿它当被盖。吃住都在壕沟里，啃干馒头，喝冷水，大家并不畏寒，也不以为苦，浑身一股子劲，就是要奋勇杀敌，效命疆场。

日军板垣师团的先遣队一部分就在沂河东岸扎营，他们占住了村庄，搭起了一处处帆布帐篷，那边袅袅升起的炊烟，我们在河西能够隐约看到。我团官兵在河西岸，白昼都隐蔽起来，不让敌人看到踪迹。记得二月十一日这天傍晚，我们师部的罗师长骑着一头绛紫色的骡子，来到我

※ 作者当时系第二十六集团军第一九九师排长，战斗中升任连长。

们阵地视察，我向他报告了我军坚守阵地的情况，他高兴地点点头说："很好，很好。"还交代说，"日军在沂河对岸时刻想打过来，我们就是要堵住他，不让他过河！"

按照上级的命令，我们排的岗哨设在最隐蔽处，从交通沟里拉起一根长长的绳子，扣在每一个士兵的身上，一发现敌情，放哨的拉起绳子，大家就立即准备，投入战斗。二月二十四日这天凌晨，我们一排人正凝视着河对岸日军的动静，不一会儿，只见影影绰绰的一队人冒出来了，像沙丁鱼似的成串在移动，我们知道这是日军在过河了。他们溜下河床，每人抱着一个汽油筒，浮在河面上，直向河西岸蹚来。那"哗哗"的划水声都能听到。他们看到河西岸一片沉静，还以为我们正在沉睡之中，就放心大胆地强渡过河了。殊不知我们早已弹上膛，刀出鞘，准备着一场厮杀。我把一排人拉长线埋伏下来，以一半的兵力放在正面攻打，而以另一半兵力从两个侧面包抄，我自己带了两个士兵隐蔽在前河沿，迂回到侧面埋伏下来。我告诉全排士兵："一定要沉住气，必须等敌军摸到伏击射程之内，等我发令，才能行动。"眼看敌军越来越靠近了，离我排阵地不到一百米了，我身边的一个士兵眼红了，就想扳起机头射击，我抵了抵他，叫他再等一会儿。在敌军快要靠岸，离我们只有几十米的时候，我一声令下："杀！杀！杀！"全排人一齐投入战斗，有的瞄准射击，打倒了一个个敌人；有的扔出手榴弹，把迎面跑上来的日军炸得血肉横飞。我从侧面对准敌军扔去一颗手榴弹，"轰"的一声响，撂倒了三四个。我排这一伏击，使敌人丧命的不下二三十人。有的还往上冲，又被炸倒几个，后面的就再不敢冒险了，只得仓促地拖了尸首撤了回去。这一痛击，使对岸日军丧了胆。但他们还不死心，又来进犯，都被我们打退了。

平时，我们又想出各种办法，把敌人搞得疲于奔命。夜间，我们用麻绳点起火把，放在河岸上，叫敌人看了惶恐不安，不敢入睡；白天，我们往河岸高处抛草捆，扔泥块，惹得敌人乱放炮弹。我们这样做，让敌军摸不到我们的虚实。我们则摸透了敌人的特性，作战勇气越来越大，连续不断地打击敌人，阻截他的进犯。

二月二十八日那天破晓，只见河对岸黑黝黝的一队日军猛扑过来，一个为首的矮个子挥动着佩刀叽里呱啦嘶喊着，眼看他们就要打过来，我排一班班长温同喜带着一班人从正面迎上去，匍匐前行，快跟敌人面对面了，温班长猛冲上去，发出了一梭子弹，射倒了几个敌人，领头指挥的那个日军头颅中弹，立即毙命。敌人疯狂报复，一瘦猴子似的敌军从侧面向温同喜射出了罪恶的子弹，温班长被击中了，鲜血直流，但他还昂首支撑着，奋力扳机射出一颗子弹，击中了向他扑来的一个敌人，最后自己倒在血泊中，壮烈地牺牲了。副班长张海生眼中迸发怒火，继续带领全班人勇猛冲击，其他班士兵也从侧面包抄过来，跟敌人展开了一场拼刺刀的肉搏战，敌军被杀死了十几个，我排也牺牲了五六人。我的脊背也被弹皮擦破，鲜血渗出，顾不上包扎，忍着剧痛跟敌军厮杀。我排在沂水河畔的阻击战中，建立了战功，曾获得团部的嘉奖，我被晋升为连长，随后我团奉令换防到徐家堡一带。直到五月中旬，徐州会战结束，我们便转移到苏北淮阴地区继续作战了。

李庄遭遇战

何种仁[※]

我们第五十二军在鲁南战场上，辗转战斗，将近两个月的样子。虽然上至关（麟征）指挥长官，下至士兵，在胜利之火花的炫耀之下，从没一个叫倦叫累，但因伤亡过半，就于五月八日由连防山奉令调回整理补充。

五月十四日，徒步行军返抵徐州。这一天自早到晚，徐州城上空布满了敌机，轰轰的炸弹声，震耳欲聋，中心区直冲天际的火花，交织成残酷与愤怒的一片，因为一时没有车辆，当夜我们队伍仍是徒步行军西进。

次日，白天里敌机仍常在头上活动，为避免敌机发现目标，我们只得蛰伏在铁路附近村落中。一到傍晚，仍继续西进，夜十一时左右，抵李庄宿营。

在我们队伍离开徐州向西行进的时候，只知道永城有敌人北向铁路窜扰的消息，我们随时警戒着，在行军途中也没有得到什么情报，以为李庄一带是安然无事。刚到宿营地点，因过度的劳顿，一刻时光，大家都已呼呼入睡，外面只留两个哨兵担任警戒。

其实，这时敌军香月部三千余人，附装甲汽车五十余辆，坦克车三

※　作者当时系第二十军团第五十二军第二十五师第一四九团军需主任。

十余辆，已进犯至李庄附近，准备积极向东进击。原来这就是进攻徐州的先头部队。而这时敌军却已早知我们的宿营地点，至两点钟时，敌即倾全力来犯。

庄外的哨兵，远远发现了敌军来袭，一个哨兵急速到庄内报告，一个仍然隐蔽监视。我们的团长刘德川听到了报告，仍保持着他一向的沉着态度。从他的神情上，现出已胸有成竹、十分有把握的样子。他随即起来带领队伍，出庄迎战。一霎时，敌军战车已冲进南门，车上跳下来一个指挥官，正挥动白旗向部下指挥，当即被我团二连张班长志诚一枪击毙。这时已到我们军队开始射击的时候，敌军继续驾那魔兽似的战车冲来，我们的战士也展开神勇的英姿，向前冲过去。战事愈来愈激烈，我们机一连排附李相秦，因为机枪发生故障，他遂率领几个干练弟兄，散卧地上。眼看敌二十五吨重型坦克车，轧轧地从他的阵地上吼过去后，他很巧妙地从敌车后面上去，敌车枪眼一开，他接连着嗖嗖地几个手榴弹甩进去了，照这样地毁了两辆。这时我们的苏罗通炮，也昂然在敌人面前大显神威。在连续射击之下，敌军战车已有多辆被我击毁。

正是阴历十六，悬挂在空中的一轮明月格外皎洁明亮，照出一片惨烈的战场景色。

天亮了，侵略者的气焰随着黑夜的过去，也消沉下来，渐渐地凌乱了，我们却愈战愈是勇气百倍，敌军残部四向窜奔，终于狼狈退却。又叫我们赏鉴一回"皇军"的风采。

大家忙着整理战利品，这次战斗的结果，共毙敌千余，内有联队长仓田一员，中队长一员，击毁战车十四辆，内有二十五吨重型车两辆，因为一时无法后运，只得将车上零件拆下，载两汽车运回后方，其余都就地炸毁焚烧，并获重机关枪十多挺，步枪百数十支，辎重乃文件无算。

这次遭遇战的主力，是我们第一四九团参加台儿庄会战后的七八百弟兄，伤亡的只四十五人。

经过这一次激战后，我们的队伍仍安全地继续前进，在途中都兴高采烈地相互谈着这次战斗的经历，增加了不少解寂寞的材料，弟兄们行走起来也更加起劲，更加健速，忘记了什么是疲乏，这次激战倒又成了行军的兴奋剂。

说起歼敌的战绩，一般人都称颂这次并不亚于我们在郭里集歼灭赤柴联队，因为这一股附有多量机械化装备的敌军，如果任其沿铁路向徐州挺进而不予痛击，将给我们西撤的大军以不少的困难。

至于这次遭遇战胜利的原因，是我们的官兵充分接受了我们的军长关（麟征）指挥长官时常训示我们的"猝遇大敌当前，首要沉着，方能有精明的判断。如找到机会，须迅下决心硬干"，以及师长张耀明的"敌前须沉着应战，非到有效射程，不得乱放一粒子弹"等教育而来。

徐州突围片段

安占海[※]

我原是第二军第九师第四十九团第七连代理连长。一九三七年十二月被调往武昌军官训练班训练，后调升师属战车炮兵连连长。经过两个月训练，我师奉命开往徐州，在徐州以东的新河车站附近进入阵地。两天后，第五战区长官部调我连开回徐州，由长官部直接指挥。全连到达徐州时，已是夜间两点钟。有一参谋领我去长官部接受任务，要求我连在天亮前必须到达徐州西门外十华里处大树林之线等候命令。我到达长官部地下指挥室，见到高个戴眼镜的长官，第一句就问我："是行伍，还是学生出身？"我告诉他出身以后，他马上叫参谋拉开地图布帐，叫我看五分钟地图上的敌情。我看见徐州外围大部已被日军包围，只有安徽、河南交界处的永城县以北地区，有一缺口。长官命令我连："在天亮前在西门外等候，只有两部汽车运送，十时必须到达萧县南门口，由第六十八军派人接你们。"那位参谋也随我到萧县向第六十八军交接。

从指挥部出来后，我问参谋那位长官是谁，他告诉我，那就是白崇禧副司令长官。因时间紧迫，我带两个排、四门炮乘汽车先行，当天上午到达第六十八军军部，军长刘汝明命我在永城北门外约二华里处占领阵地。另一炮兵排和弹药排黄昏后才赶到前线。这天午后二时许，日军

※　作者当时系第二军第九师战炮兵连连长。

330

战车七辆已出现在永城北门，按我战炮射程是四千米，有效射程九百米，最有效射程是六百米。敌战车尚未进到我炮有效射程圈时，第六十八军的那位指挥官，硬命令我开炮，我刚到这个军，对他们的作战经验还不了解，在不得已的情况下，命令四门炮齐射，当每门炮只发射三四发之后，敌战车即掉头撤回城里。次日，老百姓报告说：日军用汽车拖走两辆被打坏的战车。军部因此奖给我连二百元。

不久，敌人出动飞机轮番轰炸我炮阵地，但我已在几分钟前将战炮阵地转移了。

我连在第六十八军刘汝明军长指挥下，完成了徐州突围中所担负的任务。第六十八军共约三万余人，突围时，第五战区各厅处人员分散部队突出，长官李宗仁还带有一部分政工队队员七十余人，随第九师转战两天才出包围圈。后来大本营还发给我师奖金六万元。第三师师长李玉堂升任第八军军长，归还原建制。

砀山抗敌记

刘铁轮[※]

第一○二师在八一三淞沪战役中编入第八军建制，参加南京保卫战以后开到陕西虢镇整补，经过整编，军辖第四十、第一○二两个师，师长柏辉章，副师长胡松林，参谋长杜肇华。一九三八年五月，日军在台儿庄战败后卷土重来，进犯徐州。第一○二师随第八军奉调开赴徐州参战，编入第五战区战斗序列。部队到虢镇集中，军长黄杰命第一○二师乘车先行出发，第四十师和军部后行。火车沿陇海铁路开到夏邑，停止前进，前面砀山、韩道口一带发现敌情。师长柏辉章命全部下车准备战斗，他仗着全师有新式武器装备，部队士气旺盛，具备作战的有利条件，准备在此好好地打上一仗，痛歼敌军。当下召集各团长说："我们贵州部队过去打惯山地战，今天要适应地形打平原战，主要注意敌人坦克的冲击，要充分发挥战防炮的威力。但这一带平原广阔，我们的战防炮不多，要命令士兵普遍准备使用手榴弹，狠狠对付敌人的坦克，予敌人迎头痛击。"各团受命，立即展开前进，分据各个庄寨布置阵地。不一会儿，敌人卡车数十辆迎面驶来，待到临近阵地面前，经我一阵猛击，残敌回头向原路窜逃，弃下弹药等物资甚多。被我击毁卡车十余辆，缴获两辆，生俘驾驶兵数人。第三○四团同时在韩道口庄子里面指挥配属该团的战

※ 作者当时系第八军第一○二师参谋。

防炮，配合步兵使用手榴弹击毁敌人坦克五辆。在缴获的战利品中发现此次被我击溃的敌军是土肥原所部。

师的任务是急向徐州增援，遭遇上述一场战斗之后，正待向敌追击前进，一并向徐州进发，接到军部自商丘发来电令说："前方我军经过与敌激战已放弃徐州，命就地布防，阻击敌军向开封西进。"时已天晚，是夜即以三个团开进李庄、韦楼、韩道口一线布防。补充团部署在砀山以西地区，师部进驻砀山县城，严阵待敌。第二天的拂晓，由大批汽车载来一股敌人与我前哨发生战斗，接着，日军后续大部队分股向我各团阵地猛烈进攻，砀山县城同时也被敌包围。

第三〇四团第一营阵地在韦楼铁路附近地区，敌人开来十多辆卡车直驶阵地面前，该营火力齐放，打得敌人躲到车子底下不敢还枪。后又开来大股敌兵向该营侧面攻击，战线移至韦楼庄子附近。团长陈蕴瑜指挥第三营出击，敌军又不断增加，把庄子层层围困，并拖来小炮数门，猛烈射击，掩护敌兵冲进外壕，此时敌我相距不及百米，陈蕴瑜团长亲临韦楼庄子前沿，指挥冲锋阻击，不幸中弹阵亡。一时间白刃接战，激烈搏斗，阵亡连长王承厚，排长胡登云、杨金泉，副官陈清华等人。营长潘琳、团附曹文奎均负重伤，士兵死伤无数。

第三〇六团李庄一带阵地也被成倍之敌围攻，又受坦克冲击，屡电请援，此时各团激战很紧，实在抽不出兵来。师部迭电慰勉，并加以指示："应力取近战，凭借掩蔽物体投发手榴弹，摧毁敌人坦克，稳住阵地。"无如该团原系税警部队，缺乏实战经验，最后敌人攻入各营守寨，有的脱离掩蔽，面对敌人硬拼硬打，有的逃散到开阔地带，尽皆牺牲于敌火之下，全团伤亡殆尽。

敌一部攻击第三〇五团和补充团，两团利用围堡外壕掩蔽奋战，第三〇五团（欠一个营）击毁敌人坦克两辆，挽回颓势，并乘夜暗出击，打击敌人。两团与敌相持战斗，直至最后奉命撤离，每团剩不到五百人。

战斗全面展开以后，估计当面的日军有一个师团之众，兵力约大我三倍。在这一带的村寨都星罗棋布地分布在平原地面，敌人利用机动车辆快速行动，把我分散在各个庄寨的点形阵地都包围起来。师部同时被敌主力包围于砀山城中，从早到晚敌人不断以迫击炮和枪榴空炸子弹向城中密集射击，城内硝烟弥漫，房屋树木尽被摧毁；空中破片到处爆炸，人们一步也不能行走。非战斗人员进入防空洞隐蔽起来，各兵种直属部队派上城墙守城。散兵紧贴内墙用砖头瓦块砌成一个一个的防身掩体，用以挡住空炸破片。早先配置城外的第三〇五团曹文杰营，据守环城土坎，里外配合顶住敌人的猛烈攻势。有一股日军已迫近城门，曹营第一连连长赵秉权率兵一排冲锋反击，将敌打退，赵连长突被敌侧面机枪击中阵亡。到了黄昏时候，敌人攻城很急，副师长胡松林主张突围，师长柏辉章认为应该等待军部电令，不能不令而走。师部电台连续向军部发出几次告急电报，都不见回复，直到夜晚十一时才收到军长黄杰的复电，电文是"砀山不可失，砀山不必守"，其意模棱两可。柏辉章见此电文难下决心，就同胡松林、参谋郭尔峰和我一起研究，最后认为：强敌压城，要守也守不住，而且砀山县城在当前战局上已失去据守价值。根据本师的任务，不如突围出去，掌握各团全力阻击敌人西进。于是决定突围，并发电呈报军部："遵示不必坐守砀山一城，为利于全面战局，自当即夜突围，就近指挥各团阻击敌军西进，完成作战任务。"

次日凌晨三时，柏辉章命副官主任曹冠英（曾任副旅长）集结城中直属部队，一不准发声，二不准打电筒，派几个兵走上城墙故意鸣枪，一若平常状态，待到时候打开城门，以特务连为先头开路，曹文杰营在城外夹攻，手榴弹与机枪齐发，杀开一条血路，全部人马都一齐冲出来。在冲击中牺牲特务连的排长一人，士兵十余名。一路夜色阴暗，部队严密戒备搜索前进，预定转进到补充团位置再部署战斗。行约二三里，发现前面一个庄子的敌人突然向我开枪，曹营展开攻击前进，掩护师部人员撤过铁路，营长曹文杰在前指挥战斗，敌寨中又打来一排小钢炮，曹文杰当场中弹阵亡。此时天已微明，忽见一个士兵猛然上前抢负曹文杰的遗体，横越铁路而去，这情景十分感人。过后，将曹文杰的遗体就地掩埋了。

师部人员全都暴露在开阔地带，个个都拔出枪来匍匐行进，在曹营掩护下且战且走，一齐冲过敌人火网地带，跑过了铁路。曹冠英身体肥胖，行动迟缓，一颗子弹从他的腿上穿过，受了伤，是由两个士兵背过铁路的。战斗部队随后冲过铁路，反身利用铁路路基掩蔽展开顶住敌人的追击，一阵火力把敌人打退。队伍摆脱敌人以后，再走几里路，全部停止下来，驻进一个村庄，架起电台与军部联络，收到军部转来第五战区长官部的电令："此次砀山战斗，第一〇二师以寡敌众，完成作战任务，深堪嘉勉。该师伤亡过大，着即撤离战场，开到漯河集中休整。"接电后，转令各团一致撤离，取道柘县淮阳向漯河前进。

第一〇二师在徐州外围战场从韩道口第一仗直到砀山、韦楼之战，前后战斗经旬，至此撤离，同时脱离第八军建制。柏辉章由我陪同前往夏邑附近的军部，向黄杰告别。这时，远处已传来隐隐的炮声，柏辉章起身告辞，黄杰叫人拉来两匹战马相赠，黄说："你们骑上，好赶部队。"临行，二人相约后会有期。我们走了一段路，天已昏黑，就加鞭急驰。这马是日本马，马身高大。柏辉章怕暴露目标，就都下马步行。这一带是豫、皖边区平原地方，路上难辨方向，我从图囊里摸出指北针，看准方位行走。

第一〇二师离开战场以后，接着敌人进占夏邑、商丘。

部队在向漯河转进途中，一路护送负伤官兵三百余人，由于缺少担架，路上均由士兵们背负同行。到达漯河集结官兵，除伤残以外约近两千人，余皆英勇牺牲。原唐守治第三〇六团伤亡殆尽，以补充团接替该团番号，派陈希周任团长。第三〇四团团长陈蕴瑜阵亡，由许世俊接任团长。

部队经过整补，又奉命开汉口，保卫大武汉。

郯城阻击战

李以劻※

一九三八年春，在徐州会战中，我参加了郯城战役，初任第四十六军第九十二师第二七四旅参谋主任，后调第二七六旅第五五二团任副团长。在丁字沟战斗中，因团长张新负重伤，我即升代该团团长。兹将郯城战役的亲身经历与见闻，记述如下。

开赴前线

第四十六军所辖的第二十八师（董钊）、四十九师（周士冕），由军长樊崧甫率领自陕西先行至徐州前线，临时拨归该军指挥的第九十二师是后来开到的。第九十二师原在湖南长沙归张治中指挥担任警备。四月二十二日在长沙市民热烈欢送下开赴前线。二十四日，我师到达郑州，适遇蒋介石到徐州前线视察刚刚回郑州。蒋介石召见该师师长黄国梁及旅长梁汉明、林卧薪三人。梁汉明将蒋讲话要点告诉我，要我记下转告全旅营长以上军官。蒋介石讲话的大意是：徐州前线敌军板垣、矶谷两个师团已被我军打得残破不全，临沂、台儿庄、滕县、峄县诸役均取得优良战果。我军争取

※　作者当时系第四十六军第九十二师第二七六旅参谋主任，后为第五五二团副团长，代理团长。

利用备战空暇时间，全力保卫津浦线徐州段，努力阻遏敌人西犯，并采取逐步抵抗，诱敌深入的战略，以达最终击破之目的等语。

四月二十五日深夜十二时左右，全师乘军车到达徐州，师长黄国梁同两个旅长及主要幕僚前往徐州西关第五战区司令长官部见李宗仁，我亦随同前往。李宗仁在办公室结合地图讲述战区作战方针要领，决心全力继续阻击南下之敌。他指出，敌军第十师团矶谷廉介、第五师团板垣征四郎两部有再次进攻模样。随板垣师团由临沂南下的敌军，已发现有预备役第一〇三、一〇五等师团各一部，及山下与酒井兵团一部，已进抵郯城附近及其以西地区加入战斗。他又说，四月下旬以来，敌已从各战场调集兵力向我津浦南、北两段迫近。其南线的第九师团已循涡河北扰，在苏北阜宁方面也发现有敌第三师团及预备役第一〇一师各一部向北移动。在蚌埠附近淮河南北两岸之敌，有预备役第一〇二及一〇七等师团之一部，似有窜扰宿县企图。他指示第九十二师迅乘原车东开，加入第四十六军序列，接替庞炳勋、张自忠两军防务，阻止敌人第五师团主力于运河以东地区，确保战区右翼安全。

李宗仁指示后，复由其参谋长徐祖诒对战区内军以上各部队作战概略位置加以说明。

战区右地区（郯城方面）：庞炳勋及张自忠两部，已由临沂撤抵郯城码头镇以南地区。新增援之卢汉及谭道源部已在台儿庄以东地区对敌进行阻击。樊崧甫军主力在码头镇以南大院寺以西碾庄、冯家窑一带准备加入战斗。该方面主要敌军仍是第五师团。

战区中央地区（码头镇以西迄台儿庄北、峄县以南方面）：孙连仲所辖田镇南、冯安邦两军（后加入于学忠军），汤恩伯所辖关麟征、王仲廉及李仙洲、周碞、李延年各军，目下仍占领东自连防山、杨家集亘艾山以南台儿庄（北）及其西北地区。该方面主要敌情仍是第十师团，日来向我方炮击甚烈，似有进攻企图。

战区左地区（滕县、临城方面）：孙震部自弃守滕县后，目下已撤至临城以南及韩庄地区整理，掩护战区左侧安全。孙桐萱、曹福林、谷良民各军，原负堵击任务，已转至微山湖西北济宁、金乡地区，担任阻击南下增援之敌及破坏滕县、兖州间敌后运输线，以策应战区主力作战。

战区西南地区（淮河蚌埠方面）：于学忠所辖第五十一军原位置于固镇以南淮河北岸，阻击南岸之敌北犯，现已转至宿县北调增援李品仙、廖磊等部，除一部控制合肥外，主力侧击定远、涡阳方面之敌，阻止敌第九师团向皖北北进。

战区东南地区（两淮方面）：临时由韩德勤指挥驻海州之第五十七军缪澂流及李守维部与由阜宁北进之敌第三师团对峙，没有激烈战斗。

敌后活动兵团石友三的第六十九军，目下游击于费县附近，牵制与破坏敌军后勤联络，一月来，迭有斩获。

以上各种状况，黄国梁命我分别扼要转达各团。

郯城方面敌我双方的战力及态势

四月中旬由临沂南窜之敌，是敌军第五师团的主力，该师团的坂本旅团已调至峄县地区，驰援矶谷第十师团，对台儿庄东北地区进犯。第五师团的长野、片野、钣原等联队，在临沂附近被张自忠、庞炳勋两军打得残破不全，所以这次南窜，编入预备役第一○五师团成为一个支队，另外还有山下、酒井等临时编成的部队，计特种部队有炮兵一联队，大、小火炮四五十门，小型战车三四十辆，装甲汽车几十辆，共约有三万余人，指挥官是板垣征四郎。敌人在临沂修有飞机场，敌机经常在阵地上空出现，最多的一次有十五架。

郯城地区我方部队（也称战区右地区部队），先期参战的有由临沂退下来的庞炳勋的第四十军（该军当时只有一个三十九师及军直属队，在临沂损失很大）留下来的不足一个旅，其次是从临沂退下来的张自忠的第五十九军（当时也损失很大，留下来的也不足一个师）。以上是西北军系统的部队。后来加入战斗的部队是第四十六军，军长樊崧甫，下辖三个师，每师两旅，每旅两团，加上特种部队共约三万多人，第四十六军的装备并不算好，但比起地方部队则较为优良，有巩县兵工厂造的步枪、机枪，金陵兵工厂造的八二迫击炮及手榴弹（其中少数是汉阳兵工厂造的），炮兵及战防炮是临时配属的，其他辅助作战器材充足。全军官佐军校出身占多数，新兵较少，部队骨干多，有一定的作战经验。在第四十六军中，除第二十八师由樊崧甫指挥的时间较长外，其余的第四十九师及第九十二师是新加入序列的，在协同作战上较其他部队也差。

在战斗开始以前，敌军的情况是：敌第五师团占领临沂后南犯郯城，在码头镇以南地区逐次压迫我庞、张各军于冯家窑、碾庄附近。据报，敌第五师团司令部已推进至郯城城厢，码头镇有一个旅团部。在前线对峙、终日炮战的是长野联队的两个大队，其坂本旅团则进抵向城以南地区。据判断，当时敌军的企图一是由台儿庄以东杨家集、连防山之燕子河边击破关麟征、周喦军防线，直趋邳县，以截断运河以东我军之联系，截断陇海路包围徐州；一是企图稽留我主力于津浦路以东地区，迫使我陷入其袋形包围内，待其南北策应兵团占领陇海线归德、砀山一带后，以便截断我方主力而击破之。

当时我军的情况是：张自忠、庞炳勋两部在东起红花埠、西至涝沟之线的冯家窑、碾庄一带与敌对峙，逐村逐点给敌军很大打击，表现得相当英勇顽强。第四十六军到达前线时，曾组织有关幕僚与部队长到张军前线阵地参观，吸取作战经验。黄国梁、梁汉明曾命我将关于守寨要领、防御工事的构筑与对付坦克车的方法汇集起来，转达各部官兵供其参考。

第九十二师于四月二十六日到达前线，庞、张两部分别于四月底、五月初撤出郯城战场西调，以后阻击板垣师团的任务全部由第四十六军负担，在重坊、捷庄、大院寺、涝沟以东地区，均曾与敌进行过激战。在激战中，敌人凭借其强大炮火，把每个村寨都打得稀烂，居民流离失所，战场景况甚为凄惨。樊崧甫吸取张自忠部的经验，极为重视野战筑城的地洞作业，命令所部在寨墙边挖掘地洞，进行抵抗。

四月底，第四十六军主力逐次撤抵涝沟以东之捷庄附近地区，甫抵战场，令第九十二师由龙池向北推进，进占狼子湖，阻击南下之敌，以掩护军左侧背的安全。

前后狼子湖的激战

第四十六军的主要任务是确保运河以东地区，巩固战区右翼安全，阻止敌军南下，切断陇海东段交通。因此敌人从哪里来，我们就在哪里堵截。

第九十二师到达前线后，接到樊崧甫的命令：码头镇西南燕子河东岸向我进攻之敌继续南犯，着第九十二师即进占前后狼子湖一带阵地，对敌予以痛击，以保证军左侧地区之安全。于是师长黄国梁、参谋长艾嫒决心分为两个纵队连夜行军，未加搜索即行北进。不料敌利用汉奸带路，在郇家楼附近设伏兵一小队，当第九十二师第二七六旅先头之第五五一团何元恺部前卫营通过该地时，即遭阻击。何元恺部仓促应战，打了半夜，弄清情况后，始将该小股敌人击退，而前卫营营长路子勇却在此役不幸牺牲。

四月二十八日下午二时许，先头部队第五四七团排除各种障碍，到达前狼子湖布防。当时除兰陵以南有隆隆炮声外，其他地区没有敌情。但是只隔三小时左右，正值我和旅长梁汉明视察阵地之际，敌人忽然发炮轰击，掩护其步兵千余人前进（后从敌遗尸发现番号是第五师团山田联队），当时我方工事尚未修成，即被迫应战。激战约三小时之后，营长周镇中负伤，该营阵地首先被突破。战至黄昏，前狼子湖敌、我各占一半。梁汉明派出增援部队在途中被敌炮火封锁不能前进，副团长及团长相继受伤，部队指挥无人，随即垮下来，一退好几里，以致影响军的其他部队作战。是夜，第五四七团残部千余人收容整理完毕，编成两个营进入后狼子湖阵地。该团团长遗缺，由梁汉明保举该旅第五四八团副团长冼盛楷升代。

二十九日，侵占前狼子湖之敌逐有增加。次晨，敌以大炮十余门向我后狼子湖阵地轰击。前狼子湖与后狼子湖相隔约五六华里，中间尽是平坦的农田。后狼子湖全寨比前狼子湖大，约有民房几百间，多系草房，很易着火。守寨的部队为第二七四旅旅部与第五四八团，此外，还有由前狼子湖退回的第五四七团的两个营。由于村寨遭到敌炮的轰击，我部队伤亡甚多。樊崧甫、黄国梁分别来电，一定要死守该地，与阵地共存亡。是夜，敌步兵虽未前进，却发射烧夷弹百余发，草房着火燃烧，火光冲天。旅长梁汉明、副旅长皮德沛和我三人分别督队扑灭大火，并命令士兵挖地洞作为掩蔽体，将全寨纵横挖成十余条散兵沟，又从寨内挖出通往寨外的地道伸出前沿，防止敌军步兵接近我阵前，并在寨外壕沟及寨门加上层层鹿寨作为障碍物。

三十日拂晓，敌步兵三千余人分成四个梯队，以火力交互掩护，分批跃进，向我阵地攻击。梁汉明派出第五四七团第二营营长刘毅军进出寨外犄角的小村，占领前沿阵地，阻击敌人。战至天亮，敌即退去。当日下午敌又进行了二次攻击，一部突进我后狼子湖的西北门，被我第五四八团蒋闷伟部击退。是夜，敌人继续发射烧夷弹，但已无房可烧，随又炮击一阵，午夜后战场沉寂。

五月一日拂晓，敌进行第三次攻击。这时我后方运来弹药已按时补充完毕，加之友军来援，战至上午七时左右，敌人在飞机掩护下纷纷退去。

后狼子湖的阻击战，经过三昼夜之战斗，卒将敌人打退。敌军撤退后，我巡视战场，只见敌人遗尸累累，抛弃的枪械、弹药无数。

在丁字沟和大埠子的战斗

五月上旬，敌军全面反扑，关麟征、卢汉、周嵒、谭道源等军均伤亡较重，张自忠、庞炳勋两部又撤出前线，于是，汤恩伯前来运河东岸的龙池镇统一指挥前线各军作战。

第四十六军当面之敌为第五师团，其山田联队之牛芳大队于五月五日左右首先发起攻势，猛冲我丁字沟（涝沟以西三十里）阵地。防守该寨的是第九十二师第二七六旅第五五二团，我于此时奉命担任该团副团长。团长张新与我布防完毕回到指挥所时天已拂晓。敌以炮火先轰击近一小时，将全寨炸得一塌糊涂，其步兵一批接着一批攻击前进，均被我打退。黎明时，我团第三营营长杨某（贵州人，名字记不起）的胸部被打穿，第一营营长潘又新、第二营营长王介岩也相继负伤，少校团附陈业桓在传达死守待援命令时，于途中亦中弹殉国。

六日天明时，我西北角阵地被敌突破，敌机五架又临空扫射，第三营溃退下来。团长张新和我分道督战，终于将侵入寨子的一股敌人打退。七时以后，敌后续部队到达，再次侵入，我与敌进入巷战。在督战中，张新腿部中弹，被抬出战场，我受命升代该团团长，继续率部在寨内抵抗。当时我团的营、连长伤亡殆尽，经我调整后继续与敌人对峙于寨内。

由于两军短兵相接，敌机无法助战，敌人即以炮火作纵深射击，阻击我后续部队增援，同时施放烟幕，掩护其部队前进，但均被我阻止未能得逞。这天中午，汤恩伯还下令要我死守待援。但战至午后六时，我头部与左脚被炮弹打伤。至夜，第二七六旅旅长林卧薪率第五五一团驰援，我团残部始退出阵地。在丁字沟一役，我团伤亡八百余人，寨内伤兵还有大部分未撤出来。

丁字沟战役之后，敌我对峙几天，五月十二日起，敌又继续向我军攻击，压力比以前更大。那时台儿庄以东迄连防山附近友军阵地已被突破，我运河附近地区空虚，军右翼大院寺附近发现敌情。师遵军部指示，左翼确保大埠子拒敌东犯。先是第九十二师第二七四旅新任旅长徐荣光（此时梁汉明调升副师长）率第五四七团团长冼盛楷，在我守丁字沟的同时曾固守大王集两天屹然未动。该团一营营长邹鹏奇表现很勇敢，所以他们奉命防守大埠子。此地乃苏、鲁两省的交界点，敌我各占一半，互相争夺。随后，我带领第五五二团增援，交由冼盛楷统一指挥。作战一天多，全线稳不住，即向南撤。

此时，各军作战已久，粮弹俱缺，伤员无法后送，全线被动挨打，已呈动摇状态。到四月下旬，统计这次作战的第六十军和四十六军，也都消耗很大。我退到淮阴时向各师、团长们了解到，第四十六军全部伤亡总数共约七八千人。五月十三日之后，陇海路归德段受敌威胁，无法派出增援部队，遂使鲁南方面陷于苦战阶段。

全线总退却的种种情况

五月十三日左右，敌人的钳击兵团已抵归德、砀山附近，我军被套进敌人口袋。在津浦以东作战的部队，要撤退出来就更困难了。五月十一日左右，蒋介石在郑州才决定派军令部次长林蔚、作战厅厅长刘斐到徐州协助李宗仁策划总退却的机宜。五月十二日，北进之敌第九师团攻陷蒙城后，一部进抵亳州以北地区，一部进抵永城、萧县附近。蒋介石命三战区前敌总司令薛岳率黄杰、俞济时、李汉魂等三个军组成的鲁西兵团来策应第五战区作战，维护后方安全，却被敌军阻击或牵制，无补于战局。而且鲁西各方面敌第十六师团由金乡、鱼台南下虞城、砀山；第十四师团土肥原由曹县向民权、兰封地区进迫，想截断陇海路的企图已很明显。徐州在当时已失去战略防御的价值了。于是战区决定放弃徐州，作战略上的大撤退。我当时只了解部分情况，先是要汤恩伯率领第二、十三、五十八、八十五、九十二等几个军（称为陇海兵团）撤出前线，由徐州西南向皖北地区转进，希望变内线为外线，脱离敌人包围圈。这些部队在转进中，关麟征的第五十二军先一日撤出，秩序较好，汤本人离开战场约在五月十四日左右，在鲁南的部队为第二十二、三十、四十二、四十六、五十一、七十五、六十等军（称为鲁南兵团）由孙连仲指挥，掩护汤军团撤出后，再行互相掩护向苏北撤退。又前已转至丰、沛地区的张自忠军及五月十五日后才到徐州西南附近的刘汝明军，也改归孙连仲指挥。因此在五月十七日第五战区长官部向阜阳转进后，张、刘两军成为徐州战场最后的掩护部队，战区还布置了留驻苏、鲁敌后担任游击的部队，我退到苏北后才了解，石友三军留在鲁南地区，于学忠、缪澂流等各军留在苏鲁边区（于军是退至河南后折回的）。

孙连仲兵团撤离鲁南，是在五月十七日左右才开始的。当时汤军团及战区长官部已经离开徐州。孙连仲命第四十六军在运河以东掩护兵团主力撤退，命第二十二军掩护汤军团在邳县主力后撤后，即沿运河作第二线梯次掩护。其余各军分向苏北、皖北南撤。据我回忆，孙连仲带着第二集团军总部少数官兵及田镇南、冯安邦两个军长直退至淮阴，其所辖基本部队三十、四十二两军残部经皖北向豫南突围。后来蒋介石派了飞机接孙连仲等几人飞回汉口。卢汉、于学忠、周喦等部向皖北豫西南转进，途中遭敌人截击，部队脱离建制。第二十二军谭道源部掩护主力兵团撤退时，被敌跟踪追击，伤亡颇大。

樊崧甫的第四十六军于五月十九日撤出鲁南战场。当时在运河以东的敌人，在空军掩护下，用装甲汽车及坦克车不分昼夜急急追赶。樊军以团为单位尽快南撤，以便迅速脱离战场。在总撤退的前一日，全军其他各师依军部命令行事，唯有第四十九师师长周士冕事先从收音机听到敌人十八日占领徐州的消息，他即提前南撤。第四十军在敌人穷追下一时很乱，经过几天后才恢复秩序，取道窑湾、睢宁、宿迁、泗阳，约在五月底到达淮阴。樊崧甫召全军排长以上军官讲话，总结作战教训一次。蒋介石在六月上旬派飞机来淮接董钊、黄国梁两人到汉口。不久，董升任第十六军军长，黄升任第三十七军军长。第四十六军的部队由樊崧甫率领西行，经津浦路南段嘉山附近敌后地区，取道老人仓、合肥、三山街入豫南商城。全军昼宿夜行，没有经过战斗，于七月中旬经湖北麻城到达汉口。

淮河阻击战

刘衍智[※]

七七卢沟桥事变爆发后，日军沿着津浦路南犯，国民党政府最高统帅部决定江苏绥靖主任兼第五十一军军长于学忠率全军进驻青岛，防止日军由海上登陆。当时，军长于学忠率全军经新安镇（今新沂县）、临沂，沿台潍公路进抵胶县和青岛地区，军部驻在四方车站附近，所属第一一三师则进驻市区，沿青岛、崂山之线布防，构筑工事，第一一四师率一个团驻胶县城里，其余三个团推进至兰村、城阳一带，以便随时策应青岛方面的我军作战。

后来，因为山东省主席兼第三集团军总司令韩复榘不战而退，擅自撤出山东省会济南。津浦北线济南、泰安相继沦陷，南线方面又因南京失守，日军从南北两面夹击，打通津浦铁路的野心更加明显，当时，统帅部以为孤军保卫青岛已失去了战略意义，于是在一九三七年十二月中旬，又命令第五十一军由青岛撤回新安镇地区集结待命。第五十一军撤出青岛后，青岛市市长沈鸿烈不久也率市政府机关人员和海军陆战队撤离青岛，转移到鲁南山区。

十二月下旬，津浦南线日军已由滁县附近开始北犯，第五战区司令长官李宗仁电令第五十一军车运南调，接替第三十一军在明光、临淮关、

※ 作者当时系第五十一军第一一四师军需处军需。

蚌埠一带之防务。一九三八年一月十一日,全军到达指定地点,接防任务完毕,一月十三日又奉李宗仁电令:"着第五十一军速开砀山黄口附近,归入第三集团军之序列。"并任命于学忠继任第三集团军总司令。

二月二日,李宗仁电召于学忠到徐州面谕,着第五十一军全部南调,于蚌埠五河间淮河北岸布防固守,阻敌北犯。这天早晨,临淮关的日军七八百人,在飞机、大炮掩护下,企图强渡淮河。我第一一四师第三四〇旅第八六〇团将士沉着应战,激战四小时,敌终未得逞。到下午,敌仍退返河南堤下。

第二天,日军两万五千余人攻陷蚌埠、凤阳,我军全部撤回淮河北岸防守,并将淮河铁桥炸毁,阻敌北进。这时,临淮关以西蚌埠以东的日军两千多人乘了民船和橡皮筏在飞机大炮掩护下,又两次强渡淮河。我第一一四师第三四二旅战士英勇阻击,敌军落水而死者不下三四百人。二月四日,我第一一三师将士又车运赶到,共同阻击北犯之敌,将渡过淮河登上北岸之敌三四百名全部歼灭。

二月五、六、七日三天,临淮关至蚌埠、怀远间全线连日均有激烈炮战。九日,敌七八百人在飞机大炮掩护下,乘民船和橡皮筏强行渡过淮河,向小蚌埠我军阵地更番猛攻,我守军士气旺盛,沉着应战,军长于学忠亲临前线督战,第三三九旅旅长窦光殿身先士卒,到前线指挥作战,士气为之大振,以白刃和手榴弹与敌冲杀格斗,把敌人坚决彻底消灭在阵地前,计被击毙落水者三百余,弃尸河岸约二百,生俘二百多人,我军大获全胜。

蚌埠大捷的消息,立刻传遍全军、全国,苏联顾问团和美国新闻记者都赶到前线,参观、拍照,对奋勇抗击日军的将士们表示慰问。

敌人不甘心自己的失败,继续疯狂向我军阵地进攻。九日、十日,临淮关三千敌军在晏公庙以西强行渡河,攻占了我方黄畈子、王庄、前扳子等庄,师长牟中衍第三四二旅李旅长都亲临前线督战,我军士气旺盛,经过反复冲锋,将上述村庄全部夺回。十一日凌晨,日军又以一个师团以上兵力,在飞机十余架、大炮数十门掩护下,由临淮关强行渡河,向我第一一四师阵地更番猛烈进攻。我军阵地多处被敌突破,预备队已用尽,伤亡奇重。虽经反攻,但无力收复失去阵地,不得已主动转移至沫河口、四铺之线，继续抵抗。经过调整部署，十三日凌晨，乘敌渡河部队立足未稳之际，举行全线反攻，血战四小时，敌我伤亡均重，但敌尤倍于我。经过半天血战，临淮关方面之敌终于被迫退至淮河堤下。这时，我增援部队第五十九军张自忠部赶到，全部接替了第五十一军的防务，继续与敌战斗。第五十一军乃撤离火线，转移到西寺坡车站一带进行休整。

从二月九日到十二日，日军以两个师团以上的兵力，对我第五十一军两个步兵师，不仅在人数上占绝对优势，而且在空军、炮兵、坦克车装备方面，则更远远超过我军。经过四昼夜的血战，我军虽未将渡河北犯之敌全部歼灭，但使敌人付出了巨大的代价，只好龟缩在淮河堤下，大大推迟了日军北犯的进程。

当时，我全军上下，同仇敌忾，广大农民自觉支援前线，帮助部队送水送饭，运送伤兵。计每天伤亡人数都在千人以上，如仅靠每师一个担架连，每团一个担架排来运送，那是远远不够的，由于广大人民的积极支援，使前线部队基本上没丢掉一个伤兵；对于阵亡官兵的尸体，也随时抢下火线，予以埋葬。当我军由淮河南岸向北岸撤退时，许多百姓苦苦要求军队不能撤走，政工人员只好婉言劝慰，并表示："部队不久就会打回来的！"战士们愤恨日军的残暴入侵，都说："我们憋了多少年的抗日怒火，这回要喷发出来，不消灭日本鬼子，我们决不甘心！"

战地服务团在徐州会战的日子里

贡献之[※]

一九三八年三月十八日，我们十三军①战地服务团全体成员随着汤恩伯的第二十军团司令部抵达陇海线上的马牧集，结束了半个多月来从河南许昌出发，经漯河、周口、亳县、太和、阜阳等黄淮平原上的徒步行军生活，晚上登上司令部的专车，开赴军事重镇——徐州。深夜，铁轮滚进江苏境内。团员中过半数的江苏青年，心情激荡。啊！江苏，亲爱的家乡，三个月前，我们走出工厂、店铺、课堂，背离了家乡，告别了爹娘，冒着敌机扫射轰炸，冲破日军的迂回包围，流浪到后方。今天，我们不再是唱《松花江上》的流浪儿，而是随着抗战部队高唱"枪口对外，齐步向前！""冒着敌人的炮火前进！"投入了东进抗日的洪流。

战地服务团成立经过

提到战地服务团成立，要追溯到一九三六年，日军嗾使李守信伪军骑兵进犯绥远境内百灵庙，当地军民激于民族义愤，奋起抗战，一举歼

※　作者当时系战地服务团团员。

①　徐州会战时已无第十三军番号，该军的一一〇师由第二十军团直接指挥，此文作者是沿用习惯称呼。

灭大部伪军，收复百灵庙。捷报传开，全国振奋。当时北平学联和文艺界组织慰问团到前线慰劳。第十三军的一个青年旅旅长石觉接见慰问团，结识了慰问团的北京大学学生会负责人。卢沟桥事变后，日军占领北平、天津，入冬向察哈尔、绥远进犯，汤恩伯部队防御南口，浴血奋战。大公报记者范长江采写了汤部英勇战绩的报道，使汤恩伯和他的第十三军声名大振。汤恩伯感到：部队需要知识分子，要有更多的大学生，于是派石觉到武汉，找到北京大学学生会负责人，给第十三军成立一个青年战地服务团。

一九三八年一月，服务团在武昌一个小学里成立了。由当时到达武汉的平津流亡学生和安徽滁县流亡宣传队、丹阳青年救亡服务团等三个团体组合而成，共二十五人。团长赵儒洵（北大学生）、副团长罗敦元（滁县宣传队负责人）、张绍祖（丹阳服务团负责人）、张师载（清华大学学生）。在武昌训练期间，张劲夫、朱穆之两位同志都曾到团里来主持政治思想教育工作。潘梓年、刘季平等也到团来做过报告。冼星海同志曾亲自来团教唱他新作歌曲《游击军》和传授歌咏指挥艺术。同时还排练《三江好》《放下你的鞭子》等短剧，做好奔赴前线的准备工作。

一九三八年二月七日，服务团全体成员乘火车抵达许昌，向汤恩伯的第二十军团总部报到。这时汤恩伯已升为第二十军团军团长，除原有的第十三军外，还指挥王仲廉的第八十五军、关麟征的第五十二军。郑洞国是第二师师长，陈大庆是第四师师长。二月九日，汤恩伯设西菜宴席，专门招待服务团全体成员。那时我们中间除少数人着西装大衣外，都身穿长袍。汤恩伯拿名册点名，称我们为"先生"。席间谈到南口战役，汤说，有两件事最伤脑筋：一是他的指挥所无论设到哪里，不久就有汉奸放信号，供敌机轰炸和敌炮兵射击的目标；其次是他的部下任意枪杀俘虏，虽三令五申，始终没有交上一个活的日本士兵。他说，他不能不佩服共产党的军队政治工作，能够抓住民心和抓活俘虏。谈到这里，他笑着说："从南口撤下来，正好是八路军开赴前线，在天镇、大通遇到十年内战的老对手彭德怀、聂荣臻等，握手言谈三天。大家对过去自相残杀深表遗憾。"汤在这时希望我们能训练他的部队不杀日本俘虏。赵团长说，我们已经编好一套供士兵学习的简单日语喊话教材，如"缴枪不杀""优待俘虏""我们的敌人是日本军阀"等。汤表示满意。

席间还谈到胡宗南，汤恩伯认为自己在全国声望和在蒋介石眼里的地位已与胡宗南不相上下，但他认为胡宗南身边有好多智囊团，是汤自己感到不及之处。言外之意，希望服务团这批大学生能为他效劳。这时候他还不知道在服务团成员中，大学生只是占少数，大多数都是初中、高中文化水平的教员、职工和学生。

在许昌期间，我们配合部队整训，在汤部下级士官训练班担任教官，身份都挂起中校、少校官衔。另一部分团员，在汤部特务营教唱歌曲，我们教唱的是《义勇军进行曲》《救国军歌》《大刀进行曲》《救亡进行曲》等歌曲。也曾演出过短剧。由于战争形势发展，仅仅一个多月时间，我们就随部队开赴徐州战场。

台儿庄会战前夕

日军攻占南京和济南以后，就从南北两路进攻，急求打通津浦线，占领军事重镇徐州，尔后谋占我国当时抗战中心城市武汉。开始是由畑俊六指挥四个师团向北进攻，二月中旬攻占淮河以南地区，向淮北进攻。形势吃紧，汤部奉调增援，从许昌乘车到漯河，尔后沿淮北周口、太和公路徒步行军直达安徽阜阳。在阜阳停留三天，部队忽又返太和，沿公路经亳县抵马牧集、虞城。这时听到总部谈，日军最精锐的矶谷师团和板垣师团已分别从津浦正面和从青岛登陆，攻占临沂，威胁徐州。第二十军团的部队都已赶赴津浦北面前线，与敌人接火。

在行军途中，服务团部分团员成立标语组，每天提早出发，一路用红土和石灰书写墙壁标语，署名"泊·青"。当时汤部官兵左臂缝有"泊"字臂章，总部政治部用"泊·政"字样，我们用"泊·青"以示区别。由于停留下来书写标语，不到中午，我们便给大部队赶上并超过，晚上比部队迟数小时宿营。汤恩伯乘的小汽车常在部队出发后三四小时出现，沿途视察军风纪。他发现我们标语组服务团员确是辛苦，下令副官处在亳县购买了十辆自行车发给我们。有了车，事情好办得多，在亳县到马牧集的行军大休息中途站，我们标语组骑车先到，一方面发动群众烧开水，另外把村子上一所私塾的儿童集合起来，教会他们唱大革命时代《打倒列强》的歌曲，把"列强"改成"日本"，"军阀"改成"汉奸"。帮助塾师写制红绿三角旗标语，当大部队到达时，塾师带领学生，手持三角旗，唱着《打倒日本》歌曲，上前欢迎抗日部队。老乡们也用大桶送上开水。汤部特务营官兵受到农民这样拥护，大家都很兴奋。我们又领着战士们高唱救亡歌曲，答谢群众的慰问，情绪热烈，不但消除了部队行军疲劳，也大大鼓舞了军民团结抗日的斗争意志。

从马牧集登上火车抵徐州车站，总部专车前往津浦北面，万参谋长通知我们服务团下车暂留徐州待命。到了徐州，我们找到一所已停课的小学住下。三月二十一日，总部专车从津浦北面回抵徐州车站，通知我们上车转往陇海东面，又沿台、枣支线于下午五时抵达台儿庄车站，总部驻进台儿庄，服务团在城外一所仓库宿营。炊事员刚架好锅灶做饭，总部又下达紧急命令，晚九时前在车站集合登车。标语组几个团员，抓紧时间在仓库垣壁上用红土写下"全国人民团结起来，打倒日本帝国主义！"等鼓励军心士气的大字标语。

在台儿庄车站，可以听到西北角沉闷的炮声，有时也听到机枪、步枪声。大家已感觉到身临战场和初上战场的兴奋和不安的复杂心情。我们发现总部万参谋长每到一个车站，都由电话兵架好电话呼叫。特务营李营长透露，军团长已下到军部、师部去，与总部断了联系。

专车在沿线各站停停开开，彻夜都听到电话呼叫声。天亮以后，停到陇海线的运河站，万参谋长通知服务团全体在车站集合。他说："军团所属部队都在前线与敌军交战，日军已占领鲁南峄县，向台儿庄进犯，军团长在前线指挥作战。总部专车将向台儿庄开去，特务营随时有遭遇敌军坦克或骑兵袭击的可能，你们没有作战经验，我派一个排长带领一排人跟你们在一起，必须服从排长的命令，不得自由行动。"接着，他把服务团团长、副团长都叫到车厢里研究，最后他又召集我们宣布，由于我们是非战斗人员，命令我们回徐州待命。

在台儿庄会战的日子里

在徐州住了几天，从报纸上看到四川部队第一二二师师长王铭章在滕县壮烈殉国，又传张自忠（第五十九军）军长在临沂阵亡，可见战斗剧烈程度。既然第二十军团部队都在前线打仗，我们不甘待在徐州坐视。我和一部分团员被批准到运河前线工作。

运河是陇海线的一个车站，又是水路重要港口，当时是转运物资弹药上前线和接送由火线下来的伤兵员运到后方的枢纽。我们在汽车站和火车站设立两所服务站，动员附近农村群众协助运输，组织担架接送伤兵。开头几天，前方抬来的伤兵都是固守台儿庄英勇负伤的孙连仲部第三十师、第三十一师士兵，到三月底四月初，汤恩伯第二十军团的伤兵下来就突增。陈大庆师的一个重伤连长告诉我们，在与板垣兵团拼杀中，他们的团长高鹏也阵亡了。一般伤兵意识到这是为国家民族负伤流血，具有光荣感。

在会战中，当地的农民忍受了巨大的牺牲，担负了支援前线的重任。

台儿庄战场巡礼

四月八日，服务团派我们随中央社摄影记者一起前往台儿庄。运河上的铁桥炸断了，我们从临时浮桥过河，台儿庄车站已被轰平，只留一块站名水泥牌还完整地竖在那里。指挥这次会战的第五战区司令长官李宗仁，曾在这块牌前照过相。

我们从台儿庄西北门进城，满目断垣残壁，没有一所完整房屋。街头巷尾，到处是用沙包、粮袋、家具等堆积起来的临时工事，每所房屋之间墙壁洞开，壁上弹痕累累，血迹斑斑，可以想象两军逐屋争夺的激烈程度。第三十一师一位副官指着台儿庄对我们说，在最危急时候，全庄三分之二被日军攻占，但我军仍然据守西部拼命抵抗，背水作战，决不后退。我们到了庄北看到城墙被轰塌一块。这里曾有二百余名日军冲了进来，与守军展开白刃战，全部被我军消灭。城墙上还可见守军遗留的手榴弹，这是向敌人追击时未及带走的。庄内虽然已打扫过战场，但废墟墙角仍然可以看到为国牺牲的烈士遗体，我们和一同前来的民夫一齐挖个大坑，掩埋了烈士忠骨，当时没有登记他们的名字，也不可能通知他们的家属，他们是为抗日救国而牺牲的无名英雄。

当我走到庄东北一座天主教堂前，空气里飘过一阵枯焦气味，那里曾有部分日军据守顽抗，被我军用火攻消灭了。屋后空地还有日军临时坟墓，上面插有木板钉成的十字架，用毛笔写的死者所属部队、军阶和姓名。室内还捡到一些日军入伍时亲属缝赠的太阳旗，上面写满送行者的签名。

在巡行访问过程中，常有日军侦察机前来骚扰，低飞扫射，我们不得不隐蔽到守军挖的掩体战壕里。

在台儿庄北面的田野里，躺着三辆被击毁的日军坦克，后来我们请当地农民牵来黄牛，把其中一辆坦克拖到铁路上，用火车运回徐州，在战利品展览会上展出。

增加新团员设立战地服务站

回到徐州，看到后方报纸对台儿庄会战胜利的功绩，大多报道孙连仲部队对台儿庄的背水决战英勇杀敌的方面，而对汤恩伯部在台儿庄外围歼灭板垣师团主力以及配合台儿庄守军击溃矶谷师团的战绩则很少报道。汤恩伯认为服务团的大学生没有尽到力量。赵儒洵团长向汤建议，再到武汉招聘团员十五名，薪金由原有二十五名团员每月二十五元减为十五元来开支，汤表示同意，但希望多请些能写文章的人来。由于台儿庄大捷振奋人心，武汉方面不少文化界人士都希望到徐州看看，十五名新团员很快就满额。其中有青年作者王西彦以及现在文化部工作的浩飞。接着各大报纸有名记者如范长江、陆诒、曹聚仁等都集合徐州，采写前线战地新闻。

服务团除了集中力量，布置台儿庄大捷战利品展览会，出版第二十军团不定期的战报外，又派一部分团员到战场设立并扩大服务站。

由于台儿庄会战结束，敌我双方都在准备下一阶段作战部署，前线相对稳定下来，大规模的进攻战是没有了，小接触却不断发生。一般入夜就枪炮声大作，天明渐稀，到上午九时以后就静寂无声。双方只有哨兵在放哨，其余都在睡觉、休息。我们为适应这个阶段的形势，开展我们的服务工作。第一件就在离火线五六里路的小村庄，设立小集市，鼓励农民拿鸡蛋、鸡鸭、蔬菜等食物设摊，供应部队炊事人员选购。我们充当管理人员协助公平交易。部队和农民都支持我们的做法。第二件是在伤兵收容所附近设立小型文化服务站，陈列书、报、杂志，备有象棋、乐器，有时供应茶水。我们在运河、赵墩、车辐山、宿羊山都建立起这样的服务站。第三件是协助伤兵收容所进行救护、运送、慰问工作。由于服务站一般都是设立在敌方炮火射程内，有时不免遭到敌人炮击，宿羊山服务站就在一次敌人炮击中被轰塌了一角。

云南部队第六十军妇女战地服务团

四月下旬，汤恩伯部队从前线撤下来休整，由云南卢汉的第六十军接防，日军利用换防的间隙冲杀过来，夺取前沿阵地。云南健儿头戴钢盔，士气旺盛，怀着对日本侵略者的民族仇恨，挺起胸膛，冲上前去。敌人坦克射手用机枪扫射，前面战士倒了下去，后面战士冲上前来，跟坦克拼刺刀……敌军坦克手在里面发出狞笑，后来有些老兵搜集手榴弹，捆在一道滚向坦克去炸履带，敌人坦克才回头逃窜，终于收复原有阵地。

第六十军有个妇女战地服务团，随军出滇，到达湖北花园时，卢汉军长命令她们留在花园后方医院工作。她们当中以区队长宋云飞为首的十五名女团员，违令混进车厢随军来到前线，卢汉没奈何，要她们跟着军部，专门派一名参谋照顾她们工作。她们每天上午九时左右就沿交通壕上火线，帮战壕里的士兵写家信，有时她们也接过战士的枪，向三百米外的哨兵射击。

五月初，一个晴朗的下午，我方的一个重炮弹阵地被敌炮兵击中，抬来十余名伤兵。我们协助包扎消毒，发现收容所里来了女兵。军装掩不住学生气息，我们一见如故，很快交谈起来，我们的服务站两个同志，第二天傍晚，被邀到她队部做客。她们都是在校的中学生，抗战爆发，投笔从戎。谈到她们如何从后方医院溜出来躲进军部火车时，大笑不止。我们也作了自我介绍，并交流了战地工作情况，饱尝了她们做的饺子后，我们共同唱了一些救亡歌曲和民歌。这天晚上，我军用新型重炮向敌方轰击，炮弹越过我们茅屋上空，闪着红光向运河彼岸敌方炮兵阵地飞去，前沿阵地同时响起密集的步枪、机枪声。歌声、炮声、枪声交织成一曲战地交响乐章。

徐州突围和服务团结束

五月十七日上午，云南妇女战地服务团宋云飞队长，在乘坐军部派来接她们撤退的卡车之前，急匆匆来找到我们说，日军偷渡黄河，切断陇海线西区，包围徐州，第六十军奉命由前线撤退向西突围，要我们赶返徐州团部跟部队一起突围。我们急忙赶返运河镇，总站也接到通知撤往徐州。这一天，我们团员王衍泰和吴达明，正在给群众发放国民党政府中央经济委员会特派专员送来的战地赈灾款，大人一元，小孩五角。接到撤退通知后，正好停止发放，把余款数百元交还驻节在车厢里的特派专员。

当我们赶返徐州团部，服务团已随汤恩伯总部南撤，传说日军已攻抵徐州西面的黄口，远程炮弹落到徐州城里。我们到第五战区司令部探询了汤部撤退路线，沿着与津浦南线平行的公路寻找部队。那时，沿线撤退的士兵和难民，犹如潮水般拥向南方，敌机又经常低空侦察扫射。我们在混乱中走了七十多里才找到总部，部队已集合准备出发，万参谋长传达汤恩伯命令，夜行军不许吸烟，不许打手电，不许喧哗。我们来不及吃晚饭，就跟着部队出发。天黑时，越过符离集车站。

第二十军团突围的路线是向西越过涡河、肥河、浍河，冒着渡河可能受到袭击的风险，避开公路不走。著名记者范长江和陆诒，都到陈大庆第四师师部做客，受到颇好的照顾。

总部汤恩伯和万参谋长都是睡在担架上让士兵抬着行军的，次要的官员骑马，坐汽车要绕道，公路有危险。当时称为中国机械化部队的七门重炮，用发出鸟鸣似的喇叭声的装甲汽车牵引，跟着我们突围。突围部队在快要成熟的麦田践踏出约五十米宽的道路。

第一夜，急行军走了九十华里，到曹市集附近宿营。第二夜，越过公路时，可以用手摸到公路上日军坦克碾过的深深履带痕迹。在渡浍河时，东方拂晓，参谋处长催促"快过河！"水深到膝，欲快难能。幸好没有遇上敌机。当大部队离宿营还有五里地时，给一架敌侦察机发现，人可以及时伏地不动，而骡马却不知道敌机厉害，扬蹄嘶鸣，遭敌机扫射时，人、畜都受到损失。部队进村宿营以后，敌轰炸机三架来搜寻目标，未获而去。第三天傍晚，汤恩伯在集合好的总部队伍前面严厉宣布："今晚突围封锁线，行动要绝对服从指挥，遇有敌情，不准乱动。"又重申前令："行军不准吸烟，不准谈话，不准打手电。"

服务团的女同志，都指定身体较强男同志搀扶，出发后以跑步速度前进，一直跑了二十公里才缓步休息，途中敌军在碉堡中放冷枪，未闻有何损失。

突围以后，服务团脱离第二十军团总部单独行动，六月上旬回到汉口集中。除了留下原丹阳青年救亡服务团八名团员重新回汤恩伯总部工作外，其余另行安排，结束了第十三军战地服务团的工作。

其时，总部迁到南阳，汤恩伯升任第三十一集团军司令，聘请他的同乡留日学生徐逸樵任集团军政训处处长。一九三八年七月，所属部队调往长江南岸，包括安徽南部、江西、湖北直到武昌，参加武汉会战。

附录

徐州会战大事记

（一九三八年一月四日至五月十九日）

一月四日

△ 日军侵占曲阜、兖州。我军厚集徐州，准备与日军作一次大会战。

△ 津浦线南段我军向明光进击，克之。

△ 右翼我军由定远县之池河镇进击，收复大柳。

五日

△ 敌陷济宁。

六日

△ 川军邓锡侯、孙震部自徐州北上应援。

△ 津浦线我北进部队已越邹县，迫近泗水桥。

△ 李宗仁司令长官动员苏、鲁、皖战区青年，组织青年学生军团，报到者已逾两千人。

七日

△ 日军陷邹县。

八日

△ 徐州附近抗日军队集结已逾十万，配合各路迎击敌军。

九日

△ 津浦南段日军万余集滁州。

十日

△ 我滁州沙河集及张八岭一带之游击队联合反攻，恢复全椒县。

△ 青岛沦陷。日军在登陆前派重轰炸机五十余架，惨炸东镇、西镇、李村、夏庄等平民区。

△ 第五战区副司令长官、山东省政府主席韩复榘擅弃国土，被拿

357

交军法执行总监讯办。

十二日

△ 山东聊城督察专员范筑先率众转战于清平、茌平、聊城间。

十四日

△ 日军岛田师团两万,由天津络绎南下。

△ 津浦线右翼蒙阴、黄县发现敌踪,左翼我坚守嘉祥。

△ 津浦线正面第二十二集团军由滕县北攻,邓锡侯亲临前线指挥,克邹县。南段敌陷巢县。

十七日

△ 山东敌军增兵分三路南侵,一沿津浦路南下,图犯徐州;一由台潍公路直趋台儿庄,并图扰我东海;一由济宁窥商丘、柳河,图切断我陇海线。

△ 正面敌我激战于两下店与邹县间。

△ 敌陷汶上。

十九日

△ 津浦铁路正面,敌我战于两下店。南段战于蚌埠南。

二十三日

△ 青岛敌军图出高密,南犯诸城。

二十七日

△ 津浦线北段我军张里元部亲率所部克蒙阴。

△ 蒙阴之敌经我庞炳勋部会同当地民团围困三日,今日克之。

三十日

△ 敌陷池河镇,定远、蚌埠相继失守。

△ 津浦线明光、池河之战,已逾七日,我因工事尽毁,退守池河西岸。一星期来明光之战,我官兵死伤达五六千,毙敌约千余人。

二月一日

△ 敌由明光、池河分由凤阳、定远及临淮关,包围蚌埠,我官兵以血肉与炮火相拼,是夜退出蚌埠,改守淮河北岸阵地。

三日

△ 日军第五师团板垣部陷我蒙阴。

△ 我空军出明光、滁县轰炸敌军。

△ 第五战区司令长官李宗仁奉令慰劳作战奋勇、军纪优良之邓锡侯、孙震部。

四日

△ 我第二集团军张自忠部调津浦路南段增援。

△ 敌陷山东诸城。

五日

△ 淮河西岸之敌在飞机、大炮掩护下，以橡皮船由怀远附近渡至北岸，该城失守。

△ 我军联合当地壮丁及红枪会，克复定远。

九日

△ 敌军进据临淮关及蚌埠后，即以重兵由两地渡淮河，敌机十二架轰炸小蚌埠。

十日

△ 敌军再渡淮河，侵占小蚌埠。

△ 我空军猛炸北渡之敌军，于学忠部与敌白刃战。

十一日

△ 我空军炸蚌埠敌机场。

十三日

△ 敌军分由临淮关及蚌埠渡淮北侵，我于学忠部乘敌阵未稳反攻。

十四日

△ 津浦铁路正面我军反攻两下店，并以一部迂回至曲阜南九龙山小雪村附近，毙敌少将中岛荣吉。

十五日

△ 我军会同当地民团猛攻两下店，枪刀并用，冲锋四次，毙敌两百余，遂克两下店。

△ 滕县民众协助部队抗敌作战甚力，绅士柳厚山、黄馥棠，均已七十余岁，奋身而出，随军政工人员赴乡间宣传抗日，城镇居民积极慰军。

十六日

△ 日军进犯峄山，被击退。

359

△ 敌侵占济南后，聊城专员范筑先誓守不退，率领游击队与敌人交战二十多次，不但保全六区之十二县，更收复区外之高塘、思县等地。

△ 淮北我军连日反攻，克小蚌埠。

△ 淮河北岸之敌万余遭我猛击，毙伤三千，敌阵遂乱，向南岸撤退。

二十日

△ 日军陷莒县、日照。我张自忠军向临沂增援。

△ 我军占领淝河北岸，部队向南搜索，先后克临淮关、北关、小蚌埠。

△ 义民张育之率民众三千，克复六合县城。

二十七日

△ 津浦北段右翼我军先后克复沂水、莒县，我第五战区第一游击司令刘震东于沂水一役身先士卒，以致殉难。

△ 张自忠部奉命由第一战区拨归第五战区，经徐州开赴前方。

二十八日

△ 第三集团军孙桐萱、曹福林部在嘉祥奋勇抗战，使鲁西转危为安，军事委员会致电嘉勉。

△ 津浦线北段敌向巨野进犯，并以一部偷渡南阳湖。

三月一日

△ 增调张自忠军于滕县附近向邹县、济宁之敌施行攻击。

三日

△ 临沂以北方面敌增坦克车、平射炮，转移兵力突攻我右翼，与我守军庞炳勋第四十军展开激战。

六日

△ 津浦南段我以廖磊集团军一部向定远反攻并以增援之张自忠军接替于学忠部。

七日

△ 在临沂以北及日照犯临沂之敌田野部队，与我相持于临沂北之桃园、蒋庄一带，敌机多架更番轰炸。

九日

△ 邹县之敌增加。本日猛犯滕县北之界河，我军伤亡甚众，界河遂陷。

△ 敌由济南、青岛两路源源增兵，图大举南犯。驻亳县汤恩伯军团所属王仲廉、关麟征两军午后驰援，并令孙桐萱集团军由鲁西侧击兖州，策应正面作战。

十日

△ 汉奸程国瑞曾为日方编伪自治军，担任进攻山东之向导，被枪决。

十二日

△ 张自忠军到达临沂附近，与庞炳勋军协力反攻，歼敌甚众，敌第五师团两联队几被全歼。

十四日

△ 津浦路正面之敌约七千，分三路进犯：一、正面犯我白山、界河阵地；二、左翼犯我军石墙、季寨一带；三、右翼纵队分两股向我番城、普阳山、龙山一带进犯。自上午七时激战迄晚，我军伤亡千余人，敌飞机一架在下看铺被我击落。

△ 敌板垣师团五千余人，进逼临沂附近，我庞炳勋部奉令佯退，晚间迂回敌后袭击，张自忠部拂晓暗渡沂河，向敌猛攻，肉搏两夜一昼，毁敌装甲车两辆、坦克车一辆，毙敌指挥官一名，并收复徐家太平、相公庄。

十五日

△ 山东第六区行政督导专员范筑先率领团队守卫辖境，抗击日军艰苦卓绝，行政院特予嘉奖，颁给犒赏抚恤费三千元。

十六日

△ 临沂我军分三路向敌进攻，并以敢死队占据要点，敌亦大举反攻，继以肉搏，敌我伤亡惨重。

△ 日军攻滕县东关，我第一二二师与敌激战。

十七日

△ 守滕县城之师长王铭章殉难。敌由津浦北段源源增兵。我撤出

滕县。

△ 临沂方面我大举反攻东张屯、大家庄、柳河一带之敌。

十八日

△ 我在临沂大捷，毙敌联队长长野中佐，日军第五师团被我张自忠部击溃。

△ 敌陷滕县。

二十日

△ 津浦线南段我克沙河及张八岭车站。

二十一日

△ 午后韩庄残敌向我利国驿以南阵地轰击，韩庄我军分三路包抄，敌溃走，我获坦克车十三辆。

二十二日

△ 孙连仲部王烈武、王郁彬两团进驻台儿庄。敌炮轰台儿庄，我以王烈武团扼守庄寨。

二十三日

△ 敌第十师团矶谷廉介部濑谷旅团主力沿台枣支线进犯台儿庄，从峄县南下，三千余人与我军在北洛遭遇。

二十四日

△ 敌反攻临沂，分三路进犯。

△ 第五战区司令长官李宗仁陪同蒋介石赴前方巡视。

△ 敌侵据临城、枣庄、峄县后，进犯台儿庄，图下徐州。

△ 枣庄之敌约千人，与我军汤部于枣庄东郭里集一带激战竟日。

二十六日

△ 我军自二十四日夜总攻，大战已三日夜，日军万余人大部布临城、枣庄、峄县一带，我军一面坚守韩庄，一面由左右两翼向敌包剿。

△ 枣庄日军，退守中兴公司中学内顽抗，临城敌增援千余。

△ 日机十一架袭徐州，于车站及东郊，投三十四枚炸弹。

二十七日

△ 我军克枣庄，歼敌主力矶谷师团之一部约三千，俘敌三十余。

△ 我军汤恩伯部于十二时克复临城，围攻峄县。

△ 日军机械化部队一股，突破我台儿庄以北防线，约四百人，由台儿庄北面而入，与我池峰城师混战。敌恃猛烈炮火，攻入北门，巷战遂起。守军师长池峰城亲率士兵冲击。

二十九日

△ 自二十七日起，日军增兵四千，战车三十余辆，再犯台儿庄。我于台儿庄北刘家湖据险迎击，二十九日下午七时起，敌以步、炮兵两千余向我猛攻，夜进据台儿庄北，并以一部冲入庄内，我乘黑夜冲锋，选敢死队三百，士兵争先报名者八百余人，各持大刀一把，携手榴弹五六枚，宣誓不击退敌人，决不生还。

△ 是日，敌机十七架炸台儿庄及宿羊山东各村镇。敌矶谷师团以攻台儿庄不下，乃以坦克车十一辆，冲向台儿庄西北隅及西关，被我战车防御炮击毁六辆，敌兵四百余遁去。

三十日

△ 我张自忠、庞炳勋、缪澂流各部将士协同作战，击退板垣师团，再克临沂。

△ 第五战区司令长官李宗仁接见外籍记者，告以津浦线战况。

△ 第五十一军血战五日，将猛犯台儿庄之日军两联队歼灭三四千名。二十四日孙连仲部开往增援，与日军剧战于台儿庄庄北，一日连克五六村。二十六日敌增机械兵种两联队，向我总攻，敌向我台儿庄圩内猛冲，池峰城师长率部在台儿庄东北猛扑敌背，另一部在台儿庄圩内奋勇堵击，各级军官分率英勇将士赤膊、手执大刀，腰中满插手榴弹，与敌浴血肉搏，自晨至夕，窜入台儿庄北圩之敌五六百名，悉被歼灭。

△ 张自忠临沂战役中数建奇功，军事委员会撤销原"撤职查办"处分。

三十一日

△ 台儿庄之敌已完全陷于包围圈内。临沂敌板垣师团再攻临沂，我庞炳勋、张自忠两军奋力抗战，敌未得逞。

△ 台儿庄之敌一部突围，向北逃窜，台儿庄我已克复大半。

四月一日

△ 台儿庄混战未已。

△ 我空军一队，飞赴鲁南各线作战，并向峄县、台儿庄间之负隅残敌投下大批炸弹，毙敌甚众。

△ 我军克复台儿庄西北角之巩庄、范口，我官兵与敌肉搏十余次，敌千余人被我歼灭六七百人。台儿庄北门仍有少数敌人据碉楼顽抗。

二日

△ 台儿庄圩内，近郊混战，我在台儿庄、峄县、临沂间布成阵地，围歼残敌。

三日

△ 我四路围攻台儿庄。日军集临沂、峄县等地兵力来此会战，司令长官李宗仁亲临前线督战。

△ 敌我主力现皆移台儿庄。该地之敌经过二十四日围攻，伤亡近四千，故敌又抽调七千人来此会战，我军于枣庄、峄县等地除留相当兵力与敌周旋外，皆助孙连仲部围歼台儿庄之敌。

四日

△ 台儿庄之敌以催泪瓦斯弹攻我军。

△ 汤部于台临公路之向城夺敌之弹药给养车数百辆。我自西南而东之强力军团，已占领敌左侧要地之獐山。

五日

△ 我军四面围歼台儿庄东北之敌，计有谷川、福井、中村、西村、木下、天原、能久、森平、铃木、长野、川村、加藤、赤柴等十余个联队。

△ 鲁南张自忠部克费县，汤军克向城，对台儿庄附近之敌，形成封锁。我南北两端炮兵同时向敌轰击，敌已完全靠飞机运送粮弹。

六日

△ 我各军皆已到达预定攻击位置，于台儿庄北三角地带将敌两万余紧密包围。

△ 残敌万余人向北溃退，我军跟踪追击。我堵击兵团曹福林部由鲁西沿津浦路南下，到达临城、枣庄北侧地区，敌退路被截断。

△ 第一战区司令长官程潜到徐州协同指挥。

△ 陆军第一二二师师长王铭章于滕县之役殉职，明令褒扬，追赠上将，并将生平事迹宣付史馆。

七日

△ 台儿庄之敌肃清。国民党中央执行委员会电勉李宗仁司令长官，并犒赏出力将士，电告全国军民闻胜勿骄，沉着奋斗到底。

△ 李宗仁到台儿庄视察战绩。

八日

△ 台儿庄大捷，举国欢腾，武汉三镇五万余人火炬游行，庆祝台儿庄大捷。军事委员会特派俞鹏飞赴前线犒军，第五战区司令长官李宗仁电复各方致谢。

△ 我军汤恩伯部反攻峄县，克獐山高地。

九日

△ 我军三路围攻峄县，空军亦助战。

△ 鲁南战利品及被俘官兵运载汉口。

△ 我军孙桐萱、曹福林两部攻入济宁城郊。

十日

△ 峄县东南敌约三千仍在檀山、獐山一带布阵顽抗，我于泥沟追击。

△ 孙桐萱、曹福林各部围攻枣庄。我空军再炸峄县附近之敌。敌我空军激战于马牧集上空。

十一日

△ 峄县敌仍顽守，我军继续第二次包剿，正面由孙连仲部进击，东北方面由汤恩伯部进击，西北方面由孙桐萱、曹福林部截击，我援军继续增加，并调重炮加入助战。

十二日

△ 晚，我全线再总攻峄县之敌。

十三日

△ 日军向枣庄、峄县增援。我仍固守天柱山及獐山阵地。

△ 我曹福林部侯益振团与敌战于枣庄附近，侯氏身先士卒，冲锋肉搏。

十四日

△ 我军孙连仲部迫近峄县城关。

十五日

△ 敌我仍在峄县东南卧虎寨、天柱山一带激战。

△ 晨，枣庄东南巷战激烈。

△ 津浦方面近半月之大战重心北段在临沂、峄县、台儿庄等地区，南段则仅有小规模之游击战。

十七日

△ 日军分布于枣庄、峄县、税郭、临城、韩庄一带共万余，川军及于学忠部反攻韩庄。

十八日

△ 鲁南敌增援反攻，是日，我克韩庄。

△ 我孙桐萱、曹福林部迎击由费县增援窜犯峄县、向城之敌。峄县四周朱陈、向城、税郭、郭里集、沙沟等地激战。

△ 我军孙震及于学忠部晨五时克韩庄，唯韩庄车站仍在敌手。

△ 侵入沂河西岸之日军迫近临沂城郊，东岸之敌进趋相公庄南犯，呈三度兵临城下之势。

十九日

△ 临沂激战再起，敌复陷韩庄。

二十日

△ 我樊崧甫、卢汉各军相继到达峄县战场，敌增援反攻，我弃守临沂。

△ 敌机六架飞台儿庄车站上空，投弹二十余枚。

二十一日

△ 峄县突围南犯之敌约三千，附坦克车八辆，与我战于洪山西南之陶墩。

二十二日

△ 临沂与峄县之敌图会师南犯，我第六十军高荫槐师与敌战于台儿庄东北连防山一带。

二十三日

△ 鲁南敌分三路南犯，一股陷郯城。

△ 台儿庄北，我军孙连仲部与敌相持于泥沟。

二十四日

△ 郯城之敌西侵，自台儿庄至邳县，全线激战。我卢汉部旅长陈钟书于台儿庄邢楼殉国；第一八二师团长龙云阶同时殉职。

△ 自台潍公路及津浦铁路运来之敌，以主力分由峄县东南及临沂西南在兰陵集结，经洪山南趋，威胁邳县。

二十五日

△ 邳县告急。我仍拒敌于台儿庄东南及邳县北，援军已分路推进。

二十六日

△ 郯城西面我与敌大混战，已三日之久，日军迭次向我左翼包围，企图冲破我据点，进攻二次均被我击退，至二十六日晚仍血战中。

二十八日

△ 邳县北部我克连防山。

△ 出郯城西南威胁我邳县侧背之敌被歼达两千，残敌退郯城。

△ 敌机三十二架袭徐州，投二百余弹，居民死伤百数十人。

二十九日

△ 鲁南我克郯城，邳县北仍激战。

△ 于学忠部于郯城抗战九日，各级官长均亲临前线指挥，致死伤旅长三，团长七，营长以下官兵数千，予敌重创，并阻敌主力南下，掩护我大军集中，第五战区李司令长官传谕嘉奖。

五月一日

△ 和县含山之敌下午续犯巢县，图打通淮南铁路。

二日

△ 邳县、郯城我军拂晓分二路向日军反攻。东面由娘子湖出击，正面由涝沟出击，西面由连防山出击，各路战况均烈。

△ 邳县西北、台儿庄东北及峄县、枣台支线之两侧亦均有恶战。

三日

△ 郯城敌图南犯新安镇，并绕攻邳县南境，我发起总反攻。

△ 邳北战事自三日晚我克大、小良璧后，一部逼至四户镇，一部绕攻南桥。

四日

△ 鲁南我围攻郯城，邳县北及台儿庄东南，战事仍烈。津浦路正面拒敌于韩庄。

△ 孙震部在韩庄附近与日军血战经旬，予敌重创。

五日

△ 鲁南右翼郯城迄左翼临枣台支线混战。

△ 我黄樵松师长亲率所部与敌主力福荣旅团战于泥沟西庄，毙敌人队长吉帜重冶少佐以下官兵四百余名。

六日

△ 敌增援部队计步兵千余，骑兵二百，附战车四辆，炮八门，五日晚由冯家窑向我碾庄进犯，晨三时，我拒破之，并克冯家窑。

七日

△ 鲁南左翼敌以主力强渡南阳湖，遭我痛击。

△ 是日，我飞机二十余架飞临沂、汤头，轰炸敌飞机场，毁其飞机十三架。

△ 行政院拨款十五万元派员赈济台儿庄战区难民。

八日

△ 津浦南段战于曹老集，敌一股渡漯河，迫我蒙城。

△ 临城敌正赶造贯湖公路，企图西犯丰、沛威胁我左侧。我沿微山湖游击队活跃。

△ 敌大本营决议增派预备军五师团来华，分由天津、青岛、上海登陆，急向津浦南北两段进攻。

九日

△ 四月下旬以来，晋绥汉苏皖各战场之敌陆续向津浦线南北两段转移，企图包围徐州。

△ 津浦南段之敌，除以一部犯合肥，更以第九师团并有机械化部队循涡河出蒙城。

△ 济宁方面之敌开始向金乡、鱼台、郓城进犯，并以一部西渡微山湖，进攻沛县。

△ 津浦南段敌分三路北犯，以两翼分进，经灵璧、蒙城包抄宿县，

宿县南我军连日与敌战于浍河、浍河间。

△ 敌以飞机二十余架，猛炸蒙城城厢，城内房屋成焦土。敌复以主力部队向我守军进攻。

十日

△ 津浦线南段转紧，敌犯固镇。

△ 我军下午克含山，图攻巢县。

△ 敌坦克三十余辆猛攻蒙城，敌步兵入城，我军与之巷战，周元副师长阵亡。

△ 敌空军五次袭徐州，共投弹二百二十余枚多重磅及硫黄弹，计焚毁民房四千余间，平民死伤三百余，津浦铁路两侧民房千余间，亦悉付一炬。

十一日

△ 津浦两端之敌改以重兵分由鲁西、淮北进犯。

△ 敌空军七批袭徐州，狂施轰炸。

△ 我空军轰炸皖北蒙城敌军。

十二日

△ 蚌埠附近之敌（第一○二及一○七、第十一师团之各一部）进迫宿县，我廖磊部向西转移。

△ 敌陷永城，以其轻快部队直趋砀山、归德，在韩道口、周寨等地区与我发生剧烈之战斗。

△ 敌切断我陇海路黄口车站，并于鲁西、淮北南北并进，我徐州主力不得不变更部署。

△ 豫北敌纷纷东移，图渡河会攻鲁西甚急，顾儿河敌我激战三昼夜，肉搏十余次，双方伤亡均重。

△ 敌空军五架袭徐州。

△ 韩德勤受命代理江苏省政府主席，顾祝同因公离职。

十三日

△ 我鲁南部队全军西撤。旨为脱离面前不利态势。十三日我孙连仲、汤恩伯等部各抵豫南、鄂北指定地点。

△ 郯城敌南犯陷新安镇，陇海路东段交通已断。

△ 鲁西敌于濮县强渡黄河，陷鄄城董口。连日敌机来徐州轰炸，

已成疯狂状态。今晨五十四架敌机分批袭徐州，投弹三百余枚，警报竟日未解除，民房炸毁五百余间，平民死伤百余。

十四日

△ 鲁西敌分三路猛犯，菏泽、金乡、鱼台相继沦陷。

△ 徐州西李庄铁桥被炸毁，敌以坦克车潜伏桥下，我不得修理，陇海路交通遂断。徐州附近之七十二辆机车及数百辆车皮未能运出。

△ 日军先头部队配以坦克车及机械化部队向我砀山南猛攻，我军沉着应战，待其迫近战壕时，群以手榴弹向敌坦克车抛掷，一面自壕中跃出，向敌步兵冲击，毁敌坦克车十二辆，毙敌官兵数百人。

△ 南阳湖一股日军三百余强登西岸，一部窜沛县，图窥丰县。

△ 我军克全椒、巢县，围攻合肥。军事委员会以巢县克服，淮南军威大振，特致电李宗仁司令长官，查明所有出力部队，一体传令嘉奖。

△ 敌空军再次袭徐州，投烧夷弹二百八十枚，我死伤八百余人。

十五日

△ 菏泽激战时，我师长李必藩殉职，师参谋长黄启东、团长刘冠雄亦亡。

△ 鲁西敌军集金乡、鱼台，并以一股窜抵曹县北。

△ 日军猛袭砀山。图冲断陇海路，飞机百架狂炸徐州。距徐州五十里之萧县杨楼发现敌踪。

十六日

△ 徐州告急，西关发现敌便衣队。

△ 李宗仁、白崇禧移至城外之段家花园办公。

十七日

△ 丰县敌侵据陇海何李庄、黄口两车站。

△ 晚，日军炮轰击徐州城内，市民趋避乡间。

十八日

△ 徐州告急，我疏散兵力改为外线作战。

△ 沛县被陷，敌直捣陇海线。

△ 沿微山湖南下之日军侵至霸王山，徐州西南萧县被陷。

△ 徐州东北两面我尚据守运河防线。徐州情势吃紧，陇海路沿线

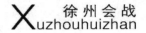

两侧我军仍坚守据点拼死抵抗。

十九日

△ 徐州经刘汝明部剧烈抵抗后于十九日放弃。是日晚，我各军奉令退出徐州，日军企图包围我鲁南大军之计划，全归泡影，而徐州会战亦于此告终。

图书在版编目(CIP)数据

徐州会战/ 孙连仲，刘斐等著. —北京:中国文史
出版社,2013.1

（正面战场：原国民党将领抗日战争亲历记）

ISBN 978 - 7 - 5034 - 3704 - 5

Ⅰ. ①徐… Ⅱ. ①孙… ②刘… Ⅲ. ①徐州会战(
1938) - 史料 Ⅳ. ①K265.210.6

中国版本图书馆 CIP 数据核字(2012)第 286384 号

责任编辑：马合省　卢祥秋

出版发行：**中国文史出版社**

社　　址：北京市海淀区西八里庄 69 号院　邮编：100142

电　　话：010 - 81136606　81136602　81136603（发行部）

传　　真：010 - 81136655

印　　装：北京新华印刷有限公司

经　　销：全国新华书店

开　　本：720 × 1020　1/16

印　　张：24　　　　字数：400 千字

版　　次：2013 年 1 月第 1 版

印　　次：2020 年 9 月第 4 次印刷

定　　价：83.00 元